el GRAN

LIBRO

de la

COCINA CASERA

el GRAN LIBRO *de la* COCINA CASERA

Recetas clásicas y contemporáneas para todas las ocasiones

ACERCA DE ESTE LIBRO

Este libro es un valioso curso de cocina actual con más de 275 recetas y todas las técnicas clave. Tanto si eres principiante como si eres ya un cocinero más experimentado que quiere refrescar sus conocimientos y dominar las técnicas esenciales, encontrarás en él un compañero indispensable en la cocina.

Apréndelo todo, desde los principios básicos para hervir un huevo y hacer una salsa de queso hasta la cocción perfecta del pescado y la carne. Estas páginas cubren todos los aspectos con recetas específicas para quienes no pueden comer lácteos ni huevos, así como numerosas opciones vegetarianas y veganas. La inspiradora combinación de recetas clásicas y platos modernos te permitirá ampliar tu repertorio culinario y aprender las técnicas fundamentales.

Los capítulos se organizan tanto por los ingredientes como por los tipos de platos. Así, encontrarás capítulos sobre los huevos y sus alternativas, el pollo, la carne, el pescado, los lácteos y sus alternativas, las legumbres, el arroz y los cereales, los frutos secos y las semillas, y las verduras, así como el pan, la pasta y los fideos, o los encurtidos y fermentados; sin olvidar, naturalmente, los postres.

El núcleo del libro son las técnicas culinarias. Son claras y fáciles de seguir, con fotografías paso a paso que muestran cada etapa. Muchas de las técnicas se complementan con recetas que te muestran cómo utilizar lo aprendido en un plato. Descubre, por ejemplo, cómo hacer una pasta fresca perfecta (ver p. 230), luego aprende a enrollar (ver pp. 232-33) y cortar (p. 234) tu pasta fresca para hacer raviolis de ricotta con limón y espinacas (ver p. 236), y finalmente cómo acompañarla con una salsa de mantequilla y avellanas (ver p. 238): un viaje culinario en el que aprenderás continuamente. Otras técnicas son más sencillas, como freír un huevo (ver p. 25), por ejemplo, y utilizarlo luego para hacer el clásico sándwich vietnamita, bánh mi (ver p. 26).

Cada receta va acompañada de una introducción para abrir el apetito, que ofrece información sobre el plato, sus orígenes, preparación y sugerencias para servirlo. También se incluyen consejos, ideas para congelar y conservar, así como para hacer cambios sencillos en la receta y crear así un plato nuevo.
El libro te guía en cada proceso, lo que te permitirá practicar y desarrollar tus habilidades culinarias sobre la marcha. ¡Que aproveche!

Aplicar las recetas

Antes de empezar a preparar las recetas de este libro, las páginas siguientes te ayudarán a sacar el máximo partido a tu viaje culinario. Las «Notas del cocinero» (ver p. 8) te explican los aspectos básicos, desde la importancia de medir con precisión hasta las pautas de preparación y cocción, la información útil sobre los ingredientes y sobre higiene y seguridad, para asegurarte de que tienes todo lo que necesitas.
Los términos de cocina, las técnicas desconocidas y los ingredientes menos comunes pueden resultar confusos, sobre todo para los nuevos cocineros, y los tienes explicados en el apartado de términos culinarios que encuentras al final del libro (ver p. 468).

NOTAS DEL COCINERO

Antes de ponerte a preparar una receta, léela bien para asegurarte de que tienes todo lo que necesitas. También es mejor pesar, medir y preparar los ingredientes antes de empezar a cocinar, a menos que haya un periodo de enfriamiento, marinado o similar. En cada receta, los ingredientes se enumeran en el orden en que se utilizan. También encontrarás un tiempo total de preparación/cocción. La preparación incluye el tiempo que se tarda en cortar, trocear, medir y todos los pasos generales necesarios para preparar la receta, mientras que el tiempo de cocción es el tiempo acumulado que se tarda en hacer la receta, ya sea en los fogones, el horno o la parrilla. Utiliza estos tiempos como guía, ya que cada uno cocina a un ritmo diferente, tiene distintas habilidades en la cocina y la eficacia de hornos y fogones puede variar.

Cuando una receta puede prepararse parcial o totalmente con antelación, las instrucciones se dan en la fase adecuada del método. Sigue las etapas de refrigeración, marinado, fermentación, conservación y acabado, cuando se mencionen en el método.

Medidas: cuando se habla de cucharadas, son siempre cucharas medidoras (no cubiertos de mesa) y deben estar niveladas, a menos que se indique lo contrario.

Temperaturas del horno: hay que precalentar el horno a la temperatura que indica la receta y en el momento adecuado de la preparación. Siempre se indica cuándo debes encender el horno. Los hornos pueden variar en su precisión, no solo de una marca a otra, sino de la parte delantera a la trasera del horno, o de la superior a la inferior (en un horno sin ventilador). Vale la pena invertir en un termómetro de horno si puedes.

Tiempos: tómalos como guía. Pueden variar según los ingredientes, el horno o equipo, por ejemplo, el tipo de sartén, o incluso el clima cuando se trata del tiempo que tarda en subir una masa o fermentar un yogur. Comprueba el progreso a la hora sugerida, o a intervalos durante la preparación o cocción.

Ingredientes

La calidad de los ingredientes se notará en el resultado. Los ingredientes frescos, como fruta, verdura, carne, aves, huevos, lácteos y pescado, deben estar en las mejores condiciones. Si puedes, cómpralos en su temporada; no solo sabrán mejor, sino que además serán más baratos. Vigila la fecha de caducidad y conserva los ingredientes frescos como se recomienda, en un lugar fresco, en la nevera o en el congelador.

Fruta y verdura: sigue las instrucciones de la receta sobre la elección de los ingredientes, como el tamaño de la fruta o verdura y el grado de madurez. Se supone que todas las verduras y frutas son de tamaño mediano, salvo que se indique lo contrario en la receta. Deben lavarse, fregarse y/o pelarse, a menos que se den instrucciones alternativas. Los preparativos esenciales, como cortar en rodajas o en trozos, se indican en la lista de ingredientes. Cuando la preparación se menciona antes del ingrediente, debe hacerse antes de pesar. Por ejemplo, si las hierbas picadas se indican en cucharadas, mídelas después de la preparación para mayor precisión.
Cuando una receta pida ralladura de limón o lima, es preferible utilizar fruta sin encerar. Sin embargo, si te resulta difícil encontrar sin encerar, pon la fruta en un colador y vierte sobre ella agua recién hervida o frótala con agua jabonosa, aclárala bien y sécala con papel de cocina para eliminar los restos de cera.

Huevos y lácteos: el tamaño del huevo que se va a utilizar se indica en la receta y debe estar a temperatura ambiente (ver p. 18). Si guardas los huevos en la nevera, sácalos entre 30 minutos y 1 hora antes. Algunas recetas pueden contener huevo crudo o poco cocido. Se recomienda que los bebés, los niños pequeños, las mujeres embarazadas, los ancianos o las personas vulnerables las eviten.
La leche, la nata, la *crème fraîche* y el yogur se usan enteros, salvo que se indique otra cosa.

Ingredientes secos y de la despensa: legumbres, hierbas, especias, harina y cereales deben estar en buen estado y almacenados en un lugar fresco y seco. Desecha los que estén rancios, hayan perdido su aroma o estén caducados. El sabor de los aceites y

vinagres puede deteriorarse si se almacenan con calor o luz, o si están caducados. Las hierbas y especias secas perderán su sabor y potencia si se guardan en tarros transparentes en una habitación luminosa.

Utiliza el tipo de harina, azúcar, levadura, aceite o vinagre indicado, a menos que se den alternativas. Utilizar otro tipo de ingrediente puede afectar al éxito del plato.

Alergias o dietas especiales: muchas recetas indican alternativas a los lácteos y los huevos, pero ten en cuenta que algunas contienen alérgenos. Compruébalo antes de prepararlas para ti y para los demás.

Medición precisa

Las básculas electrónicas suelen ser más precisas que las de balanza, sobre todo al pesar cantidades muy pequeñas o muy grandes. Cuando midas líquidos, utiliza una jarra o cucharas medidoras transparentes; algunas balanzas electrónicas también pueden medir el volumen. No viertas líquidos en una cuchara medidora sobre el alimento que estás preparando, por si se desborda en la mezcla.

También es aconsejable cascar los huevos en un cuenco aparte, por si algún trozo de cáscara se cuela en el plato. Esto es especialmente importante al separar los huevos, ya que hasta el más mínimo rastro de yema puede influir negativamente en lo esponjosas y ligeras que quedarán las claras.

Higiene y seguridad

Saber preparar y conservar los alimentos es esencial. Encontrarás que cada capítulo e ingrediente viene acompañado de pautas de conservación y consejos de higiene a lo largo del libro, cuando proceda.

Lávate las manos y lava los ingredientes, como frutas y verduras, antes de empezar una receta. Todas las tablas de cortar, cuchillos o utensilios utilizados en la preparación de carne, aves o marisco crudos deben rociarse con un desinfectante o higienizante y frotar a fondo con agua caliente y jabón después del uso y, a ser posible, antes de volver a utilizarlos.

Muchos cocineros y chefs profesionales usan tablas de cortar de distintos colores para evitar el riesgo de contaminación cruzada, utilizando una diferente para la carne, las aves, el pescado y la fruta y verduras.

EQUIPO DE COCINA

No hace falta que tengas todo tipo de artilugios, pero una cocina bien equipada con un buen surtido de utensilios y equipos básicos hará que cocinar sea mucho más fácil y agradable. En general, cuanto más sencillo sea el utensilio y más se utilice, mejor calidad debe tener: ollas, sartenes, cuchillos, bandejas para hornear o asar y tablas de cortar son los utensilios que se utilizan con más frecuencia, y, si los cuidas, los de buena calidad te durarán muchos años. Las espátulas, cucharas, ralladores y utensilios más pequeños no son tan caros y normalmente hay que cambiarlos con más frecuencia. Por supuesto, el equipo de cocina que elijas depende de tu elección personal: debe serte cómodo y práctico de usar, y adaptarse a tu presupuesto, habilidades y experiencia en la cocina. Empieza con unos cuantos utensilios esenciales de buena calidad y ve ampliándolos con el tiempo y a medida que aumente tu repertorio culinario.

Ollas y cacerolas

Cuando compres ollas y cacerolas, comprueba en primer lugar que son compatibles con tu equipo de cocina, placa u horno en tamaño, forma y tipo. Comprueba las instrucciones del fabricante, ya que algunos materiales no funcionan en determinados tipos de placas de cocción. Si vas a utilizar la sartén u olla en el horno, por ejemplo para una cazuela o un asado, asegúrate de que el mango y la tapa también son aptos para el horno. La calidad es clave a la hora de comprar cacerolas y ollas, no hace falta que inviertas en las más caras, pero comprar barato es un falso ahorro, ya que no durarán mucho ni serán fáciles de usar ni de cuidar.

En primer lugar, las sartenes se fabrican en distintos materiales. Las más populares son las de hierro fundido, aluminio (con o sin revestimiento antiadherente), cobre, acero inoxidable o esmalte, y la que elijas dependerá de tus gustos y presupuesto. Busca una que tenga una base pesada, para que el calor se distribuya uniformemente, asas resistentes remachadas a los lados y una tapa bien ajustada. Pueden tener un lado recto o inclinado, y una pequeña con labio vertedor también es útil para líquidos y salsas.

Para las recetas de este libro, no es necesario tener una gran colección de sartenes, pero dos o tres de distintos tamaños —pequeña, mediana y grande— es un buen punto de partida.

Otras sartenes a considerar (pero no esenciales):
Cacerola de hierro fundido: útil para cocinar a fuego lento, como estofar y guisar. Conduce bien el calor y una de buena calidad durará años si se cuida. Sin embargo, una cazuela grande puede ser pesada, así que levántala y asegúrate de que puedes con ella.

Sartén de rejilla: recomendada en algunas recetas para asar verduras, pescado, aves y carne. Es mejor elegir una de base pesada y resistente, ya que se calentará eficazmente a alta temperatura sin combarse. Las sartenes de hierro fundido duran, pero hay que mantenerlas aceitadas para evitar que se oxiden, y secarlas después de usarlas.

Sartén para saltear: similar a una sartén de freír, pero normalmente con lados rectos más profundos y tapa (útil si tu sartén no viene con tapa). Sirve para freír y saltear trozos pequeños de carne, aves, pescado o verduras, y es una buena alternativa al wok.

Vaporera: perfecta para cocinar verduras y pescado, hay muchos tipos para elegir: una cesta perforada, como un escurridor plano, que se coloca encima de una sartén; una cesta desplegable, útil para sartenes de distintos tamaños; o una cesta vaporera de bambú para un wok.

Wok: elige uno de lados altos y base redondeada y pesada para sofreír fácilmente. También son útiles una tapa y una cesta china para cocinar al vapor.

Cuchillos

Hay una gran variedad de tipos y tamaños, pero el punto de partida es elegir uno que se adapte a la forma y el tamaño de tu mano, con una relación equilibrada entre la hoja y el mango, y que tenga un buen peso y no sea endeble. Un cuchillo de buena calidad no es barato (aunque tampoco hace falta que sea de gama alta), pero debería durarte años. Un cuchillo romo y de mala calidad es frustrante de usar y dificulta el trabajo de cortar y rebanar, mientras que un cuchillo de buena calidad hace que la preparación sea mucho más placentera y eficiente.

Los mejores cuchillos están hechos de una sola pieza de metal que va desde la hoja hasta el mango.

Un cuchillo de cocina grande (de unos 20 cm), otro más pequeño (de unos 10 cm), uno de sierra mediano para preparar frutas y verduras y finalmente otro de sierra largo para el pan, forman un buen equipo básico.

El cuchillo más seguro es un cuchillo afilado; uno desafilado es mucho más peligroso y tosco de usar. Asegúrate de afilar regularmente los cuchillos (con una chaira o piedra) y cuida la hoja, lavándola y secándola bien después de usarla. Un bloque de madera o un separador de cajones son buenas formas de guardar los cuchillos, en vez de sueltos en un cajón, ya que las hojas pueden estropearse.

Básculas y medidores

Las básculas digitales suelen ser más precisas y útiles que las balanzas: la mayoría ofrecen ahora la opción de g/ml/litro, y su pequeño tamaño permite guardarlas en el armario de la cocina sin ocupar un valioso espacio en la encimera. También son útiles una jarra medidora transparente y unas cucharas medidoras (ver p. 9 sobre Medición precisa).

Bandejas y fuentes de hornear y asar

Una bandeja de acero durará más y es menos fácil que se doble con el calor. Las hay muy planas, solo con un reborde, y son útiles para hornear alimentos, como pasteles y galletas, mientras que otras tienen lados poco profundos y son perfectas para hornear/asar alimentos que de otro modo podrían resbalar, como las verduras. Las bandejas de asar suelen tener forma rectangular, con los lados lo bastante bajos para que el calor directo llegue a lo que estés cocinando, pero lo bastante profundos para contener los jugos o las grasas. Las hay de distintos tamaños para asar carne, pescado y aves; las de acero inoxidable o aluminio revestido son las mejores por su eficacia y calidad.

Para simplificar, las recetas de tartas en capas utilizan dos moldes para tartas de tamaño estándar (20 cm), un molde cuadrado para brownies (20 cm) o un molde de pan de 900 g. Para pasteles más especiales, necesitarás un molde para brazo de gitano de poca profundidad y un molde Bundt. Un molde desmontable tiene lados que se abren para separarlo de la base.

Un molde para flan o tarta puede ser de cerámica o de metal, con lados rectos o estriados. Puede que el metal no tenga un aspecto tan atractivo como la cerámica, pero es mejor para dorar y cocinar la base de una tarta.

Otros utensilios de cocina

Tablas de cortar: se utilizan para proteger la encimera al cortar y picar. Las hay de madera o plástico y a menudo son de colores para utilizarlas con distintos tipos de alimentos.

Colador: un recipiente profundo y perforado de metal o esmaltado, perfecto para escurrir la pasta y las verduras. Elígelo con patas y asas para levantarlo fácilmente y ponerlo en el fregadero para escurrir con seguridad y eficacia los alimentos calientes.

Rallador: hay ralladores muy sofisticados, pero no te equivocarás con un buen rallador de caja (de cuatro caras) con su combinación de agujeros finos y grandes para todos los usos. Los agujeros muy finos son para piel de cítricos y para rallar nuez moscada.

Tijeras de cocina: elige unas bien resistentes de un tamaño adecuado para la tarea que vayas a realizar: pequeñas para cortar hierbas o unas más grandes para cortar aves o la piel del pescado.

Mandolina: ideal para cortar patatas en rodajas finas para una dauphinoise. Las hay de diferentes formas, pero una con estructura metálica, cuchillas ajustables y protector de mano es una buena elección. Utilízala para cortar verduras y patatas en rodajas finas, barritas o paja.

Cuencos mezcladores: los hay de muchos tamaños y materiales. Un cuenco de cristal o cerámica resistente al calor puede utilizarse al baño maría, para fundir chocolate o hacer salsa holandesa, por ejemplo.

Pincel de repostería: este pincel de cerdas cortas es útil para aplicar glaseados, como un baño de huevo, a pasteles y masas para darles aspecto dorado después de hornearlos, o para untar adobos en carnes y pescados. Lo ideal es tener un par para distintos usos.

Mortero: no es imprescindible, pero es una herramienta tradicional para machacar hierbas y especias. El de mármol es una buena opción, ya que no absorbe los sabores y es resistente en la encimera.

Machacador de patatas: muy útil para machacar patatas y legumbres.

Rodillos: los de madera, con o sin mangos, son una buena elección para extender pasteles y masas; los que no tienen mango también pueden utilizarse para aplastar o aplanar filetes de carne o pechugas de pollo. Los rodillos para pasta suelen ser más pequeños y de extremos cónicos.

Tamices: más pequeño que un escurridor, con un recipiente de malla fina y un mango largo y fino, un tamiz es ideal para eliminar los grumos de la harina, el azúcar glas y el cacao en polvo, colar líquidos y hacer purés. Los tamices de acero inoxidable son más fáciles de limpiar que los de nailon y suelen durar más.

Cucharas, espátulas y pinzas: para mezclar, remover, levantar y girar. La madera no conduce el calor, por lo que puede ser útil para remover durante mucho tiempo, pero también hay alternativas de silicona. Algunas tienen el borde plano para llegar mejor al borde de la sartén. Un cucharón tiene un mango largo y una cabeza en forma de cuenco, y es útil para trasvasar líquidos, sopas y salsas entre ollas o para servir. Una espumadera o cuchara ranurada de mango largo es perfecta para sacar los alimentos cocinados del aceite, el agua o el caldo, permitiendo al mismo tiempo que escurra el exceso de líquido.

Termómetros: los hay de muchos tipos con distintas funciones, pero uno digital es útil para cocinar con seguridad y precisión. Un termómetro para freír o para el azúcar mide temperaturas de hasta 200 °C y te permite saber cuándo la grasa o el aceite están a la temperatura adecuada para freír o cuándo el azúcar ha alcanzado el calor deseado para hacer caramelo. Un termómetro de carne tiene una sonda para saber si se ha alcanzado la temperatura interna de cocción recomendada. También merece la pena considerar un termómetro de horno. Con el tiempo, el termómetro interno del horno puede cambiar o deteriorarse, lo que supone una bajada o subida general de la temperatura. Un medidor de temperatura interna del horno te dirá exactamente la precisión de tu horno.

Pelador de verduras: con cuchilla fija o giratoria, un pelador facilita el trabajo de quitar la piel de la fruta y la verdura, o se puede utilizar para cortar queso.

Batidores: un batidor de globo, redondeado y de alambres metálicos, es útil para batir pequeñas cantidades de nata, huevos o salsas.

Rejilla de enfriamiento: una plataforma de malla o con marco metálico abierto facilita mucho el enfriamiento de pasteles y galletas, permitiendo que el vapor/calor salga sin que el fondo quede empapado.

Equipo especializado

Es tentador —y fácil— dejarse llevar a la hora de elegir utensilios de cocina, como batidoras, procesadores de alimentos, heladeras, máquinas para hacer pasta, batidoras y mucho más... La primera consideración antes de hacer una compra es: ¿con qué frecuencia vas a utilizarlo? Por ejemplo, siendo realistas, ¿merece la pena invertir en esa máquina de hacer helados? Esto puede ser una obviedad: te encantan los helados y sorbetes y es probable que los prepares a menudo. En ese caso, una máquina para hacer helados sería una ventaja en la cocina, ya que te facilitaría el trabajo de batir helados suaves y cremosos, sobre todo si también congela. Otra cosa es el espacio. Muchos aparatos son grandes y ocupan mucho en el armario o en la encimera, así que vale la pena comprar bien y con prudencia, y no dejarse llevar.

Batidora: útil para hacer purés de líquidos, sopas, salsas, batidos, frutas y verduras. Puedes elegir entre una batidora con jarra o recipiente, que se coloca sobre la encimera, o una batidora de mano que facilita el trabajo de hacer purés con salsas y sopas.

Robot de cocina: según su tamaño, sirve para picar, hacer purés, mezclar, amasar y desmenuzar, aunque no es eficaz para hacer nata o batir. Suele incluir discos para cortar, rallar y triturar, así como otros accesorios. Es útil para manejar cantidades más pequeñas de ingredientes, como hacer pan rallado o moler especias.

Máquina de pasta: puede ser una máquina manual o eléctrica para amasar, enrollar y cortar pasta fresca (ver p. 233).

Batidora de pie: útil para mezclar y batir pasteles, masas, amasar pasteles y masas, montar nata, batir mezclas y montar claras de huevo, dependiendo de la gama de accesorios. Puede ser voluminosa, y a menudo un batidor eléctrico manual puede bastar para satisfacer las necesidades de tu receta.

HUEVOS

y

ALTERNATIVAS

HUEVOS

Versátiles y nutritivos, son uno de los ingredientes más útiles en la cocina. Ideales como alimento precocinado, pueden comerse solos —cocidos, fritos, escalfados, revueltos u horneados— o utilizarse como ingrediente para enriquecer pasteles, espesar salsas, ligar pasta o glasear pasteles.

Buena fuente de proteínas, vitaminas y minerales, lo mejor es optar por los ecológicos, ya que se producen siguiendo estrictas normas de bienestar y las gallinas se alimentan sin pesticidas.

Los huevos de gallina son los más populares, pero puedes probar también los de codorniz, pato u oca, que difieren en tamaño y en sabor.

Conservación

Guárdarlos o no en la nevera según el clima del lugar en que vivas, pues los huevos deben conservarse a una temperatura constante, inferior a 20 °C.

Si guardas los huevos en el frigorífico, mantenlos alejados de alimentos de olores fuertes, ya que la cáscara es porosa. Sácalos 30 minutos antes de cocinarlos para obtener los mejores resultados. Los huevos a temperatura ambiente es más difícil que se rompan al sumergirlos en agua hirviendo, se mezclan más fácilmente al batirlos y suben más cuando se emplean en masas para tortitas u horneados que los que están fríos de la nevera.

HERVIR HUEVOS

Preparación 5 minutos

Cocción 5-10 minutos

Raciones 3

Suele decirse que hervir un huevo es bien sencillo, pero es fácil equivocarse y que el resultado sea un huevo demasiado cocido o poco hecho. Hay muchas formas distintas de cocer un huevo, pero este método funciona y es fácil de seguir.

3 huevos medianos, a temperatura ambiente

1 | Lleva a ebullición un cazo con dos tercios de agua, luego baja a fuego lento (esto es lo que no te cuentan nunca). Con una cuchara, introduce con cuidado los huevos en el agua hirviendo a fuego lento hasta cubrirlos del todo, y luego programa un temporizador para el tipo de huevo que prefieras (derecha).

2 | Una vez cocidos, utiliza una espumadera para pasar los huevos a un cuenco con agua fría. Así evitarás que sigan cociéndose, a menos que vayas a hacer un huevo duro con soldados, en cuyo caso sírvelos enseguida.

3 | Para pelar un huevo, golpea suavemente ambos extremos sobre la superficie de trabajo (aquí es donde estarán las posibles bolsas de aire), luego hazlo rodar suavemente para aflojar la cáscara. Con los pulgares, separa la cáscara y la membrana de la clara. Sumergir el huevo en el cuenco de agua fría mientras lo pelas te ayudará a eliminar los restos de cáscara que estén más pegados.

TIEMPOS DE COCCIÓN DE UN HUEVO MEDIANO

4½ minutos
Huevo con yema líquida y clara a punto de cuajar.

6 minutos
Clara cuajada y yema líquida en el centro y comenzando a cuajarse por los bordes.

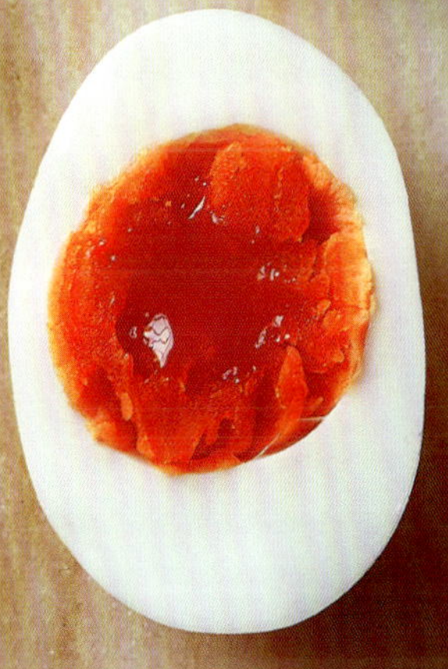

7 minutos
Clara cuajada y yema algo cuajada y pegajosa.

10 minutos
Huevo duro con la clara y la yema cuajadas.

Ensalada de huevo, brócoli y tomate

Preparación 5 minutos

Cocción 10 minutos

Raciones 2

Una sencilla ensalada de verano, fresca y vibrante, con un aliño picante y la cremosidad umami de los huevos, que se cuecen hasta que la clara está cuajada pero con la yema aún jugosa.

100 g de brócoli de tallo largo, cada uno cortado por la mitad para tener el tallo y el ramillete separados
4 huevos medianos, a temperatura ambiente
100 g de tomates cherri, cortados a cuartos
½ cebolla roja pequeña, picada fina
85 g de rúcula
1 cucharada de alcaparras escurridas
1 cucharada de vinagre balsámico
2 cucharadas de aceite de oliva virgen extra
30 g de queso parmesano
30 g de almendras laminadas tostadas (ver p. 288)
sal y pimienta negra recién molida

1 | Pon el brócoli en un cazo con agua hirviendo y cuécelo durante 2-3 minutos, hasta que esté tierno. Retíralo con unas pinzas para que escurra el agua, y ponlo en un plato. Deja el cazo con agua en el fuego.

2 | Sigue los pasos 1-3 de «Hervir huevos» (ver p. 18), cociendo los huevos durante 6 minutos en la misma cazuela con agua, hasta que las claras estén cuajadas y las yemas ligeramente blandas y confitadas.

3 | Pon el brócoli en un bol grande con los tomates, la cebolla roja, la rúcula, las alcaparras, el vinagre y el aceite. Con un pelador de verduras, corta en virutas finas el parmesano, salpimiéntalas ligeramente y mézclalas bien. Reparte la ensalada en dos platos y cúbrela con las almendras tostadas.

4 | Corta los huevos por la mitad, sazónalos con algo más de sal y pimienta, ponlos sobre la ensalada y sirve.

Huevo marinado en soja sobre ramen

Preparación
10 minutos
+ marinado

Cocción
10 minutos

Raciones 1
(huevos para 3)

Los huevos cocidos se marinan con una mezcla de salsa de soja, miel, ajo y guindilla, que les da sabor y color. Para preparar un almuerzo rápido, sírvelos sobre un paquete de ramen con verduras.

Para los huevos marinados con soja

4 huevos medianos, a temperatura ambiente
5 cucharadas de salsa de soja oscura
3 cucharadas de miel líquida
3 dientes de ajo, machacados
2 cebolletas, finamente picadas
1 cucharadita de copos de guindilla seca

Para el ramen

1 paquete de ramen instantáneo
1 pak choi pequeño, cortado en cuartos a lo largo
1 cucharadita de semillas de sésamo tostadas
1 cebolleta, cortada en rodajas finas
unas hojas de cilantro fresco
1 cucharadita de aceite de guindilla

1 | Sigue los pasos 1-3 de «Hervir huevos» (ver p. 18), cociendo los huevos durante 7 minutos, hasta que la clara esté cuajada y la yema suave y pegajosa.

2 | En un recipiente pequeño con tapa o un cuenco, mezcla la salsa de soja, la miel, el ajo, la cebolleta, los copos de guindilla y 3 cucharadas de agua. Añade los huevos pelados, haciéndolos girar para que queden bien cubiertos, pero no te preocupes si no quedan totalmente sumergidos.

3 | Pon la tapa o cubre el bol con film transparente. Deja reposar los huevos en el adobo de salsa de soja en la nevera durante al menos 3 horas, dándoles una vez la vuelta.

4 | Cuece el ramen según lo que indica el paquete, añade el pak choi a la sartén 2 minutos antes del final de la cocción y tenlo hasta que esté tierno.

5 | Sirve el ramen y el pak choi en una fuente. Cúbrelo todo con las semillas de sésamo, la cebolleta, las hojas de cilantro y el aceite de guindilla. Corta uno de los huevos marinados por la mitad y colócalo encima del ramen, junto con 1 cucharada del líquido de marinado. Sírvelo aún caliente.

CONSEJO

Los huevos marinados se conservan en la nevera hasta 3 días. No te olvides de girarlos de vez en cuando para que se marinen de manera uniforme. Puedes prepararlos también con un poco de arroz al vapor y aceite de guindilla.

ESCALFAR HUEVOS

Preparación
10 minutos

Cocción
5 minutos

Raciones 1

Dominar la técnica de escalfar un huevo no es difícil, pero requiere un poco de práctica. Una de las claves de la perfección es utilizar los huevos más frescos, ya que su clara es más espesa y mantiene mejor su forma alrededor de la yema mientras se cuecen.

1 cucharada de vinagre de vino blanco
1 huevo mediano, a temperatura ambiente

1 | Lleva a ebullición un cazo pequeño y hondo con al menos 12 cm de agua. Una vez hierva, añade el vinagre de vino blanco (ayuda a mantener la forma del huevo escalfado) y baja el fuego para que el agua apenas hierva.

2 | Casca un huevo a temperatura ambiente en un cuenco pequeño o un cazo, con cuidado de no romper la yema. Con una cuchara de madera, remueve el agua con movimientos circulares hasta que se forme un suave remolino. El remolino ayudará a que la clara se agrupe alrededor de la yema al echar el huevo.

3 | Mete con cuidado el huevo en el centro del remolino. Cuécelo a fuego lento durante 3-4 minutos, hasta que la clara esté completamente cuajada y la yema permanezca líquida pero caliente.

4 | Con una espumadera, saca el huevo escalfado y escúrrelo en un plato con papel de cocina antes de servirlo al gusto.

CONSEJOS

Puedes escalfar 2 huevos al mismo tiempo. Mete uno en el remolino y, cuando la clara empiece a envolver la yema, introduce el segundo y cuécelo como se indica más arriba.

Intenta meter los huevos en el agua lo más cerca posible de la superficie. Así te asegurarás de que la clara cubra la yema por completo.

Huevo escalfado en tostada con ajo y tomate

Preparación 10 minutos

Cocción 15 minutos

Raciones 2

Sofreír tomates cherri en aceite con ajo concentra su sabor y dulzura. Ponlos sobre una tostada con un huevo escalfado y tendrás un estupendo brunch. Al cortar el huevo escalfado, la yema se combina con los tomates en una deliciosa salsa.

2 cucharadas de aceite de oliva virgen extra
2 dientes de ajo, cortados en láminas finas
200 g de tomates cherri enteros
1 cucharada de vinagre de Jerez
2 huevos medianos, a temperatura ambiente
2 rebanadas de pan de masa madre
1 puñado de hojas de perejil
sal y pimienta negra recién molida

1 | Calienta el aceite de oliva en una sartén pequeña a fuego medio y añade el ajo. Remuévelo con la espátula, durante 1-2 minutos, hasta que el ajo saque el aroma.

2 | Añade los tomates cherri y sigue removiendo de vez en cuando, durante otros 4-5 minutos, hasta que empiecen a abrirse. Sazona con sal y pimienta. Vierte el vinagre de Jerez, con cuidado porque puede salpicar, remuévelo y luego baja el fuego al mínimo para que los tomates se mantengan calientes mientras escalfas los huevos.

3 | Sigue los pasos 1-4 de «Escalfar huevos», con el consejo sobre cómo escalfar un segundo huevo.

4 | Mientras tanto, tuesta el pan y ponlo en dos platos de servir. Pon encima los tomates con ajo y el aceite de la sartén, y sobre de cada uno, un huevo escalfado. Sazona con más sal y pimienta, si quieres, y termina con unas hojas de perejil.

Shakshuka de puerro, espinacas y za'atar

Preparación
10 minutos

Cocción
15 minutos

Raciones 2

Escalfar huevos en salsa es una de las formas más fáciles de dominar esta técnica. En este caso, el clásico shakshuka a base de tomate se sustituye por uno de verduras para obtener un plato reconfortante, especiado y vegetariano en una misma sartén. El za'atar (ver p. 449) es una mezcla de hierbas y especias de Oriente Medio hecha con semillas de sésamo, orégano y/o tomillo secos y zumaque. Da al plato un sabor picante y terroso.

- 2 cucharadas de aceite de oliva, más para servir
- 1 puerro mediano, lavado, cortado por la mitad a lo largo y en rodajas finas
- una pizca de sal
- 3 dientes de ajo grandes, pelados y cortados en láminas finas
- 1 cucharada de semillas de comino
- 100 g de hojas de espinacas tiernas
- 100 g de guisantes congelados
- 1 puñado grande de perejil y/o eneldo, picado grueso
- 1 cucharada de za'atar (ver p. 449) o comprado en la tienda, y más para servir
- 4 huevos medianos, a temperatura ambiente
- 30 g de mantequilla salada
- ½ cucharadita de pimentón ahumado
- 50 g de queso feta
- panes de pita tostados, para servir

1 | Calienta el aceite en una sartén antiadherente honda, de unos 28 cm de diámetro, con tapa, a fuego medio. Añade el puerro y una pizca de sal, y cocina, removiendo de vez en cuando, durante 6 minutos, hasta que se ablande.

2 | Añade el ajo y las semillas de comino a la sartén. Cocina durante 1 minuto más, removiendo, hasta que el ajo esté dorado, e incorpora las espinacas, los guisantes y la mitad de las hierbas. Añade el za'atar y 250 ml de agua para hacer la salsa shakshuka.

3 | Cocina, removiendo hasta que las espinacas se ablanden en la salsa, unos 2-3 minutos, y luego haz cuatro agujeros en la mezcla. Mete en ellos los huevos. Tapa la sartén y escalfa los huevos en la salsa durante 3-5 minutos, hasta que la clara cuaje pero la yema esté aún líquida.

4 | Mientras tanto, derrite la mantequilla en un cazo pequeño a fuego lento. Una vez derretida, añade el pimentón ahumado y retira el cazo del fuego.

5 | Vierte la mantequilla especiada sobre la shakshuka, desmenuza el queso feta y esparce el resto de las hierbas. Termina con un poco más de za'atar y sirve acompañado con pan de pita tostado.

FREÍR HUEVOS

Preparación 5 minutos

Cocción 5 minutos

Raciones 1

Este método para freír un huevo da como resultado un borde crujiente en el exterior de la clara recién cuajada y una yema líquida. Puede parecer que se usa mucho aceite, pero ayuda a conseguir la textura adecuada y a cocer completamente la clara, dejando la yema blanda, sin resecarla. El huevo se escurre antes de servirlo para eliminar el exceso de aceite.

1 cucharada de aceite vegetal
1 huevo mediano, a temperatura ambiente
sal y pimienta negra recién molida

1 | Calienta el aceite en una sartén antiadherente pequeña a fuego medio-alto durante 2-3 minutos: debe estar caliente cuando pongas el huevo. Casca el huevo con firmeza y confianza sobre una superficie plana o el borde de la sartén, abre la cáscara con los pulgares y vierte el huevo en la sartén.

2 | Deja cocer el huevo durante 2 minutos, hasta que la clara empiece a estar crujiente por el borde. Inclina ligeramente la sartén y echa un poco del aceite caliente por encima de la clara cruda para ayudar a que se cueza. Repite esta operación varias veces hasta que la clara esté cuajada y el borde empiece a crujir, pero la yema siga líquida.

3 | Salpimienta el huevo y, antes de servirlo, pásalo con una espátula a un plato con papel de cocina.

Variaciones de sabor

Huevo frito al comino: en el último minuto de fritura, añade **1 cucharadita de semillas de comino** para dar al huevo un toque extra.

Huevo frito con feta: desmenuza **30 g de queso feta** escurrido mientras calientas el aceite, y luego casca el huevo encima. El queso feta queda un poco crujiente en el fondo y añade cremosidad umami al huevo.

Huevo frito con 'nduja: desmenuza **30 gramos de 'nduja** y deja que se caliente en el aceite, luego sigue los pasos para freír el huevo. La 'nduja vuelve el aceite y el huevo de un rojo vibrante y añade un sabroso picante umami.

CONSEJO

Si prefieres la yema más cocida, sigue las instrucciones hasta el final del paso 2, luego dale la vuelta al huevo y cuécelo 30 segundos por el lado de la yema. Si prefieres que el huevo esté menos crujiente, reduce el fuego a medio y pon la tapa para que casi se poche mientras se cocina y quede la clara cuajada y la yema líquida.

Desayuno bánh mì

Preparación
10 minutos

Cocción
5 minutos

Raciones 2

Delicioso huevo frito en una baguette tierna y crujiente, con verduras encurtidas y un toque de salsa hoisin y aceite de guindilla crujiente. Esta versión del clásico sándwich vietnamita es un desayuno imbatible.

2 cucharadas de vinagre de arroz
una pizca grande de azúcar glas
una pizca de sal
1 zanahoria
¼ de pepino
2 huevos medianos, a temperatura ambiente
1 baguette mediana
2 cucharadas de mayonesa
2 cucharadas de salsa hoisin
1 puñado de hojas de cilantro
aceite de guindilla crujiente (ver p. 452) o comprado, para servir

1 | Para hacer un encurtido rápido, mezcla el vinagre de arroz, el azúcar y una pizca de sal en un bol pequeño. Con un pelador de verduras, corta la zanahoria y el pepino en tiras, desechando el corazón con semillas de este último. Pon las verduras en el bol con el aliño y mézclalas bien. Reserva.

2 | Sigue los pasos 1-3 de «Freír huevos» (ver p. 25).

3 | Corta la baguette por la mitad a lo largo, y luego por la mitad horizontalmente. Unta las mitades inferiores con mayonesa y las superiores con hoisin. Pon sobre la mitad inferior las tiras de pepino y zanahoria y luego el huevo frito.

4 | Añade las hojas de cilantro y, a continuación, vierte la cantidad de aceite de guindilla crujiente que quieras (y te atrevas). Complétalo añadiendo la mitad superior de la baguette.

HUEVOS REVUELTOS

Preparación
5 minutos

Cocción
5 minutos

Raciones 2

Pocas cosas superan unos huevos revueltos suaves, cremosos y perfectos. A diferencia de algunas recetas, en esta versión no se bate una pequeña cantidad de leche en los huevos, que puede diluir la intensidad del sabor, sino que se utiliza mantequilla derretida y se retiran los huevos del fuego antes de que estén del todo cocidos. Acuérdate de tener listas las tostadas con mantequilla.

4 huevos medianos, a temperatura ambiente
40 g de mantequilla sin sal
sal y pimienta negra recién molida

1 | Casca 4 huevos en un cuenco, sazónalos bien con sal y pimienta, y bátelos con un batidor de globo durante 1-2 minutos, hasta que estén bien mezclados y espumosos; esto garantizará que los huevos tengan una textura uniforme, sin grumos de clara.

2 | Pon una sartén antiadherente mediana a fuego medio-bajo y derrite la mantequilla.

3 | Cuando la mantequilla esté burbujeando, vierte los huevos en la sartén y deja que se hagan durante 30 segundos, antes de removerlos suavemente y volver a dejarlos. Cuando los huevos empiecen a cocerse más, sigue removiendo y mezclando suave y lentamente con una espátula o cuchara, moviendo los huevos por la sartén para que se cocinen uniformemente y no se peguen al fondo. Sigue removiendo hasta que los huevos estén casi cuajados, pero aún tengan un poco de líquido; esto tarda de 2 a 3 minutos.

4 | Retira la sartén del fuego y remueve suavemente 1 minuto más hasta que los huevos acaben de cuajar.

Variaciones del revuelto

Revuelto de soja: sustituye la sal por **1 cucharada de salsa de soja** para un profundo sabor salado umami.

Revuelto con trufa y hierbas: añade **un puñado de cebollino picado** al huevo batido. Sustituye 10 g de mantequilla por **1 cucharada de aceite de trufa** o cuece los huevos según la receta y ralla un poco de trufa fresca justo antes de servir.

Revuelto picante: bate **1 cucharada de pasta de chipotle** en el huevo batido para darle un toque picante y ahumado.

CONSEJOS

Los huevos revueltos son cuestión de paciencia, así que no subas demasiado el fuego porque podrías acabar con unos huevos gomosos y demasiado cocidos. Si se cuecen demasiado rápido, retira la sartén del fuego y añade un poco de mantequilla fría en dados para ralentizar la cocción.

Si no comes huevos, el tofu sedoso es una buena alternativa (ver «Revuelto indio de tofu» en la p. 37).

TORTILLA A LA FRANCESA

Preparación
5 minutos

Cocción
5 minutos

Raciones 1

La tortilla francesa clásica muestra los huevos en todo su esplendor: esponjosos y suaves con una cubierta amarilla y mantecosa. Una vez que domines lo básico, podrás llenar la tortilla con todo tipo de delicias. Es una tortilla individual porque es más fácil y manejable de hacer con éxito.

3 huevos medianos, a temperatura ambiente
15 g de mantequilla sin sal
sal y pimienta negra recién molida

1 | Casca 3 huevos en un cuenco y sazónalos bien con sal y pimienta. Con un batidor de globo, bátelos durante 1-2 minutos, hasta que estén mezclados y espumosos, para asegurar una textura uniforme sin grumos de clara.

2 | Derrite la mantequilla en una sartén antiadherente mediana a fuego medio-bajo, dando vueltas a la sartén para que la mantequilla cubra uniformemente la base.

3 | Una vez derretida la mantequilla, vierte los huevos sazonados. Deja cocer durante 30 segundos, hasta que se cuajen por abajo.

4 | Remueve la mezcla de huevo con una espátula, dirigiéndola hacia el centro y dejando que el huevo crudo se escurra hacia los lados, de modo que empiece a cubrir la base de la sartén.

5 | Deja que la tortilla se cueza suavemente durante 1-2 minutos, hasta que el huevo haya ganado un poco de consistencia y esté cuajado por debajo (puedes levantar con cuidado el borde con una espátula para mirar). La parte superior estará brillante y húmeda, pero no mojada.

6 | Utiliza la espátula para separar el borde de la tortilla, luego enrolla con cuidado tres cuartas partes, dejando unos 4 cm de la tortilla sin doblar.

7 | Dobla la tortilla en sentido contrario, de modo que quede un borde a lo largo de la parte superior.

8 | Voltea con cuidado la tortilla sobre un plato de servir con la costura hacia abajo y sazona con más pimienta, si lo deseas.

Variaciones de relleno

Sigue los pasos del 1 al 5 y añade el relleno. Es poco probable que puedas enrollar la tortilla si está rellena, así que pon el relleno sobre una mitad de la tortilla y luego dobla la otra mitad para envolverla. Deja que el relleno se caliente brevemente antes de sacar la tortilla de la sartén y ponerla en el plato. Aquí tienes algunas ideas de rellenos rápidos:

Queso: ralla una cantidad generosa de queso Cheddar para obtener una tortilla de queso. También puedes añadir un poco de cebollino fresco picado.

Champiñones con ajo y hierbas: fríe por separado algunos champiñones en láminas con ajo y perejil, y ponlos sobre la tortilla. Añade por encima un queso sabroso rallado, por ejemplo comté.

Pimiento ahumado: fríe rodajas de pimiento, cebolla y ajo en aceite de oliva con un poco de pimentón ahumado y échalas sobre la tortilla antes de doblarla.

Bacon crujiente: fríe un poco de beicon cortado en tiras pequeñas hasta que estén crujientes, resérvalas y haz la tortilla en la misma sartén antes de esparcir el beicon crujiente por encima.

1
2
3
4
5
6
7
8

Tortilla española de patata y cebolla

Preparación 15 minutos + reposo

Cocción 40 minutos

Raciones 4-6

Una buena tortilla española debe estar dorada por fuera, con patata blanda, cebolla caramelizada bien sazonada y huevo no demasiado hecho en el centro. Idealmente necesitarás 2 sartenes de 25 cm.

300 g de patatas cerosas, como Charlotte
3 cucharadas de aceite de oliva virgen extra
1 cebolla, partida por la mitad y en rodajas finas
8 huevos medianos, a temperatura ambiente
sal y pimienta negra recién molida

1 | Pela las patatas y córtalas por la mitad a lo largo. Entonces haz rodajas de 3 mm de grosor.

2 | Calienta el aceite en una sartén antiadherente honda, de unos 25 cm de diámetro, a fuego medio. Añade la cebolla y cuécela durante 5 minutos, hasta que empiece a ablandarse, luego añade las rodajas de patata. Cuécelas otros 20 minutos, removiendo a menudo, hasta que estén blandas y caramelizadas.

3 | Casca los huevos en un cuenco grande y bátelos ligeramente con un tenedor; cuanto más los batas, más finos quedarán. Añade a los huevos la cebolla tierna cocida, las patatas y los restos de aceite que queden en la sartén, salpimienta bien y mezcla suavemente. Los huevos enfriarán inmediatamente el relleno y los sabores se mezclarán. Deja reposar 10 minutos.

4 | Pon la sartén a fuego medio-bajo. Vierte la mezcla de huevo en la sartén, extendiendo las patatas y las cebollas hasta tener una capa uniforme.

5 | Cuece suavemente la tortilla durante 6-8 minutos, hasta que la parte inferior esté cuajada y ligeramente dorada y la parte superior esté blanda, tambaleante y líquida en el centro (puedes levantar con cuidado el borde con una espátula para mirar). Pasa una espátula por los lados y por debajo de la tortilla para asegurarte de que no se ha pegado a la sartén. Pon una segunda sartén de 25 cm sobre la parte superior de la tortilla y, con un solo movimiento, dale la vuelta rápidamente para que el lado cocinado quede hacia arriba en la sartén limpia.

6 | Cocina el otro lado durante 2-3 minutos a fuego medio, hasta que la parte inferior esté ligeramente dorada y el centro esté un poco líquido (no debe hacerse demasiado). Utiliza una espátula para dar forma al borde exterior, presionando ligeramente los lados hacia el centro de la sartén para evitar que la tortilla se aplaste y darle un borde redondeado. Comprueba con una espátula que no se haya pegado, luego deslízala sobre un plato. Córtala en trozos para servirla.

CONSEJO

Para dar la vuelta a la tortilla, también puedes deslizarla sobre un plato un poco más grande que la sartén. Vuelve a poner la sartén sobre la tortilla y, con un movimiento rápido, gira el conjunto de modo que el lado sin cocer quede hacia abajo sobre la sartén.

Frittata persa de hierbas

Preparación 5 minutos

Cocción 15 minutos

Raciones 4

Esta es una versión del *kuku sabzi*, una frittata persa que se sirve en Nowruz o Año Nuevo. Está rellena de hierbas aromáticas, frutos secos y fruta deshidratada para darle más textura y sabor.

50 g de nueces
3 cucharadas de aceite de oliva virgen extra
30 g de cilantro, hojas y tallos, picado
30 g de perejil de hoja plana, hojas y tallos, picado
20 g de eneldo, hojas y tallos, picado
6 cebolletas, finamente picadas
una pizca de sal, un poco más para sazonar
1 cucharadita de comino molido
½ cucharadita de canela molida
½ cucharadita de cúrcuma en polvo
1 cucharadita de levadura en polvo
50 g de arándanos rojos secos
6 huevos medianos, a temperatura ambiente, batidos
pimienta negra recién molida
yogur natural y ensalada verde, para servir (opcional)

1 | Pon las nueces en una sartén apta para horno de 28 cm a fuego medio y tuéstalas durante 2-3 minutos, hasta que empiecen a dorarse y a oler a tostado. Sácalas de la sartén y trocéalas. Resérvalas hasta que las necesites.

2 | Pon el aceite de oliva en la misma sartén a fuego medio, añade las hierbas, las cebolletas y una pizca de sal. Cocínalas durante 3-4 minutos, hasta que se ablanden pero sigan teniendo su color verde; viértelo todo en un bol grande. Añade las especias, la levadura en polvo, los arándanos rojos y las nueces tostadas picadas, y también los huevos batidos. Sazónalo con sal y pimienta y mézclalo todo bien.

3 | Precalienta el grill del horno a fuego medio-alto.

4 | Mientras tanto, vierte la mezcla de huevo en la sartén y ponla de nuevo a fuego medio-bajo. Cocina la frittata durante 3-4 minutos, hasta que esté dorada y cuajada por abajo y por los lados, con el centro aún líquido, y luego pon la sartén bajo el grill durante unos 2-3 minutos para que se haga la parte de arriba.

5 | Afloja los lados de la frittata con una espátula, luego deslízala fuera de la sartén sobre un plato grande para servir. Sírvela con yogur natural y, si quieres, con una ensalada verde crujiente.

CONSEJO

Se conserva hasta 3 días en la nevera. Córtala en porciones y sírvela a temperatura ambiente, o recaliéntala en el horno durante 6-8 minutos, o en el microondas durante 2 minutos.

SEPARAR HUEVOS

Preparación
5 minutos

Sin cocción

Raciones 1

Hay muchas formas de separar un huevo, desde cascarlo en la mano sobre un cuenco y dejar que la clara se escurra entre los dedos por debajo hasta cascar el huevo entero en un cuenco y utilizar una cuchara para pescar la yema. Este método es el menos sucio y el que genera menos residuos.

1 huevo mediano, a temperatura ambiente

1 | Golpea el huevo sobre una superficie de trabajo plana para romperlo por la mitad. Romper el huevo sobre una superficie de trabajo, en lugar de sobre el bol, ayuda a que la cáscara se rompa limpiamente. Sobre el cuenco, parte con cuidado el huevo en dos mitades. Al hacerlo, parte de la clara goteará de forma natural en el cuenco; ten cuidado de evitar que caigan fragmentos de cáscara.

2 | Ve pasando la yema de una mitad de la cáscara a la otra para que caiga en el cuenco el resto de la clara y ten cuidado de que la yema no se rompa.

3 | Una vez que tengas toda la clara en el bol, vierte la yema en un segundo bol. Ahora ambos están listos para usar (ver los consejos, más abajo).

CONSEJOS

Una vez separadas, la clara y la yema se pueden utilizar de distintas formas: la yema aporta riqueza y espesa (ver la crema inglesa, p. 394); mientras que la clara se puede batir para hacer picos (ver la pavlova Selva Negra, p. 400).

Congela las claras hasta 3 meses en un recipiente hermético. Descongélalas en la nevera durante la noche.

Es mejor utilizar las yemas durante el día. Cubre su superficie con film transparente para evitar que se forme piel y guárdalas en la nevera.

Huevos Benedict con salsa picante

Preparación 10 minutos

Cocción 25 minutos

Raciones 2

Muchos creen que la salsa holandesa está en la cima de la cocina casera, y que vale más no intentarla demasiado pronto. Esta receta demuestra lo sencillo que es hacerla y lo fácil que es arreglarla si se corta. Es una salsa supermantecosa a base de huevo, y aquí la condimentamos con un toque picante. Un chorro de zumo de limón funciona igual de bien.

4 huevos medianos, a temperatura ambiente
2 *muffins*, partidos por la mitad
4 lonchas de jamón ahumado grueso, sin grasa y cortadas en círculos de tamaño similar a los *muffins*

Para la salsa holandesa picante
2 yemas de huevo (ver «Separar los huevos», izquierda)
125 g de mantequilla clarificada derretida (ver p. 50)
2 cucharadas de la salsa picante que prefieras
1 cucharada de agua recién hervida

1 | Empieza preparando la salsa holandesa picante. Llena hasta la mitad un cazo pequeño con agua hirviendo y coloca encima un bol resistente al calor. Pon el cazo a fuego lento para que el agua apenas hierva. Añade las yemas de huevo y 1 cucharada de agua al bol y bate con un batidor de globo durante 2-3 minutos, hasta que estén ligeras y espumosas.

2 | Pon la mantequilla clarificada derretida en una jarra y viértela muy lentamente en los huevos, batiendo continuamente, a fuego lento. Sigue vertiendo lentamente la mantequilla, batiendo hasta que se incorpore y tengas una salsa con una consistencia espesa, parecida a la mayonesa.

3 | Bate la salsa picante y el agua hervida para aclarar un poco. Apaga el fuego bajo el cazo, pero mantén el cuenco sobre el agua caliente mientras escalfas los huevos, batiendo la holandesa de vez en cuando.

4 | Sigue los pasos 1-4 de «Escalfar huevos» (ver p. 22), con 4 huevos. Tuesta los *muffins* y ponlos en dos platos. Pon encima de cada uno una loncha de jamón y un huevo escalfado. Echa por encima abundante salsa holandesa picante y sirve inmediatamente.

CONSEJOS

No tienes por qué hacer la holandesa con mantequilla clarificada, puedes usar mantequilla normal. Sin embargo, esto hace que la salsa sea un poco menos estable, ya que el mayor contenido de agua de la mantequilla aumenta la posibilidad de que se corte.

Si la holandesa se corta, no te asustes, viértela en una jarra y pon un bol limpio sobre el agua caliente del cazo. Añade 1 yema de huevo y 1 cucharada de agua recién hervida y bate 1 minuto, hasta que se mezclen. Luego bate muy lentamente la salsa cortada, seguida de la mantequilla clarificada restante, como se indica en la receta.

PANQUEQUES JAPONESES ESPONJOSOS

Preparación
10 minutos

Cocción
20 minutos

Raciones 2

Con su textura ligera y esponjosa y su sabor no demasiado dulce, estos panqueques son el soporte perfecto para tus ingredientes favoritos. Cuando los cocines ten paciencia: la sartén debe estar a fuego lento, pues no se fríen, sino que se hacen al vapor para crear la textura esponjosa deseada.

4 huevos medianos, a temperatura ambiente, separados (ver p. 32)
½ cucharadita de extracto de vainilla
3 cucharadas de leche entera
60 g de harina de repostería
½ cucharadita de levadura en polvo
una pizca de sal
50 g de azúcar glas
espray de aceite vegetal / de girasol, para cocinar

Para servir (elige entre varios ingredientes)
nata en espray y bayas frescas cortadas en rodajas
mantequilla y sirope de arce
nata montada con matcha y chocolate blanco rallado

1 | Vierte las yemas de huevo en un cuenco grande. Añade el extracto de vainilla y la leche y bate hasta que las yemas se mezclen y queden espumosas. Con un colador metálico, tamiza la harina, la levadura en polvo y la sal. Bate de nuevo para mezclar y reserva.

2 | En un bol aparte, añade el azúcar glas a las claras. Con un batidor eléctrico de mano, bate hasta que la mezcla adquiera un color blanco opaco, esté brillante y mantenga picos firmes.

3 | Con una cuchara de metal, añade un tercio de las claras batidas a la mezcla de las yemas. Haciendo un movimiento en forma de ocho con la cuchara, incorpora con decisión las claras a las yemas hasta que no queden bolsas visibles de clara. Repite la operación con el resto de las claras hasta que obtengas una masa ligera y esponjosa.

4 | Pon una sartén antiadherente grande (con tapa) a fuego lento. El fuego debe estar lo bastante alto para que los panqueques chisporroteen ligeramente al entrar, pero lo suficientemente bajo para que se cuezan sin tostarse. Rocía la base de la sartén con una cantidad generosa de aceite. Con una cuchara de postre grande, añade 3 cucharadas de masa, de unos 7,5 cm de diámetro, a la sartén, asegurándote de dejar espacio entre cada una. Añade otra cucharada de masa sobre cada panqueque, de modo que ahora tengan el doble de altura. Añade 1 cucharada de agua a la sartén. Pon la tapa y cuece los panqueques al vapor 2 minutos.

5 | Pasado este tiempo, pon una última cucharada de masa encima de cada panqueque. Deben quedar más altos que anchos. Añade otra cucharada de agua a la sartén, vuelve a taparla y cuece durante 2-3 minutos más. En este punto, habrás utilizado la mitad de la masa para panqueques.

6 | Con una espátula, da la vuelta a los panqueques con cuidado. Deben despegarse fácilmente de la sartén y dorarse uniformemente por el lado cocinado (si no los giras, cuécelos 1 minuto más). Una vez girados, añade una última cucharada de agua a la sartén, tapa y cuécelos otros 2-3 minutos, hasta que la otra cara esté bien dorada. Sácalos de la sartén y mantenlos calientes en el horno a baja temperatura.

7 | Repite los pasos 4-6 con la mezcla de masa restante para hacer 3 panqueques más. Pasa los panqueques cocidos a dos platos y sírvelos con los ingredientes que prefieras. Tienes algunas ideas a la izquierda

ALTERNATIVAS AL HUEVO

Los huevos tienen la capacidad de ligar, leudar y espesar salsas, pasteles, panqueques, bizcochos y mucho más, pero para quienes no los comen, ya sea por dieta o por salud, hay muchos sustitutos disponibles. En la mayoría de los supermercados, tiendas de alimentos saludables o en internet, tienes alternativas al huevo elaboradas comercialmente a partir de algún tipo de almidón, proteína de guisante u otro ingrediente de origen vegetal. También es fácil hacer tus propias sustituciones y estar seguro de que no hay ingredientes o aditivos no deseados. Aquí tienes una guía de sustitutos fáciles de usar, pero considera también el puré de patata, la harina, la fécula de patata, la harina de maíz, el aguacate y el puré de calabaza como aglutinantes/espesantes útiles. Los sustitutos del huevo varían en su uso, así que elige en función de lo que vayas a preparar. Salvo el tofu, que puede usarse como sustituto directo del huevo en tortillas, buñuelos, revueltos, natillas, quiches y mousses, los demás sustitutos funcionan mejor como ingrediente aglutinante, espesante o leudante.

Conservación
Sigue las instrucciones del envase si utilizas sustitutos del huevo comprados en la tienda o consulta la guía siguiente para conocer otras alternativas.

ALTERNATIVA	CÓMO UTILIZARLO	IDEAL PARA...
Semillas de lino molidas	1 cucharada de semillas de lino + 3 cucharadas de agua = 1 huevo. Bate hasta que quede gelatinoso y deja reposar 5 minutos antes de usar.	Buen aglutinante. Utilízalo en repostería y para buñuelos, tortitas y hamburguesas.
Aquafaba	1 cucharada = 1 yema de huevo 2 cucharadas = 1 clara de huevo 3 cucharadas = 1 huevo mediano. Bátelo hasta que quede esponjoso.	Utilízalo para hacer merengue sin huevo y como sustituto del huevo en productos horneados dulces y salados, mousses, mayonesa, salsas y aderezos cremosos.
Tofu (sedoso, de firmeza media)	Rómpelo en trozos pequeños o grandes, córtalo en dados, rállalo grueso o bátelo para airearlo.	Úsalo para imitar la textura esponjosa del huevo, para hacer Revuelto indio de tofu (derecha), tortillas, buñuelos, mousses sin lácteos.
Semillas de chía	1 cucharada de chía + 3 cucharadas de agua = 1 huevo. Mézclalo y deja reposar 15 minutos.	Utilízalo como aglutinante en repostería, hamburguesas, tortitas y buñuelos.
Plátano	½ plátano maduro = 1 huevo. Tritúralo y utilízalo inmediatamente.	Utilízalo como ingrediente aglutinante en pasteles, galletas y bizcochos.
Compota de manzana	60 g de compota = 1 huevo. Hazla tú o cómprala ya hecha.	Utilízala como ingrediente aglutinante en pasteles, galletas y panqueques.
Agar agar	1 parte de polvo + 1 parte de agua. Mézclalo todo y úsalo enseguida.	Utilízalo como espesante/aglutinante para mousses, glaseados, gelatinas, manjar blanco.
Goma xantana	Sigue las instrucciones del envase.	Añádela como aglutinante o espesante a pasteles, bizcochos, helados, salsas, aliños.
Yogur/suero de mantequilla	60 g = 1 huevo.	Un útil agente leudante en pasteles, galletas, panqueques, buñuelos.

Revuelto indio de tofu

Preparación
15 minutos

Cocción
15 minutos

Raciones 4

Se basa en el *akoori*, el clásico plato indio de huevos revueltos, aunque aquí el tofu sedoso sustituye al huevo. Cálidamente especiado y sedoso, esta versión vegana de los huevos revueltos es un gran almuerzo. Para un *akoori* más tradicional hecho con huevos, sigue el consejo (abajo).

2 cucharadas de aceite vegetal
1 cebolla, finamente picada
una pizca de sal, y un poco más al gusto
4 dientes de ajo, machacados
1 trozo de raíz de jengibre fresco del tamaño de un pulgar, pelado y rallado finamente
½-1 guindilla verde, picada fina (según lo picante que te guste)
1 cucharada de semillas de comino
1 cucharadita de cúrcuma en polvo
1 cucharadita de semillas de cilantro
4 tomates de pera, cortados en dados
2 paquetes de 300 g de tofu sedoso, escurrido y cortado en trozos
1 puñado de hojas de cilantro fresco
pimienta negra recién molida
chapatis calientes o tostados, para servir

1 | Calienta el aceite vegetal en una sartén grande a fuego medio-alto. Añade la cebolla y una pizca de sal y cocina, removiendo regularmente, durante 5-6 minutos, hasta que se ablande y se dore ligeramente.

2 | Baja el fuego a medio, añade el ajo, el jengibre y la guindilla verde y cocina, removiendo durante 1 minuto más, hasta que empiece a tomar color.

3 | Espolvorea las especias y cuece, removiendo 1 minuto más, antes de añadir los tomates y el tofu. Cocina, removiendo con una cuchara de madera o una espátula, durante 3-4 minutos, hasta que los tomates se ablanden y el tofu se deshaga en cuajadas blandas. Pruébalo y añade sal y pimienta si es necesario.

4 | Reparte en cuatro platos y espolvorea por encima las hojas de cilantro. Sírvelo con *chapatis* calientes o con tostadas.

CONSEJO

Puedes cambiar el tofu por 8 huevos, a temperatura ambiente, sazonados y batidos. Añádelos en el paso 3 con los tomates y cuécelos, removiendo durante 3-4 minutos, hasta que estén revueltos.

LÁCTEOS

y

ALTERNATIVAS

LECHE

La leche ha sido siempre un elemento básico de las dietas, como bebida, base de la mantequilla, el queso y el yogur, y como ingrediente. Valorada por su valor nutritivo y versatilidad, puede proceder de cabras, ovejas e incluso camellos, aunque en las cocinas occidentales la más utilizada es la leche de vaca.

Lo ideal es utilizar leche entera para cocinar, ya que su materia grasa permite conseguir un sabor y una textura ricos y cremosos. Con un 3,5 % de grasa por 100 g, la leche entera es una buena base para muchas salsas, como la salsa blanca, la bechamel o la salsa de queso. La leche semidesnatada tiene un contenido graso del 1,8 % y, aunque puede sustituir la entera, no tiene la misma cremosidad y consistencia. La leche desnatada, con solo un 0,3 % de grasa, es adecuada si quieres mantener los niveles de grasa al mínimo y puede ser útil para hornear. Al usar leche en la cocina, debes calentarla despacio, pues los sólidos que contiene se hunden rápidamente al fondo de la olla y pueden pegarse y quemarse si se calienta demasiado deprisa o no se remueve lo suficiente. Además, si se calienta demasiado o se deja hervir puede cuajar.

Conservación

Guarda la leche en la nevera para que conserve sus niveles de nutrientes y para evitar que se estropee.

HACER SALSA BLANCA

Preparación
5 minutos

Cocción
15 minutos

Salen
unos 500 ml

Uno de los básicos de la cocina, la salsa blanca, solo usa tres ingredientes principales: mantequilla, harina y leche. Para hacerla, se cuecen mantequilla y harina a partes iguales para crear una base espesante estable llamada roux, *que al combinarse con leche caliente se transforma en una rica salsa de consistencia cremosa. La salsa blanca se puede utilizar de muchas formas distintas, desde en la lasaña vegana (ver p. 178) hasta en el mejor pastel de pescado (ver p. 44) y, por supuesto, en los macarrones con queso (ver p. 42).*

40 g de mantequilla salada
40 g de harina normal
500 ml de leche entera
sal y pimienta negra recién molida

1 | Derrite la mantequilla en un cazo mediano a fuego medio-bajo.

2 | Cuando la mantequilla se derrita y empiece a hacer espuma, mezcla la harina con un batidor de globo y cuece durante 1-2 minutos, sin dejar de batir, hasta que se forme una pasta amarillenta, o *roux*, que espesará la salsa. No debe dorarse en absoluto, la harina debe cocerse bien en la mantequilla para evitar que su sabor se note en la salsa resultante.

3 | Vierte entonces la leche en una jarra y añádela poco a poco al cazo, una quinta parte cada vez, sin dejar de batir. La salsa estará espesa tras la primera adición de leche, pero se irá haciendo más suelta y fina a medida que la añadas. Sigue batiendo para eliminar los grumos y conseguir una salsa suave.

4 | Una vez añadida toda la leche, cuece a fuego lento, removiendo con una cuchara de madera, durante 5-10 minutos, hasta que espese y adquiera la consistencia de una nata doble espesa. Sazona al gusto y úsala en las recetas de las páginas siguientes.

CONSEJO

Si no vas a utilizar la salsa blanca de inmediato, viértela en una jarra y cubre la superficie con film transparente para evitar que se forme una piel en la parte superior y para mantenerla suave y homogénea. Deja que se enfríe a temperatura ambiente y métela en la nevera. Se conservará en la nevera hasta 3 días.

Variaciones de la salsa blanca

Bechamel clásica: calienta suavemente la leche en un cazo pequeño con ½ cebolla pelada y 3 hojas de laurel hasta que humee, apaga el fuego y deja infusionar los aromas en la leche unos 10 minutos. Sigue preparando la salsa blanca, según los pasos 1-4 (izquierda). Cuando la salsa haya espesado, sazónala bien con ralladura de nuez moscada, con sal y pimienta. Utiliza esta salsa bechamel en la lasaña vegana (ver p. 178) o como base para una salsa cremosa de pollo para pasta.

Salsa de queso: sigue los pasos 1-4 (izquierda). Cuando la salsa se haya espesado y esté lista para usar, añade 200 g de queso duro rallado de tu elección (una mezcla de cheddar curado y gruyer o emmental es ideal) y 1 cucharadita colmada de mostaza inglesa. Una vez fundido el queso, sazona la salsa al gusto con sal y pimienta. Utiliza esta salsa para los macarrones con queso (ver p. 42) o para hacer queso de coliflor u otra verdura o pasta al horno.

Salsa blanca todo en uno: es una gran alternativa al método *roux* (ver indicaciones en la página de la izquierda), sobre todo si preparas poca cantidad. También es mucho más rápida y sencilla. Pon 300 ml de leche entera en un cazo mediano con 20 g de mantequilla y 20 g de harina normal y ponlo a fuego medio. Con un batidor de globo, remueve constante y enérgicamente hasta que la salsa esté suave, unos 2 minutos. Sigue batiendo y cocina durante otros 3 minutos, hasta que espese y adquiera la consistencia de una nata doble espesa. Sazona al gusto con sal y pimienta.

Macarrones con queso

Preparación
10 minutos

Cocción
25 minutos

Raciones 3-4

Este gran clásico lleva una salsa de queso hecha con dos tipos distintos para darle más sabor. El plato se termina con un crujiente pan rallado con hierbas, y luego se gratina, en lugar de hornearse, para conservar la salsa y añadir un poco de crujiente a la parte superior. Cuando domines la salsa de queso, prueba las variaciones que tienes a continuación.

1 diente de ajo, pelado
3 cucharadas de pan rallado panko
1 puñado pequeño de perejil de hoja plana, hojas finamente picadas
1 receta de salsa de queso (ver p. 41)
1 cucharada de salsa Worcestershire (opcional)
200 g de pasta de macarrones seca
sal y pimienta negra recién molida

1 | Para hacer la cobertura, machaca el ajo en un bol pequeño, incorpora el pan rallado y el perejil, y salpimienta. Reserva.

2 | Sigue los pasos 1-4 de «Hacer una salsa blanca» (ver p. 40) con la variación de queso y añadiendo la salsa Worcestershire con la mostaza, si quieres.

3 | Mientras tanto, vierte un poco de agua recién hervida en una cacerola mediana. Sazónala bien con sal y llévala de nuevo a ebullición. Cuando hierva, echa los macarrones, remueve y cuece 2 minutos menos de lo indicado en el paquete. Escurre los macarrones con un colador y viértelos en la cacerola con la salsa de queso, fuera del fuego. Remueve para que la pasta quede completamente cubierta por la salsa.

4 | Precalienta el grill a fuego alto. Pon los macarrones con queso en una fuente de horno pequeña, de unos 25 x 18 cm. Esparce por encima el pan rallado con perejil y coloca la fuente bajo el grill de 1 a 3 minutos, hasta que esté bien dorado, crujiente y burbujeante, vigilando que el pan rallado no se queme. Un plato de lo más reconfortante. ¡A disfrutar!

Variaciones de sabor

Cebolla caramelizada: fríe 2 cebollas cortadas finas en aceite hasta que se caramelicen (ver p. 194). Prepara la receta de macarrones con queso (arriba), sin la cobertura de pan rallado. Vierte los macarrones en una fuente de horno con las cebollas caramelizadas, mezcla bien y luego cubre con 100 g de queso cheddar rallado. Hornea a 220 °C (200 °C ventilador / Gas 7) 15-20 minutos, hasta que esté crujiente y dorado.

Pan rallado y chorizo: fríe 100 g de chorizo pelado y cortado en dados en 1 cucharada de aceite de oliva a fuego medio-alto hasta que esté crujiente. Retíralo con una espumadera y resérvalo. Prepara la receta de macarrones con queso (arriba) con la misma sartén del chorizo, para darle más sabor. Omite el perejil del pan rallado y añade el chorizo antes de cubrirlo. Cambia la salsa Worcestershire de la salsa de queso por ½ cucharadita de pimentón dulce ahumado. Gratina siguiendo el método del paso 4 (arriba).

COCINAR EN LECHE

Con su sabor suave y cremoso y su rico contenido en grasa, la leche entera es una buena base para escalfar. Un plato clásico que utiliza esta técnica es el abadejo ahumado escalfado en leche, ya que la cremosidad de esta complementa la riqueza del pescado, y absorbe su ahumado. Infusionar leche caliente con aromas es algo que también funciona bien con platos dulces, como la crema inglesa (ver p. 394).

ABADEJO AHUMADO ESCALFADO

Preparación
5 minutos

Cocción
10 minutos

Raciones 2

Opta por el abadejo ahumado sin teñir, pues el pescado se ahúma de forma natural sin utilizar colorantes ni aromatizantes artificiales. Guarda tanto la leche como el abadejo para utilizarlos en el mejor pastel de pescado (ver p. 44) o sírvelos con huevos revueltos (ver p. 27), espinacas salteadas y tostadas calientes con mantequilla como un gran plato para dos personas.

750 ml de leche entera
2 hojas de laurel
1 cucharadita de pimienta negra en grano
250 g de filete de abadejo ahumado sin teñir, con piel y sin espinas

1 | Vierte la leche en una sartén o cacerola mediana y profunda y añade las hojas de laurel y los granos de pimienta. Pon la leche a hervir a fuego medio-bajo, removiendo de vez en cuando con una cuchara de madera para evitar que la leche se pegue al fondo. Una vez a fuego lento, pon el abadejo ahumado plano en la sartén para que quede bien cubierto de leche y escáldalo suavemente durante 5 minutos, hasta que el pescado esté opaco y se desmenuce fácilmente en trozos grandes.

2 | Coloca un colador metálico sobre un cuenco mediano y cuela con cuidado la leche de cocción, dejando el pescado en el colador.

3 | Deja que el pescado se enfríe un poco. Pártelo en trozos grandes, desechando cualquier resto de piel o espinas, y guarda tanto la leche como el pescado para el mejor pastel de pescado (ver p. 44) o sirve el pescado escalfado como parte de un almuerzo o brunch.

1

2

3

El mejor pastel de pescado

Preparación
20 minutos

Cocción
50 minutos

Raciones 4

Con el pescado perfectamente escalfado en una cremosa salsa blanca con pequeños toques de sabor de los pepinillos y las alcaparras, este pastel de pescado es difícil de superar.

Para el puré

1 kg de patatas harinosas, peladas y cortadas en cuartos
una pizca generosa de sal, y más para sazonar
100 g de mantequilla salada, cortada en dados
100 ml de leche entera

Para la base del pastel

60 g de mantequilla salada
60 g de harina normal
la cantidad de la receta de abadejo ahumado escalfado (ver p. 43), reservando 750 ml de la leche de escalfar
100 g de *crème fraîche* entera
1 cucharada de mostaza de Dijon
75 g de pepinillos, escurridos y cortados
2 cucharadas de alcaparras escurridas
1 manojo pequeño de eneldo, frondas y tallos, picado
175 g de langostinos crudos pelados
240 g de filetes de salmón sin piel, cortados en trozos del tamaño de un bocado, sin espinas
pimienta negra recién molida
guisantes con mantequilla, para servir

1 | Empieza haciendo el puré: pon las patatas en una cacerola grande con agua fría y una pizca generosa de sal. Llévalas a ebullición a fuego medio-alto y cuécelas durante 12-15 minutos, hasta que estén muy tiernas (un cuchillo de mesa debe poder atravesar el centro de la patata sin notar resistencia).

2 | Escurre las patatas en un colador y déjalas secar al vapor durante 5 minutos, luego vuélvelas a echar en la sartén. Con un pasapurés, tritúralas hasta que queden bien finas. Añade la mantequilla y abundante sal y pimienta, vuelve a triturar y vierte poco a poco la leche, triturando bien entre cada adición. Reserva.

3 | Precalienta el horno a 200 °C (180 °C ventilador / Gas 6).

4 | Con 60 g de mantequilla, 60 g de harina normal y 750 ml de la leche de escalfar abadejo ahumado, sigue los pasos 1-4 de «Hacer salsa blanca» (ver p. 40).

5 | Retira la sartén del fuego y bate la *crème fraîche*, la mostaza, los pepinillos, las alcaparras y el eneldo. Sazona con sal y pimienta al gusto. Añade los langostinos y el salmón. Mezcla bien y, por último, añade con cuidado el abadejo ahumado escalfado.

6 | Vierte la mezcla del pastel de pescado en una fuente grande y honda apta para el horno, de unos 30 x 20 cm, luego echa por encima el puré de patatas y extiéndelo formando una capa uniforme.

7 | Coloca la fuente en una bandeja de horno (así recogerás el goteo) y hornea durante 30 minutos, hasta que esté burbujeante y dorado por encima. Deja reposar la tarta 5 minutos y sírvela con guisantes untados con mantequilla.

SUERO DE MANTEQUILLA

El suero de mantequilla es el líquido que sobra del proceso de fabricación de la mantequilla, elaborada con crema de leche, y añade un punto ácido a los pasteles, tartas, panqueques y buñuelos. Combinado con bicarbonato sódico, también funciona como sustituto de la levadura para leudar el pan, como en el pan de soda, y como ablandador de la carne cuando se utiliza como base para un adobo. El suero de mantequilla fermentado puede ser difícil de encontrar en las tiendas, aunque es fácil de hacer en casa.

Conservación
Hazlo cuando lo necesites: el suero de mantequilla sobrante se conservará en la nevera en un recipiente o jarra tapados hasta 2 días. El suero de mantequilla puede congelarse en porciones y conservarse hasta 3 meses en el congelador.

HACER SUERO DE MANTEQUILLA

Preparación 10 minutos

Sin cocción

Salen 250 ml

Es fácil y rápido hacer suero de mantequilla en casa con leche entera y un ácido, como zumo de limón o vinagre. La combinación de ambos crea una reacción que hace que la leche se espese y adquiera un sabor ácido. Es ligeramente distinto y quizá no tan cremoso como el suero de mantequilla cultivado tradicional, pero puede utilizarse de forma muy parecida.

250 ml de leche entera
1 cucharada de zumo de limón o vinagre de vino blanco

1 | Mide la leche en una jarra, luego añade el zumo de limón o el vinagre de vino blanco y mezcla bien con una cuchara hasta que se integren. En este punto puede parecer un poco cuajada, es normal y no afectará al plato terminado cuando vayas a utilizarlo.

2 | Deja a temperatura ambiente unos 6 minutos, hasta que espese. Utilízalo como desees o en los palitos de pollo con suero de mantequilla (ver p. 46) o en los *scones* de queso con jalapeños (ver p. 47). Se conserva en la nevera, tapado, hasta 2 días.

Palitos de pollo con suero de mantequilla

Preparación
30 minutos
+ 6 horas de marinado

Cocción
20 minutos

Raciones 4

Estos palitos de pollo supercrujientes y recubiertos de especias son increíblemente sabrosos. El secreto es el ligero adobo de suero de mantequilla, que ablanda el pollo (el ácido modifica la estructura de la superficie de la carne) y le añade sabor. Este método de cocción es una introducción fácil a la fritura. Utiliza un termómetro digital o un dado de pan para comprobar la temperatura del aceite: debe dorarse en 20 segundos.

receta del suero de mantequilla (ver p. 45) o la misma cantidad de uno comprado en la tienda
2 cucharaditas de pimentón ahumado dulce
2 cucharaditas de ajo granulado
1 cucharadita de orégano seco
½ cucharadita de pimienta de Cayena
750 g de tiras de pollo sin piel y sin hueso
aceite vegetal, para freír
sal y pimienta negra recién molida
aderezo ranchero (ver p. 432) o kétchup, para servir

Para la cobertura
200 g de harina normal
1 cucharada de levadura en polvo
2 cucharaditas de pimentón ahumado dulce
2 cucharaditas de ajo granulado
1 cucharadita de orégano seco
½ cucharadita de pimienta de Cayena

1 | Para la marinada, sigue los pasos 1-2 de «Hacer suero de mantequilla» (ver p. 45). Vierte el suero de mantequilla en un cuenco grande con las especias, sazona con abundante sal y pimienta y mezcla bien. Sazona la marinada generosamente. Añade las tiras de pollo y remueve bien para que se impregnen por completo de la marinada. Tápalo y ponlo a enfriar en la nevera durante al menos 6 horas.

2 | Cuando vayas a cocinar, mezcla la harina, la levadura en polvo y las especias en un bol mediano. Sazona con abundante sal y pimienta.

3 | Forra una bandeja de horno con papel de hornear y, de una en una, saca las tiras de pollo de la marinada, sacudiéndolas suavemente para eliminar cualquier exceso, luego añádelas al bol de harina especiada y remuévelas hasta que estén ligeramente cubiertas por todas partes. Colócalas en la bandeja forrada y repite la operación hasta cubrir todas las tiras de pollo.

4 | Pon a fuego medio-alto una sartén grande y honda, de 28 cm, con 4 cucharadas de aceite vegetal. Calienta el aceite hasta los 180 °C de un termómetro de cocina o hasta que un dado de pan se dore en 20 segundos; tardará 8-10 minutos en calentarse. (Si el aceite se calienta mucho, deja enfriar y comprueba la temperatura).

5 | Forra una segunda bandeja de horno con papel de cocina para escurrir el pollo una vez frito.

6 | Una vez que el aceite esté a la temperatura adecuada, incorpora con cuidado la mitad de los trozos de pollo al aceite. Fríelos durante 3-4 minutos, hasta que estén crujientes, dorados y bien hechos, dándoles una vez la vuelta para lograr un color uniforme. Con una espumadera, ponlos en la bandeja forrada con papel de cocina y espolvoréalos con sal. Repite la operación con el resto del pollo. Sírvelo con aderezo ranchero o, si lo prefieres, con kétchup.

Scones de queso con jalapeños

Preparación
25 minutos

Cocción
15 minutos

Salen 7

Un *scone* de queso es una delicia, sobre todo caliente y con mantequilla. La acidez del suero de mantequilla reacciona con la levadura para obtener el mejor levado y un *scone* ligero. Trata de manipular la masa lo menos posible, dando palmaditas y golpeando los *scones* con decisión y firmeza para que suban más. Para esta receta necesitarás un cortador redondo estriado de 6 cm, un pincel de repostería y una rejilla metálica.

80 ml de suero de mantequilla (ver p. 45) o comprado
225 g de harina, más harina para espolvorear
½ cucharadita de sal
50 g de mantequilla fría salada, cortada en dados
1 huevo mediano, a temperatura ambiente
75 g de queso cheddar curado, rallado
6-8 jalapeños encurtidos en rodajas, escurridos y picados finamente
mantequilla, a temperatura ambiente, para servir

1 | Sigue los pasos 1-2 de «Hacer suero de mantequilla» (ver p. 45).

2 | Precalienta el horno a 220 °C (200 °C ventilador / Gas 7). Espolvorea una bandeja de horno con harina.

3 | Con un colador metálico, tamiza la harina y la sal en un bol grande. Añade la mantequilla y, con la punta de los dedos, frótala en la harina hasta que la mezcla parezca arena húmeda o pan rallado.

4 | Casca el huevo en una jarra y bate el suero de leche con un tenedor hasta que esté bien mezclado.

5 | Añade el queso y los jalapeños encurtidos a la mezcla de harina y mantequilla. Mezcla lentamente con un cuchillo de hoja redonda y, mientras, vierte tres cuartas partes de la mezcla de suero de mantequilla y huevo (unos 100 ml) hasta que la masa se junte y se despegue de las paredes del cuenco. Si la masa está seca y no se junta, añade un chorrito de la mezcla de suero de mantequilla y huevo y vuelve a remover.

6 | Con la mayor rapidez posible, vuelca la masa en una superficie de trabajo enharinada y aplánala con las manos hasta formar un rectángulo de 2,5-3 cm de grosor. Enharina un poco un cortador redondo estriado de 6 cm y corta 7 *scones*. Puede que tengas que recoger los recortes de masa y volver a extenderlos.

7 | Pon los *scones* en la bandeja de horno enharinada. Con un pincel de repostería, unta ligeramente la parte superior con la mezcla de suero de mantequilla restante. Hornéalos unos 12 minutos, hasta que hayan subido y estén dorados. Deja enfriar unos minutos sobre una rejilla. Córtalos por la mitad y úntalos con mantequilla para servir. Se conservan en un recipiente hermético durante 2-3 días a temperatura ambiente.

CONSEJO

Para congelarlos, pasa los scones *enteros o por la mitad a una bolsa de congelación hermética y congélalos hasta 3 meses. Descongela los enteros antes de comerlos, los partidos se pueden tostar congelados.*

MANTEQUILLA

Componente imprescindible de muchos platos y técnicas culinarias, la mantequilla es un ingrediente básico en muchas cocinas y uno de los primeros tipos de alimentos en conserva, ya que era una manera de prolongar la vida de la nata. Con un 80 % de grasa, la mantequilla es un ingrediente muy versátil, que contribuye a la textura y la consistencia de los platos y, en general, hace que todo sepa mejor. Desde pasteles y tartas hasta salsas, platos de carne, aves, pescado y verduras, es tan útil en los platos dulces como en los salados.

Utilizar mantequilla salada o sin sal es una preferencia personal, según el nivel de salado que te guste. La mantequilla salada aportará un sabor general, mientras que la no salada te permite controlar el nivel de sal que quieras y suele utilizarse más para hornear.

Conservación

La mantequilla se conserva mejor envuelta en la nevera, apartada de olores fuertes. Puede ponerse rancia si se deja fuera demasiado tiempo, sobre todo cuando hace calor. También se congela bien hasta 6 meses.

HACER MANTEQUILLAS AROMATIZADAS

Mantequilla dulce especiada

Pon 250 g de mantequilla salada ablandada en un bol mediano y añade la ralladura fina de 1 naranja, más un chorrito de zumo, 1 cucharadita de canela molida y 50 g de azúcar glas dorado, y bate para mezclar. Forma un tronco con la mantequilla aromatizada en una hoja de papel de horno y enfría o congela. Úsala para hornear fruta o en tartas en lugar de la normal, o derrítela sobre panqueques dulces al estilo americano (ver p. 349).

Mantequilla de ajo y hierbas

Pon 250 g de mantequilla salada ablandada en un bol mediano y machaca 6 dientes de ajo pelados. Añade la ralladura fina de 1 limón (sin cera) y un pequeño manojo de perejil de hoja plana finamente picado. Sazona con sal y pimienta negra recién molida, y bate para mezclar. Forma un tronco con la mantequilla aromatizada en una hoja de papel de horno y enfría o congela. Úsala en el pollo Kiev (ver p. 78) o derretida en espaguetis calientes para una cena rápida y fácil.

Mantequilla de miso y jengibre

Pon 250 g de mantequilla salada ablandada en un bol mediano y ralla un trozo de raíz de jengibre fresco del tamaño de un pulgar. Añade 2 cucharadas de miso blanco, el zumo y la ralladura de 1 lima y un puñado de cilantro picado fino. Bate para mezclar. Forma un tronco con la mantequilla aromatizada en una hoja de papel de horno y enfría o congela. Va bien con una tostada de queso o untada en una mazorca (ver p. 190).

Mantequilla de limón y pimentón ahumado

Pon 250 g de mantequilla salada ablandada en un bol mediano y añade 1 cucharada de pimentón dulce ahumado y el zumo y la ralladura fina de 1 limón (sin cera). Sazona con sal y pimienta negra recién molida. Bate para mezclar. Forma un tronco con la mantequilla aromatizada en una hoja de papel de horno y enfría o congela. Úsala en la dorada (ver p. 130), o con muslos de pollo, añadiéndola a la bandeja de asar en los últimos 5 minutos de cocción.

Mantequilla dulce
especiada
Mantequilla de
miso y jengibre
Mantequilla de ajo
y hierbas
Mantequilla de limón
y pimentón ahumado

HACER MANTEQUILLA CLARIFICADA

Sin preparación

Cocción
5 minutos

Salen 100 ml

Un tipo de mantequilla es la mantequilla clarificada, o ghee, *que se usa mucho en la cocina del subcontinente indio. La clarificación eleva el punto de humo de la mantequilla, es decir, la temperatura a la que se quemaría normalmente, lo que te permite utilizarla en lugar del aceite para cocinar. Tiene un sabor rico, con ligeros tonos de nuez, y puede utilizarse para hacer la salsa picante de los huevos Benedict (ver p. 33), para freír pescado y verduras, o en las patatas asadas, así como en curris y guisos en lugar de aceite vegetal o de girasol.*

150 g de mantequilla con o sin sal

1 | Pon la mantequilla en un cazo pequeño y derrítela muy suavemente a fuego lento, removiendo de vez en cuando con una espátula hasta que se funda.

2 | Una vez derretida, retira con una cuchara la espuma blanca que haya subido a la superficie y deséchala.

3 | Los sólidos de la leche se habrán hundido en el cazo, y encima quedará la mantequilla clarificada.

4 | Vierte la mantequilla clarificada en una jarra y deja los sólidos lácteos en el fondo del cazo. Puedes desecharlos. Utilízala enseguida o guárdala en la nevera en un recipiente o tarro con tapa hasta 6 meses.

ESPÁRRAGOS CON ALCAPARRAS Y MANTEQUILLA MARRÓN

Preparación
5 minutos

Cocción
10 minutos

Para 2 personas
(como guarnición)

Parece complicado, pero dorar la mantequilla es mucho más fácil de lo que crees. Solo requiere paciencia y batir continuamente hasta que los sólidos lácteos se caramelicen y quede una mantequilla de color ámbar y sabor a nuez. Hay muchas formas de usar la mantequilla marrón: freír pescado o carne, en lugar de la normal en tartas y pasteles (ver pp. 365 y 373) o en recetas como la de esta guarnición de espárragos (abajo).

100 g de mantequilla salada
250 g de espárragos, sin las puntas leñosas
2 cucharadas de alcaparras escurridas
zumo y ralladura fina de ½ limón sin encerar
1 puñado de hojas de perejil de hoja plana
sal y pimienta negra recién molida
Pollo asado fácil (ver p. 69) y pan crujiente, para servir

1 | Derrite la mantequilla en un cazo pequeño a fuego medio-alto. Con el cazo aún en el fuego, cuando la mantequilla se derrita y deje de hacer espuma (tardará un par de minutos), utiliza un batidor de globo para batir sin parar durante 3-4 minutos, hasta que los sólidos de la leche empiecen a dorarse en el fondo.

2 | Sigue cociendo y batiendo unos minutos hasta que la mantequilla huela a nuez y los sólidos lácteos se oscurezcan y adquieran color caramelo ámbar intenso.

3 | Mientras, vierte agua recién hervida en un cazo grande a fuego medio-alto. Cuando el agua vuelva a hervir, echa los espárragos y cuécelos durante 2-3 minutos, hasta que estén verdes y tiernos, y escúrrelos bien con un colador metálico. Vierte los espárragos cocidos en una fuente y añade las alcaparras, el zumo y la ralladura de limón y el perejil, y remueve bien. En este momento, retira la mantequilla marrón del fuego y viértela con cuidado sobre la mezcla de espárragos, mezclando bien con unas pinzas.

4 | Salpimienta los espárragos al gusto y sírvelos como guarnición de pollo asado con trozos de pan crujiente en lugar de patatas asadas.

YOGUR

La leche de vaca, cabra y oveja puede transformarse en yogur, y cada una tiene su sabor característico, textura y contenido de grasa. El yogur se elabora fermentando leche entera o desnatada con cultivos bacterianos beneficiosos y a veces levaduras, que a su vez convierten la lactosa (azúcar) de la leche en ácido láctico. Este entorno ácido impide que otras cepas de bacterias dañinas estropeen el yogur, por lo que se conserva más tiempo que la leche normal. También da al yogur un delicioso sabor ácido que equilibra su rica cremosidad. El yogur griego, elaborado con leche de oveja o vaca, tiene un mayor contenido en grasa que la mayoría de los yogures naturales, lo que le da una consistencia espesa más estable al cocinarlo.

El yogur es un ingrediente excelente para cocinar. Su sabor ligeramente ácido y su textura cremosa lo hacen ideal para muchos platos: ablandar y marinar la carne, como alternativa a la nata en pasteles o como un refrescante añadido en platos picantes.

El yogur es más digerible que la leche de vaca, lo que es una buena noticia para quienes sufren intolerancia a la lactosa. Además, sus bacterias beneficiosas actúan como probióticos y son buenas para la salud intestinal.

Conservación

Guarda el yogur tapado en la nevera hasta 2 semanas si lo compras en la tienda y 1 semana si es casero.

YOGUR CASERO FÁCIL

Preparación 5 minutos + enfriamiento, 8 horas de fermentación y enfriamiento

Cocción 20 minutos

Salen 500 g

Hacer yogur en casa es muy fácil: se trata de alcanzar las temperaturas adecuadas, por lo que necesitarás un termómetro digital para esta receta, así como un termo para mantener caliente la mezcla de leche y yogur para que pueda hacer su magia. Es una receta estupenda para hacer cuando tengas leche y unas cucharadas de yogur sobrante en la nevera. Asegúrate de que en la etiqueta del yogur pone «vivo», pues esto significa que aún contiene cultivos bacterianos beneficiosos, que son esenciales para el proceso de fermentación.

500 ml de leche entera
3 cucharadas de yogur natural vivo de buena calidad

1 | Calienta suavemente la leche en un cazo mediano a fuego lento durante 15-20 minutos, removiendo de manera regular para evitar que se pegue al fondo de la cacerola. Ve comprobando la temperatura de la leche, que debe alcanzar los 85 °C en un termómetro digital de cocina y no debe llegar a hervir. Retira el cazo del fuego y cúbrelo con la tapa. Deja que la leche se enfríe un poco hasta que se reduzca a 45 °C, removiendo de vez en cuando para evitar que se forme piel y comprobando la temperatura a medida que lo haces. Tardará entre 30 minutos y 1 hora, dependiendo de la temperatura a la que esté tu cocina ese día.

2 | Una vez que la leche haya alcanzado la temperatura adecuada, pon el yogur natural en un bol pequeño y añade 4 cucharadas de la leche tibia, luego remueve bien hasta que se mezclen.

3 | Vuelve a verter la mezcla de yogur en el cazo que contiene el resto de la leche caliente y mezcla de nuevo para combinar.

4 | Vierte la mezcla de leche en un frasco, ciérralo con la tapa y déjalo a temperatura ambiente durante unas 8 horas, hasta que espese. Puedes envolver el frasco en una toalla gruesa o colocarlo en un armario ventilado caliente para mantener el calor mientras fermenta el yogur.

5 | Vierte el yogur en un cuenco, tápalo y enfríalo en la nevera durante al menos 2-3 horas, hasta que espese más y tenga la consistencia de un yogur natural. Se conservará tapado en la nevera hasta 1 semana.

CONSEJO

Si el yogur parece un poco agrietado una vez que se ha enfriado en el bol, remuévelo con un batidor de globo y volverá a estar suave y sabroso.

Lassi de mango

Preparación 10 minutos + enfriamiento, fermentación y refrigeración

Sin cocción

Raciones 4

Esta bebida refrescante y cremosa es muy apreciada en todo el subcontinente indio. Cuando el yogur y el mango se mezclan, crean la textura más lujosa, con un dulzor afrutado, el picante del cardamomo y el agradable sabor del yogur y la lima.

½ de la cantidad de la receta de yogur casero fácil (ver p. 52) o comprado en la tienda
450 g de mango maduro en dados (peso pelado)
2 cucharaditas de miel líquida
zumo de 1 lima
½ cucharadita de cardamomo molido

1 | Sigue los pasos 1-5 del yogur casero fácil (ver p. 52). Reserva la mitad del yogur para otro plato.

2 | Licua el yogur, el mango y la miel en una batidora potente hasta que quede suave (si quieres, deja algunos trozos de fruta). Añade la mitad del zumo de lima, mezcla y prueba. Según la madurez y dulzor del mango, añade más lima al gusto. Llena cuatro vasos con hielo, vierte el lassi y espolvorea por encima con una pizca de cardamomo molido, para servir.

CONSEJO

También puedes hacerlo con pulpa de mango en conserva, que se consigue en muchos supermercados y tiendas de alimentación independientes.

Conchiglie con calabacín y yogur de limón

Preparación
5 minutos

Cocción
20 minutos

Raciones 2

Aquí se utiliza yogur para hacer una salsa para pasta cremosa y ácida que combina perfectamente con la suave dulzura de los calabacines caramelizados. Si cocinas para uno, ten en cuenta el consejo (abajo).

2 cucharadas de aceite de oliva
2 calabacines medianos, rallados gruesos
2 dientes de ajo, machacados o rallados finamente
una pizca de copos de guindilla seca (opcional)
200 g de pasta *conchiglie* (u otra forma pequeña, como *farfalle* u *orechiette*)
4 cucharadas de yogur griego
zumo y ralladura fina de 1 limón sin encerar
1 puñado de hojas de albahaca, picadas
2 cucharadas de piñones tostados (ver p. 288)
sal y pimienta negra recién molida
queso parmesano (o alternativa vegetariana), finamente rallado, para servir (opcional)

1 | Calienta el aceite de oliva en una sartén mediana a fuego medio. Añade los calabacines rallados, junto con una pizca de sal. Cuécelos, removiéndolos regularmente con una espátula de madera, durante 12-15 minutos, hasta que el calabacín se haya deshecho y esté bien blando; adquirirá un color ligeramente dorado.

2 | Añade el ajo a los calabacines y cuece durante un minuto más, removiendo. Luego añade los copos de guindilla, si los utilizas. Baja el fuego al mínimo.

3 | Mientras tanto, vierte agua recién hervida en un cazo mediano y hondo. Sazona generosamente con sal y lleva de nuevo a ebullición. Una vez que hierva, echa los *conchiglie* o la forma de pasta que prefieras, cuécelos un minuto menos de lo indicado en el paquete y escúrrelos en un colador metálico, reservando una taza del agua de cocción de la pasta.

4 | Vierte la pasta cocida en la sartén que contiene los calabacines. Pon el fuego al mínimo, añade el yogur, el zumo y la ralladura de limón y la mayor parte de la albahaca, reservando un poco para servir al final. Remueve para que cada trozo de pasta se impregne de la salsa, añadiendo tanta agua de cocción de la pasta como sea necesario para obtener una consistencia cremosa y sedosa. Sazona al gusto con sal y mucha pimienta negra. Debes mantener el fuego bajo para que la salsa se integre sin que el yogur se deshaga.

5 | Reparte la pasta en dos cuencos, esparce por encima el resto de la albahaca, los piñones tostados y un poco de parmesano rallado, si quieres, para servir.

CONSEJO

Incorpora una lata de 400 g de judías blancas escurridas a la salsa de calabacín y yogur y caliéntalo suavemente. Sírvelo con o sin pasta.

NATA

La nata es la grasa descremada de la parte superior de la leche de vaca fresca no pasteurizada antes de homogeneizarla. Es un ingrediente muy versátil y puede utilizarse en muchos platos, tanto dulces como salados, desde mousses y helados hasta salsas y pasteles. Los distintos tipos de nata se tratan con más detalle en Postres (ver p. 402-05), incluyendo consejos sobre cómo montar nata. Para los platos salados que requieren cocción/calor, es mejor la nata doble. Con su alto contenido en grasa, en torno al 48 %, es más estable al calor que la nata líquida o para montar y es menos fácil que se corte. Considera también la *crème fraîche* y la crema agria, que son productos lácteos con cultivos bacterianos, de ahí el sabor ligeramente ácido que dan a los platos. La *crème fraîche* es más estable al calor que la crema agria, por lo que es ideal para salsas.

Conservación

La nata, la *crème fraîche* y la crema agria se conservan 10 días en la nevera antes de abrirlas (mira la fecha de caducidad). Una vez abierta, consúmela antes de 3 días.

PATATAS DAUPHINOISE

Preparación
30 minutos

Cocción
1 hora y
40 minutos

Raciones 6-8

Una buena forma de utilizar la nata es en el clásico plato francés de patatas dauphinoise: se asan patatas cortadas en rodajas finas con nata doble y ajo, a veces añadiendo queso. Hay muchas formas de preparar este plato tradicional: algunos cortan las patatas en rodajas y luego las hierven ligeramente en la mezcla de nata antes de ponerlas en capas, pero el método más fácil, que da como resultado la mejor textura, consiste en añadir los ingredientes en frío y dejarlos cocer juntos en el horno. La leche y la nata se utilizan aquí en igual medida para equilibrar la riqueza con la salsa. Una mandolina facilita el corte de las patatas, aunque también sirve un cuchillo de cocina afilado. Si utilizas una mandolina, ten cuidado y usa el protector para protegerte los dedos.

30 g de mantequilla salada ablandada
1,5 kg de patatas peladas
500 ml de leche entera
500 ml de nata líquida (nata doble)
3 dientes de ajo, machacados
100 g de queso gruyer rallado (opcional)
sal y pimienta negra recién molida

1 | Precalienta el horno a 180 °C (160 °C ventilador / Gas 4). Unta con mantequilla la base y los lados de una fuente de horno de 35 x 25 cm. Corta las patatas en rodajas muy finas de 3 mm de grosor con una mandolina o un cuchillo de cocina afilado.

2 | Una vez cortadas, pon las patatas en capas en la fuente de horno untada con mantequilla, sazonando cada capa a medida que las pongas. No es necesario que las capas inferiores queden bien ordenadas, pues no las verás una vez horneadas, solo la superior.

3 | Una vez puestas en capas todas las patatas, bate con un batidor de globo la leche y la nata líquida en una jarra, añade el ajo y sazona bien con sal y pimienta. Vierte la mezcla de leche y nata sobre las patatas.

4 | Con una espátula, presiona las patatas hacia abajo para sumergirlas completamente en la salsa, luego esparce por encima el queso, si lo usas.

5 | Cubre la fuente con papel de aluminio y hornea durante 1 hora, hasta que las patatas estén casi tiernas; compruébalo con la punta de un cuchillo. Al cabo de 1 hora, retira el papel de aluminio y hornea durante 30-40 minutos más, hasta que las patatas estén bien cocidas y la parte superior esté dorada. La punta de un cuchillo debe entrar fácilmente en el centro de la patata.

CONSEJOS

Si quieres más color en la parte de arriba, pon la fuente bajo el grill del horno los dos minutos finales. Sírvelas como guarnición de carnes asadas o solas, con una ensalada verde crujiente aliñada a la francesa (para el aderezo francés, ver p. 429).

El plato puede cocinarse en parte con antelación. Solo tienes que hornearlo, tapado con papel de aluminio, durante 1 hora y dejarlo enfriar. Pon el plato tapado en la nevera y consérvalo hasta 3 días. Para recalentarlo, retira el papel de aluminio y hornéalo 45 minutos, hasta que esté dorado.

Variaciones de sabor

Cheddar y dulce de guindilla: cambia el gruyer por 200 g de cheddar extramaduro rallado. Sigue los pasos 1-4 (izquierda) para poner las patatas en capas, añadiendo de vez en cuando una cucharadita de dulce de guindilla y esparciendo la mitad del queso cheddar a medida que avanzas. Cubre con el queso cheddar restante y hornea según las instrucciones (izquierda).

Anchoa y cebolla caramelizada: antes de empezar, carameliza 3 cebollas (ver p. 194). Una vez hecho, añade una lata de anchoas escurridas de 50 g y cuécelas 2 minutos, removiendo, hasta que se fundan con las cebollas. Sigue los pasos 1-4 (izquierda), para poner las patatas en capas, intercalando gruyer y cebolla caramelizada entre cada capa. Reduce la cantidad de sal que utilizas, ya que las anchoas son saladas. Hornea según las instrucciones (izquierda).

QUESO

Hay más de 1800 tipos distintos de queso en el mundo y todos se hacen con leche, ya sea de vaca, oveja, cabra o búfala. Van desde los quesos frescos y blandos, como el labne casero (derecha) y la ricotta y el *fromage blanc*, que se comen a los pocos días de hacerse, o el panir, un queso fresco prensado del subcontinente indio, hasta los quesos duros prensados, como el cheddar inglés, que tradicionalmente se madura en cuevas para dar intensidad al sabor y prolongar sus propiedades de conservación. En el extremo opuesto están los quesos muy prensados, como el parmesano, que se madura una media de 2 años, a menudo más, para obtener un queso de sabor fuerte y característico, con un complejo sabor a nuez y una textura ligeramente desmenuzable.

Conservación

Las propiedades de conservación del queso varían enormemente según el tipo: el queso blando fresco solo se conserva unos días en la nevera, mientras que los quesos duros y curados se conservan mucho más tiempo, alrededor de 1 mes, incluso más si no se abren. Es aconsejable comprobar las fechas de caducidad y guardar los quesos bien envueltos en la nevera para evitar la contaminación cruzada. Los quesos duros y semiduros también pueden congelarse hasta 6 meses. Para obtener un sabor y una textura óptimos, sobre todo si se sirve como parte de una tabla de quesos, saca el queso de la nevera aproximadamente 1 hora antes de servirlo.

COCINAR CON QUESO

Queso + calor = reacción mágica. Desde la mozzarella derretida de las pizzas y el Monterey Jack de los nachos hasta el interior pegajoso de un camembert entero al horno y el queso de los macarrones (ver p. 42), hay pocas cosas que superen el queso derretido en sabor y textura. Esta tabla da algunas ideas sobre distintas técnicas de cocción de los quesos y destaca algunas de las que mejor funcionan.

QUESO	COCCIÓN	PORQUE...	IDEAL PARA...
Halloumi y panir	Freír	Mantienen la forma al freírlos con un exterior crujiente y un interior blando.	Utilízalos en ensaladas, guisos de verduras, curris o como relleno de panecillos y pan de pita (ver p. 63).
Mozzarella, cheddar, gouda, raclette y gruyer	Fundir	Pueden soportar altas temperaturas y se vuelven elásticos y flexibles.	Utilízalos en pizzas, pasteles o gratinados, en una tostada de queso o sobre pan tostado.
Parmesano y pecorino	Gratinar	Crean una corteza gruesa y crujiente cuando se rallan finamente.	Utilízalos en gratinados, tartas abiertas, horneados salados.
Camembert y brie	Hornear	Mantienen la forma y el centro se vuelve pegajoso.	Para mojar con pan, palitos de verduras o patatas fritas.

LABNE CASERO

Preparación 10 minutos + refrigeración toda la noche

Sin cocción

Salen 600 g

Hacer tu propio queso fresco a partir de yogur colado es más fácil de lo que crees. El labne se elabora en Oriente Medio desde hace miles de años. A menudo se sirve como parte de un meze, rociado con aceite de oliva, aromatizado con hierbas y especias, o incluso para untar en el pan. Tiene un sabor suave, cremoso y ligeramente ácido que combina bien con ingredientes de sabor más fuerte. Al prepararlo, necesitarás un retal de muselina para colar el yogur, pero puedes utilizar un paño de cocina limpio o incluso una tela muy fina y limpia. Se recomienda utilizar una goma elástica o un trozo de cuerda para atar el manojo de yogur y que cuelgue con facilidad.

900 g de yogur griego espeso de leche de vaca u oveja
una pizca grande de sal marina

1 | Forra un colador metálico grande, colocado sobre un cuenco hondo (que quepa en tu nevera) con un rectángulo de muselina, o un paño de cocina limpio o una tela fina; debe cubrir el colador sobradamente. Mezcla el yogur con una pizca grande de sal marina y viértelo con una cuchara en el centro de la tela.

2 | Recoge la tela alrededor del yogur para envolverlo en un paquete esférico. Átalo con una goma elástica o un trozo de cuerda para que la mezcla quede recogida en un paquete. Deja colgar el yogur, escurriéndolo en el colador sobre el bol, durante 12 horas en la nevera.

3 | Al día siguiente, saca la bola de yogur del tamiz; el cuenco de debajo contendrá el agua (suero) que se ha escurrido del yogur. Aprieta el queso en la tela para eliminar el exceso de agua o suero. Desata y abre la tela para descubrir una bola de queso fresco o labne en su interior. Ya está listo para usar y se conservará hasta 5 días guardado en un recipiente hermético en la nevera.

CONSEJO

Sirve el labne como parte de un meze *con falafel (ver p. 274) o con muslos de pollo con harissa (ver p. 71). Para aromatizar el labne, agrega la ralladura fina de 1 limón y un poco de pimienta negra molida, o bien 1 cucharada de za'atar (ver p. 449) para darle un toque herbáceo y picante.*

Calabaza asada con aliño de guindilla y miel y labne

Preparación
20 minutos + refrigeración toda la noche

Cocción
30 minutos

Raciones 4

La cremosidad suave y rica del labne es el toque ideal de sabor suave para las verduras asadas con especias, como estos trozos de calabaza con comino y aderezo de guindilla picante y miel. Preparar esta ensalada con tu propio queso fresco te permite presumir con los amigos, pero también puedes usar un labne ya preparado si te resulta más cómodo.

1 calabaza, sin piel ni pepitas, cortada en trozos de 2,5 cm de grosor
2 cucharadas de aceite de oliva virgen extra
2 cucharadas de semillas de comino
3 cucharadas de miel líquida
½ cucharadita de copos de guindilla seca
300 g de labne (ver p. 59) o comprado
1 puñado grande de hierbas variadas, como eneldo, perejil de hoja plana y menta
50 g de frutos secos sin cáscara y sin sal de tu elección, como avellanas o almendras, tostados (ver p. 288), picados gruesos
sal y pimienta negra recién molida

1 | Sigue los pasos 1-3 del labne casero (ver p. 59). Tendrás que empezar a prepararlo el día antes.

2 | Para hacer la ensalada, calienta el horno a 220 °C (200 °C ventilador / Gas 7). Forra una bandeja de horno grande con papel de hornear. Mezcla los trozos de calabaza en el aceite de oliva y las semillas de comino con abundante sal y pimienta en la bandeja de horno. Extiende la calabaza en una sola capa para que se haga uniformemente y ásala durante 25 minutos, hasta que esté tierna y ligeramente caramelizada.

3 | Añade la miel y los copos de guindilla a una sartén pequeña y caliéntalo suavemente, removiendo, para que se mezclen. Vierte la mitad del aderezo de guindilla y miel sobre la calabaza asada y vuelve a meterla en el horno otros 5 minutos para que se caramelice aún más.

4 | Extiende el labne por la base de una fuente grande o sobre cuatro platos de servir. Pon encima la calabaza asada, esparce también las hierbas y las nueces, y rocía con el resto del aderezo de guindilla y miel para servir.

CONSEJO

En lugar de los frutos secos tostados, puedes espolvorear 2 cucharadas de dukkah (ver p. 303) sobre la ensalada para darle un toque picante.

Tostas de queso y kimchi

Preparación
5 minutos

Cocción
10 minutos

Raciones 2

Una mezcla de mozzarella rallada y queso cheddar aumenta el sabor y da un toque delicioso a estas tostas de queso. Cuando compres kimchi, busca una variedad fresca refrigerada, ya que tendrá menos conservantes y tendrá más sabor, o consulta la página 464 para prepararlo tú mismo.

4 rebanadas gruesas de pan crujiente (como el de masa madre)
2 cucharadas de mayonesa (ver p. 420) o comprada
2 cucharadas de semillas de sésamo
20 g de mantequilla salada
150 g de mezcla de mozzarella y queso cheddar rallados
100 g de kimchi (ver p. 464) o comprado

1 | Unta uniformemente con mayonesa las rebanadas de pan y esparce por encima las semillas de sésamo, de modo que el lado de la mayonesa quede cubierto.

2 | Derrite la mantequilla en una sartén antiadherente grande a fuego medio.

3 | Una vez derretida, coloca en la sartén dos de las rebanadas de pan con el lado de las semillas de sésamo hacia abajo. Sobre cada rebanada pon la mitad del queso, todo el kimchi y luego el queso restante. Por último, únelas con el pan restante, con el lado de las semillas de sésamo hacia arriba.

4 | Fríe las tostas durante 2-3 minutos, presionando de vez en cuando con una espátula para ayudar a fundir el queso, hasta que la parte de abajo esté bien dorada con una costra de sésamo. Luego dales la vuelta con cuidado y cuece otros 2-3 minutos por el otro lado, hasta que el queso se funda y rezume en el centro. Saca las tostas de la sartén y córtalas por la mitad para servirlas.

Pitas de halloumi al estilo sabij

Preparación
10 minutos

Cocción
20 minutos

Raciones 4

El sabij es un popular sándwich israelí relleno de huevos duros, berenjena frita, ensalada picada, hummus, tahini y amba, que se elabora con mangos encurtidos, todo ello dentro de un pan de pita. En este caso, se añade el sabor salado del halloumi frito en rodajas y se utiliza *chutney* de mango en lugar de amba para una versión más accesible.

2 huevos medianos, a temperatura ambiente
½ pepino, finamente picado
2 tomates maduros, cortados del mismo tamaño que el pepino
½ cebolla roja, finamente picada
1 puñado de hojas de perejil de hoja plana y/o menta
zumo de ½ limón
1 berenjena grande, cortada en rodajas de 2 cm
2 cucharadas de aceite de oliva, más 1 cucharadita
225 g de halloumi, seco y cortado en rodajas de 2 cm
2 cucharadas de *chutney* de mango

Para servir
4 panes de pita grandes
8 cucharadas de hummus (ver p. 270) o comprado
sal y pimienta negra recién molida

1 | Sigue los pasos 1-3 de «Hervir huevos» cociendo los huevos durante 7 minutos, hasta que la clara esté cuajada y la yema esté ligeramente blanda y pegajosa. Escúrrelos, pélalos y resérvalos.

2 | Mientras, mezcla el pepino, los tomates, la cebolla roja y la mayoría de las hierbas en un bol pequeño. Sazona al gusto con sal, pimienta y zumo de limón.

3 | Calienta una sartén antiadherente grande a fuego fuerte. Rocía las rodajas de berenjena con 2 cucharadas de aceite de oliva y salpimiéntalas. Ponlas en la sartén y fríelas 3-4 minutos por cada lado, hasta que estén bien doradas y blandas. Pásalas a un plato.

4 | Rocía la cucharadita de aceite de oliva restante sobre las rodajas de halloumi. Baja el fuego a medio, pon el halloumi en la sartén y fríelo 2 minutos por cada lado hasta que se dore uniformemente; al principio saldrá un poco de agua del halloumi, luego las rodajas se volverán crujientes y doradas.

5 | Cuando el halloumi esté frito por ambos lados, retira la sartén del fuego y añade el *chutney* de mango. Con una cuchara de postre, echa el halloumi en el *chutney* para que cada rodaja quede cubierta por el glaseado.

6 | Tuesta los panes de pita, y luego córtalos por la mitad longitudinalmente para abrirlos. Corta los huevos en rodajas redondas.

7 | Unta uniformemente el interior de cada pan de pita con el hummus, luego rellénalos con la berenjena, las rodajas de huevo y la ensalada picada. Cúbrelo todo con el halloumi y las hierbas restantes, para servir. Puede que haya más relleno del que cabe en cada pita, así que sirve lo que sobre como ensalada aparte.

ALTERNATIVAS SIN LÁCTEOS

Ingredientes tan diversos como los frutos secos, la avena, el arroz, las patatas, las judías y las semillas pueden convertirse en una leche de origen vegetal, y son una gran alternativa sabrosa, nutritiva y versátil. En cuanto a la leche sin lácteos, hacerla tú mismo es sencillo y económico, con el lujo de que estará recién hecha. Y además de la leche, también hay alternativas que puedes probar para el yogur, la mantequilla, el queso (ver receta a la derecha) y la nata.

Conservación
Guárdala igual que la leche de vaca (ver p. 40).

LECHE DE ALMENDRAS

Preparación 10 minutos + toda la noche en remojo

Sin cocción

Salen 750 ml

Esta receta de leche vegetal se hace con almendras, pero puedes utilizar otros frutos secos, como avellanas, anacardos o pacanas, o cereales, como avena y arroz. Las almendras deben estar en remojo toda la noche, pero te recompensarán con una leche rica y cremosa llena de sabor. Necesitarás una batidora potente para lograr una suavidad sedosa. Si no tienes muselina para colar la leche, un paño de cocina limpio también sirve.

250 g de almendras enteras blanqueadas
una pizca de sal marina
1-2 cucharaditas de sirope de arce (opcional)

1 | Pon las almendras en un cuenco y vierte 750 ml de agua. Tápalas y déjalas en remojo toda la noche. Al día siguiente, vierte la mezcla en la batidora, añade una pizca de sal y el sirope de arce, si quieres que sea más dulce. Bate hasta que quede una mezcla homogénea.

2 | Pon sobre un cuenco grande un colador metálico forrado con muselina o una tela fina, de modo que el colador quede del todo cubierto. Vierte la mezcla de frutos secos batidos en el centro y deja que gotee por la tela hacia el cuenco de debajo. Puedes remover la mezcla con una cuchara para acelerar el proceso.

3 | Recoge el paño por los extremos y exprime el líquido restante de la pulpa, desechándola (o ver el paso siguiente) y manteniendo la leche líquida en el cuenco de debajo. Vierte la leche de almendras en una jarra, y luego en botellas esterilizadas (ver p. 456) y refrigéralas hasta el momento de servirlas. La leche de almendras se conservará hasta 5 días en la nevera.

4 | Si no quieres tirar la pulpa de los frutos secos tras licuarlos, úsala para enriquecer los batidos o para dar textura a las gachas o los cereales.

Queso de anacardos

Preparación
10 minutos
+ toda la noche en remojo

Sin cocción

Salen 250 g

Aunque no sea realmente un queso, esta deliciosa alternativa vegetal cremosa tiene una textura y un sabor similares a los de los quesos blandos de leche de vaca y puede utilizarse de forma muy parecida.

250 g de anacardos sin tostar ni salar
1 cucharada de copos de levadura nutricional
zumo de ½ limón
1 cucharadita de ajo granulado
1 cucharadita de cebolla granulada
sal y pimienta negra recién molida

1 | Pon los anacardos en un cuenco y cúbrelos con abundante agua fría. Tápalos y déjalos en remojo toda la noche.

2 | Escurre los anacardos sobre una jarra a través de un colador. Una vez escurridos, reserva 100 ml del líquido de remojo en la jarra y desecha el resto.

3 | Pon los anacardos en una batidora potente o un robot de cocina con la levadura nutricional, el zumo de limón, el ajo y los gránulos de cebolla. Bate hasta que obtengas una mezcla homogénea.

4 | Con el motor en marcha, vierte lentamente el agua reservada, hasta obtener una consistencia espesa y húmeda (puede que no la necesites toda).

5 | Sazona con sal y pimienta al gusto, y luego ponla con una cuchara en un cuenco pequeño o en un recipiente hermético en la nevera para utilizarla más tarde. Se conservará hasta 5 días.

CONSEJO

El queso de anacardos es un buen sustituto del queso de pasta blanda en la cocina, o como salsa con palitos de pan y crudités, o como crema para untar.

POLLO

POLLO

El pollo entero, el tipo de ave más consumido en todo el mundo, se compone principalmente de la carne magra blanca de la pechuga y la carne oscura de los muslos, más sabrosa. Esta carne, rica en proteínas y relativamente baja en grasas, es enormemente versátil y se adapta tanto a los métodos de cocción rápidos, como asar a la parrilla o freír, como a los que adoptan un estilo más relajado, como asar a fuego lento o estofar. Su sabor relativamente suave hace que el pollo sea un excelente vehículo para adobos, hierbas, especias y salsas fuertes, aunque el ave entera puede brillar cuando simplemente se sazona y se asa hasta que la piel esté crujiente y dorada (derecha). El pollo puede cocinarse entero, asado (ver p. 80) o por piezas (ver p. 76). Las aves ecológicas suelen criarse durante más tiempo, con una dieta mejor y más espacio para crecer, lo que da como resultado una carne bien desarrollada y más sabrosa que la de un ave no criada en libertad. Cuando compres un pollo entero, busca uno que se vea rollizo, con la piel firme y seca.

Tras manipular pollo crudo, lávate siempre bien las manos con agua caliente y jabón, y cualquier utensilio o superficie de la cocina con un desinfectante.

Conservación

Guarda el pollo crudo en la nevera hasta 2-3 días, según su fecha de consumo preferente. Sácalo de su envoltorio, si estaba envuelto, y sécalo a golpecitos con papel de cocina para eliminar toda la humedad posible; después, guárdalo cubierto con film transparente en un plato o en un recipiente hermético grande, ya que así cabrá mejor en la nevera. Para descongelar un pollo, colócalo en un plato o cuenco poco profundo en la nevera durante unas 5 horas, o toda la noche, hasta que se descongele. Asegúrate de que la carne cruda se mantiene separada de los alimentos cocinados, preferiblemente en el fondo de la nevera, para evitar la contaminación cruzada.

El pollo cocido se conservará hasta 4 días, tapado, en la nevera, luego sírvelo frío o recaliéntalo bien.

ASAR UN POLLO

Cuando se cocina correctamente, un pollo asado es un placer sencillo y delicioso. Hacerlo bien puede ser un delicado equilibrio entre cocinar bien la carne para evitar el riesgo de intoxicación alimentaria y no dejar que se seque en el proceso. Las temperaturas de cocción, los tiempos y los métodos pueden variar según la receta que sigas, pero la receta de pollo asado (derecha) garantiza esa combinación perfecta de piel dorada y crujiente y carne jugosa y suculenta. El pollo se beneficia de untarlo con aceite de oliva o mantequilla antes de asarlo para mantenerlo húmedo, así como de dejar reposar el ave tras la cocción para que los jugos se redistribuyan en la carne.

POLLO	TIEMPOS DE ASADO (230 °C/210 °C VENTILADOR / GAS 8)
Entero	15 minutos por 450 g
Pechugas	15 minutos por 450 g
Muslos	40-45 minutos
Muslos (con hueso y piel)	30-40 minutos
Alas	30-45 minutos

POLLO ASADO FÁCIL

Preparación
5 minutos
+ reposo

Cocción
50 minutos

Raciones 4

Este método de asar pollo es sencillo y rápido, y te garantiza una piel dorada y crujiente y una carne jugosa y suculenta. Algunas personas prefieren el método lento, pero esto puede hacer que el pollo se seque antes de que la piel esté crujiente. La tabla (izquierda) te ayudará a calcular el tiempo de cocción del pollo en función de su peso: este pollo de 1,5 kg tarda unos 50 minutos en asarse y da para 4 personas, por lo que es un excelente punto de partida.

1,5 kg de pollo entero, sacado de la nevera 15 minutos antes de asarlo
1 cucharada de aceite de oliva
1 cucharada de sal marina en escamas
1 cucharadita de pimienta negra recién molida

1 | Precalienta el horno a 230 °C (210 °C ventilador / Gas 8). Pon el pollo entero, con la pechuga hacia arriba, en una bandeja de horno grande, úntalo todo con aceite de oliva y salpimiéntalo.

2 | Mete la bandeja en el centro del horno durante 50 minutos, rociando el pollo con sus jugos a mitad de tiempo. Comprueba si tu horno tiene un punto de calor notable al mismo tiempo y gira la bandeja si es necesario. Asa el pollo hasta que un termómetro para carne indique 70 °C y los jugos salgan transparentes al pinchar la parte más gruesa del muslo con una brocheta o un cuchillo pequeño; no debe haber rastro de sangre ni de color rosado. Si el pollo no ha alcanzado la temperatura correcta en el interior o los jugos no son transparentes, vuelve a meterlo en el horno y vuelve a probarlo al cabo de 10 minutos.

3 | El pollo debe estar entonces completamente cocido, pero aún jugoso y suculento. Cúbrelo holgadamente con papel de aluminio (el vapor no debe ablandar la piel crujiente) y déjalo reposar 15 minutos antes de trincharlo (ver p. 70). Esto permite que los jugos se redistribuyan, lo que se traduce en una carne blanda y suculenta. Guarda el jugo del pollo de la bandeja de asar para la salsa *gravy* (ver p. 418).

1

2

3

TRINCHAR UN POLLO ASADO

El trinchado es una técnica que conviene aprender, ya que así, una vez asado el pollo con tanto cariño, sabrás presentarlo adecuadamente y sin miedo a desperdiciar nada. Un cuchillo de cocina grande es lo mejor, ya que te permite hacer cortes largos y precisos.

1 | Coloca el pollo asado sobre una tabla de cortar con los muslos hacia ti. Con un cuchillo de cocina grande y afilado, corta a lo largo de la piel entre el muslo y el tronco, separándolos con cuidado, hasta que puedas cortar alrededor de la articulación del muslo y lo separes limpiamente. Repite la operación con el otro muslo. Ponlo en la tabla y corta por la articulación entre el jamoncito y el contramuslo.

2 | Para quitar las alas, tira de cada una de ellas desde ambos lados de la pechuga y corta a través de la articulación que las une al tronco.

3 | Pasa el dedo por el esternón, el hueso que va de arriba abajo, y haz un corte largo paralelo al hueso por un lado para liberar la pechuga del hueso. Sujetando la pechuga con una mano y separándola suavemente del hueso, sigue cortando hasta que la hayas retirado por completo. Repite la operación en el otro lado para retirar la segunda pechuga.

4 | Corta la pechuga en filetes iguales en diagonal, colócalos en una fuente caliente con los muslos y las alas y llévalos a la mesa. Guarda la carcasa y los jugos para hacer caldo de pollo (ver p. 414) y para las recetas con las sobras (más abajo).

Sobras de pollo asado

Asar un pollo entero te da la posibilidad de varias comidas. Esta técnica explica cómo quitar de la carcasa los restos de carne de pollo asado.

1 | Coloca la carcasa del pollo, con la parte de la pechuga hacia arriba y mirando hacia ti, sobre una tabla de cortar. Pasa los dedos por un lado del esternón y, con los pulgares, presiona ligera pero firmemente sobre el hueso para arrancar los restos de carne. Repite la operación en el otro lado.

2 | Dale la vuelta al pollo de modo que la parte de la pechuga quede hacia abajo en la tabla de cortar. Palpa por la espina dorsal en busca de dos pequeños huecos donde el tronco se unía a los muslos. Empuja con cuidado en ellos para sacar la carne del obispillo.

3 | Sigue trabajando alrededor de la carcasa, concentrándote en las zonas donde las articulaciones se unen con el tronco para arrancar la carne sobrante con la punta de los dedos. Si te queda muslo del pollo asado, quita la piel del pollo, sujeta el hueso principal con una mano y tira hacia abajo para quitar toda la carne, dejando el hueso.

4 | Cuando hayas quitado todos los trozos visibles de carne, úsala enseguida o guárdala, tapada, en la nevera hasta 2 días. Pon el resto de la carcasa en una cacerola grande y sigue la receta de la p. 414 para hacer caldo de pollo. Utiliza el pollo sobrante en las recetas de las pp. 72-75.

Muslos de pollo con harissa

Preparación
5 minutos

Cocción
45 minutos

Raciones 4

Estos muslos de pollo se convertirán sin duda en una de tus recetas preferidas. Una vez asados, tienen la piel crujiente y pegajosa y la carne suave y untuosa. Esta receta requiere una cocción más larga y lenta a una temperatura de horno más baja que la del pollo asado fácil (ver p. 69), ya que la cobertura de harissa y miel puede quemarse si el horno está demasiado fuerte. La harissa es una pasta de guindilla originaria del norte de África que da a los muslos un sabor picante y dulce con un toque de rosas.

8 muslos de pollo enteros con piel y hueso
1 cucharada de aceite vegetal
3 cucharadas de harissa de rosas
1 cucharada de miel líquida
sal y pimienta negra recién molida
calabaza asada con aliño de guindilla y miel y labne (ver p. 60), para servir

1 | Precalienta el horno a 200 °C (180 °C ventilador / Gas 6). Pon los muslos de pollo en una bandeja de horno grande, rocíalos con el aceite y sazónalos generosamente con sal y pimienta. Mete la bandeja en el horno durante 20 minutos, hasta que la piel empiece a estar crujiente.

2 | Saca los muslos de pollo del horno y añade la harissa. Mezcla bien hasta que el pollo quede cubierto uniformemente por el aceite y la harissa, y vuelve a meter la bandeja en el horno durante 20 minutos, hasta que la piel esté crujiente y dorada.

3 | Unta los muslos con la miel y ásalos 5 minutos más, hasta que estén pegajosos y glaseados. Sírvelos con la ensalada de calabaza y labne.

Sopa de pollo, limón y garbanzos

Preparación 15 minutos

Cocción 30 minutos

Raciones 4

Una vez que hayas sacado los restos de carne de pollo asado de su carcasa (ver p. 70) y quizá hayas hecho el caldo (ver p. 414), ¿qué mejor manera de aprovecharlo que en una sopa especiada? No te dejes asustar por la cantidad de ingredientes, esta sopa se vale de lo que hay en tu despensa y tiene el calor aromático de las especias molidas. Sírvela con una cucharada de gremolata, opcional pero muy recomendable (ver p. 443).

2 cucharadas de aceite de oliva
1 cebolla grande, pelada y picada
2 zanahorias medianas, peladas y troceadas
200 g de *cavolo nero*, los tallos cortados en rodajas finas y las hojas peladas y cortadas en rodajas
una pizca de sal, y algo más para sazonar
3 dientes de ajo, pelados y picados finamente
2 cucharaditas de pimentón ahumado dulce
2 cucharaditas de comino molido
1 cucharadita de cúrcuma molida
½ cucharadita de canela molida
2 cucharadas de puré de tomate
1 litro de caldo de pollo (ver p. 414) o comprado
2 latas de garbanzos de 400 g; reserva el líquido
300 g de carne de pollo cocida sobrante del pollo asado fácil (ver p. 69), cortada en tiras
3 limones en conserva (ver p. 460) o comprados en la tienda, sin la pulpa y con la médula finamente picada
pimienta negra recién molida
1 receta de gremolata (ver p. 443), opcional, para servir

1 | Calienta el aceite de oliva en una cacerola grande a fuego medio. Añade la cebolla, las zanahorias y los tallos de *cavolo nero* con una pizca de sal. Cocina, removiendo regularmente durante 10-12 minutos, hasta que las verduras se ablanden.

2 | Añade el ajo y cuece, removiendo, durante 1 minuto. Luego agrega las especias y el puré de tomate. Cuece, removiendo constantemente, durante otro minuto hasta que la cebolla se impregne de las especias y el puré de tomate, y luego vierte el caldo de pollo.

3 | Pon la sopa a hervir a fuego lento, añade los garbanzos junto con el líquido de las latas y las hojas de *cavolo nero*. Cuece a fuego lento, removiendo de vez en cuando, durante 10 minutos, hasta que el *cavolo nero* esté tierno.

4 | Añade el pollo cocido y los limones en conserva a la sopa. Cuece a fuego lento otros 3-5 minutos, hasta que el pollo esté bien caliente.

5 | Sazona la sopa al gusto con más sal y pimienta. Viértela en cuatro cuencos y pon encima una cucharada de gremolata, si la usas, para servir. La sopa se conserva hasta 2 días en la nevera o se puede congelar hasta 3 meses. Recaliéntala bien tras descongelarla.

CONSEJO

Esta sopa es estupenda para aprovechar lo que tengas en la nevera, así que si tienes alubias blancas, en lugar de garbanzos, no dudes en usarlas en su lugar. Igualmente, las acelgas, las espinacas o la col rizada son un buen sustituto del cavolo nero.

Tarta de pollo y puerro a la mostaza

Preparación
10 minutos + enfriamiento

Cocción
50 minutos

Raciones 4

Las tartas siempre son muy reconfortantes, y usar pollo asado para hacer esta te ahorrará tiempo y trabajo. La calidad de tu caldo de pollo también marcará una gran diferencia, así que es una receta estupenda si lo has hecho. Se añade harina a los puerros para crear un *roux* que espese el relleno, muy parecido al que se utiliza para hacer la salsa blanca (ver p. 40). Si no tienes restos de pollo asado, puedes utilizar carne ya cocinada.

50 g de mantequilla salada
2 puerros medianos, cortados por la mitad a lo largo y en rodajas finas
una pizca de sal, y un poco más para sazonar
4 dientes de ajo, pelados y cortados en láminas finas
1 puñado de tomillo, deshojado
1 cucharada de harina común
350 ml de caldo de pollo (ver p. 414) o comprado
300 g de carne de pollo cocida sobrante del pollo asado fácil (ver p. 69), desmenuzada
1½ cucharadas de mostaza en grano
150 g de *crème fraîche* entera
1 huevo mediano, a temperatura ambiente, ligeramente batido
320 g de hojaldre ya enrollado
pimienta negra recién molida
puré de patatas (ver p. 171) y verduras, para servir

1 | Derrite la mantequilla en una sartén grande y honda a fuego medio. Añade los puerros y una pizca de sal y cuece 8 minutos removiendo regularmente hasta que se ablanden. Añade el ajo y el tomillo y cuece 2 minutos más removiendo, luego espolvorea la harina. Cuece 1 minuto, removiendo sin parar para que los puerros se cubran uniformemente con la harina, y vierte el caldo.

2 | Pon el caldo a hervir a fuego lento y añade el pollo cocido a la sartén junto con la mostaza y la *crème fraîche*. Remuévelo todo bien y retira la cazuela del fuego. Sazona al gusto con más sal y pimienta. Si tienes tiempo, deja enfriar el relleno.

3 | Precalienta el horno a 200 °C (180 °C ventilador / Gas 6). Vierte el relleno de la tarta de pollo en una fuente mediana, de unos 30 x 20 cm. Unta el borde de la fuente con huevo batido (esto ayudará a que la tapa de hojaldre se adhiera a la fuente). Coloca encima la lámina de hojaldre, presionándola para sellarla dejando un sobrante de 1 cm alrededor del borde. Unta la tapa de hojaldre con huevo batido. Con un cuchillo, haz una cruz de 2 cm en el centro de la tapa (esto permitirá que salga el vapor y ayudará a que quede crujiente).

4 | Hornea la tarta durante 20-25 minutos, hasta que la masa haya subido bien y esté bien dorada. Déjala enfriar unos minutos y sírvela con puré de patatas y las verduras que prefieras.

CONSEJO

Para conseguir una tarta dorada y crujiente, prepara el relleno con antelación y déjalo enfriar durante 30 minutos (o incluso durante un día), antes de cubrirlo con la tapa de hojaldre; así te asegurarás de que el hojaldre no se empapa por debajo.

Ensalada de pollo con sésamo

Preparación 15 minutos

Sin cocción

Raciones 2

Con esta ensalada fresca y vibrante transformarás el asado del domingo en algo completamente nuevo. En cuanto a la textura, la receta se beneficia de la piel crujiente del pollo asado, así que, si puedes, reserva un muslo o un jamoncito. Para que la piel quede crujiente, ponla en una bandeja de horno precalentado a 220 °C (200 °C ventilador / Gas 7).

250 g de carne sobrante del pollo asado fácil (ver p. 69), desmenuzada
1 rama de apio, cortada fina
1 zanahoria pequeña, pelada y cortada en juliana (ver p. 163)
1 chalota, pelada y cortada en rodajas finas
100 g de col lombarda, cortada muy fina
1 lechuga little gem, cortada gruesa
1 diente de ajo, pelado y machacado
30 g de hojas de cilantro picadas
1 cucharada de semillas de sésamo
zumo de 1 lima

Para el aderezo
2 cucharadas de aceite de sésamo
2 cucharadas de tamari o salsa de soja ligera
2 cucharadas de vinagre de vino de arroz
½ cucharada de pasta de guindilla roja

1 | Mezcla bien con un tenedor y en un bol pequeño los ingredientes del aderezo.

2 | Mezcla todos los ingredientes de la ensalada en un bol grande, vierte el aliño por encima y remueve con unas pinzas para que todo quede uniformemente cubierto. Cómela enseguida o deja que se mezclen los sabores, tapando el cuenco y enfriándolo en la nevera. Puedes hacerla el día anterior, pero deja que la ensalada alcance la temperatura ambiente antes de servirla.

CONSEJO

Para una ensalada más sustanciosa, añade 100 g de fideos de arroz cocidos antes de mezclar.

CORTAR UN POLLO EN OCTAVOS

Preparación 15 minutos

Sin cocción

Sale 1 pollo

Esta técnica clásica te muestra cómo cortar un pollo entero en 8 trozos para servir a 4 personas, de modo que cada una reciba un trozo de carne oscura de muslo y un trozo de carne blanca de pechuga cocida con hueso. Es especialmente útil cuando se guisa un pollo para un estofado o un curri, o para asar los trozos, adobándolos antes si se desea.

1 pollo entero, secado con papel de cocina

1 | Coloca el pollo, con la pechuga hacia arriba, sobre una tabla de cortar con los muslos hacia ti. Con un cuchillo de cocina grande y afilado, corta a lo largo de la piel entre el muslo y la pechuga. Con las manos, separa con cuidado el muslo de la pechuga, hasta que puedas cortar alrededor de la articulación, cerca de la espina dorsal, separándola de la pechuga, asegurándote de cortar alrededor del obispillo, una porción de carne pequeña y suave a cada lado de la espina dorsal, en la parte superior del muslo, manteniéndola unida a este. Repite la operación con el otro muslo.

2 | Pon el muslo en la tabla y corta por la articulación entre el contramuslo y el jamoncito. Repite la operación con el otro muslo y tendrás 4 trozos de muslo.

3 | Coloca el tronco del pollo con la pechuga hacia arriba y el cuello hacia ti, y utiliza los dedos para localizar el esternón. Con el cuchillo, corta a lo largo de un lado del esternón, separando la carne del hueso.

4 | Corta a lo largo del esternón con unas tijeras de cocina grandes, siguiendo el corte que has hecho antes a lo largo de la pechuga, cortando desde el extremo de la cola hasta el esternón. Usa un cuchillo de cocina pequeño para quitar la espina dorsal.

5 | Pon el tronco de lado y utiliza unas tijeras para cortar a través de las costillas siguiendo una línea de grasa, por el cuerpo hasta el cuello y alrededor de la articulación del ala. Ahora tendrás una sola pechuga de pollo en el hueso con el ala unida a ella. Repite la operación en el otro lado.

6 | Pon las dos pechugas de pollo, con la piel hacia arriba, sobre la tabla de cortar y córtalas por la mitad, haciendo un corte en diagonal para que quede más limpio. Repite la operación con el trozo de pechuga restante. Ahora, en total, tendrás 8 trozos de pollo con hueso que podrás utilizar como desees. En este punto, puedes marinar el pollo (ver p. 81), estofarlo, asarlo o cocinarlo como quieras.

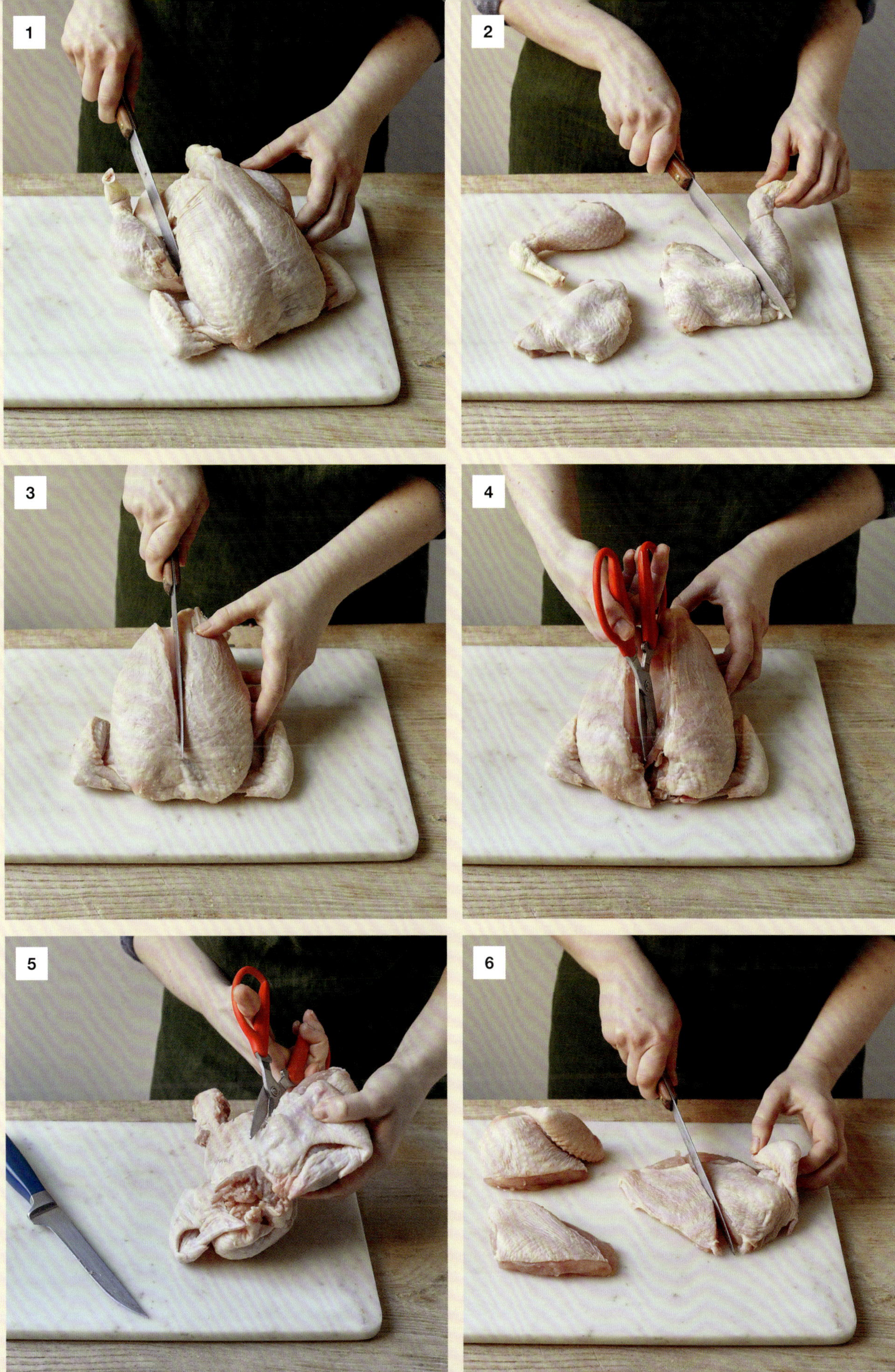
1
2
3
4
5
6

POLLO KIEV

Preparación 30 minutos + refrigeración

Cocción 20 minutos

Raciones 2

El secreto de un buen Kiev es mantener el relleno de ajo y mantequilla dentro del pollo mientras se cocina, y su combinación de métodos de cocción, que garantiza unos resultados perfectos. Primero, fríe la pechuga de pollo hasta que el exterior esté crujiente y dorado, y luego cuécela en el horno hasta que la carne esté bien hecha y la mantequilla se derrita. Congelar primero la mantequilla también ayuda, ya que te da tiempo a lograr una buena corteza del pollo sin que la mantequilla se derrita y se escape, sellándolo eficazmente en su interior. También es importante enrollar bien la pechuga y sujetarla con palillos (recuerda retirarlos antes de comer). Mientras la mantequilla se derrite, esta ayuda a escalfar y cocer al vapor el pollo desde dentro hacia fuera, y lo mantiene jugoso y suculento.

¼ de receta de mantequilla de ajo y hierbas (ver p. 48), ablandada
2 pechugas de pollo deshuesadas y sin piel
50 g de harina normal
1 huevo mediano, a temperatura ambiente, ligeramente batido
75 g de pan rallado panko
aceite vegetal, para freír
sal y pimienta negra recién molida
Patatas fritas caseras (ver p. 192), kétchup y/o brócoli y guisantes al vapor, para servir

1 | Bate la mantequilla de ajo y hierbas con una cuchara de madera hasta que se ablande, luego colócala sobre un trozo de film transparente y dale forma de rectángulo, de unos 7,5 x 4 cm y unos 2 cm de grosor. Envuelve la mantequilla en papel de horno y ponla en el congelador durante 1 hora, hasta que esté firme.

2 | Corta la pechuga (en mariposa o a la crapaudine) para que tenga un grosor uniforme. Para ello, colócala sobre una tabla de cortar con el extremo más grueso alejado de ti. Pon una mano sobre la pechuga y, con la otra, con un cuchillo de tamaño medio, córtala a lo largo por la mitad de uno de los lados, con cuidado de no atravesarla del todo.

3 | Abre la pechuga y cúbrela con una hoja de papel de horno. Con el extremo de un rodillo, aplástala para que tenga un grosor uniforme de 1 cm. Haz lo mismo con la otra pechuga.

4 | Una vez que la mantequilla esté bien dura, córtala por la mitad a lo largo. Pon una porción de mantequilla en el extremo más ancho de la pechuga. Dobla los lados para envolver la mantequilla, y enróllala bien, de manera que quede una forma cilíndrica.

5 | Asegura el pollo formando un paquete apretado y sella la mantequilla con 2 o 3 palillos. Haz lo mismo con la otra pechuga de pollo y el resto de la mantequilla.

6 | Pon la harina, el huevo batido y el pan rallado panko en 3 cuencos distintos poco profundos. Sazona la harina con sal y pimienta. Pasa cada pechuga de pollo primero por la harina, sacudiendo el exceso, y luego sumérgela en el huevo hasta cubrirla por completo. Por último, pasa el pollo por el pan rallado, presionando bien para que quede bien cubierto. Haz lo mismo con la otra pechuga.

7 | Mientras tanto, llena una sartén grande y honda con 3 cm de aceite y caliéntalo a 180 °C en un termómetro de cocina, o hasta que un cubo de pan se dore en 20 segundos. Cuando el aceite esté a la temperatura adecuada, mete con cuidado las pechugas y fríelas durante 3 minutos, hasta que estén bien doradas. Dales la vuelta con una espumadera y fríe otros 3 minutos, hasta que estén doradas y crujientes. Sácalas con cuidado y ponlas en un plato forrado con papel de cocina para escurrirlas; luego sazónalas con sal y retira los palillos.

8 | Mientras tanto, forra una bandeja de horno con papel de cocina y calienta el horno a 200 °C (180 °C ventilador / Gas 6). Introduce el pollo frito en la bandeja del horno durante 8-10 minutos, según el tamaño de las pechugas, hasta que estén doradas y crujientes por fuera y el interior esté bien hecho, suculento y jugoso. Sírvelo enseguida con patatas fritas, salsa de tomate y/o brócoli y guisantes al vapor.

1
2
3
4
5
6
7
8

HACERLE A UN POLLO EL CORTE MARIPOSA

Preparación
10 minutos

Sin cocción

Sale 1 pollo

Hacerle el corte mariposa a un pollo es quitarle la columna vertebral para aplanarlo y hacer que tenga una superficie de cocción grande, plana y uniforme. Como resultado tendrás un ave que tarda mucho menos tiempo en rustirse o asarse a la parrilla, además de ser más fácil de cocinar: dos grandes razones para probar esta útil técnica.

1 pollo entero, sin cordel, secado con papel de cocina

1 | Coloca el pollo, con la pechuga hacia abajo, sobre una tabla de cortar grande, con el extremo de la cola alejado de ti. En la base del cuerpo del pollo verás un trozo carnoso, la rabadilla.

2 | Sujeta firmemente la rabadilla con una mano y, con un cuchillo de cocina grande, unas tijeras de cocina afiladas o unas tijeras para aves haz un corte a lo largo de un lado del espinazo, hasta el cuello del pollo y atravesando la caja torácica.

3 | Haz lo mismo en el otro lado para eliminar completamente la columna vertebral.

4 | Da la vuelta al pollo, de modo que quede con la pechuga hacia arriba sobre la tabla de cortar, y ábrelo. Presiona suavemente el esternón con las manos para aplanar el pollo hasta conseguir un grosor uniforme.

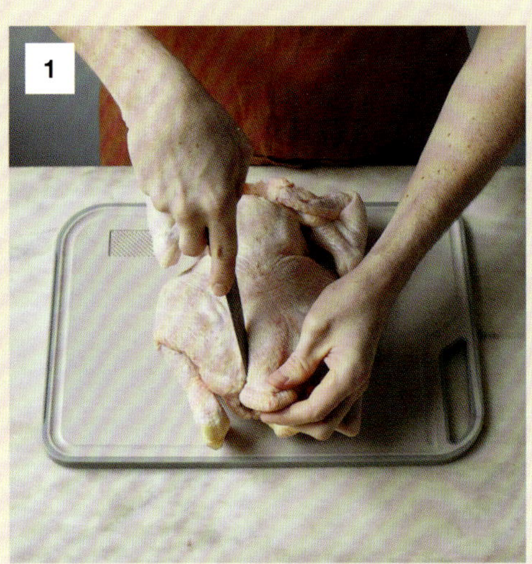

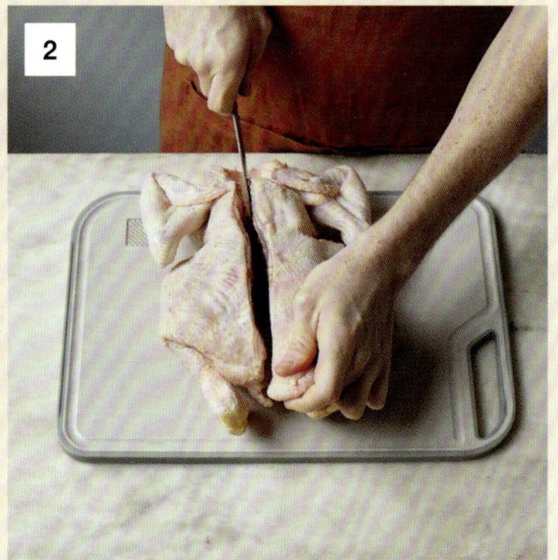

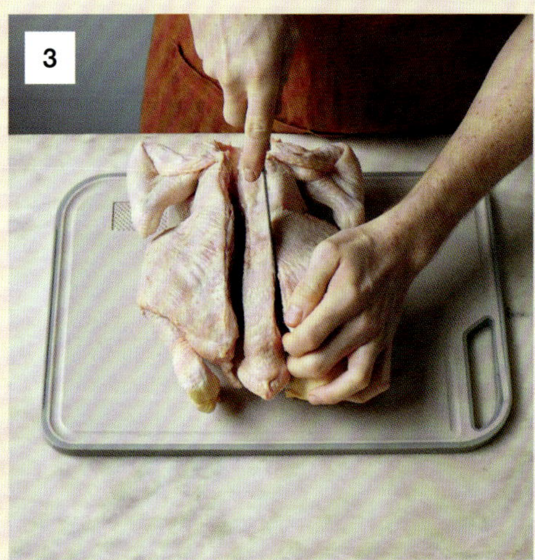

CONSEJO

Cuando cocines un pollo con corte mariposa, para mantenerlo plano, introduce dos brochetas diagonales a través del pollo. Para ello, coloca el pollo con la pechuga hacia arriba en una tabla de cortar con los muslos más cerca de ti. Toma una brocheta y atraviesa desde el exterior del muslo derecho, subiendo hasta la pechuga izquierda, y saliendo por el ala del lado izquierdo. Repite la operación en el otro lado.

MARINAR EL POLLO

Con su sabor neutro y su color claro, el pollo es ideal para marinar, ya que queda muy tierno y absorbe fácilmente los sabores. Debe dejarse marinar durante al menos 1 hora, pero lo mejor son 8 horas o incluso toda la noche. Añadir un ingrediente ácido a un adobo ayudará a ablandar el pollo, como aquí con el uso de cítricos y yogur en el adobo de yogur especiado. Esta técnica también se utiliza en los palitos de pollo con suero de mantequilla (ver p. 46).

Adobos fáciles

Adobo cajún

En un bol grande, mezcla 1 cucharada de comino molido con 1 cucharada de pimentón dulce ahumado, 2 cucharaditas de ajo granulado, 1 cucharadita de orégano seco, el zumo y la ralladura fina de 1 limón sin encerar y 2 cucharadas de aceite de oliva virgen extra. Sazona bien con sal y pimienta y añade 8 muslos de pollo o 1 pollo cortado en mariposa (izquierda) o 1 pollo cortado en 8 trozos (ver p. 76). Mezcla bien y cubre el pollo con la marinada. Tápalo y déjalo marinar durante al menos 1 hora o, idealmente, toda la noche.

Adobo de soja y jengibre

En un bol grande, ralla 4 dientes de ajo pelados y un trozo grande de jengibre fresco pelado. Corta 1 guindilla roja por la mitad y añádela al bol junto con 2 cebolletas cortadas en trozos de 2,5 cm. Añade 4 cucharadas de salsa de soja oscura y 2 cucharadas de azúcar moreno claro suave. Añade 1 cucharada de aceite de sésamo tostado y el zumo y la ralladura fina de 1 lima. Sazona bien con sal y pimienta y añade 8 muslos de pollo o 1 pollo cortado en mariposa (izquierda) o 1 pollo cortado en 8 trozos (ver p. 76). Mezcla bien y cubre el pollo con la marinada. Tápalo y déjalo marinar durante al menos 1 hora o, idealmente, toda la noche.

Adobo de yogur especiado

En un bol grande, añade 100 g de yogur griego. Ralla finamente 4 dientes de ajo pelados y un trozo de raíz de jengibre fresco pelado del tamaño de un pulgar. Añade 2 cucharaditas de comino molido, cilantro molido, pimentón dulce ahumado y cúrcuma en polvo. Mezcla 1 cucharada de garam masala, ½ cucharadita de pimienta de Cayena y el zumo y la ralladura fina de 1 limón sin encerar. Sazona bien con sal y pimienta y añade 8 muslos de pollo o 1 pollo cortado en mariposa (izquierda) o 1 pollo cortado en 8 trozos (ver p. 76). Mezcla bien y cubre el pollo con la marinada. Tápalo y déjalo marinar durante al menos 1 hora o, idealmente, toda la noche.

Pollo asado peri-peri

Preparación 20 minutos + marinado y reposo

Cocción 40 minutos

Raciones 4

Así tienes dos técnicas en una sola receta: cocinar el pollo y marinarlo. La salsa peri-peri es muy popular y por una buena razón, ya que es una salsa picante y muy sabrosa que funciona perfectamente como adobo. Aquí, el pollo se adoba y luego se hace al grill para obtener el máximo sabor ahumado y una piel dorada y crujiente. También hay una opción para barbacoa. Sirve el pollo con la ensalada de patatas al pesto con limón (ver p. 170) y/o la ensalada de repollo Alabama (ver p. 165).

1 cucharada de pimentón ahumado dulce
2 cucharaditas de orégano seco
2 guindillas rojas picadas, sin semillas si se prefiere
3 pimientos rojos asados de bote, escurridos
zumo de 2 limas
4 cebolletas picadas
3 dientes de ajo, pelados y picados groseramente
1 pollo cortado en mariposa (ver p. 80)
1 cucharada de aceite de oliva
sal y pimienta negra recién molida

1 | En una batidora potente, pon el pimentón, el orégano, las guindillas, los pimientos rojos asados, el zumo de lima, la cebolleta y el ajo. Sazona bien con sal y pimienta, y bate hasta tener una mezcla homogénea.

2 | Sigue los pasos 1-4 de «Hacerle a un pollo el corte mariposa» (ver p. 80). Pon el pollo, con la pechuga arriba, en un bol o una fuente grandes para horno y vierte por encima la marinada. Mezcla para que el pollo quede completamente cubierto. Tápalo y ponlo a enfriar en la nevera durante al menos 1 hora o toda la noche.

3 | Precalienta el grill a temperatura media-alta, unos 220 °C, y coloca la rejilla inferior en el centro del horno. Destapa el pollo y dale la vuelta para que quede con la pechuga hacia abajo en una bandeja de horno grande. Echa 250 ml de agua en la bandeja. Asa el pollo durante 20 minutos, comprobándolo regularmente, hasta que esté dorado y ennegrecido por partes.

4 | Da la vuelta al pollo para que la pechuga quede hacia arriba y rocíalo con el aceite de oliva. Ásalo otros 15-20 minutos, hasta que la piel esté bien dorada y crujiente y el pollo esté bien hecho. Deja reposar el pollo 5 minutos antes de servirlo.

Variante para barbacoa

Para cocinar el pollo asado marinado necesitarás utilizar una barbacoa con tapa.

1 | Amontona las brasas a un lado de la parrilla y enciéndelas. Podrás cocinar cuando las llamas se hayan apagado y te queden brasas al rojo vivo. Coloca la rejilla de la parrilla a unos 30 cm por encima de las brasas. Saca el pollo de la marinada, pincelándolo suavemente para eliminar los excesos. Reserva el adobo restante en el cuenco o plato.

2 | Coloca el pollo, con la pechuga hacia arriba, en la rejilla de la parrilla, sobre la mitad sin brasas debajo. Pon la tapa y cocina durante 30-45 minutos, girando el pollo de vez en cuando para que se cocine de manera uniforme, rociándolo con un poco de adobo del cuenco.

3 | Da la vuelta al pollo, con la pechuga hacia abajo, y colócalo directamente sobre las brasas. Cuécelo durante 10-15 minutos, rociándolo a menudo con un poco de adobo, hasta que la piel esté crujiente y el pollo bien cocido.

4 | Mientras tanto, vierte el adobo restante en una cacerola pequeña y caliéntalo a fuego medio durante 10 minutos. Sirve la salsa peri-peri con una cuchara sobre el pollo.

Alitas de pollo jerk

Preparación
10 minutos
+ marinado

Cocción
1 hora y
10 minutos

Raciones 4

Aunque no es el plato nacional de Jamaica, el pollo jerk se ha convertido en una de las comidas estrella del país. Tradicionalmente cocinado en un humeante pozo de fuego con madera de pimiento, esta versión sacrifica ligeramente la autenticidad con un horno más accesible, por lo que esta popular comida callejera se puede hacer en la cocina de casa.

1,25 kg de alitas de pollo
3½ cucharadas de condimento jerk húmedo ya preparado (picante a elegir)
1 cebolleta, partes blanca y verde separadas, finamente picada
1 cucharadita de cebolla en polvo
1 cucharada de ajo granulado
½ cucharada de pimienta negra molida gruesa
3 cucharadas de salsa barbacoa
2 limas, cortadas en cuartos

1 | Con un cuchillo de cocina grande y afilado, haz una o dos incisiones diagonales en cada una de las alitas y colócalas en un bol grande para mezclar.

2 | Añade al bol 3 cucharadas del condimento jerk, la parte blanca de la cebolleta, la cebolla en polvo, el ajo granulado y la pimienta negra. Con las manos (usa unos guantes desechables, si lo prefieres), masajea las alitas de pollo con el adobo, asegurándote de que la mezcla penetra en todos los cortes. Tapa el bol y déjalas marinar en la nevera durante al menos 1 hora, y preferiblemente toda la noche.

3 | Cuando estés listo para cocinar, precalienta el horno a 200 °C (180 °C ventilador / Gas 6). Forra una bandeja de horno grande con papel de horno (o utiliza una bandeja de horno con rejilla) y coloca las alitas marinadas en la bandeja. No importa si no se pueden extender del todo o si se tocan. Guarda el adobo sobrante para más tarde. Cuando el horno esté caliente, asa las alitas durante 30 minutos.

4 | Mientras tanto, añade la salsa barbacoa y la ½ cucharada restante de condimento jerk húmedo al adobo sobrante en el bol y remueve para mezclar.

5 | Pasados 30 minutos, saca la bandeja del horno. Con un pincel de pastelería o una cuchara, cubre la parte superior de las alitas con la mitad de la mezcla del adobo. Vuelve a meter la bandeja en el horno durante 20-25 minutos, hasta que el pollo se ponga marrón y brillante.

6 | Retira la bandeja del horno, da la vuelta a las alitas y cúbrelas con el resto de la mezcla del adobo. Vuelve a meterlas en el horno y cuécelas otros 10 minutos. Las alitas deben estar ahora muy doradas y empezar a chamuscarse por algunas partes.

7 | Sube la temperatura del horno a 220 °C (200 °C ventilador / Gas 7), vuelve a dar la vuelta a las alitas de pollo y cocínalas durante 5 minutos más, hasta que estén doradas y pegajosas por todas partes.

8 | Retira las alitas de la bandeja de horno, colócalas sobre una rejilla y déjalas enfriar unos minutos. Sirve las alitas cubiertas con la parte verde restante de la cebolleta y gajos de lima para exprimir por encima.

ESCALFAR EL POLLO

Este método suave consiste en cocer lentamente el pollo en líquido a baja temperatura, lo que mantiene la carne suculenta y tierna a la vez que le aporta el sabor del líquido de escalfado. Este método es más adecuado para la carne blanca magra, como la del pollo, ya que es menos probable que se endurezca al cocerla. Asegúrate de controlar la temperatura durante todo el proceso, pues si hierve se resecará demasiado.

POLLO EN CALDO

Preparación
15 minutos

Cocción
1½ horas

Raciones 4

Esta receta es un dos por uno, ya que consigues un pollo escalfado perfectamente tierno y un caldo muy ligero y sabroso. ¡Mejor imposible! El pollo puede servirse simplemente en el caldo, quizá con algunas hierbas frescas espolvoreadas por encima, o en la sopa de orzo con pollo (ver p. 86).

2 cebollas morenas o rojas, peladas y picadas gruesas
1 zanahoria mediana, pelada y cortada en rodajas gruesas
2 ramas de apio, cortadas en rodajas gruesas
1 cabeza de ajo, partida por la mitad horizontalmente
1 cucharadita de pimienta negra en grano
3 hojas de laurel (frescas o secas)
1 puñado de perejil de hoja plana, hojas y tallos
1 pollo entero, de 1,5 kg, secado con papel de cocina
una cucharadita de sal

1 | Pon todos los ingredientes en tu cazuela más grande, añade la sal y vierte agua fría hasta cubrirlos, unos 2,5 litros. Llévalo a ebullición a fuego medio-alto, quitando con una cuchara la espuma blanca que suba a la superficie del agua y desechándola. Reduce el fuego a medio-bajo para que el agua hierva a fuego lento. Escalfa suavemente el pollo, destapado, quitando de vez en cuando la espuma que suba a la superficie, durante 1 hora, hasta que los jugos salgan transparentes al pinchar el pollo con una brocheta en la parte más gruesa del muslo.

2 | Pasa con cuidado el pollo a un plato con ayuda de 2 espátulas, cúbrelo con papel de aluminio y déjalo reposar 20 minutos.

3 | Trincha el pollo (ver p. 70) y retira la piel. Desmenuza la carne con dos tenedores. Pasa el caldo de pollo por un colador metálico a una cacerola mediana, y desecha los sólidos del colador. Vuelve a poner la cacerola a fuego fuerte y deja que burbujee durante 15 minutos, hasta que se reduzca un tercio, aproximadamente a 1,5 litros de caldo. Consúmelo directamente, guárdalo en la nevera hasta 3 días o congélalo.

1

2

3

Sopa de orzo con pollo

Preparación
30 minutos

Cocción
1¾ horas

Raciones 4

Esta sencilla sopa de pollo y pasta es supernutritiva y muy saludable. Las sobras de pollo escalfadas y el caldo son las estrellas del plato, mientras que el orzo añade sustento para una comida más sustanciosa. Para ahorrar tiempo, si lo prefieres, puedes utilizar pollo precocinado y un caldo de pollo de buena calidad comprado en la tienda.

1 pollo en caldo (ver p. 85); necesitarás 300 g de pollo cocido desmenuzado y 1,5 litros de caldo
125 g de pasta orzo seca
200 g de hojas de espinacas tiernas
zumo y ralladura fina de 1 limón sin cera
50 g de queso parmesano, rallado fino
1 puñado de albahaca, hojas recogidas
aceite de oliva virgen extra, para rociar
sal y pimienta negra recién molida

1 | Sigue los pasos 1-5 de la receta del pollo en caldo (ver p. 85), reservando 300 g de la carne de pollo desmenuzada para esta receta y 1,5 litros de caldo de escalfar.

2 | Pon a hervir el caldo de escalfar en una cacerola grande a fuego fuerte. Añade la pasta orzo y cuécela durante 6-8 minutos, removiendo de vez en cuando para que no se pegue al fondo de la cazuela, y hasta que esté tierna.

3 | Añade las espinacas y la carne de pollo escalfada y cuece durante 2 o 3 minutos, removiendo, hasta que las espinacas se ablanden y el pollo se caliente del todo. Añade el zumo de limón y salpimienta al gusto.

4 | Reparte la sopa en cuatro cuencos y adórnala con la ralladura de limón, el parmesano, la albahaca, un chorrito de aceite de oliva y un poco más de pimienta negra antes de servir.

CONSEJO

La sopa se conserva 2 días en la nevera o se puede congelar en porciones individuales hasta 3 meses. Descongela la sopa en una cacerola a fuego lento con 150 ml más de agua, y cuécela a fuego fuerte durante 10 minutos.

FREÍR EL POLLO Y HACERLO A LA PARRILLA

El pollo se presta mucho a la fritura, ya sea en la sartén, en una plancha o parrilla o frito. Al ser una carne tan magra y baja en grasa, estos métodos rápidos de cocción permiten que conserve su textura jugosa y tierna, al tiempo que desarrolla un exterior ligeramente caramelizado y dorado. Además, hacerlo a la parrilla le da un ligero sabor ahumado y las características rayas de esta sartén estriada.

Freír puede intimidar un poco al principio, pero en la receta de pollo frito casero (ver p. 90) tienes muchos consejos que te ayudarán a hacerlo con confianza. Para empezar, vierte solo el aceite justo para llenar la sartén hasta la mitad, ya que los alimentos crudos hacen que el aceite burbujee y chisporrotee, por lo que no se trata de llenarla demasiado. Asegúrate de tenerlo todo listo antes de empezar a freír: una espátula con ranuras o una cuchara, y una bandeja o plato forrado con papel de cocina para escurrirlos. Un termómetro de cocina digital multifunción o un termómetro para freír es muy útil, pues te ayudará a calentar el aceite a la temperatura adecuada para freír, garantizando que lo que cocines quede crujiente y dorado, en lugar de empapado o, en el otro extremo, quemado y demasiado hecho.

HAMBURGUESAS DE POLLO A LA PARRILLA

Preparación 10 minutos

Cocción 15 minutos

Raciones 2

Las pechugas de pollo en particular se prestan a este método de cocción rápido y directo, que garantiza que la carne blanca magra quede jugosa y el exterior, dorado y ligeramente caramelizado. Estas hamburguesas de pollo llevan todos los elementos y quedan deliciosas, además de ser una opción más sana que la mayoría de las alternativas para llevar.

2 pechugas de pollo sin piel y deshuesadas
2 cucharaditas de comino molido
1 cucharada de aceite de oliva
2 cucharaditas de miel líquida
sal y pimienta negra recién molida

Para servir

2 panecillos de brioche de hamburguesa con semillas, partidos por la mitad
2 cucharadas de mayonesa (ver p. 420) o comprada
4 cucharadas de sjug (ver p. 445) o comprado
1 lechuga little gem, hojas separadas
½ pepino, pelado en cintas
2 cebolletas, partes verde y blanca, en rodajas finas

1 | Coloca las pechugas de pollo en una hoja de papel de horno sobre una tabla de cortar, separándolas un poco para que haya espacio para extenderlas. Cúbrelas con una segunda hoja de papel de horno.

2 | Con la punta de un rodillo, aplasta las pechugas de pollo entre las capas de papel de horno hasta que tengan un grosor uniforme de 2 cm.

3 | Pon una plancha o sartén antiadherente grande a fuego fuerte. Mientras se calienta, sazona bien el pollo por ambos lados con sal, pimienta y comino molido, y luego rocíalo con el aceite de oliva.

4 | Una vez que la sartén esté caliente y humeante, pon las pechugas en la plancha y cocínalas durante unos 3-4 minutos por cada lado, sin moverlas demasiado, hasta que estén hechas, jugosas y algo chamuscadas.

5 | Una vez hecho el pollo, apaga el fuego de la sartén y vierte la miel con una cuchara. Esto caramelizará ligeramente un lado del pollo, luego pasa las pechugas de pollo a un plato para que reposen brevemente, cubiertas con papel de aluminio.

6 | Con el calor residual de la sartén, tuesta los lados cortados de los panecillos de brioche. Para montarlos, extiende la mayonesa en las bases y la mitad del sjug en la parte inferior de las tapas. Coloca la lechuga sobre la mayonesa, encima el pollo y el sjug restante, el pepino y las cebolletas, y completa coronándolo con las tapas de los panecillos.

1
2
3
4
5
6

POLLO FRITO CASERO

Preparación 10 minutos + marinado

Cocción 30 minutos

Raciones 4

Una vez que lo hayas hecho en casa, no querrás volver a comprarlo hecho. Marinarlo en suero de leche ayuda a ablandar el pollo, mientras que el espolvoreado de harina de hierbas y especias queda al freírlo como una sabrosa corteza dorada y crujiente. En esta receta se usa suero de mantequilla de la tienda, pero puedes prepararlo tú si tienes tiempo (ver p. 45). El pollo frito se hace tradicionalmente con hueso, pero los muslos de pollo deshuesados y sin piel son una buena opción, ya que son más fáciles y rápidos de cocinar y conservan su jugo. Esta receta combina perfectamente con la ensalada de repollo Alabama (ver p. 165).

8 filetes de muslo de pollo deshuesados y sin piel
300 ml de suero de mantequilla
4 cucharadas de salmuera de pepinillos
150 g de harina normal
2 cucharaditas de orégano seco
2 cucharaditas de albahaca seca (opcional)
1 cucharada de ajo granulado
1 cucharada de cebolla granulada
1 cucharada de mostaza en polvo
3 cucharadas de pimentón (no ahumado)
2 cucharaditas de jengibre molido
1 cucharadita de sal marina fina, y otra para sazonar
2 cucharadas de pimienta negra recién molida, y un poco más para sazonar
aceite vegetal, para freír

1 | Pon los muslos de pollo en una hoja de papel de horno sobre una tabla de cortar. Ábrelos, pon encima otro trozo de papel de horno para cubrirlos y utiliza la punta de un rodillo para aplastarlos hasta que tengan un grosor uniforme de 2 cm.

2 | Vierte el suero de mantequilla en un bol mediano, añade la salmuera de pepinillos y salpimienta. Añade los muslos de pollo y mézclalos bien hasta que queden cubiertos. Tápalos y ponlos a enfriar en la nevera durante al menos 1 hora o toda la noche.

3 | Cuando vayas a cocinar los muslos de pollo, mezcla la harina con todas las hierbas y especias en un cuenco ancho y poco profundo, y salpimienta. Forra 2 bandejas de horno con papel de hornear y un plato grande con papel de cocina.

4 | De uno en uno, saca un muslo de pollo del suero de mantequilla y sacúdelo suavemente para eliminar el exceso de adobo. Introduce el pollo directamente en la harina especiada, presionando para que se impregne bien. Coloca el pollo en una sola capa sobre una de las bandejas de horno forradas y repite la operación con el pollo restante hasta que los 8 muslos estén cubiertos.

5 | Mientras, llena hasta la mitad una sartén grande y honda o un wok con aceite y ponlo a fuego medio-alto y caliéntalo a 175 °C en un termómetro digital de cocina o hasta que un cubo de pan se dore en 30 segundos. Calienta el horno a 160 °C (140 °C ventilador / Gas 3).

6 | Mete con cuidado 4 trozos de pollo en el aceite caliente y cocínalos durante 3-4 minutos, hasta que estén crujientes y dorados.

7 | Con unas pinzas, da la vuelta al pollo en la sartén y cuécelo otros 3-4 minutos, hasta que esté bien dorado y crujiente. Para comprobar si está cocido haz un corte en un muslo para asegurarte de que el interior está del todo blanco y sin rastros de sangre, o compruébalo con un termómetro para carne: el interior debe indicar 70 °C cuando esté listo.

8 | Con una espumadera o unas pinzas, saca el pollo de la sartén y ponlo en el plato forrado para escurrirlo un momento, espolvoréalo con sal y pásalo a la bandeja limpia forrada de papel de horno para mantenerlo caliente mientras fríes la segunda tanda de pollo.

Variante con freidora de aire

Para freír el pollo al aire en lugar de freírlo en aceite, sigue los pasos 1-3 hasta que hayas rebozado los muslos en la mezcla de harina especiada. Calienta la freidora a 180 °C y rocía bien la cesta con aceite de cocina en spray. Introduce 4 muslos de pollo en la cesta, rocíalos con más aceite y cuécelos durante 10 minutos. Da la vuelta al pollo, rocíalo de nuevo con aceite y cuécelo otros 8 minutos, hasta que el pollo esté bien hecho y bien crujiente. Repite la operación con los 4 muslos de pollo restantes.

CONSEJO

Cuando reboces el pollo en la harina sazonada, utiliza una mano para sacar el pollo del adobo húmedo (tu mano húmeda) y la otra para rebozarlo en la harina (tu mano seca), así el proceso sea más eficaz y evitarás que las manos se te cubran de una masa pegajosa de harina.

ESTOFAR EL POLLO

Esta técnica clásica francesa consiste en lo que se conoce como cocción combinada: se empieza dorando o chamuscando el pollo para darle color y sabor, y luego se añade líquido para humedecerlo y permitir que la carne se cocine lenta y suavemente. El secreto es no dejar que el líquido hierva demasiado tiempo, ya que podría endurecer y resecar el pollo (lo mismo se aplica a la carne roja). Si se cuece a fuego lento, obtendrás una salsa muy sabrosa que se intensificará lentamente al ablandarse el pollo. El estofado puede hacerse al fuego o en el horno, y es habitual tapar la sartén o cazuela durante una parte de la cocción para evitar que el líquido se evapore demasiado (no se trata de que quede demasiado seco).

POLLO A LA CAZADORA

Preparación 25 minutos

Cocción 1 hora y 5 minutos

Raciones 4

Este rústico plato italiano es el estofado ideal para cocinar un pollo entero cortado en octavos, ya que todos pueden elegir la pieza que prefieras. Si te es más cómodo, usa en su lugar 8 jamoncitos de pollo y tendrás una comida igualmente económica y deliciosa. La salsa se enriquece con tomates y el jugo de cocción del pollo, y tiene el ligero toque salado de las alcaparras y las aceitunas. Sírvelo con patatas asadas (ver p. 174) o con unos tallarines salteados con mantequilla.

1 pollo cortado en octavos (ver p. 76) u 8 jamoncitos de pollo con piel y hueso
2 cucharadas de aceite de oliva
1 cebolla, pelada y cortada en rodajas de 1 cm
1 pimiento rojo, sin semillas y cortado en rodajas de 1 cm de grosor
1 pimiento verde, sin semillas y cortado en rodajas de 1 cm de grosor
una pizca de sal, y un poco más para sazonar
4 dientes de ajo, pelados y picados finamente
8 ramitas de tomillo
1 cucharadita de copos de guindilla seca (opcional)
250 ml de vino tinto
2 latas de 400 g de tomates cherri
1 cucharadita de azúcar glas
2 cucharadas de alcaparras, escurridas y enjuagadas
100 g de aceitunas verdes, sin hueso y enteras
1 puñado de perejil de hoja plana, hojas recogidas
pimienta negra recién molida
patatas asadas (ver p. 174) o tallarines con mantequilla, para servir

1 | Sigue los pasos 1-7 de «Cortar un pollo en octavos» (ver p. 76) o utiliza 8 jamoncitos de pollo. Calienta el aceite de oliva en una cazuela grande y honda a fuego medio-alto. Salpimienta el pollo y dóralo en tandas de 3-4 piezas, dependiendo del tamaño de tu cacerola. Cuece cada muslo durante 6-8 minutos, dándole la vuelta una vez, hasta que la piel esté crujiente y dorada. Colócalo en un plato y resérvalo.

2 | Añade la cebolla y los pimientos a la cazuela junto con una pizca de sal y cuécelo durante 6-8 minutos a fuego medio-alto, removiendo con regularidad, hasta que la cebolla empiece a ablandarse y dorarse un poco.

3 | Añade el ajo, el tomillo y los copos de guindilla, si los usas, y cocina durante 1 minuto, removiendo. Luego vierte el vino tinto. Llévalo a ebullición y deja que burbujee durante 2 minutos. Añade los tomates cherri, el azúcar, las alcaparras y las aceitunas y remueve hasta que se mezclen.

4 | Añade de nuevo los trozos de pollo dorados a la cazuela, junto con los jugos del plato, y cubre con una tapa. Después de 15 minutos, cuando la salsa empiece a burbujear, reduce el fuego y cuece a fuego lento, sin tapar, durante 45 minutos, removiendo cada 15 minutos, hasta que el pollo esté bien hecho. Casi debería empezar a desprenderse del hueso y la salsa, reducirse a un delicioso *gravy* con tomate.

5 | Espolvorea con perejil y sirve con las patatas asadas o sobre tallarines untados con mantequilla.

CONSEJO

Este guiso se congela bien. Déjalo enfriar, divídelo en porciones individuales y congélalo hasta 3 meses. Descongélalo y recaliéntalo en una cazuela pequeña, tapada, a fuego medio.

OTRAS AVES

El pollo es el ave más popular, pero hay muchas otras aves, como el pavo, el pato y el picantón, y las aves de caza, que ofrecen multitud de opciones culinarias. El pavo suele ser la estrella del Día de Acción de Gracias en Estados Unidos, y también de celebraciones de otros lugares del mundo. Al igual que el pollo, el pavo es una forma magra de proteína y está disponible como ave entera o en diversos cortes, como pechuga, muslos o picadillo. Para las recetas de carne picada, el pavo y el pollo son intercambiables y se cocinan en el mismo tiempo. Como el pavo entero es más grande que el pollo, requiere un método de asado ligeramente distinto (abajo a la derecha). A diferencia del pollo y el pavo, el pato tiene una buena cantidad de grasa con un rico sabor parecido al de la carne roja (ver p. 97).

Conservación

Al igual que con el pollo (ver p. 68), las aves crudas deben manipularse y conservarse con cuidado. Frota siempre la superficie de trabajo o la tabla y los cuchillos que utilices con agua caliente jabonosa y un desinfectante. Cuando guardes aves en la nevera, asegúrate de que estén alejadas de los alimentos cocinados: es preferible la mitad inferior.

ASAR UN PAVO

Antes de empezar a asar el pavo (derecha), aquí tienes unos cuantos consejos que te ayudarán a conseguir un ave deliciosa y suculenta, de piel crujiente y dorada.

Preparación

Para secar la piel y garantizar una carne sabrosa y jugosa, sazona el ave con sal, por dentro y por fuera, y déjala destapada en la nevera toda la noche. Los pavos son aves grandes, por lo que necesitan mucho condimento y tiempo para que penetre en la carne.

El día de asarlo

Saca el pavo de la nevera 1 hora antes de asarlo y unta mantequilla bajo la piel. La carne de pechuga es muy magra, por lo que la mantequilla ayuda a mantenerla jugosa y suculenta, bañando la carne mientras se cocina. Si tu pavo pesa más de 4 kg, aumenta a 1½ veces la cantidad de mantequilla y condimentos.

Asado

Un pavo entero es grande, por lo que es mejor calentar el horno a temperatura alta y luego reducirla, con lo que el calor penetrará en la carne y la piel quedará crujiente. Poner papel de aluminio sobre el ave durante el asado ayuda a atrapar el calor y mantener la humedad en forma de vapor, lo que permite una cocción más suave. Comprueba si está listo con un termómetro de carne en la parte más gruesa del muslo: debe indicar 70 °C. Si no tienes termómetro, pincha la parte más gruesa del muslo del pavo con una brocheta de metal: los jugos deben salir transparentes, no rosados.

Reposo

El pavo necesita un tiempo de reposo tras el asado para que se ablande y los jugos se redistribuyan, dando una carne uniforme y jugosa. Un pavo entero necesitará unos 45 minutos de reposo, mientras que solo el cuerpo o enrollado requieren unos 30 minutos.

PAVO	TIEMPOS DE ASADO
Ave entera	Pesa el pavo y calcula 20 minutos + 30 minutos de cocción por 1 kg. Cuece durante 20 minutos a 220 °C (200 °C ventilador / Gas 7), luego reduce el fuego a 190 °C (170 °C ventilador / Gas 5) durante la cocción restante.
Cuerpo	Pesa el pavo y calcula 20 minutos + 40 minutos de cocción por 1 kg. Cuece durante todo el tiempo de cocción a 190 °C (170 °C ventilador / Gas 5).

ASAR UN PAVO

Preparación
15 minutos + refrigeración toda la noche

Cocción
2½ horas

Raciones 6-8

Ya sea por su gran tamaño o por la responsabilidad de la ocasión, preparar y asar un pavo parece infundir respeto hasta al más confiado de los cocineros caseros, pero estos pasos para asarlo sin estrés y con éxito darán como resultado un ave sabrosa y jugosa. Esta receta es para un ave de 4 kg, para 6-8 personas, pero adáptala al número de personas para las que vayas a cocinar, utilizando la tabla de asado (izquierda) para calcular el tiempo de asado.

4 kg de pavo entero
200 g de mantequilla salada, ablandada
2 dientes de ajo, pelados y rallados finamente
1 manojo pequeño de perejil de hoja plana, finamente picado
3 cebollas, peladas y cortadas en rodajas gruesas
aceite vegetal, para frotar
500 ml de vino blanco
sal y pimienta negra recién molida

1 | La noche antes de asarlo, retira todo el envoltorio del pavo, sécalo con papel de cocina y sazónalo muy bien con sal y pimienta. Pon el pavo en un plato grande o en una bandeja de asar grande y déjalo destapado en el fondo de la nevera durante toda la noche.

2 | Precalienta el horno a 220 °C (200 °C ventilador / Gas 7). Pon la mantequilla ablandada en un bol pequeño y sazónala con un poco de sal y pimienta. Añade el ajo y el perejil, y bate con una cuchara de madera hasta que se unan uniformemente y quede una mezcla muy suave. Con las manos limpias, separa la piel de la carne de la pechuga, empezando por el cuello. Pasa las manos por debajo de la piel para crear una bolsa entre ambas, con cuidado de no rasgar la piel. Unta la mantequilla sazonada uniformemente debajo de la piel sobre la carne de la pechuga.

1

2

3 | Pon las rodajas de cebolla en una capa uniforme en el fondo de una bandeja de asar grande. Luego pon el pavo encima, con la pechuga hacia arriba, para levantarlo del fondo de la bandeja. Frota el ave por todas partes con aceite vegetal y vierte el vino alrededor.

4 | Arranca 2 hojas grandes de papel de aluminio y úsalas para crear una tienda de campaña sobre el pavo; asegúrate de que el papel de aluminio no toque la piel, sino que quede bien sellado alrededor de los bordes de la bandeja. Esto atrapará el vapor y la humedad alrededor del ave mientras se asa.

5 | Asa el pavo durante 20 minutos, rocíalo con los jugos de la sartén y reduce el fuego a 190 °C (170 °C ventilador / Gas 5) durante el tiempo de cocción restante, unas 2 horas. Retira el papel de aluminio los últimos 30 minutos de cocción, vuelve a rociarlo y cocínalo para que la piel se dore y quede crujiente.

6 | Para comprobar si el pavo está bien hecho, utiliza un termómetro digital para carne y sondea la parte más gruesa del muslo; debe indicar 70 °C. También puedes pinchar la parte más gruesa del muslo del pavo con una brocheta de metal: el jugo debe salir claro y sin restos de color rosa.

7 | Pasa el pavo a una fuente grande, cúbrelo con papel de aluminio y déjalo reposar 45 minutos. Una vez haya reposado, trínchalo siguiendo las instrucciones para trinchar un pollo asado (ver p. 70). Guarda los jugos del pavo de la bandeja de asar para hacer la salsa *gravy* (ver p. 418).

Magret de pato frito con ciruelas a las cinco especias

Preparación
10 minutos

Cocción
25 minutos

Raciones 2

La fruta y el pato son una combinación clásica, y con razón: el ligero picor de las ciruelas penetra en la rica carne del pato y contribuye también a hacer la salsa dulce y pegajosa.

2 pechugas de pato sin piel
4 ciruelas, cortadas por la mitad y deshuesadas
2 cucharaditas de polvo de cinco especias chinas
200 ml de caldo de pollo (véase p. 414) o comprado
3 cucharadas de vinagre de vino tinto
3 cucharadas de azúcar moreno suave

sal y pimienta negra recién molida
ensalada de judías verdes y tirabeques con sésamo (ver p. 168), para servir

1 | Con un cuchillo pequeño y afilado, marca la piel de cada pechuga de pato, haciendo cortes poco profundos en diagonal a intervalos de 1 cm, con cuidado de no cortar la carne. Sazona bien con sal y pimienta.

2 | Calienta el horno a 200 °C (180 °C ventilador / Gas 6). Mientras se calienta el horno, coloca las pechugas de pato, con la piel hacia abajo, en una sartén mediana apta para el horno, y ponla a fuego medio-alto. Cuando la sartén esté caliente, deberás oír cómo empieza a chisporrotear la grasa del pato. Cocina el pato durante 5-6 minutos, hasta que la piel esté crujiente y bien dorada. Retira la sartén del fuego.

3 | Coloca las pechugas de pato, con la piel hacia arriba, en una rejilla sobre una bandeja de horno; esto ayuda a que el aire circule alrededor del pato mientras se asa, asegurando una cocción uniforme. Mete la bandeja en el horno y asa el pato durante 12 minutos.

4 | Mientras tanto, vuelve a poner a fuego medio-alto la sartén con la grasa del pato. Añade las ciruelas, con la parte cortada hacia abajo, con el polvo de cinco especias y cuécelas durante 2 minutos. Mezcla el caldo de pollo, el vinagre y el azúcar, vierte con cuidado el líquido en la sartén y deja que burbujee durante 2 minutos, hasta que se reduzca ligeramente. Mete la cazuela en el horno.

5 | Cuando esté listo, saca el pato del horno. Las pechugas habrán disminuido ligeramente de tamaño y estarán firmes, pero un poco blandas al presionarlas. Si usas un termómetro para carne, debe indicar entre 45-50 °C al introducirlo en el centro. Déjalas reposar 5 minutos en un plato, con la piel hacia arriba. No cubras las pechugas para que la piel quede crujiente.

6 | Pasados 10 minutos, saca las ciruelas del horno; en este momento deben estar blandas y confitadas. Corta las pechugas de pato en lonchas finas y vierte los jugos que hayan quedado en las ciruelas. Sirve el pato cortado en lonchas con las ciruelas y la salsa por encima, con la ensalada de judías verdes con sésamo como guarnición.

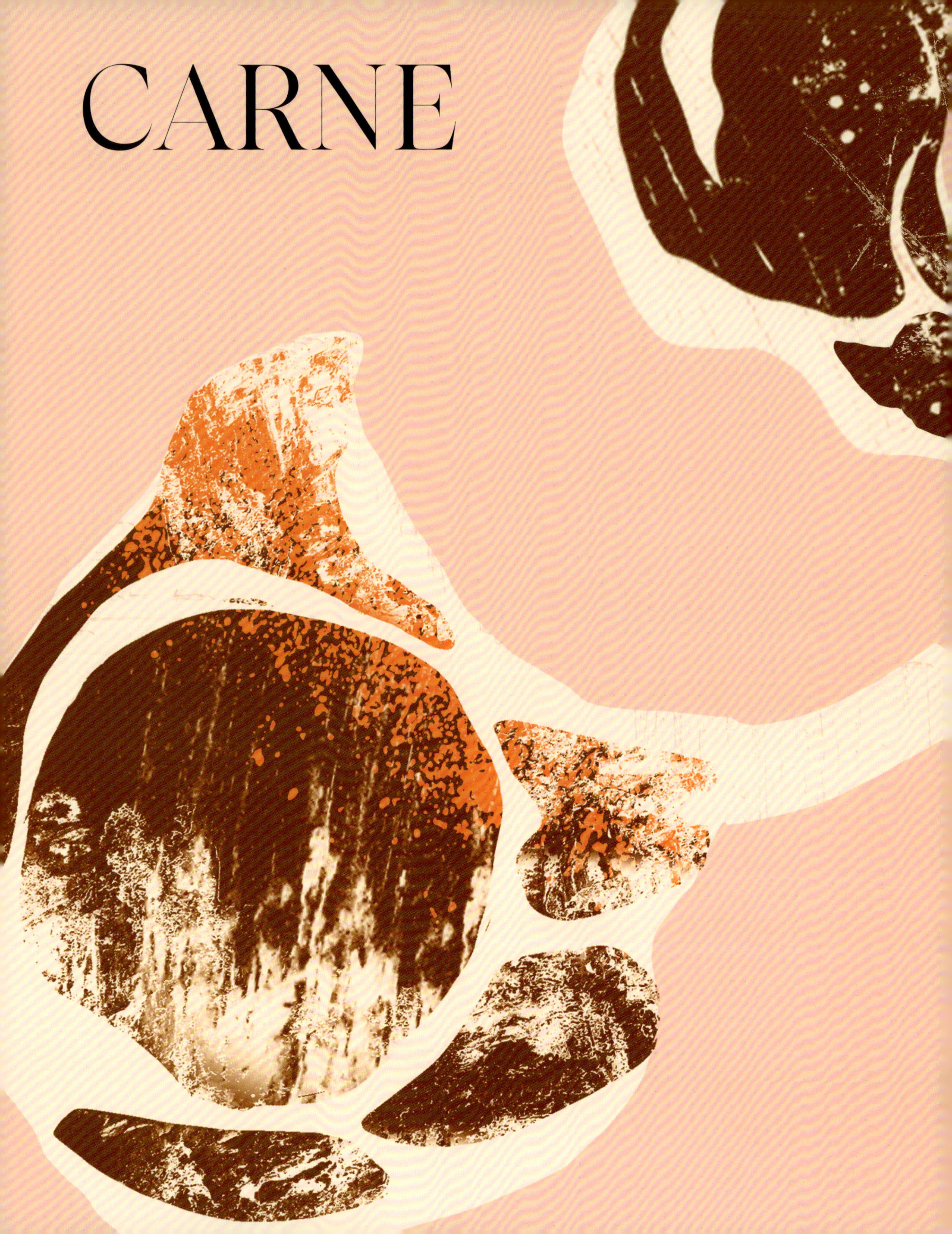
CARNE

CARNE

No hay nada que impresione más que un buen trozo de carne asada, listo para trinchar en tiernas y jugosas lonchas y servido con salsa y toda su guarnición. Es una técnica clásica que hay que aprender y que resulta sencilla cuando se conocen los fundamentos. Este capítulo cubre todo lo que debes saber sobre los principales tipos de carne (ternera, cerdo y cordero) y te da pautas de cocina para una amplia gama de técnicas, empezando por el asado y pasando por el marinado y la fritura, y hasta la parrilla y el estofado.

Todas las piezas de carne deben sacarse de la nevera, según el tamaño, entre 30 minutos y 1 hora antes de cocinarlas para obtener los mejores resultados.

Conservación

La carne cruda se conserva en la nevera, idealmente en la parte inferior y lejos de los alimentos cocinados. Vigila la fecha de caducidad. Después de manipular carne, aclara bien los utensilios de cocina y superficies de trabajo, con agua fría y con agua caliente y jabón.

ASAR CARNE

Has comprado la carne, la has preparado y ahora está en el horno, pero ¿cómo sabes cuándo está lista sin cocinarla de más o de menos? La recomendación más sencilla para asarla adecuadamente es invertir en un termómetro digital de cocina o un termómetro para carne. Cuando tomes la temperatura interna de la pieza después de asarla, es importante recordar que durante un rato sigue subiendo fuera del horno, y la carne sigue cociéndose. Para comprobarlo, introduce el termómetro en la parte más gruesa de la articulación y déjalo durante 1 minuto para obtener una lectura más precisa.

Esta guía de temperatura interna para asar te será de ayuda: los números de la izquierda son la temperatura deseada al sacar la pieza del horno, en función del grado de cocción que desees. Las temperaturas de la derecha son después de 20-30 minutos de reposo. El reposo es importante para la mayoría de las carnes cocinadas, sobre todo las que han sufrido el calor fuerte del horno. Permite que los músculos se relajen, que los jugos se redistribuyan y que la carne alcance la temperatura interna adecuada. Una vez asada, pon la carne en un plato caliente y cúbrela ligeramente con papel de aluminio (la única excepción es si hay chicharrones, que se ablandarán si los cubres). Lo mejor es dejar reposar los trozos grandes de carne entre 20 y 30 minutos, dependiendo de su peso; para los trozos más pequeños bastan 15 minutos.

Al trinchar, algunos trozos de carne serán más fáciles de cortar si se les quita primero el hueso, como una costilla de ternera. Empieza por quitar el hueso cortando hacia abajo y alrededor de él con un cuchillo de cocinero grande y afilado. Para todos los cortes deshuesados, sujeta la carne con un tenedor de trinchar y córtala en lonchas a contrafibra para obtener lonchas regulares y tiernas.

CARNE	TEMPERATURA INTERNA DESPUÉS DE ASAR	TEMPERATURA INTERNA DESPUÉS DE REPOSAR
Vacuno y cordero	40-45 °C para poco hecha 45-50 °C para un punto medio 50-55 °C para medio-bien hecha	50-55 °C 55-60 °C 60-65 °C
Cerdo	50-55 °C para medio-bien hecha (con un tono rosado) 60-65 °C para bien hecha (carne jugosa sin tono rosado)	60-65 °C 70 °C

TERNERA	TIEMPO DE ASADO	MÉTODO DE ASADO
Tapa sin hueso y cadera sin hueso	Medio-poco hecha: 15 minutos para 500 g Medio: 20 minutos para 500 g Bien hecha: 25 minutos para 500 g	Calienta 2 cucharadas de aceite neutro en una sartén grande a fuego fuerte. Sazona bien la carne y dórala 2 minutos por cada lado. Ponla en una bandeja de horno a 230 °C (210 °C ventilador / Gas 8) y reduce inmediatamente la temperatura a 190 °C (170 °C ventilador / Gas 5) durante el tiempo de cocción restante.
Costilla con hueso	Medio-poco hecha: 20 minutos + 8 minutos para 500 g Medio: 20 minutos + 10 minutos para 500 g Bien hecha: 20 minutos + 15 minutos para 500 g	Calienta 2 cucharadas de aceite neutro en una sartén grande a fuego fuerte. Sazona bien la carne y dórala 2 minutos por los lados y 3 minutos por la grasa. Ponla en una bandeja de horno a 230 °C (210°C ventilador / Gas 8) durante 20 minutos. Reduce la temperatura a 190 °C (170 °C ventilador / Gas 5) durante el tiempo de cocción restante.
Solomillo sin hueso	Poco hecha: 15 minutos para 500 g Medio: 20 minutos para 500 g	Calienta 2 cucharadas de aceite neutro en una sartén grande a fuego fuerte. Sazona bien la carne y dórala 2 minutos por los lados y 3 minutos por la grasa. Ponla en una bandeja de horno a 190 °C (170 °C ventilador / Gas 5) durante el tiempo de cocción restante.
Filete sin hueso	Poco hecha: 10 minutos para 500 g	Calienta 2 cucharadas de aceite neutro en una sartén grande a fuego fuerte. Sazona bien la carne y dórala 2 minutos por cada lado. Ponla en una bandeja de horno a 190 °C (170 °C ventilador / Gas 5) durante el tiempo de cocción restante.

CORDERO	TIEMPO DE ASADO	MÉTODO DE ASADO
Pierna con hueso	30 minutos para 1 kg para medio-poco hecha	Asa a 200 °C (180 °C ventilador / Gas 6) durante el tiempo de cocción.
Paletilla sin hueso	30 minutos + 4-5 horas de cocción lenta, en función del tamaño	Sazona y asa a 200 °C (180 °C ventilador / Gas 6) en una bandeja de horno tapada con papel de aluminio durante 30 minutos. Reduce la temperatura a 160 °C (140 °C ventilador / Gas 3) durante el tiempo de cocción restante.

CERDO	TIEMPO DE ASADO	MÉTODO DE ASADO
Panceta sin hueso	30 minutos + 1 hora para 750 g	Sazona y asa durante 30 minutos a 230 °C (210 °C ventilador / Gas 8). Reduce la temperatura a 160 °C (140 °C ventilador / Gas 3) durante el tiempo de cocción restante.
Paletilla deshuesada enrollada	30 minutos + 30 minutos para 500 g	Sazona y asa durante 30 minutos a 230 °C (210 °C ventilador / Gas 8). Reduce la temperatura a 180 °C (160 °C ventilador / Gas 4) durante el tiempo de cocción restante.
Lomo deshuesado y sin piel	25-27 minutos para 500 g 25 minutos te dan carne rosada; 27 minutos te aseguran una cocción completa, pero carne aún jugosa	Sazona bien la carne y dórala 2 minutos por cada lado. Pon la carne en una bandeja de horno a 180 °C (160 °C ventilador / Gas 4) durante el tiempo de cocción.

ASAR LA TERNERA

La tapa, la cadera y el solomillo de ternera tienen tiempos de cocción similares, ya que son piezas de carne de un solo músculo, mientras que una costilla requiere unas pautas de asado ligeramente diferentes. En primer lugar, se compone de varios músculos, que tienen grasa y tejido conjuntivo a su alrededor, lo que significa que conduce el calor de forma diferente y necesita una cocción más larga para extraer la grasa. También está sobre el hueso, que al principio protege la carne del fuerte calor del horno, pero a medida que el hueso se calienta irradiará calor a la carne e influirá en los tiempos de cocción. Para estos cortes, tras dorarlos inicialmente en una sartén caliente, ásalos en un horno alto para crear una costra profunda y deliciosa, antes de reducir la temperatura y cocinar lentamente la carne hasta el punto deseado (ver p. 101). No caigas en la tentación de quitar la grasa, ya que añade sabor y humedad a la carne.

ROSBIF DE TERNERA

Preparación 10 minutos + reposo

Cocción 1½ horas, según la preferencia

Raciones 4-6

La tapa de cuadril tiene un buen equilibrio de carne magra y tierna con una capa de grasa que ayuda a untarla mientras se asa, manteniéndola húmeda y jugosa. Además, suele ser un corte asequible y fácil de asar y trinchar, ya que no tiene hueso. Todo son ventajas. Aprovecha los jugos de la sartén para hacer gravy *(ver p. 418) y sírvela con tus guarniciones favoritas. No pueden faltar los budines de Yorkshire (ver p. 347).*

1,5 kg de tapa o lomo deshuesado
2 cucharadas de aceite vegetal
1 cebolla, pelada y cortada en rodajas gruesas
1 zanahoria, pelada y cortada en trozos
1 rama de apio, cortada en trozos
1 cabeza de ajo, cortada por la mitad horizontalmente
gravy (ver p. 418), budines de Yorkshire (ver p. 347) y las verduras que prefieras, para servir

1 | Saca la carne de la nevera 1 hora antes de asarla para que se ponga a temperatura ambiente. Sazónala por todas partes con sal, dando golpecitos para que se adhiera a la carne.

2 | Precalienta el horno a 230 °C (210 °C ventilador / Gas 8). Vierte el aceite vegetal en una sartén grande a fuego fuerte. Con unas pinzas, baja con cuidado el filete sazonado, con la grasa hacia abajo, al aceite. Cuece la grasa durante 2 minutos, hasta que esté dorada, y luego dale la vuelta para dorar el otro lado durante 2 minutos, hasta que se dore por todas partes.

3 | Pon la cebolla, la zanahoria, el apio y el ajo en una bandeja de horno grande, de unos 35 x 25 cm, en una sola capa; debe quedar espacio alrededor de la carne para que circule el aire. Coloca la carne encima de las verduras y mete la bandeja en el horno. Baja enseguida la temperatura a 190 °C (170 °C ventilador / Gas 5) y ásala 45 minutos para que quede poco hecha; 1 hora para que quede al punto medio; y 1 hora y 15 minutos si quieres que quede bien hecha (consulta la guía de temperaturas de la página 100).

4 | Pasa la carne y las verduras a un plato de servir caliente, cúbrelo sin apretar con papel de aluminio y deja reposar la carne durante 30 minutos mientras preparas la salsa *gravy* con la grasa y los jugos de la bandeja de asar.

5 | Para trinchar, sujeta el rosbif con un tenedor de trinchar, luego córtalo en rodajas gruesas a contrapelo de la carne. Sírvelo con budines Yorkshire, *gravy* y las verduras que prefieras.

CONSEJO

La carne asada de ternera, cerdo o cordero se conserva tapada en la nevera hasta 3 días y puede usarse como relleno de bocadillos, o añadirse a una sencilla ensalada aliñada o a unos fideos asiáticos para sumar proteínas. El cerdo asado es estupendo con salteados, mientras que el cordero o la ternera asados pueden cortarse en dados para hacer un pastel de carne.

ASAR EL CERDO

El cerdo tiene la inmerecida fama de ser una de las carnes más difíciles de asar bien. Aunque su carne tiene un alto nivel de grasa externa, la mayoría de los cortes tienen poca grasa interna, lo que puede dar lugar a una carne seca con una capa de grasa en la parte superior. Sin embargo, con la guía de cocción (ver p. 101) es fácil cocinar bien la carne de cerdo. Lo que todos esperan encontrar son esos chicharrones dorados y supercrujientes, así que asegúrate de seguir bien los consejos (derecha).

PANCETA DE CERDO ASADA A LA SALSA DE SIDRA

Preparación
5 minutos + salazón y reposo toda la noche

Cocción
3½ horas

Raciones 6

La combinación de los chicharrones dorados y crujientes con la carne jugosa es lo que hace que la panceta asada sea tan popular. Cuando compres panceta, busca un trozo que tenga una buena proporción de carne y grasa: 50:50 es lo ideal. Esta receta muestra cómo marcar la piel antes de asarla, pero puedes pedir a tu carnicero que lo haga por ti o comprar carne de cerdo ya marcada si te resulta más fácil. El secreto de un asado de panceta de cerdo perfecto es una cocción lenta y suave, tras una primera cocción rápida en horno alto, para que la grasa se funda con la carne y esta se mantenga jugosa y tierna.

2 kg de panceta de cerdo deshuesada, con la grasa marcada (derecha)
1 cucharada de aceite vegetal
1 apionabo, pelado y cortado en trozos de 6 cm
2 cebollas, peladas y cortadas en rodajas gruesas
sal y pimienta negra recién molida

Para la salsa de sidra
500 ml de sidra seca
4 manzanas, como Braeburn, Granny Smith o Pink Lady, sin corazón y cortadas cada una en 8 trozos
500 ml de caldo de pollo (ver p. 414) o comprado
2 cucharadas de mostaza integral
150 ml de nata líquida

1 | El día antes, sigue los consejos de «Los mejores chicharrones» (derecha) para marcar la piel, si es necesario, y para preparar la pieza de cerdo. Al día siguiente, saca la carne de la nevera 1 hora antes de cocinarla. Pon los apios y las cebollas en una bandeja de horno grande y sazónalos con sal y pimienta. Coloca encima la carne, con la piel hacia arriba.

2 | Precalienta el horno a 230 °C (210 °C ventilador / Gas 8). Rocía el cerdo con el aceite y sazónalo bien con sal. Mételo en el horno y ásalo durante 30 minutos, luego reduce el fuego a 160 °C (140 °C ventilador / Gas 3) y sigue cociéndolo 2 horas y 45 minutos, hasta que esté tierno. El cuchillo debe entrar fácilmente en la carne sin apenas resistencia. Pasa la carne y las verduras a un plato o fuente caliente, cúbrelos sin apretar con papel de aluminio y deja reposar 30 minutos.

3 | Si a la piel aún le falta para estar crujiente, precalienta la parrilla a fuego fuerte. Corta la piel y la grasa, ponla en una bandeja de horno y ásalas 4-5 minutos, hasta que los chicharrones estén crujientes y dorados, vigilando que no se quemen. Como alternativa, ponlos en el horno alto (derecha).

4 | Mientras la carne reposa, prepara la salsa. Pon la bandeja de asar con la grasa a fuego medio-bajo, añade los trozos de manzana y cuécelos 3-4 minutos, hasta que empiecen a caramelizarse. Mientras tanto, vierte la sidra en una sartén mediana a fuego medio-alto y cuécela hasta que se reduzca en dos tercios. Vierte la sidra reducida sobre las manzanas, rascando la bandeja para desprender los trocitos crujientes.

5 | Vierte todo lo de la bandeja de asar de nuevo en la sartén, luego añade el caldo de pollo y deja que burbujee durante 15 minutos. Añade la mostaza y la nata y cuece hasta que quede una salsa brillante con la consistencia de la nata líquida.

6 | Corta la carne y los chicharrones en trozos con un cuchillo de sierra largo y sírvelos con los vegetales y con la salsa de sidra por encima.

Los mejores chicharrones

El día antes de asar
Corta la piel de la panceta (o cómprala ya cortada) para que la grasa se evapore y quede crujiente durante la cocción. Para ello, utiliza un cuchillo de cocina pequeño y afilado para hacer cortes diagonales en la piel, con una separación de 1 cm. Vierte con cuidado agua hirviendo sobre la pierna de cerdo, escúrrela y sécala por completo. Esta técnica ayuda a despegar la piel y la grasa de la carne. Otra opción es frotar bien la grasa marcada con sal la noche anterior a la cocción. La sal extrae la humedad de la piel, que puede secarse con papel de cocina antes de cocinar.

Deja reposar por la noche para que la piel se seque
Si puedes, deja la pieza destapada toda la noche en la nevera. Los frigoríficos modernos están pensados para evitar la humedad, así que esto ayudará a eliminarla y, en el mejor de los casos, también secará la piel. Antes de asarla, dale unos golpecitos con papel de cocina.

Empieza asando la carne con el horno alto
Precalienta el horno a 230 °C (210 °C ventilador / Gas 8) al principio para que los chicharrones se hagan antes. El calor elimina la grasa y la piel empieza a crujir.

Si los chicharrones no quedan crujientes
¡No temas! Pon la parrilla a fuego fuerte y quita la piel y la grasa con un cuchillo afilado. Mientras la carne reposa, cubierta con papel de aluminio, pon la piel en una bandeja de horno bajo la parrilla 4-5 minutos para que quede crujiente. Como alternativa, aumenta la temperatura del horno a 230 °C (210 °C ventilador / Gas 8). Pon la piel en una bandeja de horno y vuelve a meterla en el horno caliente para que quede crujiente.

ASAR EL CORDERO

Con su sabor característico y su alto contenido en grasa, el cordero quizá no es tan popular como otras carnes, pero bien cocinado eso puede ser una ventaja. Es una de las carnes más tiernas y permite tanto una cocción rápida como larga y lenta, según el corte. Los cortes tienden a clasificarse en dos categorías: los músculos que han trabajado mucho y requieren de una cocción larga, como la paletilla, o los que han trabajado menos y requieren una cocción más rápida, como la receta de chuletas de cordero de la p. 112.

PALETILLA DE CORDERO ASADA A FUEGO LENTO CON ANCHOAS Y ROMERO

Preparación 15 minutos + reposo

Cocción 4½ horas

Raciones 6-8

Asada a fuego lento hasta que la carne se desprende del hueso, la paletilla de cordero es un plato de poco esfuerzo y gran recompensa. Es ideal para una cocción lenta, ya que se vuelve cada vez más tierna, hasta el punto de no necesitar cuchillo si se cuece lo suficiente. Sírvela con la clásica salsa de menta fresca (ver p. 445) y cuscús (ver p. 217) como guarnición.

20 g de ramitas de romero
lata de 50 g de anchoas en aceite de oliva
2 cebollas rojas, peladas y cortadas en rodajas
1 cabeza de ajo, partida por la mitad horizontalmente
1 paletilla de cordero deshuesada, de unos 800 g-1 kg
300 ml de caldo de pollo (ver p. 414) o comprado
sal y pimienta negra recién molida
salsa de menta fresca (ver p. 445) y cuscús (ver p. 217), para servir

1 | Calienta el horno a 200 °C (180 °C ventilador / Gas 6). Mientras se calienta el horno, arranca la mitad del romero de las ramitas y pícalo finamente. Vierte el aceite de las anchoas en un bol pequeño y añade el romero picado. Pica las anchoas finas y añádelas al aceite. Remueve y sazona con mucha pimienta. Corta el romero restante en ramitas de 2,5 cm. Reserva.

2 | Pon las cebollas rojas y el ajo en una bandeja de horno grande y honda, de unos 40 x 30 cm. Sazona el cordero por todos los lados y ponlo sobre las cebollas. Debe caber cómodamente pero bastante junto.

3 | Con la punta de un cuchillo de cocina pequeño y afilado, haz incisiones de 2 cm de profundidad en la parte superior de la paletilla de cordero, dejando un espacio de 2 cm entre cada una.

4 | Introduce las ramitas de romero restantes en los cortes que acabas de hacer en el cordero.

5 | Con una cucharilla, vierte el aceite de anchoas y romero por toda la paletilla de cordero, asegurándote de abrir cada incisión con el dorso de la cuchara para que la marinada penetre en los cortes.

6 | Vierte el caldo de pollo en la bandeja alrededor de la carne y sobre las cebollas.

7 | Pon una hoja de papel de horno sobre el cordero y cúbrelo bien con papel de aluminio, sellando los bordes para que no queden huecos. Ásalo en el centro del horno durante 30 minutos, luego baja la temperatura a 160 °C (140 °C ventilador / Gas 3). Ásalo durante 4 horas más o hasta que la carne se desprenda fácilmente del hueso.

8 | Pasa el cordero y las cebollas a un plato o fuente caliente, cúbrelo sin apretar con papel de aluminio y déjalo reposar 15 minutos antes de cortarlo. También puedes desmenuzar el cordero con dos tenedores. Presiona el ajo para sacarlo de su piel en la bandeja y mézclalo con los jugos del cordero antes de servir. Sirve el cordero con el jugo de ajo de la sartén, la salsa de menta y el cuscús (Consejo, a la derecha) como acompañamiento.

CONSEJOS

Este es un asado estupendo para preparar el día anterior. Deja enfriar la paletilla desmenuzada y enfría la carne toda la noche. Al día siguiente, pon el cordero en una bandeja de horno con 200 ml de caldo de pollo, tápalo bien con papel de aluminio y caliéntalo en el horno precalentado a 180 °C (160 °C ventilador / Gas 4) durante 30 minutos.

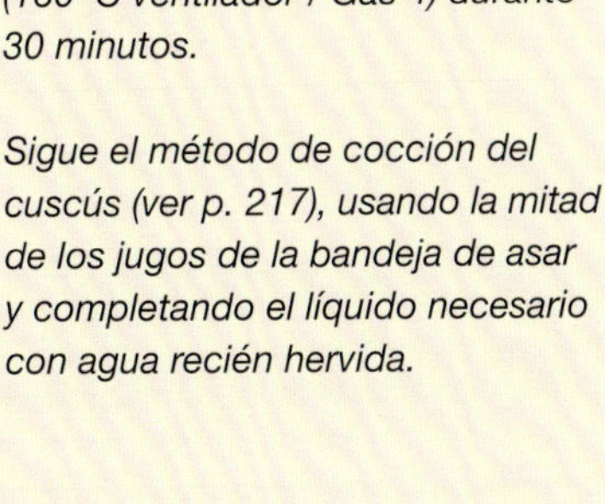

Sigue el método de cocción del cuscús (ver p. 217), usando la mitad de los jugos de la bandeja de asar y completando el líquido necesario con agua recién hervida.

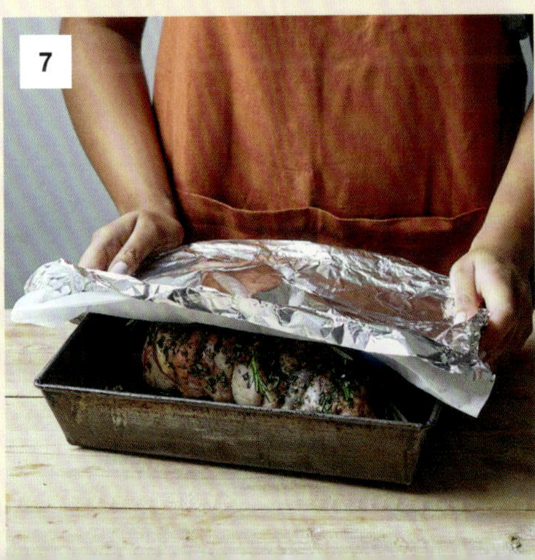

Costillas de ternera con sriracha

Preparación
10 minutos

Cocción
4½ horas

Raciones 6

Si nunca has hecho costillas de ternera, esta es tu receta. Se cocinan mejor a fuego lento en el horno para que la carne se ablande y la grasa se reduzca y le dé mayor suculencia. Una vez asadas, se acaban de asar a la parrilla para caramelizar el exterior de la carne en salsa picante y dulce.

6 dientes de ajo grandes, 2 pelados y 4 sin pelar, aplastados con el dorso de un cuchillo
un trozo grande de raíz de jengibre fresco, del tamaño de un pulgar: ½ a rodajas con la piel, ½ pelado
6 costillas sin deshuesar
1-1,2 litros de caldo de ternera (ver p. 415) o comprado
4-5 cucharadas de sriracha (según lo picante que te guste)
1½ cucharadas de azúcar moreno
zumo de 1 lima, más 1 lima cortada en 6 gajos, para servir
3 cebolletas, partes verde y blanca, cortadas en rodajas finas
1 puñado de cacahuetes tostados salados, picados gruesos
1 puñado de cilantro en hojas
sal y pimienta negra recién molida
arroz jazmín cocido (ver p. 202) y pepinos encurtidos rápidos (ver p. 459), para servir

1 | Precalienta el horno a 160 °C (140 °C ventilador / Gas 3). Necesitarás una bandeja de horno grande y honda en la que quepan bien las costillas, de unos 40 x 30 cm. Pon los dientes de ajo machacados y el jengibre cortado en rodajas en el fondo de la bandeja, coloca encima las costillas y sazónalas generosamente con sal y pimienta.

2 | Ralla finamente el resto del ajo pelado y el jengibre en un cuenco con el caldo de carne. Bate la sriracha, el azúcar y el zumo de lima con un tenedor hasta que se mezclen.

3 | Vierte el líquido alrededor y sobre las costillas hasta que queden totalmente cubiertas. Cubre con una hoja de papel de horno, y encima con una hoja de papel de aluminio, asegurándola alrededor de los bordes de la bandeja para que no queden huecos. Mete la bandeja en el horno y asa las costillas durante 3½-4 horas, hasta que la carne esté tierna. La carne debe estar a punto de desprenderse del hueso. Deja que las costillas se enfríen lo suficiente para poder manipularlas y pásalas a una bandeja de horno.

4 | Mientras tanto, cuela el líquido de la bandeja con un colador metálico en una cacerola mediana; esto se convertirá en el glaseado o salsa. Pon la cacerola a fuego fuerte y deja que se reduzca unos 15 minutos, removiendo de vez en cuando, hasta que esté brillante y tenga la consistencia de la nata doble.

5 | Precalienta el grill a fuego alto. Coloca las costillas debajo del grill durante 3-4 minutos, hasta que estén bien doradas y ligeramente ennegrecidas en algunas partes, y vierte con una cuchara tres cuartas partes del glaseado de sriracha. Vuelve a colocar la bandeja bajo el grill durante 3-4 minutos, hasta que las costillas estén doradas, burbujeantes y pegajosas.

6 | Mientras, vuelve a calentar la salsa sobrante en la sartén. Coloca las costillas en una fuente o plato y vierte con una cuchara el resto de la salsa caliente. Cúbrelas con las cebolletas, los cacahuetes y el cilantro, y sirve con los gajos de lima, el arroz jazmín y el pepino encurtido.

MARINAR LA CARNE

El marinado es una forma segura de hacer que la carne sea aún más deliciosa. La carne absorbe muy bien los sabores, desde los marinados húmedos con aceite o yogur hasta los aderezos secos con especias. Estos últimos dan sabor a la carne al penetrar en ella, y secan la superficie, con lo que se forma una costra gruesa y caramelizada cuando se cocina. Además de dar sabor a la carne, descomponen sus proteínas, permitiendo que penetre el adobo y haciéndola más tierna. Los ingredientes ácidos, como los cítricos, el yogur, el suero de mantequilla y el vinagre, hacen maravillas en un marinado, mientras que algunas frutas, como la piña y el mango, contienen enzimas que también dejan la carne más tierna.

Es importante marinar la carne el tiempo correcto, con las proporciones adecuadas de ingredientes; si se deja demasiado, el ácido del marinado puede tener un efecto adverso, haciendo que la carne se vuelva o bien muy blanda o bien dura. Marinar durante toda la noche suele ser ideal para que penetre el sabor y se ablande, pero si el tiempo apremia, una hora marcará ya la diferencia. Ten en cuenta que cuanto más pequeña sea la pieza, menos tiempo necesitarás para marinarla y mayor influencia tendrá en el sabor. Antes de elegir un adobo, debe tenerse en cuenta cómo vas a cocinar la carne. Los aderezos con especias secas son mucho mejores si se dora la carne antes de guisarla. Así se tuestan las especias y se evita el sabor de especias crudas.

BROCHETAS DE CORDERO AL YOGUR GRIEGO

Preparación
20 minutos
+ marinado

Cocción
15 minutos

Raciones 2

La carne de pierna de cordero es ideal para absorber el sabor de las hierbas y especias, mientras que el yogur y el limón del adobo se ocupan de ablandarla. Las brochetas se asan a la parrilla hasta que estén tostadas por fuera y jugosamente rosadas por dentro; el grill fuerte es la manera rápida de conseguirlo. Sirve las brochetas con la ensalada griega de sandía (ver p. 166) y un poco de pan bien crujiente. Necesitarás 6 brochetas de metal para esta receta; si solo las tienes de madera, consulta el consejo de la derecha.

350 g de filetes de pierna de cordero, cortados en trozos de 4 cm
1 cebolla roja
2 pimientos rojos
ensalada griega de sandía (ver p. 166) y pan crujiente, para servir

Para el adobo
150 g de yogur griego
1 cucharada de menta seca
1 cucharadita de pimentón ahumado dulce
1 cucharadita de comino molido
3 dientes de ajo, pelados y rallados finamente
zumo y ralladura fina de 1½ limones sin encerar
sal y pimienta recién molida

1 | Para la marinada, vierte el yogur en un cuenco mediano (debe caber el cordero), con la menta seca, el pimentón, el comino, el ajo, el zumo de 1 limón y toda la ralladura. Sazónalo bien con sal y pimienta.

2 | Añade el cordero a la marinada y mézclalo todo con una espátula. Tapa el bol y ponlo en la nevera al menos 1 hora, pero preferiblemente toda la noche.

3 | Cuando vayas a cocinar, corta la cebolla por la mitad por el extremo de la raíz. Pela y corta cada mitad en 3 gajos, luego separa las capas. Recorta el pimiento, quítale las semillas y córtalo en trozos.

4 | Forra con papel de aluminio una bandeja de asar un poco más corta que las brochetas. Ensarta un trozo de cordero en una brocheta de metal, empujando hasta el fondo; luego un trozo de pimiento rojo y unas rodajas de cebolla. Repite la operación hasta terminar con toda la carne, los pimientos y las cebollas, repartidos entre las 6 brochetas metálicas. Colócalas en la bandeja de horno forrada. Vierte por encima la marinada restante.

5 | Precalienta el grill a fuego alto con la rejilla en el centro. Asa las brochetas 5-6 minutos por cada lado, hasta que se caramelicen y ennegrezcan en algunos puntos. Exprime por encima la mitad restante del limón y sírvelas con la ensalada griega de sandía y el pan.

CONSEJO

Si utilizas brochetas largas de madera en lugar de metal, remójalas primero en agua fría durante 30 minutos para evitar que se quemen. Contrólalas mientras se asan, pues incluso con el remojo podrían ennegrecerse.

ASAR LA CARNE AL GRILL O A LA PARRILLA

Ya sea bajo el grill del horno o en una sartén de rejilla, ambos métodos de cocción son estupendos para los cortes de carne más tiernos, como filetes, lomos o chuletas, y por varias razones. Ambos utilizan un calor muy intenso, lo que significa que maximizas la costra exterior o carbonización de la carne debido a lo que se denomina reacción de Maillard, y le das un extra de sabor. También es un método estupendo para fundir la grasa: ¡a nadie le gusta que la carne esté gomosa y poco hecha! Cuando la grasa se funde da humedad a la carne, mientras que el exceso puede desecharse, lo que significa que también comes menos.

Al asar al grill, es esencial que le des tiempo suficiente para que se caliente al máximo antes de cocinar, pues la carne debe poder dorarse y chamuscarse, y no cocerse en su jugo. Una vez caliente, pon la carne en una bandeja, a 7-8 cm bajo la fuente de calor. Dale la vuelta a mitad de cocción para que quede uniforme y úntala de vez en cuando para mantenerla húmeda.

Del mismo modo, precalienta la sartén o parrilla hasta que esté humeante. Untar la carne con grasa o adobo ayudará a evitar que se seque. Las líneas de la sartén dan unas características rayas carbonizadas al exterior de la carne y un sabor ligeramente ahumado.

CHULETAS DE CORDERO A LA PARRILLA

Preparación 5 minutos

Cocción 10 minutos

Raciones 2

La chuleta, o chuletón, es uno de los cortes más tiernos del cordero, por lo que puede parecer extraño hacerla a fuego fuerte, aunque requiere una cocción feroz para formar rápidamente una costra caramelizada sin que se reseque. Estas chuletas de cordero combinan muy bien con la salsa vierge (ver p. 426), y con una crujiente ensalada verde.

2 chuletas grandes de cordero
1 cucharadita de aceite vegetal
sal marina en escamas
salsa vierge (ver p. 426) y una ensalada verde crujiente, para servir

1 | Calienta una sartén grande de parrilla a fuego fuerte. Unta las chuletas de cordero uniformemente por todas partes con el aceite. Sazónalas bien con sal.

2 | Pon las chuletas en la sartén, juntas de lado y con la grasa hacia abajo, y sujétalas con unas pinzas durante 1-2 minutos, hasta que se caramelicen y se ennegrezcan ligeramente en algunas partes.

3 | Pon las chuletas planas y cuécelas entre 2 y 4 minutos, según el grosor. Dales la vuelta y repite la operación por el otro lado. De este modo, las chuletas tendrán una corteza exterior dorada y una carne rosada por dentro. Para que las chuletas queden bien hechas, cuécelas 4 minutos por cada lado.

4 | Sirve inmediatamente para conservar la humedad de las chuletas (no es necesario dejarlas reposar) con la salsa vierge por encima.

CONSEJO

En lugar de la sartén puedes usar el horno. Precalienta el grill a fuego fuerte y, mientras se calienta, unta las chuletas por todas partes con aceite y sazónalas bien con sal. Pon una rejilla sobre una bandeja forrada con papel de aluminio. Coloca las chuletas planas en la rejilla. Ásalas 4-6 minutos, según su grosor. Dales la vuelta y ásalas por el otro lado hasta que estén doradas y caramelizadas por fuera y rosadas por dentro. Para que estén bien hechas, ásalas 7-10 minutos por cada lado. Sírvelas como indica la receta.

FREÍR LA CARNE

Este método rápido de cocción es adecuado para filetes, chuletas, tiras finas y, sobre todo, para los cortes de carne más magros y tiernos. Para una fritura superficial, debes empezar con una sartén ancha y poco profunda. La grasa que utilices debe calentarse antes de añadir la carne, o añadirse a la carne una vez calentada la sartén, según prefieras. Ambas cosas harán que la carne se dore y adquiera una corteza dorada. Es importante elegir bien la grasa para cocinar, ya que influirá en el sabor de la carne y en el plato final. La mantequilla tiene un sabor delicioso pero puede quemarse o partirse al calentarse, mientras que los aceites vegetales tienen un sabor más suave pero son más estables, por lo que una combinación de ambos suele ser una buena solución.

Junto con la fritura superficial, también puedes saltear o sofreír. El salteado suele utilizar muy poca grasa y las tiras o dados de carne se remueven con frecuencia en la sartén hasta que se doran, lo que es especialmente útil para preparar carne de cocción lenta, como un estofado. Sofreír consiste en cocinar trozos o tiras de carne pequeños y uniformes en un poco de aceite en un wok o sartén grande a fuego fuerte. La carne se remueve constantemente para que se haga de manera uniforme y rápida.

EL FILETE PERFECTO

Preparación 10 minutos + reposo

Cocción 15 minutos

Raciones 2

Esta receta utiliza un chuletón de buey, por su ternura y su rico veteado de grasa blanca cremosa, que garantiza bolsas de sabor y carne suculenta. Es fundamental dejar reposar el filete después de freírlo para que los jugos se redistribuyan por la carne y quede tierna y jugosa. El filete viene con una salsa de pimienta en grano, pero también puedes probar el chimichurri, picante y con hierbas (ver p. 444).

500 g de filete de buey, de unos 6 cm de grosor
½ cucharada de sal marina en escamas, más sal al gusto
1 cucharada de pimienta negra en grano
2 cucharaditas de aceite vegetal
50 g de mantequilla
2 dientes de ajo, con piel y machacados
1 chalota de plátano, finamente picada
3 cucharadas de brandy
150 ml de caldo de carne fuerte
3 cucharadas de nata doble

1 | Aproximadamente 1 hora antes de cocinar, saca el filete de la nevera para que se ponga a la temperatura ambiente. Sazona el filete con sal marina en escamas.

2 | Cuando vayas a cocinar, tuesta los granos de pimienta negra en una sartén mediana a fuego fuerte, removiéndolos de vez en cuando, durante 1 minuto, y luego viértelos en un mortero y machácalos toscamente. Resérvalos hasta que los necesites.

3 | Vuelve a poner la sartén a fuego fuerte hasta que esté humeante. Pon aceite vegetal por ambos lados del filete y colócalo en la sartén, con la grasa hacia abajo, sujetándolo con unas pinzas durante 1 minuto, hasta que la grasa esté crujiente y dorada.

4 | Pon el filete sobre uno de sus lados y cocínalo durante 2½ minutos, hasta que se dore.

5 | Dale la vuelta y cocínalo otros 2 minutos. Añade la mantequilla y el ajo. Echa mantequilla sobre la carne en los últimos 30 segundos. La corteza debe estar dorada y el interior, rosado. Comprueba la temperatura interna con un termómetro digital para carne; debe indicar 45 °C, que aumentará a 50-55 °C tras el reposo.

6 | Deja reposar el filete en un plato 5 minutos mientras haces la salsa, dejando el jugo en la sartén. Con la sartén fuera del fuego, añade la chalota y cuécela durante 2 minutos, removiendo, hasta que se ablande.

7 | Pon la sartén a fuego lento y vierte el brandy con cuidado. Deja que burbujee 30 segundos (ten cuidado porque puede inflamarse; si lo hace, añade el caldo de carne). Vierte el caldo y añade los granos de pimienta.

8 | Cuece la salsa a fuego lento 2 minutos. Vierte la nata y cuece a fuego lento otro minuto, removiendo. Vierte los jugos que queden del filete y sazona con sal. Sírvelo cortado en lonchas de 1 cm con salsa encima.

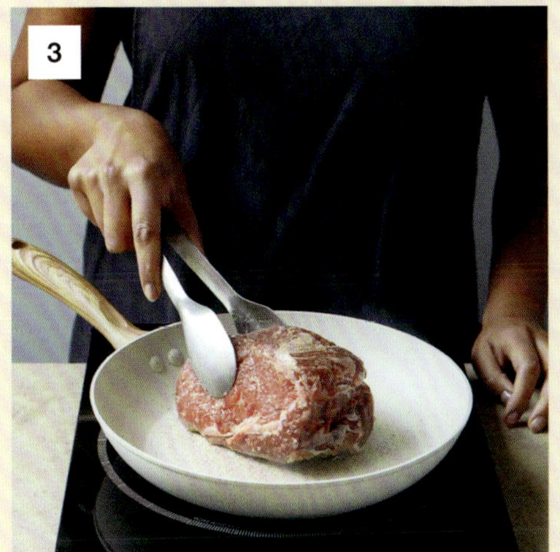

CONSEJOS

Cuando compres filetes, busca una carne bien veteada, con esas finas líneas internas de grasa que hacen que el filete quede bien jugoso una vez cocinado.

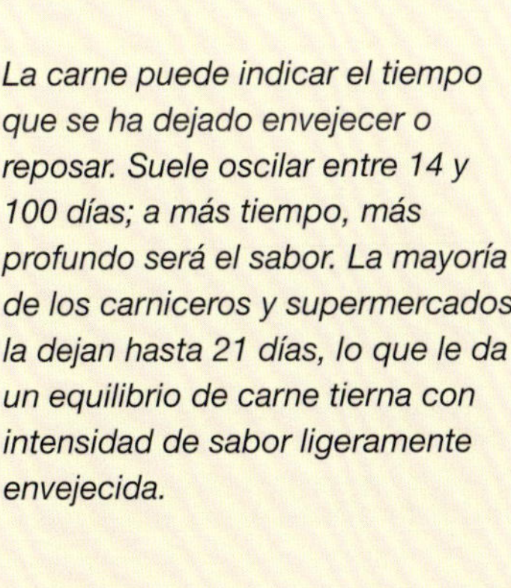

La carne puede indicar el tiempo que se ha dejado envejecer o reposar. Suele oscilar entre 14 y 100 días; a más tiempo, más profundo será el sabor. La mayoría de los carniceros y supermercados la dejan hasta 21 días, lo que le da un equilibrio de carne tierna con intensidad de sabor ligeramente envejecida.

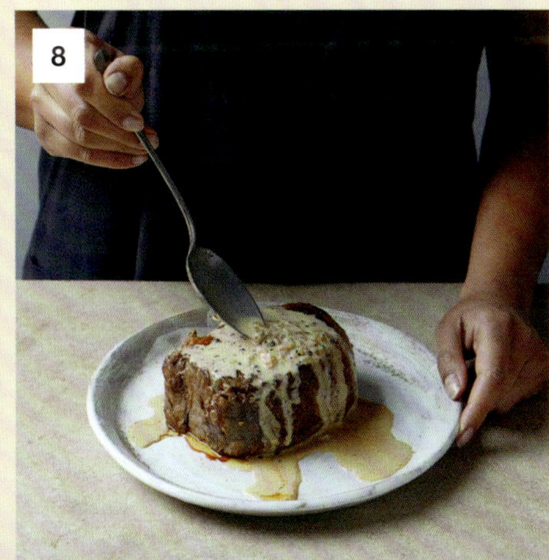

Chuletas de cerdo con chalotas, miso y mantequilla de lima

Preparación
5 minutos

Cocción
40 minutos

Raciones 2

El éxito de esta receta está en extraer la deliciosa grasa de cerdo. Para empezar, mantén la chuleta en posición vertical sobre su lado graso mientras se cocina y extrae la grasa, que bañará la carne cuando la pongas plana en la sartén; así quedará crujiente y dorada. No tengas miedo de calentar mucho la sartén: el fuego fuerte chamusca la carne de cerdo y aumenta su sabor. La lima ayuda a cortar la riqueza de la grasa de cerdo, mientras que la salsa de miso lo mantiene todo unido. Sírvelo con la ensalada de judías verdes y tirabeques con sésamo (ver p. 168), si te apetece.

1 cucharada de aceite de oliva
4 chalotas, peladas y cortadas por la mitad longitudinalmente
50 g de mantequilla salada derretida
250 ml de caldo de pollo (ver p. 414) o comprado
2 cucharadas de miso blanco
2 chuletas de cerdo con hueso
zumo de 1-2 limas
sal y pimienta negra recién molida
ensalada de judías verdes y tirabeques con sésamo (ver p. 168), para servir

1 | Precalienta el horno a 200 °C (180 °C ventilador / Gas 6).

2 | Vierte la mitad del aceite de oliva en una sartén mediana a fuego medio-alto. Añade las chalotas a la sartén, con la parte cortada hacia abajo, y fríelas unos 4-5 minutos, hasta que estén carbonizadas y doradas. Da la vuelta a las chalotas y repite la operación por el otro lado; luego colócalas en una bandeja de horno pequeña y honda.

3 | Bate la mantequilla derretida, el caldo y el miso, y vierte la mezcla sobre las chalotas. Ásalas en el horno durante 25 minutos.

4 | Mientras tanto, vierte el aceite restante sobre las chuletas de cerdo y sazónalas bien con sal.

5 | Vuelve a poner la sartén a fuego fuerte. Con unas pinzas, ten las chuletas con la grasa hacia abajo en la sartén durante 1 minuto, hasta que se caramelicen. Ponlas planas y fríelas durante 2 minutos, luego dales la vuelta y repite la operación hasta que se doren.

6 | Saca las chalotas del horno, exprime el zumo de 1-2 limas, según prefieras, y salpimienta. Introduce las chuletas de cerdo y vuelve a meter la bandeja en el horno para asarlas durante 5 minutos, hasta que el cerdo esté bien hecho.

7 | Retira la bandeja del horno y deja reposar unos minutos. Sirve con las chalotas asadas y la salsa que haya quedado en la bandeja junto con la ensalada de judías verdes con sésamo, si quieres.

Koftas de cordero al curri

Preparación
15 minutos

Cocción
20 minutos

Raciones 3-4

La carne picada de cordero es ideal para hacer koftas, ya que su alto contenido en grasa hace que conserve su jugosidad una vez cocinada. Después de freírlas, lo que dora el exterior y sella los jugos, las koftas se glasean en *chutney* de mango para realzar su exterior caramelizado y se terminan en el horno. Una vez que domines esta sencilla receta, puedes cambiar los condimentos de la carne picada: la harissa y el queso feta también combinan muy bien con el cordero, o incluso sustituirlo por carne picada de pollo o cerdo. Sírvelo con la ensalada guyaratí de zanahoria (ver p. 167) y panes planos.

400 g de carne picada de cordero
1 cebolla roja, pelada y rallada gruesa
3 dientes de ajo, pelados y rallados finamente
un trozo de raíz de jengibre fresco del tamaño de un pulgar, pelado y rallado finamente
1 guindilla verde o roja, picada fina (sin semillas, si no te gusta demasiado picante)

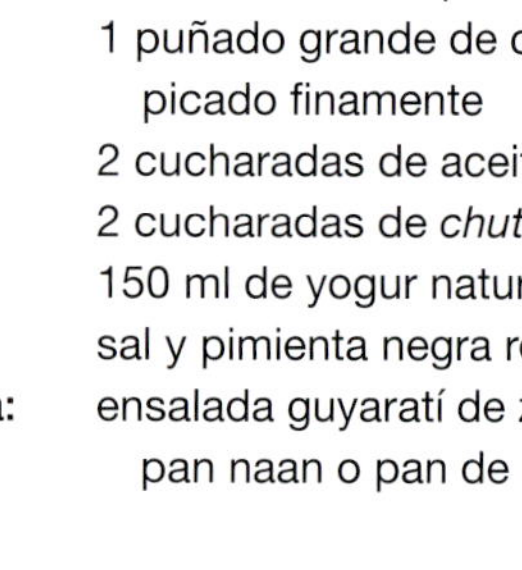

2 cucharadas de polvo de curri mediano
1 puñado grande de cilantro, tallos y hojas, picado finamente
2 cucharadas de aceite vegetal
2 cucharadas de *chutney* de mango
150 ml de yogur natural
sal y pimienta negra recién molida
ensalada guyaratí de zanahoria (ver p. 167) y pan naan o pan de pita caliente, para servir

1 | Pon la carne picada de cordero en un bol grande. Añade la cebolla, el ajo, el jengibre, la guindilla, el curri en polvo, los tallos de cilantro y la mayoría de las hojas, reservando algunas para servir. Sazona con abundante sal y pimienta y, con las manos limpias, mezcla y distribuye uniformemente los aromas por la carne.

2 | Divide la carne picada en 12 trozos iguales. Mójate ligeramente las manos con agua, luego toma los trozos de carne y dales forma con las palmas de las manos para crear cilindros ovalados, de unos 3 cm de diámetro y 8 cm de largo. Ponlos en una bandeja de horno.

3 | Precalienta el horno a 190 °C (170 °C ventilador / Gas 5).

4 | Pon una sartén antiadherente grande a fuego fuerte. Una vez caliente, vierte la mitad del aceite y añade 6 koftas a la sartén. Fríelas durante 4 minutos, dándoles la vuelta de vez en cuando con unas pinzas, hasta que se doren por todos los lados, y luego pásalas a una bandeja de horno. Vierte el resto del aceite en la sartén y repite la operación con las koftas restantes.

5 | Echa una cantidad igual del *chutney* de mango sobre cada kofta. Mete la bandeja en el horno durante 6-8 minutos, dándoles la vuelta a mitad del tiempo, hasta que las koftas estén glaseadas, caramelizadas y bien hechas, pero aún jugosas en el centro. Para comprobar que están listas, al cortarlas no debe haber ni rastro de color rosa.

6 | Vierte el yogur por la base de un plato de servir, sitúa las koftas encima y esparce las hojas de cilantro restantes. Sírvelas con la ensalada guyaratí de zanahoria y un poco de pan naan caliente o pan de pita, si quieres.

ESTOFAR Y GUISAR LA CARNE

Estofar y guisar son métodos de cocina que, de algún modo, siempre parecen mágicos: tomas ingredientes humildes y con un poco de preparación, esfuerzo y tiempo puedes crear platos realmente especiales. Aunque los términos se suelen usar indistintamente, estofar implica cocer a fuego lento trozos grandes de carne parcialmente cubiertos de líquido, mientras que guisar se refiere a trozos más pequeños de carne cocinados a fuego lento sumergidos en líquido.

Los mejores cortes de carne para ambos métodos son los que más ha trabajado el animal. Cuanto más haya trabajado el músculo, más duro y tendinoso será, lo que significa que necesitará mucha cocción suave y lenta para que se ablande. Con el tiempo, el colágeno y la grasa de la carne empiezan a descomponerse, haciendo que la salsa resulte untuosa y la carne muy tierna. Al guisar y estofar, es mejor dorar primero la carne en aceite caliente para hacer el sabor más profundo y enriquecer el color del plato final. Para ello, calienta una cucharada de aceite en una cazuela o sartén honda de base gruesa a fuego medio-alto. Añade los dados o trozos de carne (ternera, cordero o cerdo) y cocínalos, dándoles la vuelta de vez en cuando, durante unos 5-10 minutos, hasta que se doren por todos los lados. Es mejor cocinar la carne por tandas para no llenar demasiado la sartén, ya que podría cocerse en su propio jugo. Una vez dorada toda la carne, sigue con el resto de los pasos de la receta.

CORTES DE TERNERA	CORTES DE CORDERO	CORTES DE CERDO
Carrillada	Paletilla	Paletilla
Jarrete	Pierna	Cuello
Falda	Vientre	Pierna
Aguja	Cuello	Vientre
Pecho	Jarrete	Costillas
Asado de tira		
Rabo de toro		
Culata		

BŒUF BOURGUIGNON

Preparación
15 minutos
+ remojo

Cocción
4 horas

Raciones 4-6

Este sustancioso estofado francés es un clásico con todo merecimiento. La carne se cuece sin prisa hasta que queda extraordinariamente tierna, de modo que no se pierde ni una gota de sabor, y eso se nota en su rica salsa de vino tinto. El guiso se termina con beicon frito, cebollitas y champiñones. ¡Muy reconfortante! El jarrete de ternera es perfecto para cocinarlo lentamente a baja temperatura, ya que es un músculo muy trabajador que necesita tiempo para ablandarse y para que la grasa se reduzca, pero el esfuerzo merece la pena. Es ideal para servirlo con puré de patatas (ver p. 171) o col estofada a las cinco especias (ver p. 184).

500 g de cebollitas o chalotas tiernas
4 cucharadas de aceite de oliva
200 g de lardones de beicon ahumado
450 g de champiñones, partidos por la mitad y los grandes en cuartos
una pizca de sal, y un poco más para sazonar
1 kg de jarrete de ternera deshuesado, cortado en trozos de 4 cm
2 zanahorias medianas, peladas y cortadas en trozos
2 cebollas picadas
1 cucharada colmada de harina común
2 cucharadas de puré de tomate
750 ml de vino tinto
2 hojas de laurel
1 puñado de perejil de hoja plana, picado
pimienta negra recién molida
puré de patatas (ver p. 171) y col estofada a las cinco especias (ver p. 184), para servir

1 | Pon las cebollitas o chalotas en un cuenco mediano y vierte agua recién hervida hasta cubrirlas. Déjalas en remojo 15 minutos y escúrrelas con un colador metálico. Quita los extremos y pela las cebollitas o chalotas; remojarlas afloja la piel y facilita el pelado.

2 | Calienta 1 cucharada de aceite de oliva en una cazuela de base pesada a fuego medio-alto. Añade los lardones y cuécelos 5 minutos, dándoles la vuelta de vez en cuando, hasta que estén crujientes y dorados. Con una espátula, pásalos a un cuenco mediano.

3 | Añade las cebollitas o chalotas y los champiñones con una pizca de sal y sofríe durante 8-10 minutos, hasta que se ablanden y empiecen a dorarse. Echa las verduras en el bol de los lardones.

4 | Precalienta el horno a 160 °C (140 °C ventilador / Gas 3½). Añade otra cucharada de aceite a la sartén. Salpimienta bien la carne y cocínala, en dos o tres tandas para no llenar demasiado la sartén, durante 5-6 minutos por cada lado, hasta que se dore por todos los lados. Añade un chorrito de aceite entre tanda y tanda, si es necesario, para evitar que la carne se pegue al fondo de la sartén. Una vez dorada, pasa la carne a un cuenco aparte.

5 | Baja el fuego a medio-bajo, añade un chorrito más de aceite, luego añade las zanahorias y las cebollas con una pizca de sal y cocina durante 2-3 minutos, hasta que se ablanden ligeramente. Añade la harina y el puré de tomate y cuece unos minutos, removiendo, para que se deshaga la harina. Luego añade el vino tinto y las hojas de laurel.

6 | Vuelve a poner la carne dorada en la sartén. Remueve, raspando para quitar los trozos pegados al fondo de la sartén, y lleva a ebullición. Cubre con una tapa e introduce en el horno precalentado. Cocina durante 1 hora y 30 minutos, hasta que burbujee y se dore ligeramente por encima. La carne no estará tierna aún en este punto. Quita la tapa e incorpora las cebollitas o chalotas, los champiñones y los lardones.

7 | Vuelve a meter la cazuela en el horno, sin la tapa, durante 1 horas y 30 minutos más, hasta que la carne esté tierna y la salsa se haya reducido y espesado. Salpimienta al gusto y termina con un poco de perejil picado. Sirve con puré de patatas y col estofada a las cinco especias.

CONSEJOS

La mayoría de los guisos saben aún mejor al día siguiente, ya que los sabores siguen marinándose y fusionándose. Deja enfriar y tenlo en la nevera toda la noche. Vuelve a calentar en el horno a 180 °C (160 °C ventilador / Gas 4) durante 40-45 minutos, hasta que esté burbujeante.

El estofado puede congelarse en porciones individuales hasta 3 meses. Descongélalo bien antes de recalentarlo en una cacerola pequeña tapada a fuego medio.

LOS MEJORES ESPAGUETIS A LA BOLOÑESA

Preparación
15 minutos

Cocción
2½ horas

Raciones 4

La combinación de carne picada de cerdo y ternera con panceta ahumada da mucho sabor a esta salsa boloñesa, que se potencia dorando primero la carne antes de cocinarla a fuego lento. ¿Y el ingrediente secreto? La leche. Da a la salsa una textura cremosa y aterciopelada y ayuda a ablandar la carne. Si no comes cerdo, sáltate el primer paso y dobla la cantidad de carne picada de ternera, eligiendo una con un alto porcentaje de grasa. Si tienes corteza de parmesano, añádela a la salsa para dar al plato un punto salado.

75 g de panceta en dados
1 cucharada de aceite de oliva
30 g de mantequilla salada
1 cebolla, pelada y picada finamente
1 zanahoria, pelada y picada finamente
1 rama de apio, finamente picada
una pizca de sal, más para sazonar
2 dientes de ajo grandes, pelados y picados finamente
250 g de carne picada de cerdo
250 g de carne picada de vacuno
300 ml de leche entera
300 ml de vino tinto
2 latas de 400 g de tomates de pera
2 cucharadas de puré de tomate
1 cucharadita de hierbas mixtas secas
1 corteza de parmesano (opcional)
pimienta negra recién molida
espaguetis o tallarines
queso parmesano, finamente rallado, para servir

1 | Pon la panceta en una cacerola grande, honda y seca, con tapa, a fuego medio. Cuece 4-5 minutos, removiendo de vez en cuando, hasta que la grasa se haya consumido y la carne esté crujiente y dorada.

2 | Añade el aceite de oliva y la mantequilla con la cebolla, la zanahoria, el apio y una pizca de sal. Cuece 10-12 minutos, removiendo de vez en cuando, hasta que se ablande. Añade el ajo y cocina, removiendo durante un minuto más.

3 | Sube el fuego a alto. Añade la carne picada y cocina durante 5-8 minutos, removiendo regularmente con una espátula de madera para deshacerla, hasta que se dore.

4 | Vierte la leche, remueve y cuece 3-4 minutos, hasta que no quede líquido visible en la sartén, entonces vierte el vino tinto y repite la operación.

5 | Añade los tomates de pera, el puré de tomate y la mezcla de hierbas, remueve, aplastando los tomates con una espátula de madera para deshacerlos. Salpimienta y añade la corteza de parmesano, si la utilizas. Remuévelo todo bien.

6 | Baja el fuego al mínimo, cubre parcialmente la cazuela con la tapa, dejándola entreabierta para que salga el vapor mientras se cuece lentamente. Cuece la salsa boloñesa durante 2 horas, removiendo cada 20 minutos, hasta que esté espesa y sabrosa. Sazona al gusto. Sírvela con el tipo de pasta que prefieras y con parmesano rallado finamente esparcido por encima.

Variantes de la boloñesa

***Cottage pie*:** añade 2 cucharadas de salsa Worcester y 1 cucharadita de mostaza inglesa a media cantidad de salsa boloñesa. Ponla en una fuente de horno pequeña y cúbrela con puré de patatas (ver p. 171). Esparce 75 g de queso cheddar rallado grueso por encima y hornea a 200 °C (180 °C ventilador / Gas 6) durante unos 35-40 minutos, hasta que esté bien caliente y el queso burbujee y se dore.

Chilli con carne: fríe 8-10 minutos 1 pimiento rojo picado en 1 cucharada de aceite de oliva en un cazo mediano a fuego medio, removiendo de vez en cuando, hasta que se ablande. Añade 1 cucharadita de pimentón ahumado, 1 de comino molido, 3 de pasta de chipotle y cuece 30 segundos, removiendo. Añade media cantidad de salsa boloñesa. Añade una lata de 400 g de alubias rojas escurridas. Pon la mezcla a hervir a fuego lento y cuécela 10-15 minutos, removiendo de vez en cuando, hasta que esté espesa y untuosa. Sazona con sal y pimienta al gusto. Sírvelo con arroz y/o nachos y un poco de aguacate machacado.

Lasaña de carne: utiliza 1 cantidad de receta de salsa boloñesa para espaguetis en lugar del ragú de lentejas de la lasaña vegetal (ver p. 178).

CONSEJOS

Vale la pena hacer el doble de boloñesa para preparar un cottage pie *o chile con carne (izquierda).*

Puedes congelar la boloñesa en porciones individuales hasta 3 meses. Descongélala bien en la nevera antes de recalentarla en una cacerola pequeña, dejándola burbujear, tapada, unos 10 minutos.

Alubias estofadas con chorizo y calabacín

Preparación 10 minutos

Cocción 25 minutos

Raciones 4

El chorizo confiere a este sencillo guiso un agradable sabor ahumado y picante, potenciado por el pimentón y las hojuelas de guindilla.

2 cucharadas de aceite de oliva
225 g de chorizo, en rodajas de 1 cm
1 cebolla roja grande, pelada y en rodajas finas
2 calabacines medianos, cortados por la mitad a lo largo y en medias lunas
una pizca de sal, y un poco más para sazonar
4 dientes de ajo gordos, pelados y en láminas finas
2½ cucharaditas de pimentón ahumado dulce
una pizca grande de copos de guindilla seca
lata de 400 g de tomates cherri
2 latas de 400 g de judías blancas, reservando el líquido
150 g de yogur griego
2 cucharadas de alcaparras
1 puñado de eneldo, tallos y hojas, picado
1-2 cucharadas de vinagre de Jerez
pimienta negra recién molida

1 | Vierte el aceite de oliva en un cazo grande a fuego medio-alto. Añade el chorizo y cocina, removiendo de vez en cuando, durante 5 minutos, hasta que esté crujiente y la mayor parte de la grasa se haya fundido. Añade la cebolla y los calabacines con una pizca de sal y cocina, removiendo de vez en cuando, durante 6-8 minutos, hasta que se ablanden y empiecen a caramelizarse.

2 | Añade el ajo y cocina, removiendo, durante otro minuto, luego añade 2 cucharaditas de pimentón y los copos de guindilla. Cocina, removiendo, durante 30 segundos más, y luego echa los tomates cherri en conserva y las judías con su líquido. Remueve bien, baja el fuego a medio y cuece 10 minutos, removiendo de vez en cuando, hasta que la salsa espese.

3 | Mientras tanto, mezcla el resto del pimentón ahumado con el yogur griego en un bol pequeño y sazona con sal y pimienta al gusto.

4 | Añade al guiso las alcaparras y la mayor parte del eneldo. Luego el vinagre de Jerez, con sal y pimienta, y repártelo en cuatro cuencos. Echa por encima el yogur de pimentón y cubre con el eneldo restante.

CONSEJOS

Este guiso se conserva en la nevera 3 días o se congela en porciones individuales 3 meses. Descongélalo bien antes de recalentarlo en un cazo, añadiendo un chorrito de agua.

Puedes cambiar el chorizo por otras salchichas; simplemente córtalas en rodajas o déjalas enteras y fríelas del mismo modo. Prueba una salchicha de cerdo de Toulouse o una de cordero picante, como el merguez. Si las usas enteras, dóralas primero y añádelas al guiso con las judías en el paso 2. Deja que el guiso se haga a fuego lento 15-20 minutos, tapado, hasta que las salchichas queden bien hechas.

Tacos de cochinita pibil

Preparación
15 minutos

Cocción
2 horas

Salen unos
20 tacos

Pib en maya significa «cocinar en un hoyo», y la cochinita pibil es un plato tradicional de cerdo de la península de Yucatán. Con el tiempo ha cambiado y, con la influencia española, la gente empezó a cocinar este plato con una raza particular de cerdo de la zona, de ahí el nombre de cochinita. La receta suele utilizar achiote, una pasta roja mezclada con semillas de achiote, especias y naranja agria, una fruta también originaria de la región, que se utiliza para aromatizar la carne de cerdo antes de cocinarla envuelta en una hoja de plátano. Si no encuentras hoja de plátano, utiliza papel de horno en su lugar. El plato es un perfecto festín mexicano servido con tortillas de maíz blandas, cebollas encurtidas y un poco de chile fresco.

1 hoja grande de plátano o papel de horno
zumo de 2 naranjas grandes, unos 250 ml
zumo de 1 limón, unas 3 cucharadas
25 g de pasta de achiote
1,25 kg de paletilla de cerdo deshuesada, cortada en dados de 10 cm
¼ de cebolla blanca, rallada fina
1 diente de ajo, picado
1 cucharada de sal marina en escamas
una pizca de pimienta negra recién molida

Para servir
unas 20 tortillas de maíz, calentadas
cebolla rosa encurtida (ver p. 459)
1 chile habanero o Scotch bonnet, finamente picado (sin semillas si lo prefieres menos picante)

1 | Precalienta el horno a 200 °C (180 °C ventilador / Gas 6).

2 | Limpia la hoja de plátano con una hoja húmeda de papel de cocina. Coloca la hoja en una sartén grande seca y caliéntala ligeramente hasta que esté flexible, luego utilízala para forrar una olla grande de hierro fundido (o utiliza papel de horno) y resérvala.

3 | Pasa los zumos de naranja y limón y la pasta de achiote a una batidora hasta que se mezclen.

4 | Pon los trozos de paletilla de cerdo sobre la hoja de plátano de la olla. Esparce la cebolla sobre la carne de cerdo y añade el ajo, la sal y la pimienta. Vierte la mezcla de achiote y remueve para cubrir la carne de cerdo hasta que esté bien mezclada. Cubre el cerdo con la hoja de plátano (o papel de horno). Tapa la olla y cuece en el horno durante 2 horas, hasta que la carne de cerdo esté tierna y empiece a deshacerse.

5 | Con dos tenedores, desmenuza la carne de cerdo cocida en la olla y pásala a un plato de servir caliente.

6 | Para servir, pon las tortillas o tacos calientes y los demás acompañamientos en cuencos sobre la mesa para que todos se sirvan. Para montarlo, pon un poco de la carne de cerdo desmenuzada sobre una tortilla de maíz caliente, cubre con una cucharada de las cebollas encurtidas y el habanero finamente picado para añadir un poco de picante y cómeto enseguida.

PESCADO

PESCADO

A muchos les echa para atrás cocinar pescado y marisco porque creen que es engorroso de preparar o difícil de cocinar bien, pero con un poco de atención a los detalles y un conocimiento de lo más básico puedes crear platos deliciosos en cuestión de minutos.

Fuente valiosa de proteínas, vitaminas, minerales y grasas beneficiosas, hay varios tipos de pescado, entre los de agua dulce y los de agua salada. El pescado blanco, como el abadejo, el besugo y el bacalao, tiene un sabor ligero, mientras que el pescado azul, como el atún, las sardinas y la caballa, suele presentar sabores más intensos. Tanto si compras pescado como marisco, conviene que prestes atención a si procede de fuentes responsables, no está entre las especies amenazadas y es de temporada.

Conservación
El pescado y el marisco se conservan poco tiempo: es mejor consumirlos justo después de comprarlos o al día siguiente. Comprueba la fecha de caducidad o consulta a tu pescadero si compras el pescado sin envasar y guárdalo en la parte más fría de la nevera (la inferior). Los filetes deben conservarse en su envase, un recipiente cubierto con film transparente, mientras que el pescado entero se guarda mejor sobre hielo picado, también cubierto. Lo mismo con el marisco, evitando el contacto directo con el agua o el hielo. Descongela el pescado y el marisco en la nevera durante la noche.

DESESCAMAR EL PESCADO

Antes de eviscerar y filetear un pescado entero, hay que quitarle las escamas. Esto hace la piel mucho más agradable de comer, pero es una tarea ingrata, así que si puede hacerlo el pescadero, no lo dudes.

1 pescado redondo, como una dorada, una lubina, una caballa o un salmonete

1 | Pon una bolsa de plástico limpia sobre una tabla de cortar. Introduce el pescado en la bolsa, con la cabeza por delante. Si es pequeño, puedes hacerlo en el fregadero.

2 | Sujeta la cola del pescado con papel de cocina, utiliza un raspador de pescado o el dorso de un cuchillo de cocina grande para raspar las escamas. Empieza por la cola y raspa hacia la cabeza. Dale la vuelta al pescado y repite la operación por el otro lado.

3 | Enjuaga el pescado bajo un chorro de agua fría para eliminar los restos de escamas y sécalo dando golpecitos con papel de cocina. El pescado ya está listo para eviscerarlo, si es necesario.

1

2

3

EVISCERAR UN PESCADO

Antes de cocinar un pescado entero, es importante quitarle los órganos internos. Puedes pedir a tu pescadero que lo haga por ti o seguir esta guía para eviscerar un pescado redondo. (En un pescado plano, el estómago está en la parte inferior central, debajo de la garganta, en lugar de haber un vientre visible).

1 pescado redondo eviscerado, como una dorada, una lubina, una caballa o un salmonete

1 | Pon el pescado en una tabla de cortar con el vientre hacia ti. Con un cuchillo o unas tijeras de cocina, haz un corte desde el extremo de la cabeza por el centro del vientre hasta la base de la aleta central.

2 | Desde la parte de la cabeza, retira las vísceras con una cuchara hacia abajo, tirando suavemente pero con firmeza para sacarlas, y luego deséchalas.

3 | Levanta los opérculos (las solapas de la base de la cabeza) y retira las branquias, de color naranja brillante, con unas tijeras de cocina.

4 | Enjuaga la cavidad del pescado bajo el grifo de agua fría, asegurándote de que esté limpia y sin restos. Sécalo con papel de cocina y el pescado ya estará listo para cocinar.

CONSEJO

Una vez eviscerado y desescamado, puedes hacer unos cortes a los lados antes de asarlo para que se cocine de manera uniforme. Usa un cuchillo afilado y haz 2 o 3 cortes diagonales en cada lado, a unos 2,5 cm de distancia, aunque esto depende del tamaño del pescado.

ASAR EL PESCADO

Pocas delicias culinarias superan la carne blanca, suave y nacarada y la piel crujiente de un pescado entero asado. El calor seco del horno es ideal para cocinar pescados enteros como la dorada, la lubina, la caballa, la trucha o el salmón, que además pueden rellenarse con aromas que perfumen el pescado desde dentro. Y para los que tienen dudas, no hay que preocuparse de filetearlo o quitarle la piel.

Asar también es una forma fácil y cómoda de cocinar filetes de pescado con el mínimo esfuerzo. El pescado azul, como el salmón o la trucha, se mantienen húmedos cuando se asan, aunque los filetes más delicados de pescado blanco, como la platija y el lenguado, se benefician si se untan de vez en cuando con mantequilla derretida o aceite para evitar que se sequen.

Hay otras formas de cocinar el pescado en las que también se usa el horno, como al papillote, cuando se cocina envuelto en papel de horno o de aluminio, horneado en hojaldre o en una costra de sal. Estos métodos de cocción sellan tanto el sabor como los jugos del pescado, manteniéndolo húmedo y tierno.

DORADA ASADA CON MANTEQUILLA DE PIMENTÓN

Preparación 15 minutos

Cocción 20 minutos

Raciones 2

Esta receta es una forma estupenda de cocinar pescado. Queda dorado por fuera, con la carne hecha por dentro y los jugos ahumados y mantecosos que lo bañan mientras se cocina, evitando que se seque. Si nunca has cocinado un pescado entero, esta sencilla receta es un buen punto de partida: no solo tiene un aspecto impresionante, sino que asarlo con espinas ayuda a fijar el sabor.

1 dorada entera, de unos 500 g, escamada y eviscerada (ver p. 128-29) o comprada ya lista
2 cucharaditas de aceite de oliva
1 limón, ½ en rodajas, ½ cortado en cuartos
½ receta de mantequilla de limón y pimentón ahumado (ver p. 48), derretida
sal y pimienta negra recién molida
patatas fritas caseras (ver p. 192) y verduras, para servir

1 | Precalienta el horno a 220 °C (200 °C ventilador / Gas 7). Pon el pescado en una tabla de cortar y, con un cuchillo de cocina grande y afilado, hazle 3 cortes diagonales de 1 cm de profundidad en cada lado.

2 | Pon el pescado en una bandeja de horno, forrada con papel de hornear, y rocíalo con el aceite de oliva. Salpimiéntalo por todas partes, tanto por dentro como por fuera, y pon las rodajas de limón en la cavidad del pescado.

3 | Ásalo en el horno durante 15 minutos, hasta que la piel empiece a estar crujiente. Vierte la mantequilla de pimentón derretida por encima del pescado (puede que no la necesites toda) y ásalo durante 5 minutos más, hasta que la carne esté de color blanco nacarado y se desmenuce fácilmente en trozos grandes. Unta el pescado con la mantequilla derretida.

4 | Para filetear, con un cuchillo de cocina pequeño y afilado, haz un corte en el centro de uno de los lados del pescado, así como en la cabeza y en el extremo de la cola; de este modo tendrás dos filetes en cada lado.

5 | Empezando por la parte de la cabeza, utiliza una cuchara para levantar suavemente la carne del cuerpo, separándola con cuidado de las espinas. Repite la operación con el segundo filete del mismo lado. Da la vuelta al pescado y haz lo mismo por el otro lado.

6 | Levanta la piel junto a la cabeza del pescado y retira la carne. ¡Es deliciosa! Sirve el pescado con patatas fritas, las verduras que prefieras y trocitos de limón.

1

2

3

4

5

6

Bandeja de bacalao y garbanzos a la cúrcuma

Preparación
15 minutos

Cocción
20 minutos

Raciones 2

Este plato de pescado es rápido y está repleto de proteínas y verduras. El grueso filete de bacalao es perfecto para hornear, ya que su carne resiste las altas temperaturas y el calor seco del horno, y absorbe fácilmente los sabores de los ingredientes con los que se cocina. Si no tienes bacalao, los filetes de abadejo o de merluza son también una alternativa estupenda.

2 cucharadas de aceite vegetal
2 dientes de ajo, pelados y rallados finamente
un trozo de raíz de jengibre fresco del tamaño de un pulgar, pelado y rallado finamente
2 cucharaditas de cúrcuma molida
lata de 400 g de garbanzos, escurridos y enjuagados
200 g de tomates cherri partidos por la mitad
2 filetes de bacalao sin piel ni espinas, de unos 150 g cada uno
2 puñados de hojas de espinacas tiernas
200 g de tirabeques
1 lima, ½ en zumo, ½ cortada en cuartos
4 cucharadas de yogur natural o de coco
1 puñado pequeño de cilantro, hojas recogidas
sal y pimienta negra recién molida

1 | Precalienta el horno a 200 °C (180 °C ventilador / Gas 6).

2 | Vierte el aceite en un cuenco pequeño, añade el ajo, el jengibre y la cúrcuma, y remueve para mezclarlos.

3 | Pon los garbanzos y los tomates cherri en una bandeja de horno de unos 35 x 25 cm, vierte por encima un tercio del aceite de especias y mezcla bien. Salpimienta el bacalao por ambos lados y coloca los filetes en el centro de la bandeja para que todo quede más o menos en una sola capa.

4 | Vierte el resto del aceite de especias sobre el bacalao y hornéalo en el centro del horno durante 8 minutos. Retira con cuidado la bandeja del horno y esparce las hojas de espinacas y los tirabeques sobre los garbanzos y los tomates, pero no sobre el bacalao.

5 | Vuelve a meter la bandeja en el horno 7-8 minutos, hasta que las espinacas se ablanden y el bacalao esté a tu gusto. Debe haber adquirido un color blanco opaco y desmenuzarse fácilmente en trozos grandes cuando lo pinches con un tenedor.

6 | Sirve el bacalao en dos platos, junto con la mezcla de las espinacas, los garbanzos y los tirabeques.

7 | Exprime el zumo de lima por encima y sazona con sal y pimienta al gusto. Rocíalo con el yogur y esparce las hojas de cilantro. Sírvelo con las rodajas de lima restantes para exprimirlas por encima.

CURAR EL PESCADO

El curado es un método de conservación muy útil de alimentos valiosos, nutritivos y sabrosos que se remonta a hace siglos en todo el mundo. Sigue siendo una técnica popular e incorpora varios métodos, como el secado al aire, la fermentación, el ahumado, el encurtido, el marinado y la salazón. Las dos formas más fáciles de curar el pescado en casa son crear un aderezo con sal y azúcar, que con el tiempo extrae la humedad del pescado, o bien emplear ácido para marinar y «cocer» ligeramente el pescado sin calor, como el ceviche de cilantro y jalapeño (ver p. 137). Ambos tienen su papel en las recetas que siguen.

SALMÓN CURADO CON NARANJA Y REMOLACHA

Preparación 20 minutos + 36 horas de curado

Sin cocción

Raciones 6-8

Utilizar remolacha, especias y naranja como parte de un curado hecho a partes iguales de azúcar y sal, da al salmón un color y sabor magníficos. El dulzor floral de la naranja y el tono terroso de las semillas de cilantro combinan bien con el pescado azul, realzando su sabor. El curado puede impresionar, pero es un proceso sencillo que solo requiere unos pocos ingredientes, además de tiempo y paciencia. Asegúrate de comprar salmón de la mejor calidad que puedas, que sea firme y con un grosor uniforme, ya que así el curado será uniforme y obtendrás los mejores resultados.

1 lomo de salmón, con piel y sin espinas, de entre 800 g y 1 kg

Para la cura

1 cucharada de semillas de cilantro
250 g de remolacha cruda con piel, rallada gruesa
ralladura fina de 1 naranja
20 g de eneldo, ½ picado, ½ recogido, para servir
150 g de sal marina en escamas
150 g de azúcar glas

Para servir (opcional)

bagels (ver p. 320), partidos por la mitad y ligeramente tostados
queso crema
pepinillos, en rodajas
trozos de limón

1 | Para hacer la cura, tuesta las semillas de cilantro en una sartén seca pequeña a fuego medio durante 2-3 minutos, hasta que huelan a flores y fragantes. Vierte las semillas en un cuenco grande.

2 | Añade la remolacha, la ralladura de naranja y el eneldo picado a las semillas de cilantro y, luego, la sal y el azúcar. Remuévelo todo bien para mezclarlo.

3 | Coloca sobre la superficie de trabajo un trozo de film transparente lo bastante grande para envolver del todo el lomo de salmón, y repite la operación para tener una doble capa de film transparente. Con una cuchara, vierte un tercio de la mezcla de la cura en el centro del film transparente, presionando con el dorso de una cuchara hasta formar una sola capa aproximadamente del mismo tamaño y forma que el lomo de salmón.

4 | Pon encima el lomo de salmón con la piel abajo. Vierte con una cuchara los dos tercios restantes de la mezcla de curación sobre el salmón, dejando que caiga por los lados para que quede del todo cubierto.

5 | Pasa los lados del film transparente por encima del salmón para envolverlo formando un paquete, y luego utiliza con cuidado una hoja más de film transparente para envolverlo bien de nuevo.

6 | Pon el salmón envuelto en una bandeja de horno, y encima una bandeja de horno más pequeña con tres latas (el peso de las latas ayudará a curar el salmón). Mete el salmón en la nevera durante 12 horas.
(Sigue al dorso.)

1

2

3

4

5

6

7 | Da la vuelta al salmón, vuelve a poner encima la bandeja con las latas y mételo otra vez en la nevera durante 12 horas más. Repítelo una vez más, curando el salmón otras 12 horas, es decir, 36 horas en total. Una vez curado el salmón, desenvuélvelo y desecha el film transparente. Enjuaga el salmón bajo el grifo de agua fría para eliminar los restos de curación y sécalo con papel de cocina.

8 | Para servir el salmón, colócalo con la piel hacia abajo sobre una tabla de cortar y córtalo en rodajas finas en diagonal con un cuchillo de cocina grande y afilado, separándolo de la piel.

9 | Levanta con cuidado el salmón y ponlo en un bagel con queso crema, eneldo y pepinillos, y exprime un poco de limón por encima, si quieres.

CONSEJOS

Una vez curado, el salmón se conservará en la nevera, envuelto en film transparente, 1 semana. Córtalo justo antes de servir.

El salmón curado es un entrante ideal con mascarpone, aderezado con ralladura de limón y alcaparras picadas, y servido sobre brioche tostado, o como parte de un cuenco de arroz o en ensalada.

Para mantener fresco el eneldo, cúbrelo con una hoja húmeda de papel de cocina en la nevera mientras se cura el salmón.

Ceviche de cilantro y jalapeño

Preparación
15 minutos
+ curado

Sin cocción

Raciones
4 como entrante

Muy popular en las cocinas peruana y mexicana, el ceviche es el proceso de marinar ligeramente y «cocinar» el pescado curándolo suavemente en zumo de cítricos. Como el pescado está crudo, asegúrate de buscar el más fresco que puedas para esta receta. Si lo compras en una pescadería, pide pescado fresco del día, o de grado sushi. Si lo compras en el supermercado, busca filetes gordos y firmes que no hayan sido congelados, sin restos de agua y con la fecha de consumo preferente más lejana.

250 g de filetes de lubina o dorada sin piel ni espinas
1 cebolla roja pequeña, pelada, cortada por la mitad y en rodajas muy finas
1 diente de ajo pequeño, pelado y rallado finamente o machacado
1 chile jalapeño verde, sin semillas y finamente picado
zumo y ralladura fina de 2 limas
1 puñado de cilantro, hojas
sal y pimienta negra recién molida
nachos, para servir

1 | Corta el pescado en dados de 2 cm con un cuchillo de cocina afilado. Ponlo en una fuente junto con la cebolla roja. Sazona con sal y pimienta.

2 | Pon el ajo en un segundo bol pequeño, añade el chile y el zumo y la ralladura de lima. Remuévelo todo para crear una cura húmeda.

3 | Vierte la cura sobre el pescado y remuévelo todo suavemente con una cuchara grande. Deja el pescado en la salsa durante 10 minutos a temperatura ambiente para que se «cueza» ligeramente y, a continuación, añade el cilantro. Sírvelo enseguida con nachos.

CONSEJO

Si no puedes conseguir jalapeños frescos, utiliza en su lugar un chile rojo o verde normal. Prueba el punto justo del chile antes de picarlo para comprobar lo fuerte que es y ajusta la cantidad en consecuencia.

ASAR EL PESCADO AL GRILL O A LA PARRILLA

El aroma ahumado del pescado al grill o a la parrilla hace revivir recuerdos de días de sol y vacaciones. Son métodos de cocción a alta temperatura y calor seco, por lo que es importante seleccionar el pescado adecuado para evitar los muy delicados o que puedan cocerse demasiado y deshacerse. Asar al grill y a la parrilla son formas estupendas de cocinar pescados enteros, porque la piel queda crujiente y, al tener espina, es más difícil que la carne se seque o se cocine en exceso. No te olvides de dar la vuelta al pescado a mitad de la cocción y de añadir un chorrito de aceite o mantequilla para humedecerlo, si es necesario.

Los filetes gruesos de pescado también responden bien a estos métodos, especialmente las variedades de textura carnosa o ricas en aceite, como el salmón, la caballa o el atún, pues su alto contenido en grasa los mantiene húmedos. Si empleas filetes de pescado blanco más delicados o delgados, untarlos de vez en cuando con un adobo o grasa hará que se mantengan húmedos y evitará que se sequen. No hay que darles la vuelta porque son más frágiles que el pescado entero y se cocinarán más deprisa, unos 5 minutos en total.

El marisco, como los calamares (abajo), las vieiras, las gambas y la langosta, también son ideales para el grill o la parrilla. Debes procurar que estén apenas cocidos en el centro, con el exterior ligeramente dorado y caramelizado, para conseguir el equilibrio ideal entre un sabor ahumado y una carne dulce y jugosa.

PREPARAR LOS CALAMARES

Preparación 15 minutos

Sin cocción

No es tan complicado como puede parecer a primera vista. De hecho, preparar un calamar entero es bastante sencillo. Hay dos partes principales: el cuerpo y los tentáculos, que hay que separar, eviscerar y limpiar antes de cocinarlos. Los calamares se cocinan mejor a fuego fuerte y rápido, como en la receta de calamares a la parrilla con nuoc cham (ver p. 140), o a fuego lento para que queden tiernos. Si te quedas entre medio, quedarán duros y gomosos.

1 calamar entero, de unos 200 g

1 | Pon el calamar sobre una tabla de cortar y sujeta los tentáculos con una mano y el cuerpo con la otra. Tira con decisión para separarlos; el ojo, el pico y el saco de tinta saldrán con los tentáculos.

2 | Tanteando a lo largo del interior del calamar, busca la larga pluma transparente; verás que la tienes porque parece un poco de plástico. Sepárala y deséchala.

3 | Con un cuchillo, separa los tentáculos de la cabeza, justo por debajo del ojo. Desecha la cabeza.

4 | Da la vuelta a los tentáculos. En la parte superior deberías ver un pequeño pico redondo: es la boca. Con los dedos, sepáralo de los tentáculos y deséchalo.

5 | Sujeta el cuerpo del calamar con una mano y usa el pulgar para separar y liberar las aletas del calamar, que cuelgan del cuerpo principal, retirando con ellas la membrana. Corta y desecha la membrana y reserva el resto.

6 | Según cómo vayas a cocinarlo, puedes prepararlo de distintas formas: corta el cuerpo en anillas para hacer aros de calamar o hazle un corte en mariposa por un lado del cuerpo con un cuchillo de cocina afilado, y luego ábrelo como un libro.

7 | Corta por la mitad a lo largo los calamares abiertos en mariposa; luego corta cada mitad en 3 trozos.

8 | Con un cuchillo afilado, marca el calamar siguiendo un patrón diagonal de rayas cruzadas, con cuidado de no atravesar la carne. El calamar ya está listo para cocinarlo (ver p. 140).

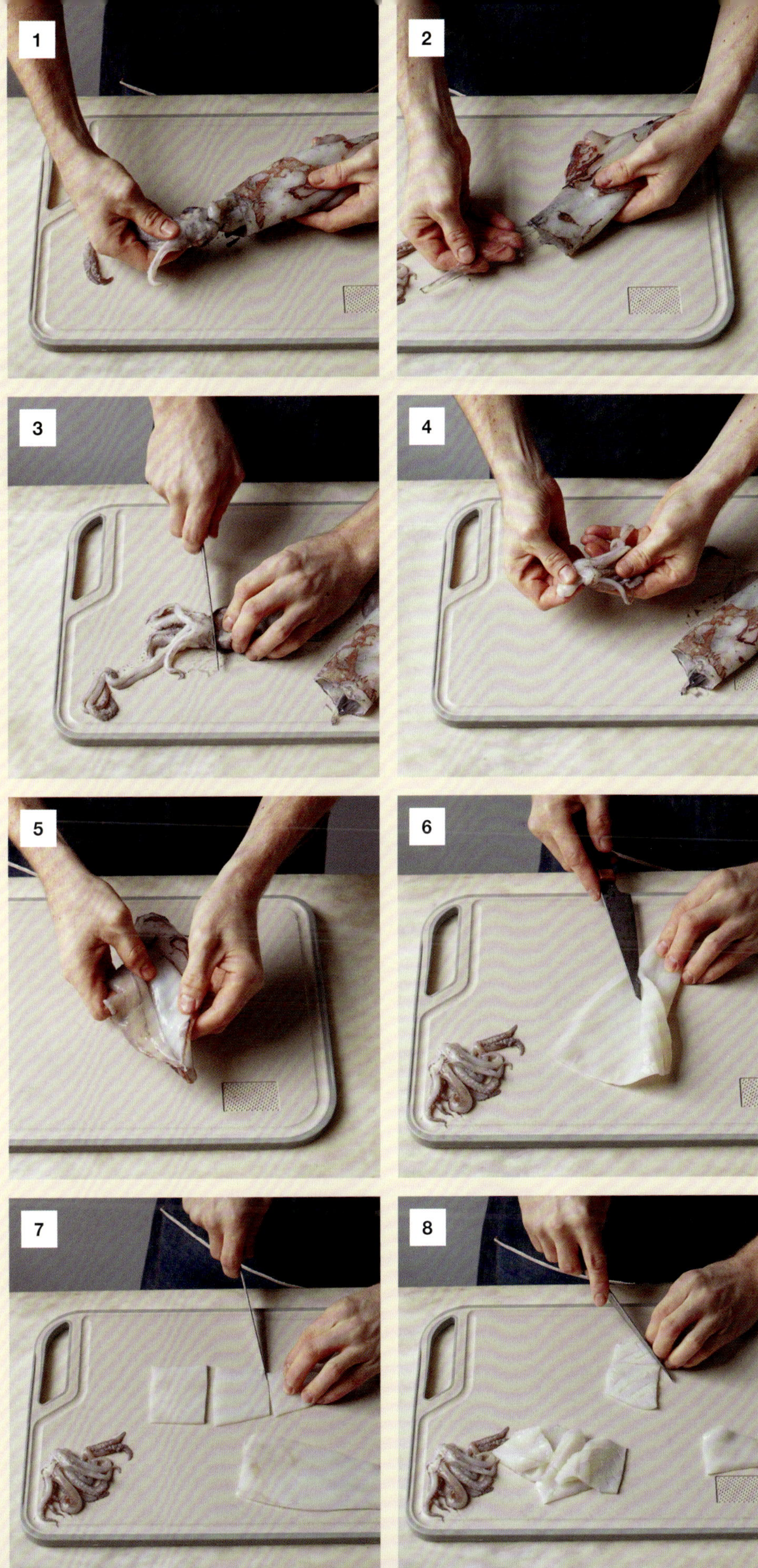
1
2
3
4
5
6
7
8

Calamares a la parrilla con nuoc cham

Preparación 20 minutos

Cocción 5 minutos

Raciones 4

El éxito de la cocción de los calamares está en los extremos: debe ser muy rápida y caliente o lenta y baja para evitar que se vuelvan duros y gomosos. El fuerte calor de la plancha cuece los calamares rápidamente, dejándolos suaves y tiernos, al tiempo que les da un toque de humo y carbón.

4 calamares enteros, de unos 200 g cada uno
2 cucharaditas de aceite vegetal
albahaca tailandesa, hojas
sal y pimienta negra recién molida
Salsa nuoc cham (ver p. 427), para servir

1 | Sigue los pasos 1-8 de la p. 138 para preparar los cuatro calamares. Una vez hecho, ponlos en un bol grande, vierte el aceite, salpimienta bien y remueve para cubrirlos.

2 | Calienta una sartén de rejilla a fuego fuerte hasta que esté humeante. Asa los trozos de calamar durante 1-1½ minutos por cada lado, presionándolos con una espátula para que queden bien dorados.

3 | Coloca los calamares asados en una fuente o plato, esparce por encima la albahaca tailandesa y añade el nuoc cham con una cuchara. Sirve un poco más de nuoc cham en un bol para mojar.

CONSEJO

Para asar los calamares a la barbacoa, pon las brasas al rojo vivo y extiéndelas en una capa uniforme. Coloca la rejilla encima, a 20 cm de las brasas. Echa aceite a los calamares, sazónalos y cocínalos durante 1-1½ minutos por cada lado, como se indica arriba. Utiliza unas pinzas para dar la vuelta a los calamares, pásalos a un plato, espolvoréalos con albahaca tailandesa y sírvelos con la salsa nuoc cham.

Sardinas a la plancha con aderezo tibio de 'nduja y miel

Preparación
5 minutos

Cocción
15 minutos

Raciones 4

Las sardinas son pescado azul y tienen una carne más oscura y grasa que el pescado blanco, lo que las hace ideales para cocinarlas al calor seco y caliente de una parrilla sin que se deshagan.

8 sardinas, limpias (ver p. 129)

Para el aderezo de 'nduja y miel
90 g de 'nduja
2 cucharadas de aceite de oliva virgen extra
3 dientes de ajo, cortados en láminas finas
2 cucharadas de miel fluida
zumo y ralladura fina de 1 limón sin cera
sal y pimienta negra recién molida

Para servir
panes planos
yogur natural
cebolla rosa encurtida (ver p. 459)

1 | Precalienta el grill a fuego alto.

2 | Mientras se calienta el grill, prepara el aderezo. Calienta la 'nduja en 1 cucharada de aceite de oliva en un cazo pequeño a fuego medio-alto durante 2-3 minutos, deshaciéndola con el lado de una cuchara. Añade el ajo y cuécelo durante 2 minutos, luego retira el cazo del fuego. Incorpora la miel, la ralladura y el zumo de limón y sazona con sal ligeramente, ya que la 'nduja es bastante salada, y pimienta.

3 | Pon las sardinas en una bandeja de horno y rocíalas con el aceite de oliva restante y sazónalas con sal. Pon la bandeja bajo el grill caliente en la guía central durante 3-4 minutos por cada lado, hasta que la piel de las sardinas se dore y empiece a burbujear y ampollarse.

4 | Pasa las sardinas a un plato. Calienta el aderezo, si es necesario, viértelo con una cuchara sobre las sardinas y sírvelas con panes planos, yogur y cebollas encurtidas.

CONSEJO

En lugar de sardinas puedes emplear 4 caballas pequeñas preparadas. Haz 2 cortes diagonales, de 1 cm de profundidad aproximadamente, en cada lado del pescado. Asa la caballa durante 10-16 minutos, según el tamaño del pescado, dándole la vuelta una vez, hasta que la piel esté dorada y la carne bien hecha.

COCER AL VAPOR Y ESCALFAR EL PESCADO Y EL MARISCO

El pescado y el marisco son algunos de los alimentos más delicados y les conviene una manipulación y una cocción cuidadosas. La cocción al vapor y el escalfado son dos métodos especialmente adecuados, pues son suaves y dan resultados tiernos y húmedos. Indicados tanto para piezas enteras como para filetes, pruébalos para cocinar pescados de sabor más suave, como la lubina, el abadejo, el bacalao, el pargo, la raya o la dorada, más que con el pescado azul de sabor más fuerte, como la caballa o las sardinas.

Al vapor, el pescado se cuece en una rejilla sobre el vapor del líquido de cocción o en un paquete de papel de horno o de aluminio, que sella los jugos y los mantiene tiernos.

El escalfado, en cambio, utiliza un líquido, como una salsa, caldo, vino, agua con aromatizantes o leche (especialmente adecuada para el pescado ahumado, ver p. 44), para cocer el marisco. El líquido de escalfar puede reducirse y espesarse después de cocer el marisco y servirlo como salsa.

LUBINA ENTERA CON JENGIBRE Y CEBOLLETAS

Preparación
15 minutos

Cocción
25 minutos

Raciones 4

Esta receta engloba dos técnicas: cocción al vapor y horneado. El pescado se cocina en un paquete sellado, de modo que se cuece al vapor en el horno en su propio jugo, con lo que se consigue una carne perfectamente blanda que permanece húmeda, así como una salsa preparada con infusión de soja. Si tienes una olla o cesta grande para cocinar al vapor, puedes intentar cocinar el paquete de pescado también en ella. Desescama y eviscera el pescado tú mismo (ver pp. 128-29) o pídeselo al pescadero.

1 lubina entera preparada, de unos 800 g
un trozo grande de raíz de jengibre fresco, del tamaño de un pulgar, pelado, ½ a rodajas finas, ½ en palitos (ver p. 163)
2 dientes de ajo, pelados y cortados en láminas finas
30 g de cilantro, tallos separados de las hojas
3 cebolletas, cortadas finamente en diagonal
5 cucharadas de salsa de soja oscura
1½ cucharadas de azúcar moreno suave
½ cucharada de aceite de sésamo tostado
zumo de 1 lima
sal y pimienta negra recién molida
arroz y brócoli de tallo largo al vapor (ver p. 172), para servir

1 | Precalienta el horno a 180 °C (160 °C ventilador / Gas 4). Pon una hoja grande de papel de aluminio sobre una bandeja de horno grande, de unos 40 x 35 cm, dejando que los bordes sobresalgan por los lados. Corta una hoja grande de papel de horno (del mismo tamaño que el papel de aluminio) y ponla sobre el papel de aluminio. Coloca la lubina sobre el papel de horno y sazónala ligeramente con sal y pimienta por ambos lados del pescado y en el interior de la cavidad.

2 | Abre el pescado e introduce las rodajas de jengibre, el ajo, los tallos de cilantro y una cebolleta cortada.

3 | Mezcla la salsa de soja, el azúcar y el aceite de sésamo en un bol pequeño, y luego viértelo con una cuchara sobre el pescado.

4 | Pliega el papel de horno para envolver el pescado en un paquete, apretando los bordes para sellarlo. Repite con el papel de aluminio para hacer un paquete bien sellado, sin huecos por los que se escapen el vapor o la salsa. Mete la bandeja en el horno durante 20-25 minutos, hasta que la carne del pescado tenga un color blanco nacarado. Para saber si el pescado está listo, abre el paquete y comprueba con un tenedor si se desprende fácilmente de la espina.

5 | Pasa el pescado a una fuente de servir, echando por encima los jugos del paquete. Esparce por encima el jengibre rallado, las cebolletas restantes y las hojas de cilantro. Exprime el zumo de lima para terminar y sírvelo con arroz y brócoli al vapor.

1

2

3

4

CONSEJO

Otra forma de saber cuándo está cocido el pescado es mirando los ojos: el pescado estará listo cuando se hayan vuelto de un blanco opaco.

5

PREPARAR LOS MEJILLONES

Preparación 20 minutos

Sin cocción

Raciones 2

Los mejillones son económicos y fáciles de preparar. Empieza simplemente lavándolos bien para eliminar cualquier resto de arena, luego retira las adherencias y las barbas que sujetan el mejillón a las cuerdas o rocas del mar. Los mejillones son muy perecederos, así que asegúrate de comprarlos justo antes de cocinarlos. Una vez preparados, este marisco negro y brillante es toda una bomba de sabor nutritiva y rápida de cocinar.

1 kg de mejillones

1 | Enjuaga los mejillones bajo el chorro de agua fría. Con un cepillo, frótalos para eliminar cualquier resto de arenilla y ponlos en un cuenco con agua.

2 | Desecha los que tengan valvas rotas. Si alguno está abierto solo en parte, dale un golpecito sobre la superficie de trabajo; si está vivo, se cerrará. Deséchalos si no se cierran.

3 | Con un cuchillo pequeño, raspa con cuidado las adherencias o las marcas blancas de las valvas. No te preocupes si no consigues quitarlas todos.

4 | Agarra la barba, que sobresale del lateral de las valvas, con firmeza entre el pulgar y el índice, sepárala y deséchala. Escurre y vuelve a enjuagar los mejillones, asegurándote de que no quede arenilla en el fondo del recipiente.

1

2

3

4

Mejillones a la marinera

Preparación
30 minutos

Cocción
15 minutos

Raciones 2

Este clásico plato francés de mejillones al vapor de vino blanco, que se hace en una cazuela tapada, es muy fácil de preparar. Primero limpia los mejillones siguiendo el método de la izquierda. Asegúrate de tener pan abundante, tierno y de costra crujiente, para mojar en el jugo.

1 kg de mejillones
50 g de mantequilla salada
1 cebolla, finamente picada
4 dientes de ajo grandes, cortados en láminas finas
100 ml de vino blanco
100 ml de nata líquida
1 puñado de perejil de hoja plana, finamente picado
sal y pimienta negra recién molida
pan crujiente, para servir

1 | Sigue los pasos 1-4 de «Preparar los mejillones» (izquierda). Resérvalos hasta que los necesites.

2 | Calienta la mantequilla en una cacerola grande a fuego medio. Una vez espumee, añade la cebolla y el ajo, salpimiéntalos y cuécelos durante 8-10 minutos, removiendo, hasta que se ablanden.

3 | Sube el fuego y vierte el vino. Cuando burbujee, añade los mejillones, tapa y cuece durante 2-3 minutos, agitando la sartén de vez en cuando, hasta que se abran las valvas. Si permanecen cerradas, vuelve a tapar y cuece otros 1-2 minutos antes de volver a comprobar.

4 | Retira la sartén del fuego, vierte la nata y espolvorea el perejil. En este momento, desecha los mejillones que permanezcan cerrados. Sirve los mejillones en dos cuencos con la salsa y acompaña con pan crujiente para mojar.

PELAR Y DESVENAR LOS LANGOSTINOS

Preparación 30 minutos

Sin cocción

Raciones 4-6

Los langostinos son deliciosos tanto cocinados con caparazón como sin él. En algunas recetas hay que pelarlos y quitarles la vena negra o tubo digestivo que recorre el lomo antes de cocinarlos. Por supuesto, puedes comprarlos ya preparados, pero es una técnica útil de conocer. Pelar langostinos puede ser un poco engorroso, así que no dudes en ponerte guantes.

1 kg de langostinos crudos con cáscara

1 | Sujetando un langostino en posición vertical con la cabeza en una mano y el cuerpo firmemente en la otra, gira y tira para arrancarle la cabeza.

2 | Gira el cuerpo del langostino para que las patas queden en posición vertical, abre el caparazón con los dos pulgares y retíralo junto con las patas. Repítelo con los langostinos restantes. (Puedes guardar la cabeza y las cáscaras para utilizarlas en un caldo de marisco, ver p. 414).

3 | Una vez pelados todos los langostinos, haz una incisión larga y poco profunda con un cuchillo de cocina afilado por el dorso del langostino hasta el extremo de la cola. En el interior verás una vena negra. Con la punta del cuchillo o un palillo, empieza por el extremo de la cola para sacarla y deséchala.

4 | Los langostinos ya están listos para usarlos. Se conservarán tapados en la nevera hasta 24 horas.

1

2

3

Langostinos saganaki

Preparación
40 minutos

Cocción
20 minutos

Raciones 4-6

El sabor de estos langostinos, escalfados en una salsa de tomate con ajo y acabados al grill con un poco de queso feta, te transportará a un chiringuito griego de playa en un día soleado. Es una buena forma de utilizar langostinos pelados y desvenados (izquierda), ya que sus jugos impregnan la salsa al cocinarse. Y no hay que ensuciarse las manos sacándolos de la salsa para quitarles la cáscara.

1 kg de langostinos crudos con cáscara, o utiliza langostinos pelados ya preparados
4 cucharadas de aceite de oliva, y un poco más para servir
1 cebolla roja, pelada y picada finamente
4 dientes de ajo grandes, pelados y picados finamente
1 guindilla roja, finamente picada
una pizca grande de sal, y un poco más para sazonar
300 g de passata
150 ml de vino blanco seco
30 g de perejil de hoja plana, hojas y tallos, picados
200 g de queso feta
1 limón, cortado en 4 gajos
pimienta negra recién molida
pan crujiente caliente (la chapata es ideal), para servir

1 | Sigue los pasos 1-4 de «Pelar y desvenar los langostinos» (izquierda). Resérvalos hasta que los necesites.

2 | Calienta el aceite a fuego medio en una sartén grande apta para el horno. Añade la cebolla roja, el ajo y la guindilla con una pizca grande de sal y cuece, removiendo regularmente, durante 6-8 minutos, hasta que la cebolla se ablande.

3 | Precalienta el grill a fuego alto.

4 | Añade la passata, el vino y la mayor parte del perejil a la sartén, remueve y lleva la salsa a ebullición.

5 | Salpimienta los langostinos e incorpóralos a la salsa, extendiéndolos con una cuchara de madera para que queden más o menos en una sola capa. Cuece durante un par de minutos hasta que empiecen a ponerse rosados.

6 | Desmenuza el queso feta por encima y rocíalo con un poco más de aceite de oliva. Pon la sartén bajo el grill durante unos 3 minutos, hasta que los langostinos estén completamente rosados y el queso feta empiece a derretirse y dorarse por encima.

7 | Sirve con el perejil restante esparcido por encima, trozos de limón para exprimir y, lo más importante, pan crujiente para mojar en la salsa.

FREÍR EL PESCADO

Se trata seguramente de la forma clásica y más sencilla de cocinar el pescado y el marisco. Igual que al freír un filete o unas chuletas de cordero, el objetivo es que el exterior se dore pero el pescado esté húmedo y tierno por dentro. Este método sirve tanto para piezas enteras como para filetes y solo requiere suficiente aceite o mantequilla para cubrir la base de la sartén y un fuego medio-alto. Enharinarlo da al pescado, sobre todo a los filetes finos de pescado blanco, una capa dorada y crujiente, mientras que el marisco, como los langostinos y los calamares, se fríen en pocos minutos en la sartén.

Freír pescado y marisco, normalmente rebozado o empanado, es una de las formas más populares de cocinarlos, y con razón. El rebozado protege las variedades más delicadas del calor del aceite y le da un atractivo color dorado y un apetitoso crujiente. Llena de aceite una sartén hasta la mitad y caliéntala a una temperatura recomendada de 180 °C. Atención con la temperatura: debe estar lo bastante caliente para cocer la cobertura sin que se ablande, pero no demasiado como para que se queme antes de que el interior haya tenido tiempo de cocerse.

MERLUZA FRITA

Preparación
5 minutos
+ reposo

Cocción
10 minutos

Raciones 4

La merluza es ideal para freírla en la sartén. Su gruesa piel queda crujiente al calor del aceite, mientras que la carne se ablanda bien al cocerla pero no se deshace. Busca filetes gruesos, ya que te permitirán conseguir la combinación de piel supercrujiente sin necesidad de cocer demasiado la carne. Esta técnica te funcionará con todos los filetes de pescado, tengan piel o no; basta con reducir ligeramente el tiempo de cocción si son más finos y pequeños. Sirve la merluza aderezada con salsa verde (ver p. 443).

4 filetes gruesos de merluza, con piel y sin espinas
1 cucharada de aceite neutro, vegetal o de girasol
sal y pimienta negra recién molida
salsa verde (ver p. 443), para servir

1 | Seca los filetes de merluza con papel de cocina, ponlos en un plato y rocíalos con el aceite, de forma que queden uniformemente cubiertos. Salpimienta cada filete por ambos lados. Déjalos reposar a temperatura ambiente durante 15 minutos.

2 | Calienta el aceite en una sartén grande de base pesada a fuego medio-alto. Añade los filetes, con la piel hacia abajo, y presiona suavemente con una espátula o una espumadera para que hagan contacto uniforme con la sartén. Cuece los filetes durante 3-4 minutos, hasta que la piel esté crujiente y dorada.

3 | Con la espátula o la espumadera, dales la vuelta con cuidado y cocina otros 3 minutos, hasta que se doren por partes y la carne del pescado se haya vuelto blanca y opaca. Retira la sartén del fuego y deja que el pescado repose y termine de cocerse durante 2 minutos en la sartén caliente. Sirve con salsa verde por encima.

CONSEJOS

Si lo prefieres, puedes quitar la piel a la merluza antes de freírla, consulta cómo hacerlo en la página 150.

La merluza se fríe en un aceite neutro, pero para un sabor más intenso puedes añadir un poco de mantequilla. Utilizar una mezcla de los dos tipos de grasa evita que la mantequilla se queme.

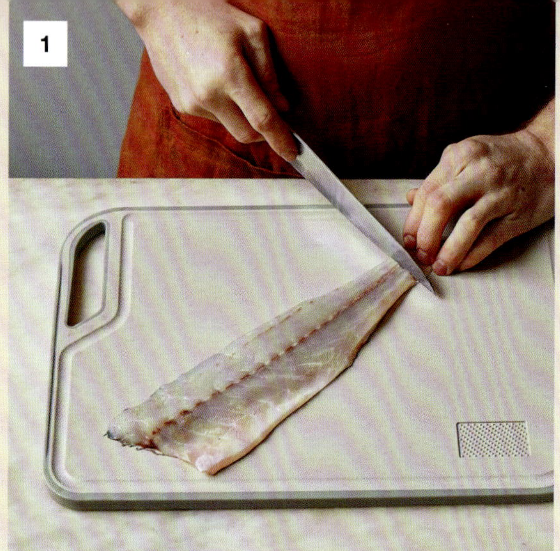

QUITAR LA PIEL A UN FILETE DE PESCADO

Preparación 5 minutos

Sin cocción

Sale 1 filete de pescado

Si prefieres tu filete de pescado sin piel, quitarla es fácil siguiendo estos sencillos pasos.

1 | Seca el filete de pescado con papel de cocina; esto te ayudará a agarrarlo mejor y evitará que resbale. Pon el filete, con la piel abajo, en una tabla de cortar grande. Sujetando la cola con una mano, utiliza un cuchillo de pescado afilado (tiene una ligera curvatura, por lo que es más fácil hacer un corte plano a lo largo de la piel del pescado) para hacer un corte en el pescado a unos pocos centímetros de la cola.

2 | Gira el cuchillo para que quede ligeramente inclinado entre la piel y la carne del filete. Tira suavemente de la piel del pescado hacia ti mientras cortas a lo largo del filete, lo más cerca posible de la piel (pero sin cortarla), para retirarla limpiamente.

3 | Para quitar la piel de un filete de pescado grueso, alinea el cuchillo horizontalmente justo por encima de la piel. Pon la mano sobre el pescado para sujetarlo, luego corta con cuidado entre el filete y la piel para retirarla.

Pastelitos de pescado tailandeses

Preparación
15 minutos

Cocción
20 minutos

Raciones 4

Estos pastelitos de pescado son un entrante popular en los restaurantes tailandeses. Son herbáceos y cítricos, con un toque picante. El pescado blanco se tritura un poco en un robot de cocina con la pasta de curri, lo que da a los pastelitos una agradable textura al cocinarse. Lo mejor es freírlos en la sartén, para que se caramelicen por fuera mientras se cuecen, sin secarse demasiado por el centro.

500 g de filetes gruesos de pescado blanco, como bacalao, abadejo o merluza, cortados en trozos
2 cucharadas de pasta de curri rojo tailandés
1 cucharada de harina de maíz
1 guindilla roja, sin semillas y picada fina
3 cebolletas, finamente picadas
1 puñado de cilantro, hojas y tallos, finamente picado
1 cucharadita de azúcar moreno suave
2 cucharaditas de salsa de pescado
zumo de ½ lima
2-3 cucharadas de aceite neutro, como vegetal o de girasol
sal y pimienta negra recién molida
salsa tailandesa de guindilla dulce, para mojar

1 | Sigue el paso 3 de «Quitar la piel a un filete de pescado» (izquierda) y retira con cuidado las espinas.

2 | Pon en un robot de cocina el pescado, la pasta de curri y un poco de sal y pimienta, y procésalo brevemente hasta obtener una pasta grumosa.

3 | Pasa la mezcla a un cuenco, añade la harina de maíz, la guindilla, la cebolleta, el cilantro (reserva unas cuantas hojas para servir, si quieres), el azúcar, la salsa de pescado y el zumo de lima, y mezcla bien hasta obtener un resultado homogéneo.

4 | Llena un cuenco pequeño o un cazo con agua fría. Mójate ligeramente las manos limpias y divide la mezcla de pescado en 12 porciones del mismo tamaño. Forma con cada porción una hamburguesa redonda de unos 2,5 cm de grosor, y colócalas en una bandeja de horno. Repite la operación para hacer 12 en total.

5 | Calienta una sartén antiadherente grande a fuego medio-alto y vierte la mitad del aceite. Cocina los pastelitos de pescado durante 2-3 minutos por cada lado, hasta que estén dorados y firmes en el centro. Tendrás que hacerlo por tandas, en función del tamaño de la sartén, añadiendo más aceite según necesidad. Sirve los pastelitos salpicados con algunas hojas de cilantro, si quieres, y acompañados de la salsa de guindilla dulce para mojar.

GOUJONS DE PESCADO Y SALSA TÁRTARA

Preparación
15 minutos

Cocción
20 minutos

Raciones 4

Si no has probado a freírlo antes, esta es una receta estupenda para empezar, ya que el pescado no tarda nada en cocinarse y no se utiliza tanto aceite como en otras recetas similares. Es una buena idea invertir en un termómetro digital de cocina barato, si es posible, ya que uno de los secretos del éxito del pescado frito es conseguir que el aceite esté a la temperatura adecuada: debe estar lo bastante caliente para que el rebozado quede crujiente y dorado y para que el pescado se cocine perfectamente por dentro; si está demasiado caliente, el rebozado empezará a quemarse antes de que el pescado llegue a cocinarse, mientras que si está demasiado frío, el rebozado quedará blando y el pescado poco hecho. Si no tienes termómetro, no te preocupes, ¡hay una alternativa fácil (abajo)!

4 filetes de bacalao o abadejo sin piel ni espinas, de unos 500 g de peso total
aceite vegetal, para freír

Para la masa
200 g de harina normal
2 cucharaditas de levadura en polvo
1 cucharadita de sal marina fina, más sal para sazonar
330 ml de cerveza rubia o IPA helada

Para la salsa tártara
125 g de mayonesa (ver p. 420) o comprada
1 cucharada de alcaparras, escurridas y finamente picadas
12 pepinillos, 4 finamente picados y 8 cortados a lo largo, para servir
1 puñado de perejil de hoja plana, hojas y tallos, picados finamente
zumo de ½ limón
pimienta negra recién molida

Para servir
2 lechugas little gem, hojas separadas
8 rebanadas gruesas de pan blanco, tostadas (opcional)
½ limón, cortado en 4 gajos

1 | Empieza preparando la salsa tártara. Mezcla la mayonesa, las alcaparras, los pepinillos picados y el perejil en un bol pequeño. Añade zumo de limón al gusto y sazona con sal y pimienta. (Exprime el zumo de limón sobrante en la lechuga.) Reserva hasta que la necesites.

2 | Corta los filetes de pescado en trozos del tamaño de un dedo, de unos 10 cm de largo x 2,5 cm de ancho; no es necesario que queden perfectos. Sazona el pescado con sal y pimienta.

3 | Forra un plato con papel de cocina. Llena una sartén grande y honda o un wok hasta un tercio con aceite y caliéntalo a fuego medio-alto a 180 °C o, si no tienes termómetro de cocina, hasta que un cubo de pan se dore en 20 segundos. Si el aceite se calienta demasiado, apaga el fuego y déjalo enfriar unos minutos antes de volver a comprobar la temperatura.

4 | Mientras se calienta el aceite (vigílalo), haz la masa. Con un batidor de globo, bate la harina, la levadura en polvo y la sal en un bol grande. Vierte la cerveza, sin dejar de batir, hasta obtener una masa homogénea.

5 | El aceite debe estar ya a la temperatura adecuada. De uno en uno, sumerge los trozos de pescado en la masa hasta que queden cubiertos y, a continuación, colócalos con cuidado en el aceite caliente. La mejor forma de hacerlo es sujetar el pescado cerca de la superficie del aceite y meterlo con cuidado lejos de ti. Tendrás que cocinarlos en dos tandas.

6 | Fríe los goujons de pescado durante 2-3 minutos, dándoles la vuelta una vez, hasta que la masa se hinche, quedando ligeramente dorada y crujiente y el pescado escamoso y tierno por dentro. Con una espumadera, pasa los goujons al plato forrado y espolvoréalos con sal. Repite la operación con el resto del pescado y el rebozado.

7 | Si te gustan los chips crujientes, usa la espumadera para rociar la masa sobrante en el aceite a través de sus agujeros, y fríe durante un minuto más o menos hasta que estén dorados y crujientes. Una vez fritos, pásalos a un plato con papel y apaga el fuego.

8 | Unta 4 rebanadas de pan con la salsa tártara. Pon encima los goujons, seguidos de las hojas de lechuga, los pepinillos cortados en rodajas y los restos crujientes que queden, y únelos con el pan restante. Sírvelo con los gajos de limón para exprimirlos por encima.

CONSEJO

El aceite puede reutilizarse hasta tres veces para freír, y luego hay que desecharlo. Para deshacerte del aceite sobrante, déjalo enfriar del todo y viértelo en un cartón de leche vacío u otro envase de plástico sellado. Consulta el programa de reciclaje de tu localidad, en lugar de tirarlo.

PESCADO AHUMADO Y EN CONSERVA

El pescado en conserva experimenta un renacimiento: es una fuente de proteínas asequible y práctica, es muy versátil y es un gran aliado en la despensa.

Las sardinas en conserva con salsa de tomate, por ejemplo, sirven para una salsa para pasta fácil de hacer. Mézclalas con ajo y guindilla fritos en aceite de oliva y sírvelas con espaguetis y piñones tostados. El atún en conserva combina bien con la mayonesa y con las patatas o mezclado con salsa bechamel (ver p. 41) para rellenar una tarta, y el salmón es estupendo para las tartas de pescado o con la ensalada de patatas al pesto con limón (ver p. 170). La caballa en conserva liga con los sabores asiáticos, como los platos de fideos.

Los pescados ahumados, como el salmón y la caballa, duran más en la nevera que los frescos y son igual de versátiles. Es bueno combinarlos con ingredientes ricos y cremosos para equilibrar su sabor más fuerte. Prueba el salmón ahumado con los clásicos huevos revueltos (ver p. 27), en el mejor pastel de pescado (ver p. 44) o como relleno de un sándwich o bagel con queso crema y cebollino, mientras que la caballa ahumada es fácil convertirla en un paté (abajo).

Echa un vistazo al marisco en conserva y ahumado, como las ostras, los mejillones o los berberechos, que pueden ser una alternativa estupenda a las almejas en un plato de pasta.

Paté de caballa ahumada

Preparación 10 minutos

Sin cocción

Raciones 4

A diferencia de la mayoría de los patés de carne o verduras, este de caballa ahumada requiere muy poca preparación y nada de cocción: básicamente mezclas todos los ingredientes en un bol. Esta receta utiliza filetes de caballa ahumada al natural, pero si te gusta la pimienta, utiliza en su lugar uno con una costra de granos de pimienta machacados. Ten en cuenta que la textura será menos suave y que el paté ahumado tendrá un toque picante por la cobertura.

250 g de filetes de caballa ahumada sin piel
150 g de queso fresco integral
zumo y ralladura fina de 1 limón sin cera
1 puñado de cebollino, finamente picado
1-1½ cucharadas de crema de rábano picante, al gusto
una pizca grande de pimienta de Cayena
sal y pimienta negra recién molida

Para servir
rebanadas de brioche o masa madre, tostadas
remolacha cocida, cortada en rodajas (opcional)

1 | Con las manos limpias o con dos tenedores, desmenuza los filetes de caballa en trozos grandes en un bol. Añade el queso crema, el zumo y la ralladura de limón, el cebollino y 1 cucharada de la crema de rábano picante. Bate bien con una cuchara de madera hasta que se mezclen. Sazona con sal y pimienta.

2 | Prueba el paté y añade el rábano picante extra, si quieres. Consúmelo directamente o tapa el cuenco y refrigéralo hasta el momento de utilizarlo. Puedes servir el paté en moldes individuales o en una fuente y sacarlo de la nevera 15 minutos antes de servirlo.

3 | Cuando estés listo para servir, espolvorea la parte superior del paté con pimienta de Cayena y ofrécelo con tostadas de brioche o de masa madre y rodajas de remolacha cocida, si quieres.

CONSEJOS

Este paté es estupendo para preparar con antelación, ya que dura hasta 5 días en un recipiente hermético en la nevera. También se congela bien hasta 3 meses; descongélalo en la nevera toda la noche antes de servirlo.

Si te gusta más el salmón ahumado, puedes usarlo en su lugar, por el mismo peso de la caballa.

VERDURA

VERDURA

Este grupo tan diverso de alimentos ofrece infinidad de posibilidades culinarias. Divididas a grandes rasgos en familias (ver la guía abajo), los distintos tipos varían desde las vivaces verduras de hoja verde y las doradas calabazas de invierno hasta las brassicas de sabor intenso y los preciados espárragos. Las formas de cocinarlas son igualmente variadas, desde asarlas y cocerlas al vapor hasta asarlas al grill y freírlas, y cada una de ellas da un resultado diferente, según el tipo de verdura con el que se cocine: basta con considerar la diferencia de textura y sabor entre una cebolla cruda cortada en rodajas y otra salteada brevemente o asada hasta estar tierna y dulce. Las verduras no solo son una parte esencial de la dieta, sino que benefician nuestra salud aportando fibra, vitaminas, minerales y antioxidantes.

Conservación

La mayoría de las verduras se conservan bien en un lugar fresco, seco y ventilado, pero las hojas de ensalada y las verduras delicadas es mejor tenerlas en la nevera. Los tomates deben mantenerse separados y es mejor conservarlos a temperatura ambiente, ya que el frío afecta su sabor y su textura.

VERDURA	TIPO	COCCIÓN	ADECUADA PARA...
Verduras de hoja verde	Espinacas, acelgas, col rizada, hojas de ensalada	Al vapor, hervidas, al horno, crudas	Pasteles cremosos, ensaladas, salteadas, salsas
Brassicas	Brócoli, col, coliflor, brotes	Al vapor, al horno, hervidas, asadas, crudas	Empanadas, gratinadas con queso, con especias, asadas
Familia de las cebollas	Cebollas, puerros, ajos	Al horno, fritos, asados	Salteados, aderezos, salsas, asados, sopas, guisos
Raíces y tubérculos	Zanahorias, remolachas, apio, chirivías, colinabos, patatas	Al vapor, hervidos, asados, al horno	Sopas, guisos, patatas fritas, pasteles cremosos, asados picantes, puré, curri, salsas
Calabazas de invierno y de verano	Calabacines, pepinos, calabazas	Horneados, al vapor, asados, salteados, crudos	Sopas, asados, rellenos, buñuelos, tartas, ensaladas, salsas
Brotes y tallos	Espárragos, hinojo, apio, achicoria	Al vapor, hervidos, crudos, asados, a la parrilla	Rellenos de tartas, ensaladas, sopas, salteados, horneados
Vainas y semillas	Judías verdes, guisantes, habas, guisantes, tirabeques, maíz	Al vapor, hervidas, crudas, a la parrilla	Frituras, salsas, salteados, dips, sopas, ensaladas
Hongos	Champiñones, shiitake, setas de cardo, boletus	Fritos, salteados, al horno	Salsas, salteados, sopas, guisos, hamburguesas, rellenos
Frutos	Berenjenas, tomates, guindillas frescas, pimientos, aguacates	Asados, al horno, fritos, a la parrilla	Salsas, salteados, horneados, dips, salsas, curris, ensaladas

En el sentido de las agujas del reloj, desde arriba: col puntiaguda, ajo, calabacín, judías verdes finas, remolacha, setas shiitake, acelga arcoíris, tomates y achicoria roja.

PREPARAR LAS VERDURAS

Muchas de las recetas empiezan cortando o picando cebolla. No es difícil, pero conocer la técnica hace mucho más fácil lograr la rodaja, el dado o la cuña perfectos. Esta habilidad se aplica a todas las verduras, no solo a las cebollas, y un buen punto de partida, tanto si las comes crudas como si vas a cocerlas, es dominar los fundamentos de la preparación. La forma de cortar una verdura puede afectar la textura, el aspecto y el tiempo de preparación de un plato, e incluso a su sabor. Por ejemplo, una cebolla roja cortada en dados finos queda bien en una ensalada, añadiendo toques de picante fresco, pero si la cortas en trozos grandes, la cebolla dominaría demasiado la ensalada, en lugar de realzarla.

Siempre es mejor preparar las verduras justo antes de que vayas a usarlas o comerlas, ya que pierden sabor y valor nutritivo con el tiempo y además pueden volverse blandas. Si la verdura es propensa a decolorarse y dorarse, puedes ponerla en agua con un poco de zumo de limón o vinagre, pero procura no dejarla demasiado tiempo.

Un cuchillo de cocina grande o mediano afilado te será muy útil. Puede darte algo de respeto, pero es más fácil cortarse con un cuchillo sin filo, porque hace que picar sea más engorroso. Un cuchillo afilado es más preciso y te hará mejor cocinero desde el primer momento, ahorrándote tiempo y aumentando tu confianza en la cocina.

CORTAR UNA CEBOLLA

Saber cortar una cebolla en rodajas finas es básico, ya que se utiliza con frecuencia en muchas recetas, tanto cruda como cocida. Pero no temas, pronto podrás hacerlo tan rápido como un profesional.

1 | Con un cuchillo de cocina grande y afilado, quita los dos extremos de la cebolla sobre una tabla de picar, luego córtala por la mitad verticalmente. Quítale la piel.

2 | Gira la cebolla para que uno de los extremos cortados quede hacia ti. Pon una mano sobre ella para asegurarla sobre la tabla de cortar, y luego córtala en rodajas finas hasta que llegues a la mitad de la cebolla.

3 | Da la vuelta a la cebolla para que quede más sujeta en la tabla de cortar, y sigue cortándola de la misma forma. Repite la operación con la otra mitad.

PICAR UNA CEBOLLA

Ya sea frita o como parte de una salsa o guiso, la cebolla picada es probablemente la técnica más útil que aprenderás en la cocina y está en el centro de muchas recetas de este libro.

1 | Con un cuchillo de cocina grande y afilado, corta la cebolla verticalmente por la mitad, desde la punta hasta el extremo de la raíz. Quita la punta y pela la cebolla, dejando intacto el extremo de la raíz.

2 | Pon la cebolla con el lado cortado hacia abajo y el extremo de la raíz en dirección contraria a ti, y córtala en rodajas verticales, pero no cortes el extremo de la raíz, ya que ayuda a mantener unida la cebolla.

3 | Gira la cebolla 90 grados y haz con el cuchillo dos cortes horizontales, a un tercio y dos tercios de la altura de la cebolla, de nuevo sin cortar por el extremo de la raíz.

4 | Vuelve a poner el cuchillo en vertical y, empezando por el extremo opuesto a la raíz, corta las rodajas verticales en dados pequeños. Desecha el extremo de la raíz.

RALLAR LA COL

Esta técnica de corte funciona con todo tipo de coles, ya sean rojas, blancas, de Saboya o puntiagudas. Es especialmente buena cuando preparas una ensalada de repollo (ver p. 165), ya que necesitas rodajas finas fáciles de comer y que puedan cubrirse con un aliño.

1 | Pela las hojas exteriores duras o dañadas de la col. Con un cuchillo de cocina grande y afilado, corta la col verticalmente por la mitad por el extremo de la raíz, mientras la sujetas con la otra mano.

2 | Coloca una mitad de la col con el lado cortado hacia abajo sobre la tabla de cortar y córtala por la mitad a través de la raíz. Repite la operación con la otra mitad y tendrás 4 trozos.

3 | Toma uno de los cuartos y ponlo de lado. Empieza por el extremo opuesto a la raíz y corta la col en rodajas muy finas, sujetándola bien con la otra mano, hasta el extremo leñoso de la raíz, que puedes desechar. Repite la operación con los 4 trozos.

CONSEJOS

En lugar de un cuchillo, usa un rallador de caja para rallarla gruesa o un pelador de verduras para cortarla en tiras largas y finas.

Prepara la col justo antes de comerla cruda o cocerla para evitar que se ponga blanda. También puedes guardarla preparada en un recipiente hermético en la nevera hasta 1 día.

1

2

3

CORTAR EN JULIANA UNA ZANAHORIA

La juliana es una manera elegante de decir que cortamos un vegetal, como una zanahoria, una remolacha o un apio, en trozos largos y delgados, en palitos finos. Es una técnica útil que debes aprender si la verdura se va a utilizar como guarnición, por ejemplo, o en una ensalada, como la ensalada de repollo *(ver p. 165)**. También puedes utilizar esta técnica para cortar raíz de jengibre fresco en palitos.*

1 | Quita el extremo de la raíz de la zanahoria y pélala con un pelador de verduras. Corta la zanahoria horizontalmente en 2 o 3 trozos, según su tamaño; así será más manejable para cortarla en juliana.

2 | Pon vertical uno de los trozos de zanahoria y córtalo con cuidado en láminas de 3 mm de grosor con un cuchillo grande y afilado. Haz lo mismo con el resto de la zanahoria, haciendo montones de 2 o 3 láminas.

3 | Toma una pila de láminas de zanahoria, ponla en la tabla y córtala en palitos finos, asegurando la pila con la otra mano. Repite la operación hasta cortar en juliana toda la zanahoria.

CORTAR UN PIMIENTO

Al preparar un pimiento, minimiza el desperdicio, pero asegúrate de quitar toda la médula blanca amarga y las semillas antes de cortarlo en rodajas o en trozos.

1 | Pon el pimiento horizontalmente en una tabla de cortar. Con un cuchillo grande y afilado, corta 1 cm de la parte superior del pimiento por el extremo del tallo; dale la vuelta y corta 1 cm de la parte inferior.

2 | Corta el núcleo blanco central y retíralo junto con las semillas blancas de la parte superior e inferior.

3 | Pon el pimiento con la parte cortada hacia abajo y pártelo por la mitad verticalmente. Coloca una mitad del pimiento, con la parte plana hacia arriba, luego gira el cuchillo horizontalmente y retira con cuidado la médula blanca y las semillas sueltas, y deséchalas. Repite la operación con la otra mitad.

4 | Coloca una mitad de pimiento, con la piel hacia abajo, sobre la tabla de cortar, y córtala en rodajas de 5 mm de grosor. Repite la operación con la otra mitad del pimiento.

Ensalada de repollo Alabama

Preparación
20 minutos

Sin cocción

Raciones
4 como guarnición

Esta crujiente ensalada de repollo utiliza las técnicas de las páginas anteriores. Es una evolución de la ensalada de repollo clásica y suele servirse como acompañamiento del pollo o el pavo ahumado. El aliño tiene un toque picante cremoso y funciona también muy bien como aderezo de esta crujiente ensalada de verduras crudas.

½ col roja o blanca pequeña
1 zanahoria
1 cebolla roja
1 pimiento rojo
1 puñado de cebollino, finamente picado, para servir

Para el aliño

75 g de mayonesa (ver p. 420) o comprada
3 cucharadas de vinagre de sidra de manzana
zumo y ralladura fina de ½ limón sin encerar
1 cucharada de mostaza de Dijon
1 cucharada de miel fluida
1 cucharada de salsa de rábano picante
1 cucharadita de ajo granulado
1 cucharadita de pimentón molido
sal y pimienta negra recién molida

1 | Primero prepara el aliño. Vierte la mayonesa en un bol grande y añade el resto de los ingredientes. Sazona bien con sal y pimienta, y luego utiliza un batidor de globo para mezclarlo todo.

2 | Prepara la col, la zanahoria, la cebolla y el pimiento rojo siguiendo las instrucciones de las pp. 160-64.

3 | Añade al bol las verduras preparadas y remuévelas hasta que queden cubiertas por el aliño. Espolvorea por encima el cebollino, para servir. Esta ensalada se puede guardar en un recipiente hermético en la nevera hasta 3 días.

CONSEJO

El sabor de esta ensalada mejora si se prepara unas horas antes de servirla. El tiempo permite que los sabores del aliño se mezclen, mientras ablanda los vegetales.

Ensalada griega de sandía

Preparación 15 minutos + encurtido

Sin cocción

Raciones 4

Nada mejor en un día caluroso que una ensalada griega. Para darle un toque adicional, esta versión lleva cebolla roja ligeramente encurtida para darle sabor y sandía para darle dulzura. Para el mejor resultado, asegúrate de comprar la sandía y los tomates en su punto óptimo de maduración. El pepino debe estar crujiente y nada blando.

1 cebolla roja, cortada en rodajas finas
1 cucharadita de orégano seco
3 cucharadas de vinagre de vino tinto
200 g de tomates cherri maduros, partidos por la mitad
1 pepino, cortado en cuartos a lo largo y en trozos de 4 cm
¼ de sandía madura pequeña, aproximadamente 1 kg, sin corteza y cortada en trozos de 4 cm
100 g de aceitunas de Kalamata sin hueso, escurridas
4 cucharadas de aceite de oliva virgen extra
150 g de queso feta, desmenuzado
1 puñado de hojas de menta
sal y pimienta negra recién molida

1 | Pon la cebolla roja en un bol grande y añade el orégano y el vinagre. Sazona con sal y pimienta, remueve bien y deja encurtir durante 10 minutos.

2 | Añade los tomates cherri, el pepino, la sandía y las aceitunas al bol con la cebolla encurtida. Vierte el aceite de oliva y remueve bien para mezclar.

3 | Reparte la ensalada en cuatro platos, echando por encima el aliño que quede en el bol. Desmenuza el queso feta y espolvorea con hojas de menta. Lo mejor es servirla inmediatamente a temperatura ambiente.

CONSEJO

Para realzar y conservar el sabor y la textura de tus tomates, guárdalos fuera de la nevera a temperatura ambiente. Así seguirán madurando.

Ensalada guyaratí de zanahoria

Preparación
5 minutos

Cocción
5 minutos

Raciones 3-4

En toda la India se sirve una versión de esta crujiente ensalada de zanahoria cruda. Es aromática por las especias enteras tostadas, refrescante por los cítricos y viene con toques de guindilla verde, lo que la convierte en el contrapunto ideal para platos de carne ricamente condimentados, como las koftas de cordero al curri (ver p. 118). Es igualmente buena como plato independiente, pues ofrece una rápida explosión de sabor, o servida con queso panir frito.

300 g de zanahorias peladas
½-1 guindilla verde o roja, partida por la mitad, sin semillas si se prefiere, y cortada finamente en medias lunas
1 cucharada de aceite vegetal
1 cucharada de granos de mostaza negra
1 cucharadita de semillas de comino
zumo de 1 limón
sal y pimienta negra recién molida

1 | Sigue los pasos 1-3 de «Cortra una zanahoria en juliana» (ver p. 163). También puedes rallar la zanahoria usando los agujeros grandes de un rallador de caja o un robot de cocina. Pon las zanahorias preparadas en una fuente mediana con la guindilla.

2 | Calienta el aceite vegetal en una cacerola pequeña a fuego medio. Añade las semillas de mostaza y comino. Cuece, removiendo con una cuchara de madera, hasta que las semillas empiecen a saltar y desprendan un olor perfumado, aproximadamente 1 minuto, y luego retira la cacerola del fuego.

3 | Vierte inmediatamente las semillas y el aceite caliente sobre la ensalada de zanahoria. Exprime el zumo de limón y mézclalo todo bien. Sazona con sal y pimienta al gusto.

CONSEJO

Comer la ensalada justo después de hacerla garantiza que la zanahoria se mantiene crujiente. Las sobras se conservan hasta 3 días en la nevera, en un recipiente hermético. Para potenciar su sabor, pon la ensalada a temperatura ambiente antes de servirla.

HERVIR Y ESCALDAR LAS VERDURAS

Hervir, o cocer en agua, es uno de los métodos más sencillos para preparar verduras y es especialmente bueno para las raíces firmes y feculentas, como las patatas, los colinabos y las remolachas. Ajusta el tiempo de cocción al uso que vayas a dar a la verdura. Por ejemplo, en la ensalada de patatas al pesto con limón (ver p. 170), las patatas deben estar tiernas y mantener su forma, mientras que para el puré, debes cocerlas hasta que casi se deshagan.

Al preparar las hortalizas de raíz, es importante cortarlas en trozos del mismo tamaño para que se cuezan por igual, y luego cubrirlas con agua fría en una cacerola, poner la tapa y llevarlas a ebullición. Por el contrario, las verduras verdes deben añadirse al agua hirviendo y cocerse lentamente para que conserven su color y se mantengan ligeramente crujientes. Evita tapar la olla cuando cocines verduras verdes, ya que pierden su color vibrante, a diferencia de las zanahorias y las remolachas, que deben cocinarse en una olla tapada para conservar su brillo.

Escaldar es lo contrario de hervir: se trata de sumergir brevemente las verduras en agua hirviendo para que se ablanden pero no se cuezan, para que conserven su sabor, color y textura crujiente. Una vez escaldadas, escúrrelas y ponlas bajo un chorro de agua fría o en un cuenco con agua helada para evitar que continúen cociéndose. Puedes utilizar este método, por ejemplo, para quitar la piel a los tomates o en la ensalada de judías verdes (abajo).

Sancochar es cocer parcialmente una verdura antes de utilizarla como parte de otro plato, por ejemplo, en los espárragos con alcaparras y mantequilla marrón (ver p. 51), donde los tallos verdes se ablandan ligeramente en agua hirviendo antes de saltearlos.

ENSALADA DE JUDÍAS VERDES Y TIRABEQUES CON SÉSAMO

Preparación
10 minutos

Cocción
10 minutos

Raciones
3-4 como guarnición

Aquí, las judías verdes y los guisantes se escaldan brevemente en agua hirviendo ligeramente salada hasta que estén dulces y crujientes. Luego se refrescan en agua helada, una técnica sencilla que hace que conserven su vibrante color verde y evita que se cuezan demasiado y pierdan su textura crujiente. Sirve la ensalada con las chuletas de cerdo con chalotas, miso y mantequilla de lima (ver p. 116) o sobre un esponjoso arroz basmati con un huevo frito (ver p. 25) para una cena vegetariana imbatible.

una pizca grande de sal, y un poco más para sazonar
200 g de judías verdes finas, sin las puntas
200 g de tirabeques
2 cucharadas de semillas de sésamo tostadas
1 cucharada de aceite de sésamo
1 cucharada de salsa de soja o tamari, más un chorrito extra, si se desea
2 cucharadas de vinagre de vino de arroz
1 cucharadita de miel fluida
1 puñado de menta, hojas recogidas
zumo de ½ lima
pimienta negra recién molida

1 | Pon a hervir un cazo mediano con agua y añade una pizca grande de sal; es una forma estupenda de sazonar suavemente las judías desde el principio de la cocción. Añade las judías verdes, vuelve a poner el agua a hervir y cuécelas durante 2 minutos, hasta que se ablanden ligeramente.

2 | Mientras tanto, llena un bol mediano con agua helada. Con una espumadera, saca las judías verdes escaldadas de la sartén y pásalas al cuenco (así evitarás que se sigan cociendo y conservarán su color), luego déjalas enfriar del todo 1-2 minutos.

3 | Repite este proceso con los tirabeques, cociéndolos solo 30 segundos antes de refrescarlos en el agua helada. Escurre las verduras y ponlas en una fuente para servir.

4 | Bate con un tenedor las semillas de sésamo, el aceite de sésamo, el vinagre, la soja o tamari y la miel en un bol pequeño hasta que se mezclen. Vierte el aliño sobre las verduras, añade las hojas de menta, un poco de sal y pimienta y remueve para mezclar. Comprueba la sazón y exprime el zumo de lima antes de servir.

CONSEJO

Puedes preparar esta ensalada el día anterior. Guárdala en la nevera en un recipiente hermético, y luego llévala a temperatura ambiente unos 30 minutos antes de servirla.

ENSALADA DE PATATAS AL PESTO CON LIMÓN

Preparación
10 minutos

Cocción
30 minutos

Raciones 4

Esta sabrosa ensalada de patatas es el acompañamiento ideal para la carne a la barbacoa o una dorada asada entera (ver p. 130). El truco está en cocer las patatas en agua bien salada hasta que estén tiernas pero sin deshacerse. Las patatas nuevas cerosas, como las Charlotte, son las mejores, ya que se ablandan pero conservan su forma, y además no hace falta pelarlas.

750 g de patatas nuevas o baby, como las Charlotte, cortadas por la mitad
200 g de pesto de albahaca fresca (ver p. 442)
2 chalotas plataneras, peladas y picadas finamente
zumo y ralladura fina de ½ limón sin encerar
1 cucharada de mostaza de Dijon
1 puñado de hojas de albahaca
sal y pimienta negra recién molida

1 | Pon las patatas en una cacerola grande y vierte agua fría suficiente para cubrirlas del todo. Añade sal, cubre con una tapa y lleva el agua a ebullición a fuego medio-alto. Cuando el agua esté hirviendo, retira la tapa y baja a fuego lento. Cuece las patatas durante 20 minutos, hasta que la punta de un cuchillo se clave en ellas con facilidad.

2 | Pon un colador en el fregadero y escurre las patatas, dejándolas secar durante unos minutos.

3 | Vierte las patatas en una fuente grande. Añade el pesto, las chalotas, el zumo y la ralladura de limón y la mostaza. Salpimiéntalas y mézclalas bien. Espolvorea con hojas de albahaca y sirve.

CONSEJO

Esta es una buena ensalada para preparar con antelación, incluso el día anterior. Llévala a temperatura ambiente 1 hora antes de servirla.

1

2

3

Puré de patata

Preparación
10 minutos

Cocción
20 minutos

Raciones 4

Caballo de batalla del mundo de la patata y héroe anónimo, el puré de patata, cremoso y mantecoso, es muy reconfortante y constituye una excelente guarnición o cobertura de un pastel. Va muy bien con la tarta de pollo y puerro a la mostaza (ver p. 74), el *bœuf bourguignon* (ver p. 120)... ¡o cualquier plato que lleve salsa! Utiliza patatas harinosas, como Maris Piper o King Edward, ya que así se obtiene un puré esponjoso y cremoso, y cuécelas completamente, casi hasta que se deshagan, antes de hacerlas puré, para evitar grumos. Una vez cocidas, escúrrelas bien, añade mucha mantequilla y sazona bien con sal y pimienta, pues a nadie le gusta el puré insípido.

750 g de patatas harinosas (como Maris Piper o King Edward), peladas y cortadas en cuartos
100 ml de leche entera
75 g de mantequilla salada, cortada en dados
sal y pimienta negra recién molida

1 | Pon las patatas en un cazo grande y vierte agua fría suficiente para cubrirlas del todo. Sazónalas bien con sal y pon la cacerola a fuego medio-alto con la tapa puesta.

2 | Cuando el agua esté hirviendo, retira la tapa y reduce el fuego a fuego lento. Cuece las patatas durante 20 minutos, hasta que estén completamente blandas; un cuchillo de mesa debe entrar en el centro con facilidad.

3 | Escurre las patatas con un colador metálico en el fregadero, vuelve a echarlas en la cacerola y deja que se sequen unos minutos. Vierte la leche y añade la mantequilla.

4 | Con un pasapurés, tritura las patatas hasta que queden bien suaves. Sazona con sal y pimienta al gusto antes de servir.

CONSEJO

Si preparas el puré de patatas con unas horas de antelación, sigue los pasos 1-3 hasta que las patatas estén cocidas, escúrrelas y vuélvelas a echar en el cazo. Déjalas a temperatura ambiente. Una vez listo el puré, vuelve a calentar las patatas a fuego lento con la leche y la mantequilla, y tritúralas hasta que estén suaves y cremosas.

HACER LA VERDURA AL VAPOR

Se trata de una forma sencilla de cocinar las verduras, que les permite conservar su sabor natural, sus nutrientes y su textura crujiente, sin que se empapen. Las verduras se cuecen al vapor sobre una olla tapada con agua hirviendo en un cestillo —aunque basta con un colador o tamiz— y lo más importante es que no toquen el agua, sino que se cuezan en su vapor. Para que las verduras se cuezan por igual, córtalas en trozos del mismo tamaño y procura no llenar demasiado el cestillo; lo ideal es que estén en una sola capa. Una vaporera de varios pisos es útil para cocer varios tipos de verduras, sobre todo las de sabores diferentes.

BRÓCOLI DE TALLO LARGO AL VAPOR

Preparación
5 minutos

Cocción
5 minutos

Raciones 4

Este método sirve para muchos tipos de verduras —cualquier verdura que se pueda hervir se puede cocer al vapor—, así que es muy sencillo y útil. Las verduras verdes son especialmente buenas al vapor, ya que concentra su color y sabor vibrantes; con el brócoli, los tallos gruesos se ablandan mientras que las puntas evitan empaparse. Sírvelo con el aderezo crujiente de chalota y cacahuete (ver p. 433), de estilo asiático, para llevarlo a otro nivel.

300 g de brócoli de tallo largo, sin extremos leñosos
aderezo crujiente de chalota y cacahuete (p. 433), para servir (opcional)

1 | Vierte agua en el fondo de una olla y llévala a ebullición o utiliza agua recién hervida de una tetera. Pon el fuego a medio-bajo para que el agua hierva a fuego lento. Dispón el brócoli en el cestillo, extendido en una sola capa. Coloca el cestillo encima de la olla, sin que toque el agua. Cubre la olla con la tapa.

2 | Cuece el brócoli al vapor durante 3-4 minutos, según el tamaño de los ramilletes, hasta que esté tierno. Prueba el tallo con la punta de un cuchillo para comprobar que ya está listo. Saca el brócoli de la vaporera y sírvelo enseguida con el aderezo, si te apetece así.

Berenjena al vapor con guindillas al estilo Hunan

Preparación
10 minutos

Cocción
10 minutos

Raciones 2

Este plato popular, originario de la provincia china de Hunan, es una forma deliciosa de servir las berenjenas. En lugar de freírlas, lo que utiliza mucho aceite, se cuecen al vapor hasta que estén blandas y tiernas. También adquieren el sabor de la salsa de guindilla mientras se cuecen. Las berenjenas pueden hacerse al vapor en el fuego o en el microondas.

1 berenjena grande o 2 berenjenas chinas medianas, cortadas en rodajas de 7,5 cm de largo

Para el condimento

1 cucharada de guindilla roja finamente picada
1 puñado de cebolletas picadas
1 cucharada de salsa de soja ligera
1 cucharada de vinagre negro chino
1 cucharadita de aceite de sésamo tostado
1 cucharadita de azúcar glas
1 cucharadita de ajo picado

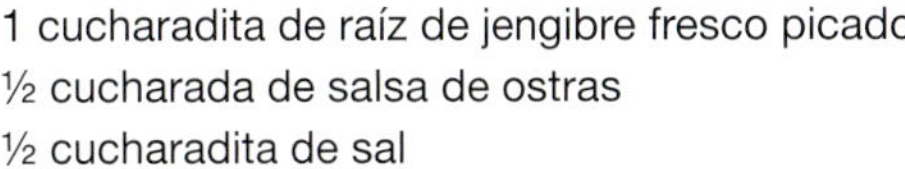

1 cucharadita de raíz de jengibre fresco picado
½ cucharada de salsa de ostras
½ cucharadita de sal

Para terminar

semillas de sésamo
hojas de cilantro fresco
aceite de guindilla (opcional)
arroz cocido (ver p. 202), para servir

1 | Coloca la berenjena en un cestillo de cocción al vapor sobre una cazuela con agua hirviendo a fuego lento y cuécela durante 5-7 minutos, hasta que esté tierna. También puedes ponerla en un recipiente poco profundo apto para microondas, verter 1 cucharada de agua y calentar en el microondas a potencia alta durante 3 minutos.

2 | Mientras se cuece, combina los ingredientes del condimento en un cuenco para hacer una salsa.

3 | Si cueces la berenjena al vapor, calienta la salsa en una sartén pequeña durante 2-3 minutos, hasta que se caliente del todo, y viértela sobre la berenjena cuando esté tierna. Si la haces en el microondas, retira el bol y vierte la salsa cruda por encima para cubrirla uniformemente. Vuelve a poner la berenjena en el microondas y cuécela a fuego fuerte otros 3 minutos.

4 | Pasa la berenjena a una fuente de servir, esparce por encima las semillas de sésamo y el cilantro. Rocía con aceite de guindilla, si quieres, y sirve con arroz.

CONSEJO

Para picar una guindilla, córtala por la mitad a lo largo, desechando el tallo. Deja las semillas si quieres un resultado más picante o quítalas si lo prefieres, y corta cada mitad en tiras finas. Gira las tiras horizontalmente y córtalas en dados pequeños.

HORNEAR Y ASAR LAS VERDURAS

Asar u hornear (son términos en buena medida intercambiables) cambia las reglas del juego cuando se trata de cocinar verduras. El calor seco del horno realza su sabor, concentrando los almidones para que se vuelvan más dulces y adquieran un delicioso exterior ligeramente caramelizado y a menudo crujiente. Las hortalizas de raíz firmes, como las zanahorias, las chirivías, las remolachas y las calabazas, son excelentes asadas, mientras que el sabor y la textura de la coliflor, los tomates, las berenjenas, los pimientos y las cebollas también se benefician del asado. Basta con añadir un chorrito de aceite de oliva y tal vez realzar el sabor añadiendo hierbas y especias. Y, por supuesto, están las patatas. Pocas cosas superan el sabor y la textura de la piel crujiente y el interior suave y cremoso de una patata asada, o de la asada dorada y de centro esponjoso. ¡Nada más reconfortante!

LAS MEJORES PATATAS ASADAS

Preparación
5 minutos
+ enfriamiento

Cocción
1 hora y
30 minutos

Raciones 6-8

Estas patatas asadas tienen el exterior dorado y el interior esponjoso y cremoso. Perfectas para comer solas o como un reconfortante tentempié mojadas en gravy vegano (ver p. 419), son el acompañamiento más selecto de una cena asada, o del pollo a la cazadora (ver p. 92). Para obtener las mejores patatas asadas, utiliza una variedad grande y harinosa, como Maris Piper o King Edward. Con ellas obtendrás la mejor piel crujiente y un centro esponjoso.

2 kg de patatas harinosas, peladas
100 g de grasa de oca, grasa de vacuno
o 100 ml de aceite vegetal
1 puñado de ramitas de romero
sal y pimienta negra recién molida

1 | Corta las patatas pequeñas por la mitad y las grandes en cuartos; todas deben tener más o menos el mismo tamaño; algunas un poco más pequeñas si quieres que queden más crujientes.

2 | Pon las patatas en tu cazo más grande que tenga tapa y vierte agua fría suficiente para cubrirlas. Sálalas generosamente. Pon el cazo a fuego fuerte, cúbrelo con la tapa y llévalo a ebullición. Cuando el agua hierva, baja el fuego a medio-alto y cuece las patatas, parcialmente tapadas, durante 7 minutos, hasta que un cuchillo pequeño y afilado se deslice fácilmente en el centro y los bordes se desmenucen ligeramente al tocarlos.

3 | Precalienta el horno a 220 °C (200 °C ventilador / Gas 7). Escurre bien las patatas en un colador y vuélvelas a echar inmediatamente en el cazo caliente. Pon la tapa en el cazo y, con una mano sujetando la tapa y la otra el asa, sacúdelo unas cuantas veces para esponjar el exterior de las patatas. Pon las patatas en una bandeja de horno para que se sequen al vapor y se enfríen durante 10 minutos.

4 | Mientras tanto, echa la grasa o el aceite en una bandeja de asar grande y pesada, de unos 34 x 28 cm, y caliéntala en el horno durante 10 minutos; debe estar muy caliente. Saca con cuidado la bandeja del horno y, con una cuchara grande de metal, introduce las patatas en la grasa caliente, dándoles la vuelta para que se cubran por todos los lados y salpimentándolas a medida que las vas asando.

5 | Una vez que todas las patatas estén en la bandeja y distribuidas uniformemente, ásalas en el horno unos 20 minutos. Baja el fuego a 200 °C (180 °C ventilador / Gas 6) y cuece otros 20 minutos, hasta que empiecen a estar crujientes por abajo. Saca la bandeja del horno y, con una espátula metálica, da la vuelta a las patatas, para que los trocitos crujientes queden por encima. Asa las patatas otros 20 minutos, dales la vuelta de nuevo y añade las ramitas de romero. Cuécelas otros 10-15 minutos, hasta que estén doradas y crujientes por todas partes y el interior esté blando y cremoso.

VERDURAS DE RAÍZ ASADAS CON MIEL Y TOMILLO

Preparación
10 minutos

Cocción
35 minutos

Raciones 4

Las verduras de raíz, como las zanahorias y las chirivías, están especialmente buenas asadas y no tienen nada que ver con la alternativa hervida, que suele quedar demasiado hecha. Solo debes asegurarte de cortarlas en trozos de tamaño similar para que se cuezan de manera uniforme. El glaseado dulce les da una capa brillante y complementa su sabor. Sírvelas como la guarnición de cualquier carne asada (ver pp. 100-09) o de un asado con frutos secos (ver p. 290).

500 g de zanahorias y chirivías peladas
2 cucharadas de aceite de oliva
2 cucharadas de miel fluida o sirope de arce
1 puñado de ramitas de tomillo, las hojas
sal y pimienta negra recién molida

1 | Calienta el horno a 220 °C (200 °C ventilador / Gas 7). Corta las zanahorias y las chirivías en palitos de unos 5 cm de largo.

2 | Pon las zanahorias y las chirivías en una bandeja de horno grande, vierte el aceite de oliva, salpimienta abundantemente y remueve hasta que se mezclen. Extiende las verduras en una sola capa, para que se cocinen por igual, y ásalas durante 20-25 minutos, removiéndolas con una espátula a media cocción, hasta que estén tiernas y empiecen a tener color.

3 | Rocía la miel o el sirope de arce sobre las zanahorias y las chirivías, y espolvorea con las hojas de tomillo. Vuelve a meter la bandeja en el horno durante unos 5-8 minutos, hasta que las verduras estén pegajosas y caramelizadas.

Coliflor entera al horno al shawarma

Preparación
20 minutos

Cocción
1 hora y 15 minutos

Raciones 4

El asado es una forma perfecta de cocinar la coliflor, sobre todo cuando está recubierta de una aromática mezcla de especias de Oriente Medio. El calor seco del horno carameliza el exterior de la coliflor mientras se asa, le da un ligero dulzor y ablanda el centro: ¡no queda nada empalagosa, picante o amarga, como ocurre si se hierve demasiado! Tanto el condimento de hierbas sjug (ver p. 445) como el tabulé (ver p. 213) son guarniciones perfectas.

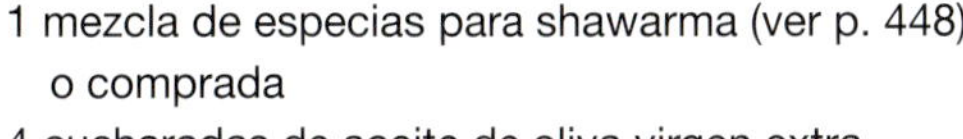

1 mezcla de especias para shawarma (ver p. 448) o comprada
4 cucharadas de aceite de oliva virgen extra
1 coliflor entera
250 g de yogur natural o griego
1 diente de ajo pequeño, pelado y rallado finamente
zumo y ralladura fina de ½ limón sin encerar
1 puñado de hojas de cilantro
30 g de granos de granada
sal y pimienta negra recién molida
tabulé (ver p. 213) y sjug (ver p. 445), para servir

1 | Precalienta el horno a 200 °C (180 °C ventilador / Gas 6). Forra una bandeja de horno con papel de hornear.

2 | Pon la mezcla de especias shawarma en un cuenco grande y vierte el aceite de oliva, mezclando hasta que obtengas una pasta fina.

3 | Recorta con cuidado la coliflor, retirando la parte inferior del tallo y cualquier hoja grande y gruesa. Añade la coliflor al bol y remuévela bien para cubrirla uniformemente con el aceite de especias.

4 | Coloca la coliflor en la bandeja de horno forrada, rascando el recipiente para echar por encima el aceite de especias sobrante, y ásala 1 hora y 15 minutos, hasta que un cuchillo atraviese fácilmente el centro del tallo.

5 | Mientras tanto, mezcla en un bol el yogur, el ajo y el zumo y la ralladura de limón. Sazona con sal y pimienta al gusto.

6 | Esparce la mezcla de yogur en un plato grande y coloca encima la coliflor asada, rascando las especias que hayan quedado en la bandeja. Termina con unas hojas de cilantro y la granada, y sirve con tabulé y sjug como guarnición.

Lasaña vegetal

Preparación
20 minutos

Cocción
1½ horas

Raciones 4-6

Tener una buena receta de lasaña en tu repertorio culinario es imprescindible, y aunque la versión con carne es clásica, las verduras cobran protagonismo en este plato vegetariano al horno, además de hacerlo más económico. Los calabacines y las berenjenas se asan a la parrilla antes de montarlos, lo que les da un delicioso sabor ahumado y un color intenso. Luego se hornea hasta que las verduras se ablanden y se fundan con las capas de pasta y las salsas de tomate y bechamel. Se puede preparar hasta 2 días antes (ver Consejo, derecha) y se congela bien, así que es ideal para hacer en gran cantidad.

3 cucharadas de aceite de oliva, y un poco más para rociar
1 cebolla roja, pelada y picada finamente
una pizca de sal, y un poco más para sazonar
4 dientes de ajo grandes, pelados y picados finamente
½-1 cucharadita de copos de guindilla seca, al gusto
30 g de albahaca, en hojas y en tallos finamente picados
2 latas de 400 g de tomates cherri
lata de 400 g de lentejas, escurridas y enjuagadas
100 g de tomates secos, picados
2 cucharadas de vinagre balsámico
1 berenjena, cortada en rodajas de 1 cm de grosor
2 calabacines, cortados en rodajas de 1 cm de grosor
1 receta de bechamel (ver p. 41) o 500 ml comprada
250-300 g de láminas de lasaña, según la forma de tu plato
125 g de mozzarella de búfala escurrida, en trozos
pimienta negra recién molida
ensalada verde crujiente, para servir

1 | Calienta 1 cucharada de aceite de oliva en una cacerola mediana a fuego medio. Añade la cebolla junto con una pizca de sal y cocina, removiendo de vez en cuando, durante 8-10 minutos, hasta que se ablande.

2 | Añade el ajo, las hojuelas de guindilla y los tallos de albahaca y cocina, removiendo, durante 1 minuto; a continuación, vierte los tomates cherri, las lentejas y los tomates secos con el vinagre balsámico. Remuévelo todo bien y déjalo cocer a fuego lento durante 15 minutos, removiendo de vez en cuando. Sazona con sal y pimienta.

3 | Mientras tanto, mezcla con las manos las rodajas de berenjena y calabacín en el aceite de oliva restante en un cuenco grande hasta que queden cubiertas uniformemente. Sazona con sal y pimienta. Calienta a fuego fuerte una sartén grande y estriada o una sartén antiadherente. Una vez caliente, añade las rodajas de verdura en una sola capa y cuécelas 2-3 minutos por cada lado, hasta que estén ligeramente ennegrecidas y blandas. Retíralas a un plato y repite la operación hasta que todas las verduras estén cocidas.

4 | Sigue los pasos 1-4 de «Hacer salsa blanca» en la variante de bechamel clásica (ver pp. 40-1). Precalienta el horno a 200 °C (180 °C ventilador / Gas 6).

5 | Para montar la lasaña, extiende un tercio de la salsa de tomate y lentejas en una fuente de horno mediana, de unos 30 x 20 cm ,y pon encima una capa uniforme de láminas de lasaña.

6 | Vierte por encima un tercio de la salsa bechamel, seguido de un tercio de las verduras asadas y la mitad de las hojas de albahaca.

7 | Vierte con una cuchara otro tercio de la salsa de tomate y lentejas, luego cubre con una segunda capa de lasaña y otro tercio de la salsa bechamel, las verduras y el resto de las hojas de albahaca. Repite con una última capa de salsa de tomate, y termina con una tercera capa de pasta y el resto de la salsa bechamel. Cubre con los trozos de mozzarella y rocía con un poco más de aceite de oliva.

8 | Hornea la lasaña durante 30-35 minutos, hasta que al introducir un cuchillo pequeño y afilado en el centro no ofrezca resistencia y la parte superior esté burbujeante y dorada. Deja reposar durante 5 minutos antes de servir con una ensalada verde crujiente.

CONSEJOS

Los componentes de esta lasaña pueden prepararse hasta con 2 días de antelación, incluida la salsa de tomate, la bechamel y las verduras asadas. Solo tienes que montarla y hornearla el día que vayas a servirla.

Alternativamente, prepara la lasaña hasta el final del paso 7, luego enfríala, tapada, en la nevera durante toda la noche antes de hornearla.

Para congelarla, déjala enfriar y repártela en recipientes individuales. Congélala hasta 3 meses. Cuando vayas a servirla, descongélala bien antes de recalentarla a 180 °C (160 °C ventilador / Gas 4) durante 15-20 minutos.

Para una alternativa con carne, cambia el relleno de verduras por la salsa boloñesa (ver p. 122). Puede que no sea tan tradicional, pero sigue siendo deliciosa.

LICUAR VERDURAS

Se pueden licuar muchos tipos de verduras, desde puerros, guisantes y judías verdes hasta zanahorias y coliflor, y es una forma rápida y fácil de transformarlas en una salsa o sopa. Primero hay que cocer las verduras hasta que estén tiernas, ya sea hervidas, al vapor o asadas, antes de licuarlas. Una batidora de mano, una batidora de jarra o un robot de cocina son las herramientas más eficaces para triturar o hacer un puré, pero un rayador manual o un colador también sirven. Puede que también tengas que pasar el puré por un colador para eliminar los restos de piel más resistentes y para que quede suave.

SALSA DE CALABAZA

Preparación
10 minutos

Cocción
40 minutos

Raciones 3-4

Asar la calabaza antes de hacerla puré concentra su sabor dulce al extraer la humedad y caramelizar los almidones de la verdura. Aquí, la calabaza se condimenta con ajo asado, guindilla y ralladura de limón, mientras que el queso de cabra añade intensidad y riqueza a la mezcla. El puré puede añadirse a una pasta recién hecha para una comida rápida, mezclarse con una base de risotto (ver p. 204) o condimentar unos ñoquis (ver p. 182). Si quieres hacer una sopa más que una salsa, simplemente omite el queso de cabra y añade 150 ml de agua o caldo para diluir el puré.

1 calabaza *butternut* pequeña, de unos 750 g
1 cucharada de aceite de oliva
1 cabeza de ajo
½ cucharadita de copos de guindilla seca
ralladura fina de 1 limón sin cera
125 g de rulo de queso de cabra blando sin corteza, picado grueso
sal y pimienta negra recién molida

1 | Precalienta el horno a 220 °C (200 °C ventilador / Gas 7). Forra una bandeja de horno con papel de hornear. Corta la calabaza por la mitad a lo largo, dejando la piel y las pepitas. Rocía la pulpa con 1 cucharadita de aceite de oliva y salpimiéntala. Coloca la parte cortada hacia abajo en la bandeja de horno forrada y rocía otra cucharadita de aceite de oliva sobre la piel.

2 | Cortando horizontalmente, quita la parte superior del bulbo de ajo para dejar al descubierto los dientes del interior y desecha la parte superior. Coloca el ajo en un trozo de papel de aluminio lo bastante grande como para formar un paquete, rocíalo con el aceite restante y junta los bordes del papel para sellarlo. Colócalo junto a la calabaza en la bandeja de asar.

3 | Asa la calabaza y el ajo durante 35-40 minutos, hasta que ambos estén tiernos. Un cuchillo pequeño y afilado debe deslizarse fácilmente en el centro de la calabaza, y si aprietas suavemente el bulbo de ajo, los dientes deben ceder. Déjalos enfriar 5 minutos.

4 | Da la vuelta a la calabaza y utiliza una cuchara de postre para sacar las pepitas y desecharlas. Vierte la pulpa en la jarra de una batidora y desecha la piel.

5 | Desenvuelve la cabeza de ajo y exprime los dientes en la batidora. Añade los copos de guindilla, la ralladura de limón, el queso de cabra y 100 ml de agua.

6 | Con una batidora de mano, haz un puré con la calabaza hasta obtener una salsa suave, de la consistencia de una crema doble espesa, añadiendo un chorrito más de agua, si es necesario. Sazona con sal y pimienta al gusto. La salsa se conservará tapada hasta 3 días en la nevera.

CONSEJO

Esta salsa de calabaza se congela bien. Repártela en recipientes con tapa y congélala hasta 3 meses. Se puede recalentar congelada o dejar descongelar.

1
2
3
4
5
6

Ñoquis de calabaza y salvia

Preparación
15 minutos

Cocción
50 minutos

Raciones 3-4

Aunque se trate de un plato sencillo de ñoquis, resulta realmente especial con su salsa hecha con calabaza *butternut* asada y hecha puré. La mayor parte del tiempo de cocción se dedica a asar la calabaza en el horno. Si preparas la salsa con antelación, la comida se prepara en cuestión de minutos. Es el plato vegetariano perfecto para impresionar a tus amigos.

1 receta de salsa de calabaza (ver p. 180)
2 cucharadas de aceite de oliva, más una cantidad extra para rociar
1 puñado grande de salvia, hojas recogidas
paquete de 500 g de ñoquis frescos refrigerados
zumo de ½ limón, al gusto (utiliza la ralladura en la salsa de calabaza)
una pizca grande de copos de guindilla seca
50 g de pipas de calabaza tostadas (ver el paso 4, a la derecha)
sal y pimienta negra recién molida

1 | Sigue los pasos 1-6 para preparar la salsa de calabaza (ver p. 180).

2 | Calienta el aceite de oliva en una sartén grande y alta a fuego medio-alto. Cuando chisporrotee, añade las hojas de salvia y fríelas durante 1 minuto, hasta que se oscurezcan un poco, y pásalas con una espumadera a un plato forrado con papel de cocina. Deja que la salvia se enfríe y quede crujiente.

3 | Pon el fuego bajo, vierte la salsa de calabaza en la sartén y vuelve a calentarla suavemente, removiendo de vez en cuando.

4 | Mientras tanto, vierte agua recién hervida en una cacerola mediana. Sazona generosamente con sal y lleva de nuevo a ebullición. Añade los ñoquis y cuécelos 1 minuto menos de lo indicado en el paquete; estarán listos cuando floten en la superficie del agua.

5 | Con una espumadera, saca de la cacerola los ñoquis y ponlos directamente en la sartén de la salsa. Mezcla suavemente para cubrir los ñoquis de salsa. Si la salsa se ha espesado demasiado para tu gusto, añade un chorrito del agua de la cocción de los ñoquis para aclararla. Sazona con más sal y pimienta al gusto y añade el zumo de limón.

6 | Reparte los ñoquis en tres o cuatro cuencos, según el apetito de cada uno. Cubre con las escamas de guindilla, las hojas crujientes de salvia, las pipas de calabaza y un chorrito de aceite de oliva, para servir.

Sopa de coliflor con pipas de calabaza y guindilla

Preparación
15 minutos

Cocción
30 minutos

Raciones 4

Esta sopa aprovecha al máximo dos técnicas (asar y licuar) y es ideal para preparar con antelación y recalentar cuando se necesite. La mayor parte del trabajo se hace en el horno, que ablanda la coliflor y realza su sabor, y luego se tritura con el caldo hasta que quede suave. Las pipas de calabaza añaden un toque crujiente que contrasta con la cremosidad de la sopa. Reduce la cantidad de aceite de guindilla si prefieres que quede menos picante. Guarda las hojas interiores de la coliflor, ya que se pueden asar, cocer al vapor o saltear para preparar otro plato.

1 coliflor mediana, el tallo picado grueso y la cabeza en ramilletes medianos (reserva las hojas para otro plato)
4 dientes de ajo sin pelar
1 cebolla, pelada y cortada en 8 gajos
un trozo grande de jengibre fresco, del tamaño de un pulgar, pelado y en rodajas de 2 cm de grosor
2 cucharadas de aceite de oliva
4 cucharaditas de semillas de comino
4 cucharaditas de granos de mostaza
1 litro de caldo de pollo o verduras (ver p. 414) o comprado
100 ml de nata líquida
50 g de pipas de calabaza
1 cucharadita de aceite de guindilla crujiente, y un poco más para servir
1 puñado de hojas de menta (opcional)
sal y pimienta negra recién molida

1 | Precalienta el horno a 220 °C (200 °C ventilador / Gas 7).

2 | Mezcla la coliflor, los dientes de ajo enteros, la cebolla y el jengibre con el aceite de oliva y 3 cucharaditas de semillas de comino y mostaza en una bandeja de horno grande. Sazona con abundante sal y pimienta, y distribuye en una capa uniforme. Asa durante 25 minutos, removiendo a medio horneado, hasta que la coliflor esté tierna.

3 | Saca los dientes de ajo y exprímelos de su piel en una cacerola grande. Con una espátula, raspa todo lo demás de la bandeja de asar en el cazo, asegurándote de sacar todos los trocitos de la bandeja. Añade el caldo y la nata líquida y ponlo a hervir a fuego medio-alto. Retira el cazo del fuego y tritúralo todo con una batidora de mano hasta obtener un puré suave, añadiendo un chorrito de agua si está demasiado espeso. Pruébalo y añade sal y pimienta si es necesario.

4 | Mientras tanto, tuesta las pepitas de calabaza en una sartén pequeña y seca a fuego medio, removiendo de vez en cuando, hasta que empiecen a dorarse y saltar. Apaga el fuego, añade la cucharadita restante de semillas de comino y mostaza y deja que se tuesten en el calor residual de la sartén. Añade el aceite de guindilla y sazona con sal.

5 | Recalienta la sopa, si es necesario, y viértela en cuatro cuencos. Cubre con las pepitas de calabaza con guindilla, aceite de guindilla extra y hojas de menta, si las usas, para servir. Lo que sobre se conserva en la nevera hasta 3 días o puede congelarse hasta 3 meses en recipientes individuales.

ESTOFAR Y GUISAR VERDURAS

Tanto estofar como guisar se utilizan mucho en la cocina de verduras de todo el mundo, y por una buena razón. Estos métodos de cocción lenta y suave pueden transformar una verdura dura y ligeramente amarga en una delicia tierna y llena de sabor: es la magia de la cocina. Estos métodos liberan la dulzura interior de las verduras y les permiten absorber los sabores de otros ingredientes. Aunque los métodos de estofar y guisar son similares, una diferencia clave es que en el primero se utiliza mucho menos líquido y la sartén se cubre con una tapa; ver la deliciosa col estofada (abajo). Para un plato de verduras estofadas, echa un vistazo al estofado de quinoa con boniato, espinacas y cacahuete (ver p. 214).

COL ESTOFADA A LAS CINCO ESPECIAS

Preparación 10 minutos

Cocción 35 minutos

Raciones 4

Esta col estofada se cuece a fuego lento hasta que está tierna, y tiene la calidez de sus cinco especias y el toque afrutado de la melaza de granada. Sírvela como guarnición de cualquier asado.

2 cucharadas de aceite de oliva
1 cebolla, finamente picada
una pizca de sal, y un poco más para sazonar
1 cucharada de polvo de cinco especias
1 col lombarda, cortada en tiras (ver p. 162)
un trozo de 4 cm de raíz de jengibre fresco, pelado y cortado en tiras (ver p. 163)
3 cucharadas de melaza de granada
1 cucharada de azúcar moreno suave
pimienta negra recién molida

1 | Calienta el aceite de oliva en un cazo grande a fuego medio. Añade la cebolla picada y una pizca de sal y cocina durante 8-10 minutos, removiendo con regularidad, hasta que se ablande y quede translúcida. Espolvorea el polvo de cinco especias y cocina durante 30 segundos, removiendo bien. Añade la col rallada con el jengibre, 200 ml de agua, la melaza de granada y el azúcar.

2 | Pon a fuego lento, tapa y cuece suavemente durante 15 minutos, removiendo de vez en cuando. Quita la tapa y cuece otros 5 minutos, hasta que la col esté tierna y brillante. Sazona con sal y pimienta.

CONSEJO

Para un acabado elegante, esparce por encima hojas de perejil fresco, un puñado de granos de granada y otro chorrito de melaza de granada.

Garrofones estofados con hinojo, guindilla y ajo

Preparación
10 minutos

Cocción
25 minutos

Raciones
2 como plato principal,
4 como guarnición

El hinojo se dora primero en aceite y luego se cuece en un poco de vino hasta que se carameliza un poco, adquiere un sabor dulce y queda tierno, una combinación imbatible con los garrofones, la *crème fraîche* y el ajo. Sírvelo para acompañar las chuletas de cordero a la parrilla (ver p. 112) o disfrútalo como plato completo con trozos de pan crujiente para absorber la salsa cremosa. Las hojas verdes de la parte superior del bulbo de hinojo añaden un toque de color esparcidas por el plato antes de servir.

4 cucharadas de aceite de oliva
1 bulbo de hinojo grande, las hojas verdes reservadas, sin la raíz, cortado longitudinalmente en 8 gajos
4 dientes de ajo grandes, pelados y en láminas finas
1 guindilla roja, en rodajas finas
2 cucharaditas de semillas de hinojo
150 ml de vino blanco seco
lata de 400 g de garrofones o judías blancas, reservando el líquido
3 cucharadas de *crème fraîche* entera
1 puñado de perejil, hojas y tallos, picados gruesos
sal y pimienta negra recién molida
pan crujiente, para servir

1 | Calienta 3 cucharadas de aceite de oliva en una sartén mediana y honda, con tapa, a fuego medio-alto.

2 | Sazona el hinojo con sal y pimienta, y coloca las cuñas en una capa uniforme en la sartén. Deben quedar bien ajustadas. Cuécelas durante 4 minutos por cada lado, sin moverlas, hasta que estén bien doradas y caramelizadas.

3 | Haz un hueco en una parte de la sartén (esto será más fácil porque el hinojo se habrá hundido un poco). Pon el fuego a medio.

4 | Vierte el aceite de oliva restante en el hueco. Añade el ajo y la guindilla y cocina, removiendo 1 minuto, hasta que se doren ligeramente. Añade las semillas de hinojo, cocina 30 segundos más y remueve para mezclar el hinojo con los aromas.

5 | Vierte el vino blanco y déjalo burbujear hasta que se reduzca a la mitad, luego añade los garrofones con el líquido de la lata. Cubre la cacerola con la tapa y cocina durante 12 minutos, removiendo de vez en cuando. Retira la tapa y cocina otros 3 minutos, removiendo, hasta que el hinojo esté bien tierno.

6 | Remueve la *crème fraîche* y el perejil, salpimienta al gusto y esparce encima las hojas de hinojo reservadas. Sírvelo con pan crujiente para mojar la salsa.

ASAR LAS VERDURAS AL GRILL O A LA PARRILLA

Estos métodos, formas fantásticas de cocinar verdura, convierten lo ordinario en algo especial. Al cocinarlas bajo o sobre un intenso calor seco, aflora todo el sabor y las verduras se vuelven más dulces, con el añadido de un toque de humo. Al caramelizarse el exterior, la textura del interior se vuelve suave y untuosa. Tanto si se asan a la parrilla como a la brasa en una sartén con rejilla sobre la placa de cocción, ambas dan como resultado un aspecto ligeramente ennegrecido, que se suma al sabor. Asegúrate de calentar el grill o la parrilla a fuego alto antes de empezar a cocinar, ya que se requiere un golpe de calor seco. Marinar las verduras antes de cocinarlas o rociarlas durante la cocción las mantendrá húmedas y añadirá un glaseado brillante. A veces hay que escaldar las verduras antes de asarlas, como el maíz de la mazorca con miso a la parrilla (ver p. 190). Así se cocina por dentro antes de añadir una capa de sabor ahumado por fuera.

ASAR PIMIENTOS

Preparación
15 minutos + enfriamiento

Cocción
20 minutos

Raciones 4

Puedes comprar pimientos ya asados en un bote, pero asarlos tú mismo es muy fácil y te aseguras de que van a quedar tiernos, ahumados y muy dulces.

6 pimientos variados, una combinación de rojo, amarillo y naranja funciona bien

1 | Precalienta el grill a temperatura alta y coloca la rejilla en la parte superior. Pon los pimientos en una bandeja de horno y pínchalos por todos los lados con un cuchillo afilado. Ásalos durante 15-20 minutos, dándoles la vuelta cada 5 minutos, hasta que la parte exterior esté muy carbonizada y empiecen a ablandarse y romperse.

2 | Pasa los pimientos a un cuenco grande, cúbrelos con un paño de cocina limpio (esto hará que se ablanden más al cocerse al vapor y será más fácil pelarlos) y déjalos reposar durante 15-20 minutos.

3 | Pon los pimientos enteros sobre una tabla de cortar. Quítales la piel (debería desprenderse fácilmente ahora que se han enfriado) y deséchala. Una vez pelados, corta los pimientos por la mitad a lo largo, retira el pedúnculo y, con una cucharilla, saca las semillas y deséchalas.

1

2

3

Baba ganoush

Preparación
15 minutos + enfriamiento

Cocción
40 minutos

Raciones 4

Esta salsa de Oriente Medio es tan popular como su hermana, el hummus. Con berenjenas escalivadas y ablandadas y tahini (pasta de semillas de sésamo que le da un sabor aterciopelado), es el equilibrio perfecto entre ahumado y cremosidad. Aquí tienes tres formas distintas de cocinar la berenjena: en un fogón de gas, bajo el grill o en una barbacoa. Elige la que más te convenga, pero asegúrate de que el fuego esté alto, sea cual sea el método.

3 berenjenas
zumo y ralladura fina de ½-1 limón sin cera
3 cucharadas de tahini
1 diente de ajo, pelado y rallado finamente
1 cucharadita de comino molido
½ cucharadita de zumaque (opcional)
2 cucharadas de aceite de oliva virgen extra, para rociar
sal y pimienta negra recién molida
crudités de tu elección, como tiras de zanahoria, pepino y pimiento, y pan de pita tostado, para servir

1 | Pincha las berenjenas por todas partes con un cuchillo afilado. Con unas pinzas, sujeta una de ellas directamente sobre la llama del fogón de gas (puedes protegerlo con papel de aluminio) y cuécela durante unos 12 minutos, dándole la vuelta de vez en cuando, hasta que el exterior se haya escalivado o carbonizado del todo y quede blanda. Repite la operación con el resto de las berenjenas.

2 | Pasa las berenjenas a un cuenco grande, cúbrelas con un paño de cocina limpio (así se ablandarán más y será más fácil pelarlas) y déjalas durante 20 minutos o hasta que se enfríen lo suficiente para manipularlas.

3 | Una vez frías, retira la piel ennegrecida con los dedos y pasa la carne a una tabla de cortar. No te preocupes por quitar todos los trozos ennegrecidos, un poco de piel sobrante añade un agradable sabor ahumado. Desecha el líquido del bol.

4 | Si prefieres un baba ganoush con textura, utiliza un cuchillo para picar finamente la pulpa, luego pásala a un cuenco. Añade el resto de los ingredientes, utilizando al principio la menor cantidad de limón, y luego aplástalo con un tenedor hasta que se mezclen. Sazona con sal y pimienta. Pruébalo y añade más condimentos y el resto del zumo de limón, si quieres.

5 | Si prefieres una salsa más suave, pon la carne de la berenjena en una batidora con los demás ingredientes y tritúrala hasta que quede fina, salpimentando. Empieza con la mitad del zumo de limón y añade más al gusto.

Variantes de cocción

Para cocer las berenjenas en la barbacoa: ponlas en la rejilla sobre la parte más caliente de las brasas, o su equivalente eléctrico. Cocínalas 12 minutos, dándoles la vuelta con unas pinzas, hasta que el exterior de cada berenjena se haya carbonizado, ablandado y roto.

Asar las berenjenas al grill: colócalas en una bandeja de horno bajo el grill alto precalentado y cocínalas durante 5 minutos por cada lado, hasta que el exterior se haya carbonizado, ablandado y colapsado; esto llevará entre 15 y 20 minutos.

Fattoush de pimientos marinados

Preparación
30 minutos
+ reposo
y marinado

Cocción
30 minutos

Raciones 4

Los pimientos se asan hasta que se ablandan y escalivan, y se pelan para que adquieran el sabor de una marinada ligeramente especiada. Esta ensalada inspirada en Oriente Medio se adorna con dorados picatostes de pan de pita para darle un toque crujiente.

1 receta de pimientos asados (ver p. 186) o el equivalente en pimientos asados en conserva
6 cucharadas de aceite de oliva virgen extra, y un poco más al gusto
3 cucharadas de vinagre de Jerez, y un poco más al gusto
4 cucharaditas de za'atar (ver p. 449) o comprado
½ cucharadita de copos de guindilla seca
1 diente de ajo pequeño, pelado y rallado finamente
2 panes de pita
1 lechuga romana cortada
1 pepino, partido por la mitad a lo largo y cortado en medias lunas
200 g de rábanos, cortados en rodajas finas
1 cebolla roja pequeña, pelada y cortada en rodajas finas
30 g de eneldo picado
200 g de queso feta
sal y pimienta negra recién molida

1 | Sigue los pasos 1-3 de «Asar pimientos» (ver p. 186).

2 | Corta los pimientos asados en tiras gruesas de 2,5 cm de ancho y ponlas en un cuenco o un recipiente con tapa.

3 | Añade a los pimientos 4 cucharadas de aceite de oliva, el vinagre de Jerez, 2 cucharaditas de za'atar, los copos de guindilla y el ajo. Salpimienta y remueve bien. Deja marinar durante al menos 30 minutos o toda la noche en la nevera.

4 | Cuando vayas a servir la ensalada, precalienta el horno a 200 °C (180 °C ventilador / Gas 6). Deja que los pimientos alcancen la temperatura ambiente si han estado en la nevera toda la noche.

5 | Pon el pan de pita en trozos triangulares de tamaño irregular en una bandeja de horno grande. Mézclalos con el resto del aceite de oliva y el za'atar, y sazónalos a continuación con sal y pimienta. Reparte el pan de pita uniformemente y hornéala durante 8-10 minutos, dándole la vuelta con una espátula a medio horneado, hasta que esté dorada y crujiente. Deja enfriar.

6 | Pon los pimientos con su adobo en una fuente grande con la lechuga, el pepino, los rábanos, la cebolla roja y el eneldo. Añade los picatostes de pan de pita con las especias que hayan quedado en la bandeja y desmenuza el queso feta en trozos grandes. Remueve para mezclar, comprueba la sazón y añade un chorrito más de vinagre y/o aceite de oliva si es necesario.

CONSEJOS

Puedes escalivar los pimientos sobre un fogón de gas en vez de bajo el grill. Sujétalos con unas pinzas sobre la llama, dándoles la vuelta hasta que se ennegrezcan por todas partes.

Se conservan hasta 3 días en la nevera. Asegúrate de llevarlos a temperatura ambiente antes de comerlos.

Están deliciosos en una tostada o en una ensalada sencilla con mozzarella desmenuzada y hojas de albahaca, o en una ensalada de pasta.

Mazorca con miso a la parrilla

Preparación 15 minutos

Cocción 15 minutos

Raciones 4

El maíz dulce ligeramente carbonizado es una de las mejores guarniciones: muy dulce y con un toque ahumado. Lo mejor es hervir primero el maíz para ablandar los granos antes de someterlos al calor de la parrilla para carbonizar el exterior. El maíz también se unta con abundante mantequilla infusionada con miso, jengibre y lima para mantenerlo húmedo y potenciar el sabor.

½ receta de mantequilla de miso y jengibre (ver p. 48), ablandada
4 mazorcas de maíz, cortadas por la mitad para tener 8 trozos
1 cucharada de semillas de sésamo
1 cucharadita de copos de guindilla seca
2 cucharaditas de aceite vegetal o de oliva
sal y pimienta negra recién molida

1 | Sigue las instrucciones para hacer la mantequilla de miso y jengibre (ver p. 48).

2 | Mete el maíz en un cazo mediano con agua hirviendo con sal y cuécelo a fuego lento durante 4 minutos, hasta que se ablande ligeramente y los granos adquieran un color amarillo brillante. Escúrrelo en un colador en el fregadero, luego viértelo en un cuenco. (En este punto, puedes dejar que el maíz se enfríe completamente y conservarlo tapado en la nevera hasta 2 días antes de utilizarlo.)

3 | Mezcla las semillas de sésamo y los copos de guindilla en un bol pequeño y reserva.

4 | Para asar el maíz, calienta una sartén grande y estriada a fuego medio-alto. Rocía el maíz con aceite, salpiméntalo y remuévelo bien para cubrirlo. Pon las mazorcas en la sartén y ásalas durante 6 minutos, dándoles la vuelta regularmente, hasta que se ennegrezcan por partes y se caramelicen por fuera.

5 | Retira la sartén del fuego y vierte con una cuchara la mantequilla de miso sobre el maíz, dándole la vuelta e hilvanándolo durante unos minutos hasta que se cubra uniformemente; ten cuidado porque salpicará.

6 | Vuelve a poner la sartén al fuego, espolvorea las semillas de sésamo y los copos de guindilla sobre el maíz y cuece un minuto más antes de servir con la mantequilla de la sartén vertida por encima.

Variante de cocción

Para cocer el maíz a la barbacoa: pon el maíz precocinado en un cuenco con el aceite y abundante sal y pimienta. Cuece las mazorcas en la barbacoa durante 3-4 minutos, dependiendo del nivel de calor, dándoles la vuelta regularmente hasta que estén ligeramente carbonizadas. Úntalas con un poco de mantequilla, espolvorea con las semillas de sésamo y la guindilla, y cocina durante 1-2 minutos más, hasta que estén doradas y brillantes. Sírvelas untadas con el resto de la mantequilla.

FREÍR LAS VERDURAS

En la mayoría de las verduras, este método de cocción rápido y eficaz potencia al máximo el sabor y conserva una textura crujiente, al tiempo que se mantienen los nutrientes. Ya sean salteadas o fritas, es esencial que utilices siempre un fuego directo alto. Esto permite que las verduras se doren y se caramelicen bien por fuera, concentrando todo su sabor, al tiempo que se cocinan por dentro.

VERDURAS SALTEADAS CON SOJA Y JENGIBRE

Preparación
10 minutos

Cocción
10 minutos

Raciones
2 o 4 como guarnición

Saltear es un gran método de cocinar verduras para conservar los nutrientes y la textura. Córtalas en trozos de un tamaño similar para que se hagan uniformemente y pesa los demás ingredientes antes de empezar a cocinar. Sírvelas con arroz cocido (ver p. 202).

2 cucharadas de salsa de soja oscura
1 cucharada de salsa de soja ligera
1 cucharada de aceite vegetal
300 g de verduras verdes que quieras, en trozos de tamaño similar
una pizca de sal y otra de pimienta negra recién molida
3 dientes de ajo, finamente picados
un trozo de jengibre fresco del tamaño de un pulgar, pelado y cortado en tiras (ver p. 163)
2 cucharaditas de semillas de comino
un chorrito de aceite de sésamo tostado (opcional)

1 | En un bol pequeño, mezcla la salsa de soja ligera y oscura con 2 cucharadas de agua y reserva. Calienta un wok o una sartén grande de lados altos a fuego fuerte. Cuando empiece a humear, añade el aceite. Remueve el aceite en la sartén y añade las verduras de tu elección con una pizca de sal y pimienta. Sofríe durante 2-3 minutos, removiendo regularmente, hasta que las verduras se ablanden ligeramente.

2 | Añade el ajo, el jengibre y las semillas de comino y sofríe 2 minutos, hasta que estén aromáticos. Vierte con cuidado la mezcla de salsa de soja en la sartén, añade un chorrito de aceite de sésamo, si lo usas, y remueve todo durante 30 segundos, hasta que las verduras estén cubiertas de una deliciosa salsa. Ponlas en una fuente o sírvelas sobre arroz. Un huevo frito y aceite de guindilla crujiente también son buen acompañamiento.

1

2

PATATAS FRITAS CASERAS

Preparación
10 minutos
+ secado

Cocción
30 minutos

Raciones 4

No hay nada como unas patatas fritas caseras bien cocinadas. Para mayor facilidad y sencillez, esta receta no requiere una cocción triple, pero los resultados siguen siendo impresionantes. No te desanimes por la fritura, es el mejor método para que tus patatas fritas queden crujientes y doradas por fuera y esponjosas por dentro. También es importante elegir el tipo de patata adecuado para freír: la Maris Piper es una buena patata todoterreno, ya que queda bien crujiente y tiene un interior esponjoso cuando se cocina.

1,5 kg de patatas blancas, como Maris Piper, peladas
aceite vegetal, para freír
sal

1 | Corta las patatas en rodajas de 2 cm de grosor. Dales la vuelta y córtalas en palitos de 2 cm de ancho.

2 | Pon las patatas en un bol grande con agua fría y gíralas suavemente para quitarles parte del almidón; esto ayuda a que queden crujientes una vez fritas. Escúrrelas bien en un colador.

3 | Pon a hervir una cacerola grande con agua salada. Añade con cuidado las patatas y cuécelas 9 minutos, hasta que se ablanden por los bordes pero sin deshacerse. Escurre bien las patatas en un colador sobre el fregadero.

4 | Deja escurrir las patatas durante 1 minuto, luego viértelas en una bandeja de horno grande, extiéndelas en una capa uniforme y déjalas secar durante unos 15 minutos; esto garantizará que queden crujientes cuando las frías.

5 | Llena hasta la mitad una sartén grande y honda con aceite vegetal y caliéntalo a 170 °C o hasta que un cubo de pan se dore en 30 segundos. Introduce con cuidado un tercio de las patatas en el aceite caliente y fríelas durante 4-5 minutos, hasta que estén crujientes y doradas, dándoles la vuelta con cuidado de vez en cuando para que se cuezan uniformemente. Con una espumadera, saca las patatas del aceite caliente y ponlas a escurrir en una bandeja de horno forrada con papel de hornear.

6 | Mientras tanto, precalienta el horno a 160 °C (140 °C ventilador / Gas 3). Mantén las patatas calientes en el horno mientras fríes las dos tandas restantes. Sazona bien las patatas con sal antes de servirlas.

CONSEJO

Si prefieres cocer las patatas fritas en el horno, sigue los pasos 1-4, extendiéndolas en una bandeja de horno grande, en lugar de hacerlo en una bandeja de asar, para que se sequen. Precalienta el horno a 200 °C (180 °C ventilador / Gas 6). Echa las patatas en aceite vegetal hasta que estén ligeramente cubiertas, luego vuelve a extenderlas en la bandeja y cuécelas en el horno, dándoles la vuelta una vez, durante 40-45 minutos, hasta que estén doradas y crujientes. También puedes cocerlas en una freidora de aire de la misma manera, reduciendo el tiempo de cocción a 25-30 minutos.

1

2

3

4

5

6

CEBOLLAS CARAMELIZADAS

Preparación
5 minutos

Cocción
50 minutos

Raciones 4-6

Estas cebollas caramelizadas utilizan varias técnicas de cocción para un resultado perfecto. Primero, hierves las cebollas a fuego lento para ablandarlas y luego las sofríes en aceite hasta que se doren; el primer paso significa que necesitas mucho menos aceite para freír. A diferencia de las verduras salteadas, que se cocinan rápidamente a fuego fuerte, la paciencia es la clave. Saltea las cebollas lentamente a fuego lento para que se vuelvan dulces y doradas, en lugar de chamuscarse. Utiliza las cebollas en la Pissaladière (derecha), en unos macarrones con queso para darles un toque de cebolla caramelizada *(ver p. 42)* *o en hamburguesas.*

6 cebollas, peladas y cortadas en rodajas finas
una pizca grande de sal
1 cucharada de aceite de oliva
30 g de mantequilla salada

1 | Pon las cebollas en un cazo grande y hondo, vierte 400 ml de agua fría y añade una buena pizca de sal.

2 | Pon el cazo a fuego fuerte, lleva el agua a ebullición y cuece las cebollas durante 30 minutos, removiendo de vez en cuando, hasta que se evapore el agua. El ruido de la sartén cambiará de acuoso y chisporroteante a un chisporroteo de fritura.

3 | Cuando se haya evaporado el agua, añade el aceite y la mantequilla a la sartén y baja el fuego a medio-bajo. Saltea, removiendo regularmente, durante 20 minutos, hasta que estén muy blandas, doradas y caramelizadas. Sírvelas como guarnición de una tarta Pissaladière (derecha) o como prefieras.

CONSEJOS

Para evitar los lácteos, duplica el aceite y omite la mantequilla.

Una vez caramelizadas, se conservan en un recipiente hermético en la nevera hasta 5 días.

Pissaladière

Preparación
15 minutos

Cocción
1 hora y
20 minutos

Raciones 4-6

Este clásico provenzal al horno utiliza cebollas caramelizadas salteadas dulces como cobertura. Aunque es más tradicional que la tarta tenga una base de masa de pan crujiente, esta versión utiliza hojaldre, lo que hace que sea mucho más fácil y rápida de hacer, y está igual de deliciosa. Las aceitunas negras y las anchoas saladas equilibran el dulzor de las cebollas hechas a fuego lento.

1 receta de cebollas caramelizadas (izquierda)
320 g de hojaldre enrollado
lata de 100 g de anchoas en aceite, escurridas
1 puñado de aceitunas negras sin hueso
6 ramitas de tomillo, deshojadas
2 cucharadas de leche de tu elección
ensalada verde crujiente con aderezo francés (ver p. 429), para servir

1 | Sigue los pasos 1-3 para hacer las cebollas caramelizadas (izquierda). Puedes hacerlas con hasta 5 días de antelación, ver el consejo (izquierda).

2 | Precalienta el horno a 200 °C (180 °C ventilador / Gas 6).

3 | Desenrolla el hojaldre y colócalo sobre su soporte de papel de horno en una bandeja de horno.

4 | Pon las cebollas encima con una cuchara y extiéndelas en una capa uniforme, dejando un borde de 2 cm alrededor. Coloca las anchoas en diagonal sobre las cebollas, en forma de cruz. Coloca las aceitunas y espolvorea con las hojas de tomillo.

5 | Unta los bordes de la masa con leche y hornea durante 25-30 minutos, hasta que esté crujiente y dorada, comprobando por debajo que la base esté bien cocida. Sírvelo con una ensalada crujiente aliñada.

Buñuelos de maíz con aguacate

Preparación
20 minutos

Cocción
10 minutos

Raciones 2

Versión salada de los panqueques, estos buñuelos ligeramente especiados no tienen rival en el brunch. Se fríen hasta que quedan crujientes y dorados por fuera y ligeros y esponjosos por dentro. Sírvelos con cremoso aguacate triturado y crujiente halloumi.

1 cucharadita de comino molido
½ cucharadita de copos de guindilla seca
30 g de harina de repostería
1 huevo entero
1-2 cucharadas de leche entera (o la que prefieras), y un poco más si hace falta
200 g de maíz dulce en lata, escurrido (o congelado, descongelado, ver más abajo)
1 puñado de hojas de cilantro, finamente picadas
2 cebolletas, cortadas en rodajas finas
4 cucharaditas de aceite de oliva
sal y pimienta negra recién molida

Para servir
1 aguacate, sin piel ni hueso, troceado
zumo de 1 lima
bloque de 225 g de queso halloumi, secado con papel de cocina y en lonchas de 2 cm de grosor

1 | En un bol grande, pon el comino, la guindilla, la harina, el huevo y 1 cucharada de leche. Con un batidor de globo, mezcla hasta obtener una masa espesa que caiga de una cuchara. Si es demasiado espesa, añade el resto de la leche. Salpimienta bien la masa y agrega el maíz y tres cuartas partes del cilantro y la cebolleta. Añade un chorrito más de leche si hace falta. Reserva.

2 | Pon el aguacate en un bol pequeño y añade el zumo de lima y un poco de sal y pimienta. Aplástalo con un tenedor hasta obtener un puré suave

3 | Precalienta el horno a 160 °C (140 °C ventilador / Gas 3), para mantener calientes los buñuelos después de freírlos.

4 | Calienta 3 cucharaditas de aceite de oliva en una sartén antiadherente grande a fuego medio-alto. Pon 3-4 cucharadas grandes de masa en la sartén (cada buñuelo debe tener unos 10 cm de diámetro), asegurándote de que haya espacio para cocerse. Fríe durante 1-2 minutos por cada lado, hasta que estén dorados y crujientes por fuera.

5 | Con una espátula, pasa los buñuelos de la sartén a una bandeja de horno y mantenlos calientes en el horno, mientras fríes el resto; la masa da para 6-8 en total.

6 | Mantén los buñuelos calientes en el horno, y vuelve a poner la sartén a fuego medio-alto. Vierte el aceite de oliva restante, añade las rodajas de halloumi y fríelas 2 minutos por cada lado hasta que se doren; al principio saldrá un poco de agua del halloumi, pero luego las rodajas se volverán crujientes y doradas.

7 | Sirve los buñuelos con el aguacate aplastado y el halloumi por encima. Esparce el resto del cilantro y las cebolletas.

Utilizar verduras congeladas

Las verduras congeladas son una alternativa cómoda y útil a las frescas, y vale la pena tener una reserva en el congelador. Puedes usarlas directamente congeladas en platos fritos y salteados, pues el contenido adicional de agua ayuda a que se cocinen uniformemente, en parte haciéndose al vapor mientras se fríen.

Maíz dulce: déjalo descongelar en un cuenco o vierte agua hirviendo de una tetera hasta cubrirlo. Déjalo un minuto y escúrrelo bien en un colador. Añádelo a buñuelos, salsas y sopas.

Espinacas: también son buenas en buñuelos o añadidas a sopas, salsas y curri; descongélalas o úsalas directamente congeladas. Puedes comprar espinacas congeladas troceadas o de hoja entera; ambas van igual de bien.

Guisantes: suelen ser mucho más sabrosos que los frescos, ya que se congelan cuando están recién recolectados y tiernos. Añade un puñado a sopas, curris, purés y salsas.

Mezcla de verduras: son económicas y ya están preparadas, por lo que no es necesario perder tiempo pelándolas y cortándolas. Ideales para salteados, sopas y guisos.

ARROZ

y

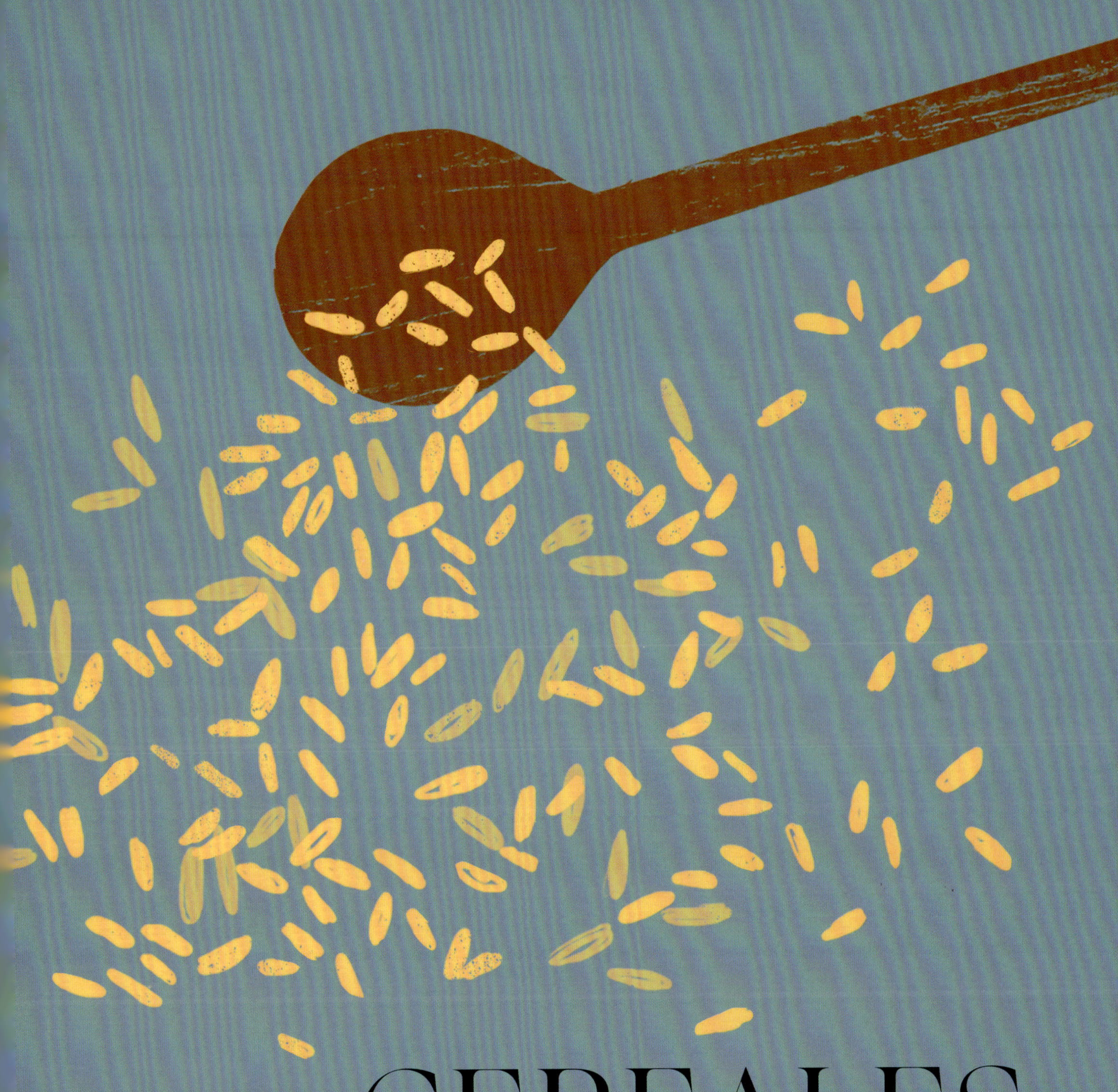

CEREALES

ARROZ

El arroz es un alimento básico para más de la mitad de la población mundial. Los arroces basmati, jazmín, carnaroli, de Camarga, arborio o negro son solo algunos nombres que nos resultan familiares, pero son miles las variedades de arroz existentes. Este cereal sin gluten es enormemente versátil y la mayoría de los países tienen un buen número de platos de arroz, desde la paella en España y el biryani en la India hasta el risotto en Italia y los pilafs en Oriente Medio: cada uno de ellos celebra el grano y es un ejemplo perfecto de su adaptabilidad.

Conservación
Consérvalo en un recipiente hermético o un tarro bien tapado en un lugar fresco y seco, y evita el contacto con la humedad y los ingredientes muy aromatizados.

PREPARAR EL ARROZ

Si preparas un risotto, un arroz con leche o una paella, u otro plato con arroz de grano corto, es importante que evites enjuagarlo antes de cocinar, porque reduce el almidón. Es este alto nivel de almidón, liberado en la cocción, lo que hay que retener para dar al plato la consistencia suave y ligeramente cremosa deseada. En cambio, el arroz de grano largo, como el basmati o el jazmín, debe enjuagarse bien antes de cocinarlo para eliminar el exceso de almidón y garantizar que los granos queden separados durante la cocción. Puedes preparar el arroz de grano largo de varias maneras:

Aclarado: pon el arroz en un colador metálico y acláralo bien bajo el chorro de agua fría, moviendo los granos con una mano hasta que el agua salga clara.

Lavado: pon el arroz en un cuenco, vierte suficiente agua fría para cubrirlo y, con las manos, agita los granos en el agua; esto hará que los almidones se desprendan del arroz y el agua pase de ser clara a turbia. Escurre el arroz con un colador metálico, vuélvelo a verter en el cuenco y repite la operación hasta que el agua quede clara.

Remojo: remoja el arroz en un recipiente con agua fría durante 30 minutos antes de escurrirlo y utilizarlo. De este modo, se rellenan los granos y se evita que se peguen al cocerlos.

Tu arroz ya está listo para cocer. Consulta esta guía y la página siguiente para saber los mejores métodos.

TIPO DE ARROZ	COCCIÓN	TIEMPO DE COCCIÓN
Basmati / jazmín / grano largo	Absorción y hervido	10 minutos + cocción al vapor
Arroz negro	Hervido	25 minutos
Arroz integral (basmati / jazmín / grano largo)	Absorción y hervido	30-40 minutos
Arroz salvaje	Hervido	35-40 minutos
Arroz rojo (de Camarga)	Hervido	30 minutos
Arroz de grano corto (risotto / paella / con leche)	Absorción	20 minutos-1 hora

De izquierda a derecha: arroz negro, arroz para risotto (delante), arroz basmati, arroz integral, arroz salvaje y arroz rojo.

COCER EL ARROZ CON EL MÉTODO DE ABSORCIÓN

Preparación
10 minutos

Cocción
10 minutos

Raciones 4

La forma clásica de cocer el arroz es con el método de absorción: cocerlo en líquido, normalmente agua, hasta que el arroz lo absorba y los granos queden tiernos y esponjosos. Este método se adapta especialmente a las variedades de arroz blanco, como el basmati de grano largo, que exige un estilo de cocción suave para obtener granos ligeros y separados. La clave es usar un cazo con tapa hermética y seguir la proporción de 1 parte de arroz por 2 de líquido. También se puede cocer así el arroz integral, aunque requiere algo más de agua para compensar el mayor tiempo de cocción.

240 g de arroz basmati, jazmín u otro de grano largo
una pizca grande de sal

1 | Prepara el arroz eligiendo una de las opciones de la página 200. Escurre bien el arroz y viértelo en un cazo pequeño con tapa hermética. Añade una pizca grande de sal y vierte 480 ml de agua fría.

2 | Pon la olla a fuego medio y lleva el agua a ebullición. Baja el fuego al mínimo, pon la tapa y cuece suavemente, sin remover, durante 10 minutos, o hasta que el agua se haya absorbido y el arroz esté tierno.

3 | Retira la sartén del fuego y deja reposar el arroz, tapado, durante 5 minutos. Quita la tapa y esponja suavemente los granos con un tenedor.

Variación del método de hervido

La mayoría de las variedades de arroz de grano largo también pueden cocinarse con el método de hervido, pero es especialmente adecuado para las variedades más resistentes, como el arroz integral, negro, salvaje y rojo. No es adecuado para el arroz de grano corto porque tiende a empaparse con el exceso de agua. Para seguir este método, pon el arroz preparado (ver p. 200) en un cazo pequeño y cúbrelo con abundante agua fría ligeramente salada. Lleva el agua a ebullición, baja ligeramente el fuego y cuece el arroz a fuego lento hasta que esté tierno, dejando el cazo destapado. (Ten cuidado con el basmati blanco y las variedades de grano largo, que pueden volverse blandos si se hierven con demasiada fuerza). Escurre el arroz en un colador y déjalo reposar un par de minutos para que se seque.

Utilizar una olla arrocera

Las ollas arroceras son muy populares en Asia y cada vez lo son más en Europa y América. Disponen de muchas funciones, y muchas te permiten programar la hora a la que quieres que empiece a cocerse el arroz y pueden mantenerlo caliente durante largos periodos. Su punto fuerte es que hacen siempre un arroz perfecto, solo con pulsar un botón. Como las diferentes marcas pueden variar, sigue las instrucciones que vienen con tu máquina para obtener los mejores resultados.

1

2

3

Arroz wólof

Preparación
15 minutos

Cocción
45 minutos

Raciones 6

Este plato de arroz vegetariano picante es popular en muchos países de África occidental. Presenta muchas variaciones locales, pero es principalmente una combinación de arroz de grano largo, tomates, guindillas, cebollas y especias. Sírvelo para acompañar guisos y curris o con carne, pollo o pescado fritos o a la plancha.

500 g de arroz basmati o de grano largo
lata de 400 g de tomate picado
1 cebolla grande, pelada y picada gruesa
2 guindillas rojas, como la Scotch bonnet o la ojo de pájaro, sin semillas si se prefiere
1 pimiento rojo, sin semillas y picado grueso
100 ml de aceite vegetal
4 cucharadas de puré de tomate
3 dientes de ajo machacados o 1 cucharadita de ajo en polvo
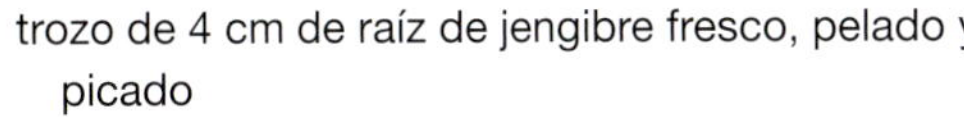
trozo de 4 cm de raíz de jengibre fresco, pelado y picado
1 hoja de laurel
1 cucharadita de curri en polvo
1 cucharadita de tomillo seco
500 ml de caldo caliente de pollo o verduras
sal, al gusto

1 | Enjuaga bien el arroz en un colador bajo un chorro de agua fría hasta que el agua salga clara y resérvalo.

2 | Tritura los tomates, la cebolla, las guindillas y el pimiento rojo en un robot de cocina o una batidora hasta obtener una mezcla homogénea.

3 | Calienta el aceite en un cazo grande a fuego medio, añade el puré de tomate y cuece, removiendo, durante 2 minutos. Añade la mezcla de tomate, ajo y jengibre y cuece a fuego medio-bajo, removiendo a menudo, durante 10 minutos, hasta que se reduzca y espese.

4 | Vierte el arroz en la sartén, añade el caldo y remueve para cubrir el arroz con la salsa. Añade la hoja de laurel, el curri en polvo y el tomillo. Llévalo a ebullición y tapa bien la olla. Si la tapa no queda bien ajustada, cubre la parte superior de la olla con papel de aluminio y luego coloca la tapa encima.

5 | Baja el fuego y cuece a fuego lento durante unos 10 minutos. Quita la tapa y comprueba la cantidad de líquido. Añade 200 ml más de agua si parece demasiado seco. Vuelve a tapar y cuece otros 10 minutos y comprueba de nuevo el líquido, añadiendo más agua si es necesario. Cuece el arroz durante unos 35 minutos en total, hasta que esté blando y haya absorbido el líquido. Sazona con sal al gusto y deja reposar el arroz 5 minutos, luego remueve y sirve.

Risotto sencillo

Preparación
10 minutos

Cocción
30 minutos

Raciones 4

Este risotto clásico es un plato maravilloso que se prepara en una sola cazuela. Se elabora con arroz de grano corto, normalmente arborio o carnaroli, y se cocina siguiendo el método de absorción (ver p. 202). El risotto requiere removerlo constantemente, por lo que se necesita algo de paciencia, pero el proceso puede ser hipnótico al observar cómo los granos de arroz se hinchan al absorber el caldo para crear una textura cremosa. Utilizar un caldo de buena calidad marca la diferencia en el sabor del risotto terminado, así que es una receta estupenda para probar el caldo casero de pollo o verdura (ver p. 414).

2 cucharadas de aceite de oliva
1 cebolla, pelada y picada finamente
una pizca de sal, más para sazonar
4 dientes de ajo, pelados y picados finamente
300 g de arroz para risotto, como arborio o carnaroli
250 ml de vino blanco seco
1,4 litros de caldo de pollo o de verdura caliente (ver p. 414) o comprado, de buena calidad
50 g de mantequilla salada, cortada en dados
50 g de queso parmesano o alternativa vegetariana, rallado fino
pimienta negra recién molida

1 | Calienta el aceite en una sartén grande y alta a fuego medio. Añade la cebolla y una pizca de sal. Cuécela 6-8 minutos, removiendo de vez en cuando, hasta que esté blanda y ligeramente coloreada. Añade el ajo, cuece 1-2 minutos más e incorpora el arroz.

2 | Tuesta el arroz en la sartén, removiéndolo, 1 minuto para que se impregne de la mezcla de aceite, y vierte el vino blanco. Cuando el vino se haya reducido y no huela a alcohol, añade 2 cucharones de caldo caliente. Cuécelo, removiendo constantemente, hasta que el arroz absorba el caldo, y añade 2 cucharones más. Sigue añadiendo el caldo, 2 cucharones cada vez, y cuece removiendo unos 20 minutos, hasta que el arroz esté cremoso y tierno, con un ligero toque picante (en este momento, te quedarán unos 175 ml de caldo).

3 | Retira la sartén del fuego y añade la mantequilla y el queso hasta que se derritan. Sazona el risotto con sal y pimienta al gusto, añadiendo el caldo restante si prefieres una consistencia más húmeda y suelta. Reparte el risotto en cuatro cuencos y disfrútalo.

Variaciones de sabor

Chorizo y maíz: quita la piel y corta 225 g de chorizo en dados pequeños. Añade el chorizo con 1 cucharada de aceite de oliva y la cebolla en el paso 1. Sube el fuego a medio-alto y cuece durante 6-8 minutos, hasta que el chorizo esté crujiente y haya soltado sus aceites y la cebolla esté ligeramente dorada. Sigue los pasos 2-3 y añade una lata de 320 g de maíz dulce escurrido con la mantequilla y el parmesano, y caliéntalo todo.

Langostinos y azafrán: añade 3 pizcas grandes de azafrán al caldo caliente y deja 5 minutos para que se infusione el sabor. Sigue los pasos 1-2 con el caldo infusionado con azafrán. Antes de agregar la mantequilla y el queso, añade 300 g de langostinos crudos pelados. Cuece, removiendo durante 2-3 minutos, hasta que los langostinos se pongan rosados, y añade entonces la mantequilla y el queso. Esparce por encima un puñado de perejil de hoja plana picado, para servir.

Espárragos, guisantes y limón: sigue los pasos 1-2 e incorpora 200 g de puntas de espárragos cortadas en trozos de 2 cm y 150 g de guisantes congelados. Remueve y cocina durante 2-3 minutos, hasta que estén tiernos. A continuación, añade la mantequilla y el queso hasta que se derritan. Termina el risotto con la ralladura fina de 1 limón sin cera, añadiendo un buen chorro de zumo al gusto.

CONSEJO

El risotto frío que sobre se conservará hasta 2 días en un recipiente hermético en la nevera. Cuando lo vuelvas a calentar, añade un chorrito de agua para que quede suelto. Asegúrate de que el arroz esté bien caliente antes de servirlo.

HORNEAR EL ARROZ

Preparación
5 minutos

Cocción
20 minutos

Raciones 4

Este método de cocción del arroz no requiere mucha atención y libera espacio en los fogones, así que es ideal si quieres ocuparte de otras cosas. La cocción del arroz en el horno sigue el principio del método de absorción (ver p. 200), pero en parte es mejor porque el recipiente está rodeado uniformemente por el calor, en lugar de que este venga solo de abajo. Por ello, necesitas algo menos de agua: 1 parte de arroz por aproximadamente 1,75 de agua debería bastar.

240 g de arroz basmati, jazmín u otro de grano largo
una pizca de sal

1 | Precalienta el horno a 200 °C (180 °C ventilador / Gas 6). Prepara el arroz eligiendo una de las opciones de la p. 200. Escurre bien el arroz en un colador, luego viértelo en una bandeja de horno pequeña y honda, de unos 30 x 20 cm. Espolvoréalo con sal y vierte 400 ml de agua fría; el arroz debe quedar cubierto.

2 | Cubre bien la bandeja con papel de aluminio y hornea en el centro del horno durante 20 minutos, hasta que el agua se haya absorbido y el arroz esté esponjoso y cocido. Esponja los granos con un tenedor para servir.

CONSEJOS

Hacer el arroz al horno es muy práctico si tienes muchos comensales, ya que no requiere estar pendiente durante la cocción, lo que te deja tiempo para ocuparte del resto de la comida.

Para darle más sabor, añade aromáticos como hojas de laurel, especias enteras o azafrán. Una pizca de mantequilla, al final de la cocción, le aporta riqueza y sabor.

Arroz de pollo al horno con lima y coco

Preparación 15 minutos

Cocción 50 minutos

Raciones 4

El coco, la lima y las especias del curri tailandés impregnan el arroz basmati, mientras que el pollo y la berenjena completan un plato contundente. Es mejor dorar primero los muslos de pollo para darles color y caramelizar y hacer crujiente la piel.

8 muslos de pollo con piel y hueso
3 cucharadas de aceite vegetal
225 g de arroz basmati preparado (ver p. 200)
4 cebolletas, parte verde y blanca, cortadas en trozos de 2,5 cm de largo
3 dientes de ajo, pelados y rallados finamente
un trozo de raíz de jengibre fresco del tamaño de un pulgar, pelado y rallado finamente
1 berenjena, cortada en trozos de 2 cm
3 cucharadas de pasta de curri verde tailandés
zumo y ralladura fina de 1 lima
6 hojas de lima (opcional)
lata de 400 g de leche de coco
sal y pimienta negra recién molida

Para servir
2 cebolletas, cortadas en rodajas finas
1 puñado de hojas de cilantro
1 lima, cortada en 4 gajos

1 | Precalienta el horno a 200 °C (180 °C ventilador / Gas 6).

2 | Salpimienta los muslos de pollo por todos los lados. Pon una sartén grande a fuego medio-alto. Añade 1 cucharada de aceite vegetal y, a continuación, los muslos de pollo con la piel hacia abajo en una sola capa. Fríe los muslos 5-8 minutos, hasta que la piel esté dorada. Retira la sartén del fuego y reserva.

3 | Pon el arroz en una bandeja de horno grande, de unos 40 x 30 cm. Añade las cebolletas con el ajo, el jengibre, la berenjena, la pasta de curri verde tailandés, el zumo y la ralladura de lima y las hojas de lima, si las utilizas. Vierte la leche de coco, llena la lata hasta la mitad con agua y viértela en la bandeja. Remuévelo todo bien, sazónalo con sal y pimienta y extiéndelo en una sola capa.

4 | Introduce los muslos de pollo en la mezcla de arroz, con la piel hacia arriba, y rocíalos con el aceite vegetal restante. Hornea, sin tapar, 35-40 minutos, hasta que el pollo y el arroz estén bien cocidos y el líquido se haya absorbido. Sírvelo con las cebolletas y las hojas de cilantro esparcidas por encima y unos gajos de lima para exprimir.

CONSEJO

Es un plato estupendo para congelar. Deja enfriar y congélalo en recipientes individuales. Descongélalo bien antes de recalentarlo en una cacerola con tapa y un chorrito de agua. Cuando hierva, cuécelo durante 10 minutos para que tanto el pollo como el arroz estén bien calientes.

APROVECHAR EL ARROZ COCIDO

El arroz cocido sobrante puede aprovecharse para otro plato o como guarnición y puede refrigerarse o incluso congelarse para utilizarlo más adelante. Por seguridad, déjalo enfriar lo antes posible y pásalo cuando esté frío a un recipiente hermético y guárdalo en la nevera hasta 3 días. También se puede congelar en este momento.

Para recalentarlo, ponlo en un cuenco bien tapado en el microondas a potencia alta o en un cazo tapado con un chorrito de agua y caliéntalo hasta que esté bien caliente. Si el arroz está congelado, descongélalo bien en la nevera antes de recalentarlo del mismo modo.

Sirve el arroz recalentado como guarnición o incluso para desayunar cubierto con un huevo frito (ver p. 25) y aceite de guindilla crujiente (ver p. 452). El arroz frío sobrante también es perfecto para saltearlo, como el popular plato indonesio nasi goreng, o arroz frito con huevo (abajo). Como los granos contienen menos agua, se mantienen separados al freírlos.

ARROZ FRITO CON HUEVO Y VERDURAS

Preparación
10 minutos

Cocción
10 minutos

Raciones 2

Este plato aprovecha el arroz sobrante y se prepara en un momento. Asegúrate de que el arroz esté bien frío antes de saltearlo para que los granos permanezcan separados al recalentarlo. Esto también te permitirá recalentarlo por completo y con seguridad (el arroz frío cocido debe recalentarse hasta que esté bien caliente), además de darle un toque crujiente al freírlo.

2 cucharadas de aceite vegetal
½ receta de arroz basmati cocido, refrigerado (ver p. 200 para el método de absorción)
250 g de verduras variadas, como zanahoria, pimiento rojo, cebolla, maíz tierno y tirabeques, cortadas en rodajas uniformes, picadas o por la mitad
75 g de guisantes congelados
un trozo de 3 cm de raíz de jengibre fresco, pelado y cortado en bastoncitos (ver p. 163)
3 dientes de ajo, pelados y picados
2 huevos medianos, a temperatura ambiente, ligeramente batidos
3 cucharadas de salsa de soja oscura
sal y pimienta negra recién molida

1 | Vierte el aceite vegetal en un wok grande o en una sartén alta a fuego vivo. Cuando el aceite ya humee, añade con cuidado el arroz cocido. Con una espátula o cuchara de madera, deshaz los grumos de arroz y sofríe durante 3-4 minutos, hasta que el arroz empiece a estar crujiente por algunas partes.

2 | Añade las verduras en rodajas, los guisantes congelados, el jengibre y el ajo y sofríe durante unos 3 minutos. Las verduras deben estar apenas cocidas, pero aún crujientes.

3 | Haz un hueco en el centro del wok o la sartén. Vierte el huevo batido y deja que se cueza durante 30 segundos, hasta que se cuaje por abajo pero quede líquido por arriba.

4 | Incorpora el huevo al arroz, removiendo todo junto y rompiendo los trozos grandes. Remueve hasta que el huevo esté cocido, formando pequeños trocitos repartidos uniformemente por todo el arroz.

5 | Vierte la salsa de soja y sazona con sal y pimienta, luego remueve la mezcla de arroz.

6 | Remuévelo todo una última vez para asegurarte de que el arroz esté bien caliente, y luego sírvelo.

1
2
3
4
5
6

OTROS CEREALES

Hasta ahora se ha hablado del arroz, pero la mayoría de las cocinas utilizan una variedad mucho mayor de cereales, que son la base de la alimentación de millones de personas. Los cereales, semillas comestibles de plantas de la familia de las gramíneas, son una fuente primaria de hidratos de carbono y, en algunos casos, una buena fuente de proteínas. Incluyen muchos tipos, como la cebada, el maíz, el bulgur, el cuscús, la quinoa, la espelta y el trigo, cada uno con sus características, métodos de cocción y usos. Ideales como guarnición, también pueden utilizarse como ingrediente en pan, gachas, pasta, ensaladas, pilafs, guisos, hamburguesas, buñuelos e incluso para hacer cerveza. En las recetas que siguen, hay una selección de algunos de los tipos de cereales más populares para que los pruebes.

Conservación

Consérvalos en un recipiente hermético o un tarro con tapa en un lugar fresco y seco, y evita todo contacto con la humedad y los ingredientes muy aromatizados.

COCER LOS CEREALES

Al igual que con el arroz, hay dos métodos de cocción de los cereales: hervirlos y por absorción. Enjuágalos bien en un colador bajo un chorro de agua fría antes de cocerlos. Si los haces hervidos, cúbrelos bien con agua ligeramente salada y llévalos a ebullición. Baja ligeramente el fuego y cuécelos a fuego lento hasta que estén tiernos; después, escúrrelos bien. Al cocer los cereales por absorción, usa la proporción correcta de cereal y líquido (abajo). Al cocerse, el cereal absorbe el líquido hasta que está tierno, luego se deja secar brevemente en el calor de la sartén para que no quede exceso de agua. El método de cocción del cuscús es ligeramente distinto, ya que los granos se remojan en líquido caliente hasta que están tiernos (ver p. 215).

CEREAL	MÉTODO DE COCCIÓN	TIEMPO DE COCCIÓN
Cebada perlada	Hervida	20-30 minutos
Bulgur	Absorción: utiliza el doble de líquido que de cereal	12-15 minutos
Cuscús (instantáneo)	Absorción: utiliza 1,5 veces de líquido respecto del cereal, viértelo en un cuenco y tápalo	Deja reposar durante 5-10 minutos
Trigo sarraceno	Hervido	10-15 minutos
Quinoa	Hervida	15-20 minutos
Amaranto	Hervido	10-15 minutos
Frike	Hervido	30 minutos
Espelta	Hervida	30 minutos

En el sentido de las agujas del reloj, desde arriba, amaranto, bulgur, trigo sarraceno, cuscús, frike, quinoa, cebada perlada y espelta (centro).

COCER TRIGO BULGUR

Preparación
5 minutos

Cocción
15 minutos

Raciones 4

El bulgur es un grano integral hecho de trigo partido. Rico en fibra, vitaminas y minerales, es conocido por su característico sabor a nuez y su textura ligeramente masticable, que lo convierten en una gran opción para las ensaladas, como el clásico tabulé (derecha). También es bueno en pilafs o combinado con carne picada para hacer koftas, y funciona como sustituto del arroz y el cuscús. Para cocerlo, utiliza el doble de agua que de granos. Los granos absorberán toda el agua y se ablandarán, y no debería ser necesario escurrirlos.

150 g de trigo bulgur
una pizca de sal

1 | Enjuaga el trigo bulgur en un colador metálico bajo el grifo de agua fría. Viértelo en una cacerola mediana y cúbrelo con 300 ml de agua fría y una pizca de sal.

2 | Pon la cacerola a fuego medio-alto, lleva el agua a ebullición y luego reduce el fuego a bajo. Cúbrela con una tapa y cuece a fuego muy lento durante unos 12-15 minutos, hasta que se absorba el agua.

3 | Retira la cacerola del fuego y deja que se seque durante 5 minutos. Esponja los granos con un tenedor antes de servir.

1

CONSEJO

Puedes cocer el trigo bulgur en caldo de verduras o de pollo en lugar de agua y, para darle más sabor, añade un poco de mantequilla justo antes de servir.

2

3

Tabulé

Preparación
15 minutos

Cocción
15 minutos

Raciones 4

El trigo bulgur es el ingrediente principal de esta popular ensalada de Oriente Medio. Fresco y picante por el zumo de limón, este tabulé lleva abundantes hierbas frescas, tomates cherri y cebolla roja cortada en rodajas finas, así como avellanas tostadas, que le dan un toque crujiente. Sírvelo con la coliflor entera al horno al shawarma (ver p. 177).

1 receta de trigo bulgur cocido (izquierda)
1 cebolla roja, pelada y cortada muy fina
100 g de tomates cherri, cortados en cuartos
1 cucharadita de cilantro molido
1 manojo grande de hierbas mixtas, como cilantro, menta y perejil, hojas picadas finamente
30 g de avellanas tostadas (ver p. 288), picadas gruesas
zumo de 1 limón
6 cucharadas de aceite de oliva virgen extra
sal y pimienta negra recién molida

1 | Sigue los pasos 1-3 de cocer trigo bulgur (izquierda).

2 | Mientras tanto, pon la cebolla roja y los tomates en un bol grande para servir y espolvorea el cilantro molido. Añade las hierbas y tres cuartas partes de las avellanas, el zumo de limón y el aceite de oliva.

3 | Vierte el bulgur cocido y caliente en el cuenco y sazónalo con sal y pimienta al gusto. Mezcla bien y, para servir, añade el resto de las avellanas picadas.

CONSEJO

La ensalada se conservará en la nevera hasta 3 días en un recipiente hermético.

Estofado de quinoa con boniato, espinacas y cacahuete

Preparación 5 minutos

Cocción 40 minutos

Raciones 2

La quinoa no es propiamente un cereal, sino un grano de origen sudamericano. Su popularidad ha aumentado en parte por su contenido en nutrientes, pues es una buena fuente de proteínas y fibra. También es apreciada por quienes siguen una dieta sin gluten. Puede servirse como guarnición, en buñuelos o añadirse a sopas y guisos para hacerlos más sustanciosos. En este plato vegano, la quinoa se cuece en el caldo de verduras, actuando como espesante. Enguágala bien antes de cocinarla para eliminar cualquier amargor que pueda tener el grano.

1 cucharada de aceite de oliva, colza o girasol
1 cebolla roja, pelada y cortada en rodajas finas
una pizca de sal, y un poco más para sazonar
2 dientes de ajo grandes, pelados y cortados en láminas finas
3 cucharadas de puré de tomate
1 cucharadita de orégano seco
1½ cucharadita de comino molido
½ cucharadita de pimienta de Cayena
1 boniato grande, de unos 250 g, pelado y cortado en trozos de 2 cm
750 ml de caldo de verduras (ver p. 414) o comprado
70 g de quinoa, bien enjuagada
100 g de hojas de espinacas tiernas
2 cucharadas de mantequilla de cacahuete (crujiente o suave)
zumo y ralladura fina de ½ limón sin encerar
pimienta negra recién molida

1 | Vierte el aceite en un cazo grande a fuego medio. Añade la cebolla roja y una pizca de sal. Cuece, removiendo de vez en cuando, durante 8-10 minutos, hasta que se ablande. Añade el ajo y cuece 2 minutos más, removiendo. Añade el puré de tomate, el orégano, el comino y la pimienta de Cayena. Remuévelo todo bien y cuece durante 1 minuto, luego añade el boniato.

2 | Vierte el caldo de verduras y ponlo a hervir a fuego lento; a continuación, añade la quinoa y deja que se haga a fuego lento, removiendo de vez en cuando, 15-20 minutos, hasta que el boniato esté tierno y mantenga su forma y la quinoa esté bien cocida. La quinoa debe haber doblado su tamaño y estar tierna.

3 | Añade las espinacas y la mantequilla de cacahuete. Cuando las espinacas se hayan ablandado, añade el zumo y la ralladura de limón y sazona con sal y pimienta al gusto. Reparte en dos cuencos para servir.

CONSEJOS

Es ideal para hacer de más y conservar. Duplica la cantidad y divídela en porciones individuales. Guárdalas en la nevera hasta 5 días o congélalas hasta 3 meses. Descongélalas en un cazo pequeño a fuego lento y cuece durante 10 minutos para que se calienten bien.

Puedes añadir más verduras o bien cambiarlas por otras, según lo que tengas en la nevera. Prueba a utilizar un puñado de guisantes, tirabeques o col rizada en lugar de espinacas.

COCER EL CUSCÚS

Preparación 5 minutos

Cocción 10 minutos

Raciones 4

El cuscús, básico en la cocina norteafricana, se elabora con bolitas de sémola. La mayoría del que hay en las tiendas es cuscús instantáneo: granos precocidos que solo hay que rehidratar con agua o caldo recién hervidos. Aunque es uno de los granos más fáciles de preparar, asegúrate de utilizar la proporción correcta de líquido: si hay demasiado, los granos quedan empapados. El cuscús, acompañamiento clásico de los tayines, también aporta textura a las ensaladas y rellenos, ya que absorbe el sabor de los ingredientes más fuertes.

200 g de cuscús
300 ml de caldo de pollo o de verduras recién hervido (ver p. 414) o comprado
30 g de mantequilla salada, en dados pequeños
sal y pimienta negra recién molida

1 | Pon el cuscús en un cuenco mediano resistente al calor y vierte encima el caldo caliente. Tápalo bien con film transparente o con un plato que se ajuste bien.

2 | Deja que el cuscús se cueza/rehidrate durante 5-10 minutos, hasta que se absorba el caldo y los granos se hagan gruesos, luego espárcelo con un tenedor y rocíalo con la mantequilla. Salpimienta al gusto y mezcla suavemente.

Cuscús royale

Preparación 20 minutos

Cocción 3 horas y 20 minutos

Raciones 4

Este suntuoso y festivo plato norteafricano lleva tres tipos distintos de carne, un lujo que en el pasado solo podían permitirse la nobleza y la realeza. Es un rico estofado de cordero y garbanzos con muslos de pollo asados y salchichas picantes de merguez, todo ello sobre una base de esponjoso cuscús.

3 cucharadas de aceite de oliva virgen extra, y un poco más para rociar
500 g de paletilla de cordero deshuesada, en trozos de 4 cm
1 cebolla, pelada y picada finamente
una pizca de sal, más para sazonar
1 cucharada de puré de tomate
1½ cucharadas de ras el hanout
2 cucharaditas de comino molido
una pizca de azafrán
1 rama de canela
½ cucharadita de pimienta de Cayena
lata de 400 g de tomates picados
1 zanahoria, pelada y en trozos de 5 cm de largo
1 calabacín, en trozos de 5 cm de largo
1 nabo, pelado y en trozos de 5 cm de largo
lata de 400 g de garbanzos escurridos
4 muslos de pollo con hueso y piel
4 salchichas de merguez
2 cucharadas de harissa rosa
100 g de yogur natural
1 receta de cuscús cocido (arriba)
1 puñado de perejil de hoja plana, picado
pimienta negra recién molida
(Sigue al dorso.)

1 | Calienta una cazuela grande o una sartén de base pesada a fuego medio-alto con 1 cucharada de aceite de oliva. Salpimienta el cordero, añade la mitad a la sartén y cuécelo 2 minutos por cada lado, hasta que se dore por todos los lados. Con una espumadera, retira el cordero y pásalo a un cuenco. Añade otra cucharada de aceite a la sartén y haz lo mismo con el cordero restante hasta que se dore.

2 | Pon el fuego a medio-bajo, añade el aceite restante con la cebolla y una pizca de sal y cuece 6-8 minutos, hasta que se ablande. Añade el puré de tomate y las especias secas. Cuece un minuto, removiendo.

3 | Vierte los tomates troceados y el agua que cabe en su lata. Añade la zanahoria y, a continuación, vuelve a echar el cordero y los jugos del bol. Deja que hierva a fuego lento, tapa, baja el fuego y cuece suavemente durante 1½ horas, removiendo de vez en cuando.

4 | Añade el calabacín a la cazuela con el nabo y los garbanzos. Cuece a fuego lento 1½ horas más, sin tapar, hasta que la salsa se espese y el cordero esté tierno. Remueve la salsa de vez en cuando para evitar que se pegue al fondo y añade un chorrito de agua, si es necesario. Sazona con sal y pimienta al gusto.

5 | Cuando al cordero le quede 1 hora de cocción, precalienta el horno a 200 °C (180 °C ventilador / Gas 6). Pon los muslos de pollo en una bandeja de horno, rocíalos con un poco de aceite, salpimiéntalos bien y ásalos durante 30 minutos.

6 | Retira la bandeja del horno, añade las salchichas merguez y vierte 1 cucharada de harissa, después remueve hasta que se mezclen y se cubran uniformemente. Ásalo otros 20 minutos, hasta que el pollo esté caramelizado y bien hecho.

7 | Mientras tanto, mezcla la harissa restante con el yogur.

8 | Para servir, pon el cuscús en cuatro platos y cubre con el estofado de cordero, un muslo de pollo y la salchicha. Esparce las hojas de perejil y sirve con una cucharada de yogur de harissa.

Cuscús a la mantequilla de azafrán con almendras y granada

Preparación
10 minutos

Cocción
15 minutos

Raciones
4-6 como guarnición

Esta receta de cuscús está aromatizada con azafrán, que se dice que es la especia más cara del mundo. El azafrán impregna el aliño mantecoso que perfuma el cuscús, mientras que las almendras tostadas y el tono frutal de la granada añaden un toque crujiente. Es una guarnición ideal para las chuletas de cordero a la parrilla (ver p. 112), sustituyendo la salsa vierge (ver p. 426) por el sjug (ver p. 445), más ácido.

200 g de cuscús
300 ml de caldo de verduras recién hervido (ver p. 414) o comprado
2 pizcas grandes de azafrán
100 g de mantequilla salada
3 dientes de ajo, finamente picados
½ cucharadita de comino molido
½ cucharadita de cilantro molido
zumo de 1 limón
1 puñado grande de hojas de cilantro, picadas finas
50 g de almendras tostadas en láminas (ver p. 288)
50 g de granos de granada
sal y pimienta negra recién molida

1 | Pon el cuscús en un bol grande resistente al calor. Mezcla el caldo de verduras con una pizca de azafrán y viértelo sobre el cuscús, remueve y tapa con un plato bien ajustado o con film transparente. Deja reposar de 5 a 10 minutos, hasta que se haya absorbido el caldo, y luego esponja los granos con un tenedor.

2 | Mientras tanto, prepara el aderezo. Pon la mantequilla y el ajo en un cazo pequeño a fuego medio-bajo y cuécelos, removiendo durante 3-4 minutos, hasta que notes el aroma del ajo. Retira la cacerola del fuego y añade el azafrán restante, el comino molido y el cilantro molido. Deja enfriar 5 minutos y añade el zumo de limón.

3 | Añade el cilantro al cuscús con la mayor parte de las almendras y los granos de granada, reservando algunos para servir. Mezcla bien, vierte tres cuartas partes del aderezo, salpimienta al gusto y vuelve a mezclar.

4 | Pon el cuscús en un plato de servir, vierte por encima el resto del aderezo y esparce por encima el resto de las almendras y los granos de granada.

CONSEJOS

El cuscús se conservará, tapado, hasta 3 días en la nevera.

Para hacer un plato más sustancioso, añade un puñado de tomates cherri picados, ¼ de pepino picado y ½ pimiento rojo cortado en dados.

HACER POLENTA

Preparación
5 minutos

Cocción
20 minutos

Raciones 4

Hecha con harina de maíz blanco o amarillo, la polenta es un ingrediente básico en el norte de Italia. La mayoría de la polenta que se vende es la instantánea, que está precocida y es mucho más rápida de preparar que la polenta tradicional, que puede tardar hasta 50 minutos. La polenta es un acompañamiento italiano clásico de guisos sustanciosos, a menudo en lugar del puré de patatas. Al igual que el puré, es ideal para mezclar con mantequilla y con queso.

1,25 litros de caldo de verdura o caldo de pollo (ver p. 414) o comprado
200 g de polenta instantánea
125 g de mantequilla salada, cortada en dados
100 g de queso parmesano o cheddar, rallado fino
sal y pimienta negra recién molida

1 | Lleva el caldo a ebullición en un cazo grande a fuego medio-alto. Vierte la polenta de forma regular, batiendo continua y enérgicamente con un batidor de globo para asegurarte de que no quede ningún grumo.

2 | Lleva la polenta a ebullición, reduce el fuego a bajo y cuece suavemente 15-20 minutos, removiendo regularmente hasta que esté blanda, suave y cremosa.

3 | Retira el cazo del fuego, añade la mantequilla y el queso y deja reposar durante 2-3 minutos, removiendo de vez en cuando con una cuchara de madera, hasta que se mezclen. Sazona con sal y pimienta al gusto.

Variante de la polenta

Chips y cuñas de polenta: puedes usar polenta para hacer chips (y cuñas), pero reduce la cantidad de caldo a 1 litro; también puedes hacerlos con la polenta sobrante. Vierte la polenta cocida en una fuente o bandeja de horno engrasada, de unos 2-4 cm de grosor. Cubre la superficie con film transparente y deja que se enfríe y cuaje. La polenta se puede enfriar en este punto para que se endurezca más y se pueda cocinar otro día.

Una vez cuajada, retira el film y vuelca la placa de polenta sobre una tabla de cortar. Córtala en trozos de 3 cm de ancho o en cuñas triangulares. Para cocerlos, ponlos en una bandeja de horno con papel de hornear, rocíalos generosamente con aceite de oliva y hornéalos durante 25 minutos, dándoles la vuelta a mitad del tiempo, hasta que estén crujientes y empiecen a tener color. También puedes calentar 2-3 cucharadas de aceite de oliva en una sartén y freírlas hasta que estén doradas y crujientes, unos 3-4 minutos por cada lado.

CONSEJO

Para aromatizar la polenta, puedes añadir romero picado, pasta de chipotle o pimentón ahumado picante o dulce.

Ragú de setas con polenta

Preparación
20 minutos

Cocción
2 horas

Raciones 4

Este sabroso ragú de setas se combina con polenta (izquierda) y se cubre con una pizca de gremolata (ver p. 443) para hacer un plato muy reconfortante. Como el ragú de setas es vegano, puedes sustituir la mantequilla y el queso de la polenta por alternativas vegetales, si lo prefieres. Para ahorrar tiempo, prepara el ragú de setas con hasta 2 días de antelación, y caliéntalo mientras preparas la polenta antes de servir.

20 g de setas boletus edulis
3 cucharadas de aceite de oliva
500 g de champiñones, cortados en cuartos
3 champiñones portobello, laminados
1 cebolla, pelada y picada finamente
2 ramas de apio, finamente picadas
1 zanahoria mediana, pelada y picada finamente
una pizca de sal, y más para sazonar
4 dientes de ajo, picados
1 cucharada de semillas de hinojo
1 cucharadita de copos de guindilla seca
1 cucharada de puré de tomate
250 ml de vino tinto
lata de 400 g de tomates de pera
500 ml de caldo de verduras o de pollo (ver p. 414) o comprado
pimienta negra recién molida
1 receta de polenta (izquierda) y gremolata (ver p. 443), opcional, para servir

1 | Pon los boletus secos en un cuenco pequeño y vierte 250 ml de agua caliente.

2 | Mientras tanto, calienta 2 cucharadas de aceite de oliva en una cacerola o cazuela grande a fuego fuerte. Añade los champiñones y los portobello y cuécelos durante 10-15 minutos, removiendo con regularidad, hasta que se ablanden y empiecen a caramelizarse; la mayor parte de la humedad debería haberse evaporado. Con una espumadera, vierte las setas en un cuenco.

3 | Pon el fuego a medio y añade el aceite restante con la cebolla, el apio, la zanahoria y una pizca de sal. Cúbrelo con la tapa y cuécelo durante 8-10 minutos, removiendo a menudo, hasta que se ablande. Añade el ajo, las semillas de hinojo y los copos de guindilla y cuece durante 2 minutos, luego añade el puré de tomate y cuece un minuto más.

4 | Saca los boletus del líquido de remojo y pícalos gruesos. Añádelos a la cazuela con tres cuartas partes del líquido de remojo, dejando la arenilla de las setas en el fondo del bol. Vierte el vino tinto y déjalo hervir suavemente durante 1 minuto antes de añadir los tomates de pera, el caldo y las setas cocidas.

5 | Lleva el ragú a ebullición, luego baja el fuego y cuece a fuego lento, tapado parcialmente con una tapa, durante 1 hora, hasta que espese. Sazona con sal y pimienta al gusto.

6 | Mientras tanto, sigue los pasos 1-3 de «Hacer polenta» (izquierda).

7 | Reparte la polenta en cuatro cuencos, cúbrela con el ragú de setas y sírvela espolvoreada con la gremolata, si quieres.

HACER GACHAS

Preparación
5 minutos

Cocción
5 minutos

Raciones 1

Lo mejor de las gachas de avena es que solo se necesitan dos ingredientes —avena y leche o agua— para preparar un desayuno nutritivo y asequible. Tanto la avena jumbo (copos enteros) como la de copos más finos sirven. Si utilizas avena jumbo, las gachas tendrán más textura, mientras que la más fina da como resultado una consistencia más suave y cremosa. Elige entre agua o leche, según lo ricas y cremosas que te gusten las gachas, o bien opta por hacer mitad y mitad. Así se obtienen las clásicas gachas espesas, pero si prefieres una consistencia más suelta, aumenta la cantidad de líquido a 350 ml. Termina las gachas con tus ingredientes favoritos (derecha).

50 g de copos de avena grandes o finos
300 ml de agua o leche de tu elección
una pizca de sal (opcional)
leche de tu elección, para servir

1 | Echa la avena en un cazo pequeño y vierte el agua o la leche que quieras. Añade una pizca de sal, si usas.

2 | Pon el cazo a fuego medio y cuece, removiendo regularmente con una cuchara de madera, durante 4-5 minutos, hasta que esté espesa y cremosa; la avena jumbo puede tardar un poco más en cocerse.

3 | Vierte las gachas de avena en una fuente, vierte un poco de leche y termina con la cobertura que prefieras.

Ideas de cobertura

1 cucharada de mermelada de frambuesa + 1 cucharada de mantequilla de cacahuete o de almendras o tahini

1 puñado de granola (ver p. 300) + fruta en rodajas de tu elección (pera, ciruela y plátano van bien) + un chorrito de miel fluida

1-2 cucharadas de azúcar moreno + un chorrito de nata
50 g de bayas congeladas + ½ cucharadita de canela molida + 1 cucharada de sirope de arce. Para hacer una compota rápida, pon los ingredientes en un bol resistente al calor y caliéntalos en el microondas en tandas de 30 segundos, removiendo después de cada una. También puedes calentar la mezcla de bayas en un cazo pequeño a fuego medio.

CONSEJO

Puedes cocer las gachas en un cuenco en el microondas. Pon la avena, el agua o la leche y la sal, si la usas, en un cuenco. Cuécelas en tandas de 30 segundos, removiendo después de cada una, hasta que la avena absorba la mayor parte del líquido y las gachas se hayan espesado.

1

2

3

Avena con bayas

Preparación
5 minutos
+ noche
en remojo

Sin cocción

Raciones 2

Este desayuno cremoso y saciante no requiere cocción, ya que la avena se deja en remojo toda la noche hasta que esté blanda e hinchada. Al mismo tiempo, las bayas se descongelan en la mezcla de avena, tiñendo el grano de un vibrante color rosado. Puedes usar agua o leche para la avena, o una combinación de mitad y mitad, según cómo te guste de rica y cremosa.

150 g de bayas variadas congeladas
100 g de copos de avena grandes o finos
300 ml de agua o leche de tu elección
una pizca de sal

Para servir
2 cucharadas de yogur griego, natural o una alternativa sin lactosa
2 cucharaditas de miel fluida o sirope de arce
2 cucharadas de semillas variadas tostadas (ver p. 288), opcional

1 | La noche antes, mezcla las bayas congeladas, las gachas de avena, el agua o la leche y una pizca de sal, si la usas, en un cuenco mediano; al principio parecerá bastante líquido, pero la avena absorberá gran parte de este líquido.

2 | Tapa el bol y deja la avena en remojo en la nevera durante toda la noche.

3 | Al día siguiente, reparte la avena remojada en dos cuencos para servir. Cubre con el yogur, la miel o el sirope de arce y las semillas tostadas, si quieres, para servir.

PASTA,
y

FIDEOS
DUMPLINGS

PASTA SECA

Este capítulo empieza con la pasta seca, un alimento básico imprescindible en muchas cocinas, y por una muy buena razón: la pasta tiene una larga vida útil y tarda menos de 15 minutos en cocerse, lo que la convierte en un elemento clave en la despensa cuando se quiere preparar una comida y se dispone de poco tiempo. La pasta seca se presenta en multitud de formas, tamaños y tipos.

La pasta de trigo duro es el tipo más popular y la hay con o sin huevo. El huevo le da un color más dorado y, según algunos, un sabor ligeramente más rico. Busca también pasta seca preparada con otros tipos de grano, como trigo sarraceno o arroz integral, e incluso legumbres, como lentejas rojas, soja o garbanzos. Además de ser nutritivas, no suelen contener gluten (revisa el envase), lo que es esencial para personas con intolerancia o alergia al trigo.

Una ración típica de pasta seca es de 75-100 g por persona, en función del tipo de salsa con que vayas a acompañarla... y del apetito que tengas.

Conservación

Guarda la pasta seca en un armario fresco y seco, en un paquete o recipiente cerrado.

COMBINAR LA PASTA CON LAS SALSAS

Combinar una forma de pasta seca (o fresca) con el tipo adecuado de salsa puede marcar la diferencia en el éxito de tu plato, ya que se complementan, en lugar de que una domine sobre la otra. Esta útil guía (abajo) te da algunos consejos para empezar. Encontrarás otras sugerencias de maridaje de salsa y pasta más adelante en el libro (ver pp. 235-38), con algunas recetas de salsas.

TIPO DE PASTA	FORMA	IDEAL CON...
Tubos gruesos y cortos	Penne, rigatoni, macarrones	Salsas cremosas densas, salsas de verduras, pesto, salsas de queso, boloñesa, platos al horno.
Tiras largas y finas	Espaguetis, linguini, capellini	Salsas ligeras a base de ajo y aceite, marisco, salsa de tomate, salsas cremosas ligeras, pesto.
Cintas anchas y largas	Pappardelle, tallarines	Ragús de carne robustos, salsas de tomate.
Conchiglie/espirales	Conchiglie, farfalle, trofie	Salsas cremosas densas, salsas de carne, salsas de tomate, pesto.
Láminas y tubos	Lasaña, canelones	Salsas de carne o tomate, salsas cremosas de queso y espinacas, platos al horno.
Formas pequeñas	Stellini, orzo, frégula	Pesto, sopas, caldos, ensaladas.
Pasta rellena	Ravioli, tortellini, tortelloni	Salsas a base de aceite y cremosas, salsas de marisco, salsas ligeras de tomate, caldos.

En el sentido de las agujas del reloj, desde arriba: macarrones, tallarines, linguini, penne, pappardelle, rigatoni y orzo (centro).

COCER LA PASTA SECA

Preparación
5 minutos

Cocción
15 minutos

Raciones 2

Cuando hagas pasta seca, asegúrate en primer lugar de que en la olla hay abundante agua con sal y que el agua sigue hirviendo rápidamente cuando se cuece la pasta. El agua debe estar generosamente salada, unas 2 cucharadas de sal por cada 4 litros de agua; se dice que debe estar tan salada como el mar. Remueve la pasta durante los primeros minutos para evitar que se apelmace y cuécela durante el tiempo que indica el paquete. Cuando esté cocida, la pasta debe estar tierna pero presentar una ligera resistencia, lo que se conoce como al dente.

200 g de pasta seca de tu elección
sal

1 | Vierte agua en una cacerola grande y honda y sálala bien. Cuando el agua hierva rápidamente a fuego medio-alto, echa la pasta; debe quedar sumergida completamente en una cantidad generosa de agua.

2 | Después de echar la pasta, lleva el agua de nuevo a ebullición y pon un temporizador. En los primeros minutos de cocción, remueve de vez en cuando para que la pasta no se apelmace ni se pegue.

3 | Hacia el final de la cocción, saca una taza de agua para añadirla después a la salsa; esto ayudará a diluirla y soltarla. Pon un colador en el fregadero y escurre la pasta cocida, luego úsala como más te guste.

1

2

3

Rigatoni con tomates cherri y mascarpone

Preparación
15 minutos

Cocción
1 hora

Raciones 4

Esta es una receta estupenda si cocinas para otros y quieres dejar las cosas listas de antemano. Solo tienes que asar la salsa de tomate el día antes, cocer la pasta antes de servirla y mezclarlo todo. En este caso, los rigatoni son la forma de pasta ideal, ya que la salsa cubre tanto el exterior como el interior, con lo que cada bocado está repleto de sabor.

1 cabeza de ajo, separada en dientes
6 cucharadas de aceite de oliva
800 g de tomates cherri madurados en rama
½-1 cucharadita de copos de guindilla seca, y un poco más para servir (opcional)
400 g de rigatoni
250 g de mascarpone
30 g de albahaca en hojas
zumo y ralladura fina de ½ limón sin encerar
50 g de piñones tostados (ver p. 288)
sal y pimienta negra recién molida
pan de ajo, para servir (opcional, pero delicioso)

1 | Precalienta el horno a 180 °C (160 °C ventilador / Gas 4).

2 | Pon la cabeza de ajo entera en una bandeja para asar de 30 x 20 cm, vierte 1 cucharada de aceite de oliva y tapa bien la bandeja con papel de aluminio. Ásala durante 15 minutos; empieza a asar los ajos antes que los tomates para que los dientes tengan tiempo de estar blandos y confitados.

3 | Añade los tomates cherri, los copos de guindilla y el aceite de oliva restante a la bandeja de asar (todo debe caber perfectamente en una sola capa). Tápalo bien con papel de aluminio y ásalo durante 30 minutos, hasta que los tomates empiecen a reventar y el ajo esté muy blando.

4 | Exprime los dientes de ajo de sus pieles sobre una tabla de picar, luego utiliza el dorso de un cuchillo de cocina para aplastarlos y hacer un puré áspero. Vuelve a poner el ajo en los tomates de la bandeja.

5 | Sigue los pasos 1-3 de «Cocer la pasta seca» (izquierda), con 400 g de rigatoni para cuatro personas.

6 | Una vez cocida la pasta, escúrrela, reservando una taza del agua de cocción. Vuelve a echar la pasta en la cacerola a fuego medio. Añade el mascarpone con el agua de cocción de la pasta y remueve bien hasta obtener una salsa. Incorpora suavemente los tomates asados con ajo y la mayor parte de la albahaca, reservando un poco para servir.

7 | Añade el zumo y la ralladura de limón, y salpimienta al gusto.

8 | Reparte la pasta en cuatro platos. Pon por encima las hojas de albahaca restantes, los piñones y, si quieres, un poco más de guindilla. Sirve con pan de ajo, si lo utilizas.

Orzotto de salchicha, nata y mostaza

Preparación
10 minutos

Cocción
25 minutos

Raciones 2

Esta es una forma estupenda de cocinar la pasta orzo, tratándola del mismo modo que tratarías el arroz arborio de grano corto en un risotto, de modo que en lugar de hervirla por separado y añadirla a la salsa, todo se cuece junto en una sartén. Tiene un acabado mucho más sedoso que el arroz y combina bien con la salsa cremosa de mostaza y salchichas.

1 cucharada de aceite de oliva virgen extra
6 salchichas de cerdo
1 cebolla, pelada y cortada en rodajas finas
3 dientes de ajo, pelados y cortados en láminas finas
200 g de pasta orzo seca
150 ml de vino blanco seco
750 ml de caldo de pollo caliente (ver p. 414) o comprado
1½ cucharadas de mostaza integral
100 ml de nata líquida
1 puñado grande de hojas de perejil de hoja plana, finamente picadas
40 g de queso parmesano, rallado fino, para servir
sal y pimienta negra recién molida

1 | Calienta el aceite de oliva en una sartén mediana de lados altos a fuego medio-alto. Con un cuchillo pequeño y afilado, parte la piel de las salchichas, luego desmenuza la carne en trozos pequeños directamente en la sartén, desechando la piel. Añade la cebolla y sofríe, removiendo a menudo, durante 4-5 minutos, hasta que las salchichas y la cebolla estén doradas y caramelizadas.

2 | Añade el ajo y cuece un minuto más, antes de echar el orzo. Remueve bien para cubrir el orzo con la mezcla de aceite. Vierte el vino y deja que hierva suavemente durante 2 minutos, removiendo. No te preocupes si el orzo se pega un poco al fondo de la sartén en este momento, se soltará durante la cocción.

3 | Vierte la mitad del caldo caliente y ponlo a hervir a fuego lento. Cuece, removiendo de vez en cuando, durante 6-7 minutos, hasta que el caldo casi se haya absorbido. Sigue echando más caldo, un cucharón cada vez, añadiendo más cuando se absorba, y cuece otros 5-6 minutos, hasta que el orzo esté *al dente*.

4 | Añade la mostaza, la nata y el perejil, y cuece a fuego lento durante 2-3 minutos, hasta que espese ligeramente y se reduzca. Sazona con sal y mucha pimienta negra. Repártelo en cuatro cuencos y espolvorea el parmesano por encima para servir.

Espaguetis a la putanesca

Preparación
5 minutos

Cocción
30 minutos

Raciones 2

Originario de Nápoles, este plato clásico puede hacerse con tomates frescos o en conserva, pero como se trata de una receta de despensa, los de conserva parecen más adecuados aquí. Lo que se da por supuesto es el toque salado de las alcaparras, las anchoas y las aceitunas. Los espaguetis tienen la forma perfecta para la salsa de tomate.

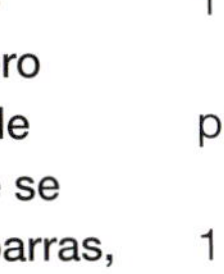

lata de 50 g de anchoas en aceite de oliva
1 cebolla roja pequeña, pelada y picada finamente
una pizca de sal, y un poco más para sazonar
2 dientes de ajo grandes, pelados y cortados en láminas finas
¼-½ cucharadita de copos de guindilla seca
1 cucharada de puré de tomate
lata de 400 g de tomates de pera
200 g de espaguetis secos
1 cucharada de alcaparras escurridas
1 puñado de aceitunas negras sin hueso, escurridas y cortadas en rodajas
1 puñado grande de perejil de hoja plana, hojas y tallos picados groseramente
pimienta negra recién molida

1 | Vierte el aceite de las anchoas en una sartén mediana a fuego medio. Añade la cebolla con una pizca de sal. Cuécela, removiéndola regularmente, durante unos 8 minutos, hasta que se ablande.

2 | Añade las anchoas, el ajo y los copos de guindilla y cuece, removiendo, durante 2 minutos, hasta que las anchoas se deshagan en el aceite y el ajo esté ligeramente dorado; luego añade el puré de tomate. Cuece, removiendo, durante un minuto más.

3 | Añade los tomates de pera a la sartén y, con el dorso de una cuchara de madera o un machacador de patatas, tritúralos hasta hacerlos pedacitos. Lleva la salsa a ebullición, luego baja el fuego y déjala burbujear suavemente durante 15 minutos, removiendo de vez en cuando.

4 | Remueve las alcaparras y las aceitunas negras en la salsa para que se calienten bien, y luego sazona con sal y pimienta al gusto. Es poco probable que necesite sal, solo abundante pimienta negra.

5 | Cuando la salsa lleve cociéndose 5 minutos, sigue los pasos 1-3 de «Cocer la pasta seca» (ver p. 226), utilizando 200 g de espaguetis secos, pero en lugar de escurrir la pasta en un colador, utiliza unas pinzas para pasarla directamente a la salsa en la sartén. Guarda una taza del agua de cocción.

6 | Añade el perejil a la salsa y remuévelo todo junto añadiendo suficiente agua de cocción de la pasta reservada para que se suelte. Reparte la pasta en dos cuencos y disfruta.

PASTA FRESCA

Si quieres mejorar tu técnica de cocinar la pasta, hacer tu propia pasta fresca es más que satisfactorio y, lo que es más importante, muy asumible. La masa se elabora con unos pocos ingredientes —harina 00, huevos y un poco de sal (algunos prefieren omitir esta última)— y, siguiendo las instrucciones que tienes a continuación, podrás transformarlos en una bola de masa suave y sedosa, lista para amasar, estirar y darle forma. Es importante usar el tipo de harina adecuado: la 00 es una harina de trigo blanco fuerte finamente molida y da como resultado una masa de textura suave, pero es posible utilizar harina de pan o harina común, si te es más cómodo, aunque el resultado será algo distinto. Lo primero es decidir si la masa se hace a mano o con la ayuda de un robot de cocina: tú decides, y aquí tienes instrucciones para ambos métodos. Con uno u otro, la textura será ligeramente distinta, pero, como tantas cosas, es cuestión de gustos. Obviamente, el método mecánico es más rápido, pero si lo haces a mano sentirás realmente la textura de la pasta.

Conservación
La pasta fresca se conserva 1 día envuelta en la nevera, y se puede congelar hasta 3 meses.

HACER LA MASA DE LA PASTA FRESCA

Preparación 20 minutos + reposo

Sin cocción

Raciones 2

Hay muchas recetas para la masa de pasta fresca, algunos recomiendan utilizar sémola con la harina 00, mientras que otros optan por yema de huevo o solo huevo entero. Tras muchas pruebas, esta es la que funciona mejor, tanto por su sencillez como por su sabor: las yemas añaden riqueza y sabor, mientras que el huevo entero actúa como aglutinante. Y lo que es más importante, busca harina 00, la harina italiana de trigo blanco fino tiene el nivel perfecto de gluten para una pasta fresca perfecta.

150 g de harina 00
1 huevo entero
2 yemas de huevo (ver «Separar huevos» en la p. 32)
pizca de sal

1 | En una superficie de trabajo grande y limpia, tamiza la harina hasta formar un montón y haz un hueco de 15 cm en el centro. Echa el huevo entero en el hueco, seguido de las yemas. Añade una pizca de sal y, con un tenedor, bate ligeramente los huevos hasta que se mezclen. Incorpora gradualmente un poco de harina de la pared del hueco y mezcla hasta que quede una pasta espesa en el centro.

2 | Sigue mezclando más harina, poco a poco, para incorporarla a los huevos hasta que tengas una masa dura y desgreñada. Llegados a este punto, parecerá muy áspera y seca, pero no te asustes.

3 | Con una rasqueta o las manos limpias, empieza a formar una bola con la masa. Amasa con un movimiento firme y constante, dándole un cuarto de vuelta con una mano, mientras presionas hacia abajo y hacia delante con la base de la otra mano, hasta que notes la masa suave y elástica. Esto te llevará unos 10 minutos. (Si la masa está demasiado seca al amasarla, mójate las manos en lugar de la masa, o si está demasiado húmeda, añade un poco más de harina).

4 | Envuelve la bola de masa en film transparente y déjala reposar al menos 1 hora para que se ablande antes de pasarle el rodillo y estirarla.

CONSEJOS

Para hacer la masa a máquina, pon la harina, el huevo, las yemas y la sal en el bol del robot de cocina y bate hasta que tengas una masa homogénea. Echa la masa en una superficie de trabajo y amásala según las instrucciones (izquierda).

La masa de la pasta puede hacerse el día anterior a su uso y guardarse envuelta en la nevera durante toda la noche.

Reserva las claras al separar los huevos para hacer la pavlova Selva Negra *(ver p. 400)**.*

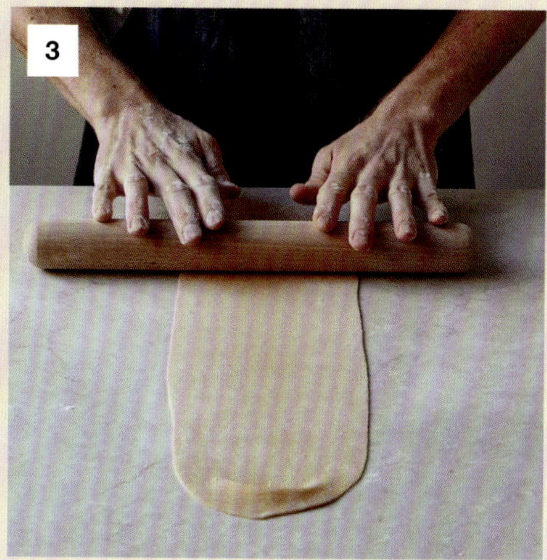

ESTIRAR LA PASTA A MANO

Preparación 40 minutos + reposo

Sin cocción

Raciones 2

Con un poco de esfuerzo, paciencia y un rodillo, no es difícil estirar pasta fresca a mano, en lugar de utilizar una máquina. No es una técnica difícil de dominar, pero conviene que trabajes con rapidez para evitar que la pasta se seque.

1 receta de masa de pasta fresca (ver p. 230)
harina 00, para espolvorear la encimera

1 | Sigue los pasos 1-4 de «Hacer la masa de la pasta fresca» (ver p. 230). Saca la masa de la nevera, desenvuélvela y córtala por la mitad. Toma un trozo de masa, colócalo sobre una superficie de trabajo ligeramente enharinada y aplástalo ligeramente con los dedos hasta formar un disco. Envuelve el otro trozo de masa para evitar que se seque, pero déjalo a temperatura ambiente.

2 | Enharina ligeramente el disco de masa y presiónalo hasta formar un rectángulo limpio, listo para extenderlo.

3 | Enharina ligeramente un rodillo y, a continuación, estira la pasta con cuidado y uniformemente hasta formar un rectángulo alargado, girando regularmente la masa hasta que tenga unos 15 cm de ancho y 3 mm de grosor. Espolvorea la parte superior con harina si se pega. Repite la operación con el trozo de masa restante.

4 | Si haces pasta rellena, como los raviolis (ver p. 236), puedes utilizarla enseguida, pero para otras formas, como los pappardelle (ver p. 234), deja que se seque un poco, colocando las tiras largas sobre una percha limpia forrada de papel de horno durante 1 hora. Pon las formas de pasta más pequeñas en una bandeja espolvoreada con sémola o polenta a temperatura ambiente durante 1 hora para que se sequen.

ESTIRAR LA PASTA CON UNA MÁQUINA

Preparación 30 minutos + reposo

Sin cocción

Raciones 2

Hay dos tipos de máquinas para hacer pasta, manuales y eléctricas. Son fáciles de conseguir y relativamente económicas. Pueden ser de gran ayuda si vas a hacer pasta fresca con frecuencia, y dan como resultado una masa más suave y sedosa.

1 receta de masa de pasta fresca (ver p. 230)
harina 00, para espolvorear la encimera

1 | Sigue los pasos 1-4 de «Hacer la masa de la pasta fresca» (ver p. 230). Saca la masa de la nevera, desenvuélvela y córtala por la mitad. Toma un trozo de masa y presiona con la palma de la mano sobre una superficie de trabajo ligeramente enharinada hasta formar un rectángulo de 1 cm de grosor. Espolvoréalo todo con harina. Envuelve el otro trozo de masa para evitar que se seque, pero déjalo a temperatura ambiente. Sujeta firmemente la máquina de hacer pasta a la encimera y enharina los rodillos y la superficie de trabajo frente a la máquina. Coloca el rodillo de pasta en su posición más ancha (lee las instrucciones del fabricante de tu máquina, ya que pueden variar), y pasa la pasta.

2 | Dobla la pasta por la mitad y pásala de nuevo por el rodillo. Si pasas la pasta dos veces por la máquina en este punto, obtendrás una masa más sedosa.

3 | Reduce el ajuste una muesca para que los rodillos queden ligeramente más juntos, y pasa la pasta. Repite la operación, reduciendo el ajuste una muesca cada vez, hasta que hayas enrollado la pasta desde el ajuste más ancho de la máquina hasta el penúltimo. Cuando la pasta sea más larga y fina, enharínala bien y manipúlala con cuidado. Enharina bien la pasta y déjala a un lado. Repite la operación con el trozo de pasta restante. Ahora deberías tener dos láminas oblongas largas y finas de pasta, de unos 15 cm de ancho y 3 mm de grosor. Puedes recortar los bordes de pasta para arreglarlos.

4 | Si haces pasta rellena, como los raviolis (ver p. 236), puedes utilizarla enseguida, pero para otras formas, como los pappardelle (ver p. 234), deja que se seque un poco, colocando las tiras largas sobre una percha limpia forrada de papel de horno durante 1 hora. Pon las formas de pasta más pequeñas en una bandeja espolvoreada con sémola o polenta a temperatura ambiente durante 1 hora para que se sequen.

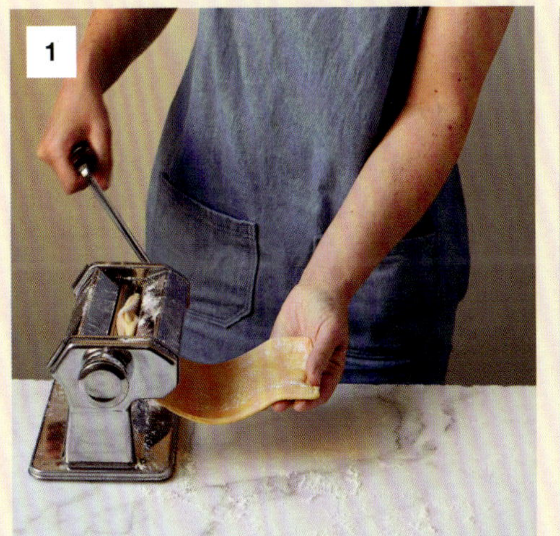

CORTAR LA PASTA FRESCA

Preparación 50 minutos + reposo

Sin cocción

Raciones 2

Puedes hacer cualquier forma de pasta con tu masa fresca estirada, pero esta receta es para pappardelle, que es la forma ideal para cortar a mano. No importa si las tiras largas y anchas de pasta están algo ásperas, ya que esto incluso aumentará su atractivo aspecto casero. Asegúrate de espolvorear la superficie de trabajo con harina para evitar que la pasta se pegue.

1 receta de masa de pasta fresca (ver p. 230)
100 g de sémola o polenta
harina 00, para espolvorear la encimera

1 | Sigue los pasos 1-4 de «Hacer la masa de la pasta fresca» (ver p. 230). Sigue los pasos 1-4 de «Estirar la pasta a mano» (ver p. 232) o «Estirar la pasta con una máquina» (ver p. 233), según prefieras. Esparce la sémola o la polenta en una fuente de horno de 30 x 20 cm de profundidad. La sémola evita que las tiras de pasta se peguen entre sí. Toma las láminas de pasta fresca enrolladas y corta cada una por la mitad, de modo que tengas 4 piezas rectangulares de unos 30 x 15 cm cada una.

2 | Toma un rectángulo de masa y colócalo sobre una superficie de trabajo enharinada con uno de los lados más cortos hacia ti. Espolvorea la parte superior con un poco más de harina y, a continuación, enróllalo formando una espiral.

3 | Coloca la masa enrollada sobre una tabla de cortar y córtala en tiras de 3 cm de ancho. Desenróllala, pon las tiras largas de pasta en la fuente de horno y pásalas bien por la sémola o la polenta. Repite la operación con el resto de la pasta. Cúbrela con un paño limpio.

CONSEJO

Para cocer la pasta fresca, pon a hervir una cacerola grande con agua y añade abundante sal. Añade la pasta fresca a la cacerola, remueve y cuece durante 1-2 minutos, dependiendo de su grosor y forma, hasta que esté tierna y de color claro. Todavía debe conservar un poco de firmeza. En caso de duda, ¡prueba un trozo!

Pasta alla norma con pappardelle

Preparación 1 hora y 5 minutos + reposo

Cocción 35 minutos

Raciones 2

Esta salsa se elabora con tomates, ajo y berenjena cocidos a fuego lento, y funciona de maravilla con las tiras largas y anchas de los pappardelle frescos, ya que su textura y forma hacen que la salsa se adhiera y cubra la pasta.

1 receta de masa de pasta fresca (ver p. 230) o 200 g de pappardelle frescos comprados
1 puñado de hojas de albahaca
30 g de queso parmesano o alternativa vegetariana, rallado fino

Para la salsa
1 berenjena, cortada en trozos de 3 cm
3 cucharadas de aceite de oliva virgen extra
una pizca de sal y otra de pimienta negra recién molida, y un poco más para sazonar
3 dientes de ajo, cortados en láminas finas
½ cucharadita de copos de guindilla seca
lata de 400 g de tomates de pera

1 | Sigue los pasos 1-4 de «Hacer la masa de la pasta fresca» (ver p. 230). Sigue los pasos 1-4 de «Estirar la pasta a mano» (ver p. 232) o «Estirar la pasta con una máquina» (ver p. 233), según prefieras.

2 | Sigue los pasos 1-5 de «Cortar la pasta fresca» (izquierda). Tapa los pappardelle y déjalos secar a temperatura ambiente mientras preparas la salsa.

3 | Pon los trozos de berenjena en un cuenco mediano con 1 cucharada de aceite de oliva y una buena pizca de sal y pimienta, y mézclalo bien.

4 | Calienta una sartén grande y honda a fuego medio-alto. Añade la berenjena y fríela durante 4-5 minutos, removiéndola de vez en cuando, hasta que se ablande y empiece a tomar color.

5 | Pon el fuego a medio-bajo y aparta la berenjena a un lado de la sartén. Vierte el aceite restante en el hueco, añade el ajo y sofríe durante 2 minutos, luego añade los copos de guindilla y los tomates de pera con media lata de agua tibia. Utiliza el borde de una cuchara de madera para romper ligeramente los tomates y sazónalos con sal y pimienta.

6 | Mezcla la berenjena con los tomates y lleva la salsa casi a ebullición. Baja el fuego y cuece a fuego lento durante 30 minutos, hasta que la salsa se haya reducido y espesado y la berenjena esté muy blanda.

7 | Para cocer la pasta, sigue las instrucciones del Consejo (izquierda). Con unas pinzas, saca con cuidado la pasta de la cacerola y ponla directamente en la sartén. Mezcla la pasta con la salsa, añadiendo un cucharón del agua de cocción de la pasta si la salsa está demasiado espesa. Reparte en dos platos y cubre con las hojas de albahaca y el queso rallado, para servir.

RAVIOLIS DE RICOTTA Y ESPINACAS AL LIMÓN

Preparación
55 minutos
+ reposo

Raciones
2 como entrante

La pasta fresca puede rellenarse con todo tipo de ingredientes, desde carne y marisco hasta esta versión vegetariana, con un toque de limón, la clásica ricotta y espinacas. Los raviolis son quizá la forma de pasta rellena más conocida, pero una vez que la domines, prueba a experimentar con otras diferentes: hay tutoriales muy buenos en internet que te ayudarán. Necesitarás una manga pastelera pequeña.

1 receta de masa de pasta fresca (ver p. 230)
150 g de queso ricotta
2 bolas de espinacas picadas congeladas, descongeladas y escurridas
1 diente de ajo pequeño, pelado y machacado
ralladura de nuez moscada fresca
zumo y ralladura fina de ½ limón sin encerar
75 g de sémola o polenta
sal y pimienta negra recién molida

1 | Sigue los pasos 1-4 de «Hacer la masa de la pasta fresca» (ver p. 230). Mientras la masa reposa, prepara el relleno. En un bol pequeño, bate la ricotta, las espinacas, el ajo, la nuez moscada, la ralladura de limón y el zumo de un limón. Sazona con abundante sal y pimienta. Introduce el relleno en una manga pastelera pequeña.

2 | Sigue los pasos 1-4 de «Estirar la pasta a mano» (ver p. 232) o «Estirar la pasta con una máquina» (ver p. 233), según prefieras. Esparce la sémola o la polenta en una bandeja de horno grande formando una capa uniforme. Enharina ligeramente la superficie de trabajo y coloca las dos hojas de pasta extendidas horizontalmente frente a ti, colocándolas una delante de la otra. Corta el extremo de la manga pastelera y vierte 6 nueces de ricotta, del tamaño de 1 cucharada sopera grande, en la hoja de pasta más cercana a ti, asegurándote de que quede un espacio de 6-8 cm entre cada una de ellas.

3 | Ten a un lado un cuenco con agua fría. Sumerge un dedo en el cuenco de agua fría y humedece la pasta alrededor de cada una de las nueces de ricotta.

4 | Sitúa encima la segunda lámina de pasta y, con los lados de las manos, moldea suavemente la capa superior de pasta alrededor del relleno, eliminando todo el aire posible y presionando las dos láminas de pasta hasta que queden bien pegadas.

5 | En este punto, puedes utilizar un cortador circular de 10 cm, como aquí, para hacer discos redondos o un cuchillo o cortapastas para cortar los raviolis en 6 cuadrados.

6 | Pasa los raviolis cortados a la bandeja de horno espolvoreada con sémola, dejando espacio suficiente alrededor de cada uno. Esparce un poco más de sémola por encima y déjalos 30 minutos, hasta que estén ligeramente secos y más firmes.

7 | Cuando estén secos, ya puedes cocinar y servir tus raviolis rellenos. Ver los raviolis con salsa de mantequilla marrón y avellanas (p. 238). La pasta rellena se conservará tapada en la nevera hasta un día. También puedes congelarla hasta 3 meses.

CONSEJOS

Si los sirves como plato principal, duplica la cantidad, tanto de pasta como de relleno.

Guarda los recortes de pasta fresca para servirlos con la salsa de tomate sencilla (ver p. 422). Se conservan hasta 3 días en la nevera en un recipiente hermético con polenta o sémola abundante para evitar que se peguen.

1
2
3
4
5
6

Raviolis con salsa de mantequilla marrón y avellanas

Preparación
1 hora
+ reposo

Cocción
15 minutos

Raciones
2 como entrante

Esta es la receta ideal para empezar a hacer raviolis desde cero. Con un relleno cremoso de requesón y espinacas y un toque de limón, se sirven bañados en una salsa de mantequilla marrón con crujientes avellanas picadas. ¡Es un plato que te hará sentir como un genio de la cocina!

1 receta de raviolis de ricotta y espinacas al limón (ver p. 236)
50 g de mantequilla salada
30 g de avellanas picadas
1 puñado de hojas de albahaca
un chorrito de zumo de limón, al gusto
sal y pimienta negra recién molida
30 g de queso parmesano finamente rallado, para servir

1 | Sigue los pasos 1-6 de los raviolis de ricotta y espinacas al limón (ver p. 236).

2 | Derrite la mantequilla en un cazo pequeño a fuego medio-alto. Cuece durante 4-5 minutos, removiendo regularmente, hasta que la mantequilla adquiera un color marrón intenso y huela a nuez (ver p. 51). Retira el cazo del fuego e incorpora las avellanas picadas.

3 | Para cocer los raviolis, vierte agua recién hervida en una cacerola mediana y honda. Sazona con sal generosamente y vuelve a llevar el agua a ebullición. Forra una bandeja de horno con papel de cocina.

4 | Cuando el agua esté hirviendo, añade con cuidado los raviolis y cuécelos 1-2 minutos; deben flotar en la superficie cuando estén cocidos. Con una espumadera, pásalos a una bandeja forrada con papel de horno —así evitas que se encharquen— y repártelos en dos platos de servir.

5 | Añade un chorrito de zumo de limón a la mantequilla marrón, bate para mezclar y vuelve a calentar un poco, si es necesario. Vierte la salsa con una cuchara sobre los raviolis, cubre con hojas de albahaca y parmesano rallado, para servir.

CONSEJO

Esta salsa rica y mantecosa también funciona con pasta larga, como linguini y espaguetis, frescos o secos. En lugar de las avellanas, puedes esparcir por encima nueces tostadas picadas (ver p. 288) y espolvorear con perejil fresco.

FIDEOS SECOS

Hay una gran variedad de fideos secos, y con todos puedes preparar platos sencillos y sabrosos en pocos minutos. Solemos asociarlos con China, pero podemos encontrar otros tipos en muchas partes del mundo, desde Europa del este hasta Japón. Se elaboran con distintos ingredientes, normalmente en función de su origen, y en multitud de grosores. Así, en la cocina vietnamita encontrarás fideos de arroz de textura suave y sedosa, mientras que en China hay fideos de trigo más firmes o hechos con huevo. En Japón, son populares los fideos soba hechos con harina de trigo sarraceno y los gruesos y resbaladizos udon de trigo, pero esta solo es una pequeña muestra de su gran variedad. Del mismo modo, hay multitud de formas de preparar y servir los fideos: fríos, calientes, en caldo o salsa, fritos y crujientes, salteados...

Conservación

Guárdalos en un armario fresco y seco, en un paquete o recipiente cerrado. Comprueba la fecha de caducidad.

TIPO DE FIDEOS	FORMA	IDEALES...
Fideos de trigo	Finos, medianos, gruesos, planos, redondos, cortados a cuchillo, udon, somen, ramen, chow mein	Caldo, salteados, olla mongola, ramen japonés, en aderezo de aceite picante, estofados, curri.
Fideos de huevo	Finos, medianos, gruesos, planos, redondos	Salteados, fritos, fritos hasta estar crujientes, con salsa, en ensaladas.
Fideos de arroz	Vermicelli, finos, medianos, cinta gruesa, redondos, planos, ho fun	Ensaladas tailandesas, *pad Thai*, *pho* vietnamita, sopas, salteados, rollitos de verano, fritos y crujientes.
Fideos de trigo sarraceno (soba)	Finos, medianos, planos, redondos	Sopas, caldos, salteados al estilo japonés, calientes o fríos con salsa para mojar.
Fideos celofán o de cristal (a base de judías mungo o fécula de boniato o patata)	Vermicelli, finos, medianos, gruesos, redondos, planos, láminas de judías mungo	Sopas, caldos, salteados, olla mongola, rollitos de primavera, ensaladas, fritos y crujientes.

En el sentido de las agujas del reloj, desde arriba: fideos de arroz vermicelli, fideos de trigo sarraceno (soba), fideos finos de huevo, udon redondo grueso, udon plano, fideos planos de trigo, fideos medianos de huevo y fideos planos de arroz (centro).

COCER LOS FIDEOS SECOS

Preparación
5 minutos

Cocción
5 minutos

Raciones 4

La preparación y cocción de los fideos secos es muy parecida a la de la pasta seca: necesitas una olla con abundante agua hirviendo con sal para que los fideos tengan espacio para separarse y expandirse. Agitar un poco el cazo después de meter los fideos ayuda a separarlos y evita que se peguen entre sí. Los tiempos de cocción pueden variar según el tipo y el grosor de los fideos, así que consulta las instrucciones del paquete. Esta receta utiliza fideos de trigo secos, que son la base del plato de ramen de la página siguiente. Los fideos secos de arroz son quizá el tipo más rápido de cocinar. Se sumergen durante 2-3 minutos en agua recién hervida, antes de escurrirlos y servirlos.

250 g de fideos secos de trigo

1 | Pon a hervir un cazo grande con agua ligeramente salada. Saca los fideos del paquete y échalos en el agua hirviendo.

2 | Remueve bien en el primer minuto para que no se peguen. Comprueba las instrucciones del tiempo de cocción del paquete: suele ser entre 3 y 5 minutos.

3 | Cuando estén tiernos, escurre bien los fideos en un colador metálico y sírvelos enseguida o resérvalos para más tarde, refrescándolos bajo un chorro de agua fría hasta que se enfríen y para evitar que se peguen.

Ramen de pollo con miso y maíz

Preparación 15 minutos

Cocción 10 minutos

Raciones 4

Esta es una versión simplificada del popular caldo de fideos japonés, pero sigue utilizando los sabores básicos del miso y la salsa de soja para añadir riqueza e intensidad. Los fideos secos de trigo aportan sustancia al plato, que también utiliza restos de pollo asado (ver p. 70) como aderezo. Si no tienes a mano restos de pollo, puedes comprarlo en la tienda, pero asegúrate de que la carne tenga piel. Al volver a freír el pollo, la piel queda crujiente y dorada (ver Consejo, más abajo), lo que contrasta con la textura blanda de los fideos, las hierbas y las verduras. Experimenta con tus propios aderezos, sobre todo si no comes pollo; con un huevo pasado por agua (ver p. 18) y verduras, como verduras de hoja verde, brócoli y espárragos, también están deliciosos. Puedes utilizar caldo de verduras (ver p. 414) en lugar del de pollo.

2 cucharadas de aceite vegetal
300 g de sobras de pollo asado (ver p. 70) o comprado, desmenuzado en trozos pequeños
2 dientes de ajo, pelados y picados finamente
un trozo de 4 cm de raíz de jengibre fresco, pelado y picado finamente
4 cucharadas de pasta de miso blanco
4 cucharadas de salsa de soja oscura
2 cucharadas de vinagre de vino de arroz
250 g de fideos secos de trigo
1,5 litros de caldo de pollo (ver p. 414) o comprado, recién hervido
4 cebolletas, cortadas en rodajas finas
lata de 340 g de maíz dulce escurrido
200 g de brotes de soja
1 puñado de hojas de cilantro
aceite de guindilla crujiente (ver p. 452) o comprado, para servir

1 | Calienta el aceite vegetal en una sartén grande y honda o en un wok a fuego medio-alto. Fríe el pollo durante 5-6 minutos, removiéndolo regularmente, hasta que esté crujiente y caramelizado. Añade el ajo y el jengibre y cuece otros 2 minutos. Retira del fuego y mezcla el miso, la salsa de soja y el vinagre de arroz.

2 | Cuece los fideos según los pasos 1-3 (izquierda), luego repártelos en cuatro cuencos hondos.

3 | Reparte el caldo caliente en los cuencos y remueve suavemente para que se suelten los fideos. Cubre los cuencos con cebolletas, maíz y brotes de soja.

4 | Añade en los cuenco un poco del pollo crujiente y su salsa. Luego espolvorea con hojas de cilantro y un chorrito de aceite de guindilla crujiente, si quieres.

CONSEJO

Si te sobra piel de la carne de pollo cocida, ponla en una capa uniforme en una bandeja de horno y ásala en el horno a 200 °C (180 °C ventilador / Gas 6) unos 15-20 minutos, hasta que esté crujiente. Desmenúzala y ponla sobre el ramen justo antes de servir.

FIDEOS FRESCOS

Chinos e italianos discuten sobre quién inventó los fideos, pero unos y otros han estado comiéndolos desde hace siglos. Como sus equivalentes secos, podemos encontrar fideos frescos de una gran variedad de tipos (trigo, huevo, arroz, trigo sarraceno) y grosores, desde superfinos hasta cintas gruesas, listos para usar en caldos, estofados, salteados o para acompañar como una guarnición. Satisfactoriamente sedosos y gomosos, con una agradable flexibilidad, los fideos frescos no son tan difíciles de hacer como crees (ver más abajo), así que merece la pena probarlos. Y además solo tardan unos minutos en cocerse.

Conservación
Los fideos frescos se conservan envueltos en la nevera hasta 1 día. También se pueden congelar hasta 3 meses.

BIANGBIANG (FIDEOS ESTIRADOS A MANO)

Preparación 20 minutos + reposo

Cocción 5 minutos

Raciones 4

Muy populares en toda China, estos fideos frescos, anchos y en forma de cinturón, estirados a mano, también se conocen como biangbiang. De textura gruesa y masticable, los fideos de trigo deben su nombre al satisfactorio sonido que hace la masa al golpearla contra la superficie de trabajo mientras se estira y se tira de ella hasta convertirla en fideos. Una vez estirados, los fideos se sumergen inmediatamente en agua hirviendo para cocerlos rápidamente durante 2 minutos, antes de servirlos con un sabroso aderezo y aromatizantes frescos. Pueden parecer difíciles de hacer, pero una vez que dominas la técnica son realmente sencillos, y la buena noticia es que no requieren ninguna herramienta especial, aparte de un palillo. El principal requisito es tener tiempo para amasar y dejar reposar la masa. La paciencia es definitivamente una virtud aquí, ya que la masa necesita al menos 2 horas de reposo hasta que esté blanda y flexible, lista para estirarla.

500 g de harina normal, y un poco más para espolvorear
una pizca de sal
2 cucharadas de aceite vegetal, para la capa exterior

1 | Mezcla la harina y la sal en un bol grande. Vierte poco a poco 250 ml de agua hasta obtener una masa áspera. Amásala sobre una superficie enharinada unos 2-3 minutos, hasta que esté blanda. Tapa el cuenco con film o un paño limpio y deja reposar 30 minutos.

2 | Tras el reposo, vuelve a trabajar la masa hasta que quede lisa, y luego divídela en 4 bolas. Tápalas y déjalas reposar 1 hora más. Estira las bolas formando óvalos de 1 cm de grosor, del tamaño de la palma de la mano. Cubre cada uno de ellos generosamente con aceite, luego tápalos y déjalos reposar en una bandeja de horno forrada durante otra hora.

3 | Para formar los fideos, pasa horizontalmente un palillo por el centro de uno de los trozos ovalados de masa para hacer una hendidura.

4 | Sujetando cada extremo de la masa, estírala, trabajando desde el centro para alargarla, golpeándola contra la superficie de trabajo para ayudar a alargarla.

5 | Cuando la masa mida aproximadamente 1 metro de largo, usa las manos para dividirla a lo largo de la hendidura del centro para darle forma de bucle.

6 | Con las manos, sigue separando la masa por la mitad formando un bucle largo de fideo.

7 | Cuando el bucle tenga unos 2 cm de ancho, ponlo en una superficie de trabajo enharinada o en una rejilla de secado y repite la operación con el resto de la masa. Ahora puedes cortar los fideos en unas longitudes más cortas y manejables.

8 | Los fideos están listos para cocerlos enseguida. Pon a hervir un cazo grande con agua salada. Echa los fideos (puede que tengas que cocerlos por tandas) y cuécelos durante 3-5 minutos, dependiendo de su grosor, hasta que estén tiernos. Con unas pinzas, saca los fideos del cazo una vez cocidos y ponlos en una fuente. Ya están listos para servir (ver p. 246).

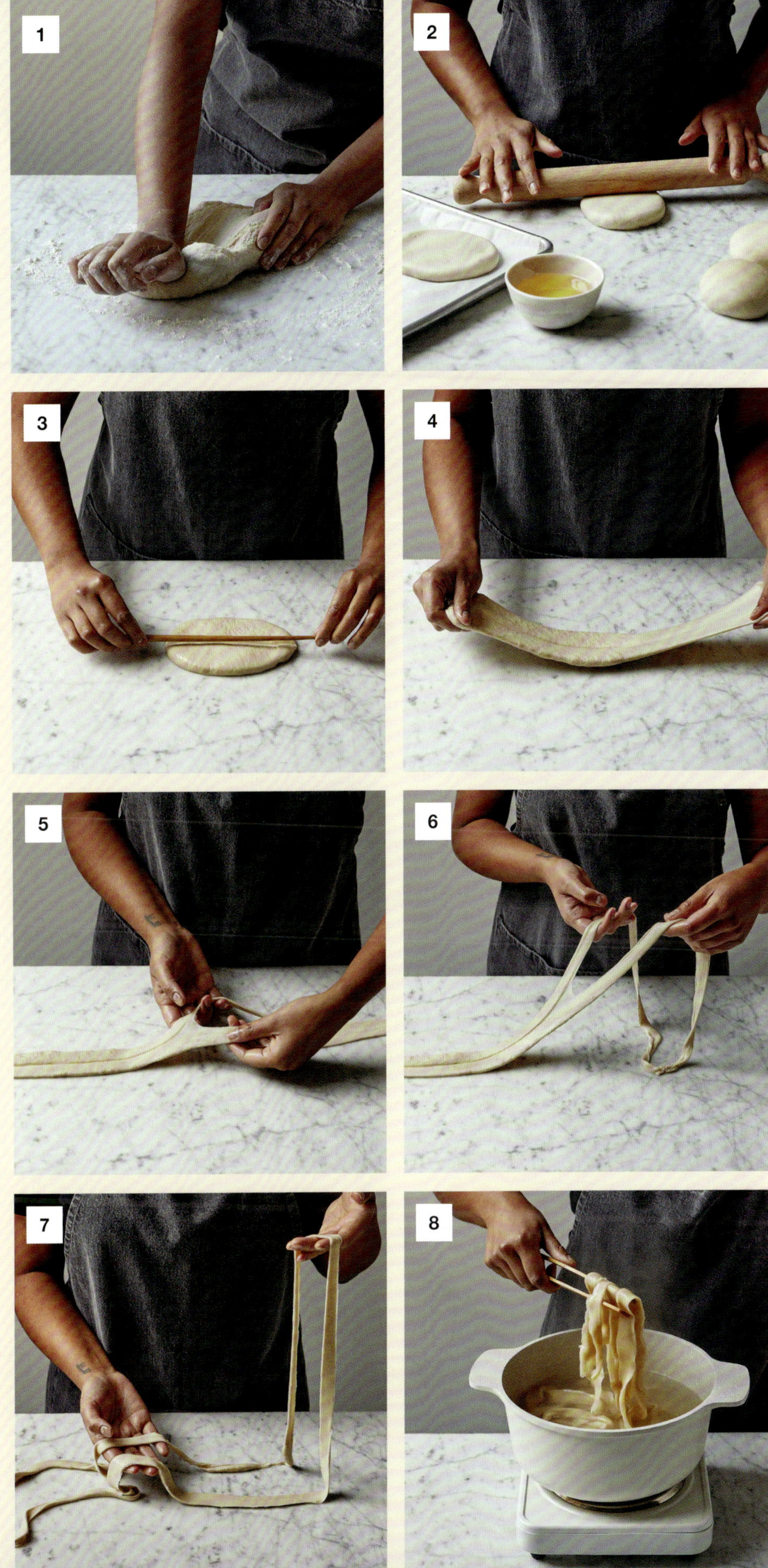
1
2
3
4
5
6
7
8

Biangbiang de cordero con salsa aromática y al comino

Preparación
30 minutos
+ reposo

Cocción
10 minutos

Raciones 4

Gruesos y masticables, estos fideos frescos o biangbiang son muy sabrosos. Una vez hechos, es mejor cocinarlos enseguida. Puedes servirlos solo con la salsa aromática o, para un plato más sustancioso, con el salteado de cordero al comino. En este último caso, merece la pena prepararlo primero y recalentarlo brevemente si es necesario.

1 receta de biangbiang (ver p. 244)

Para la salsa
4 dientes de ajo, picados
4 puñados de cebolletas picadas
4 cucharadas de salsa de soja ligera
2-3 cucharadas de copos de guindilla seca (según lo picante que te guste)
2 cucharadas de vinagre de arroz
120 ml de aceite vegetal
2 cucharadas de aceite de guindilla (opcional)

1 | Sigue los pasos 1-8 para preparar y cocer los biangbiang (ver p. 244).

2 | Mientras se cuecen los fideos, prepara los ingredientes de la salsa.

3 | Escurre los fideos cocidos y repártelos a partes iguales en cuatro cuencos. Cubre cada ración con el ajo, la cebolleta, la salsa de soja, los copos de guindilla seca y el vinagre de arroz.

4 | Calienta el aceite vegetal en un cazo pequeño hasta que humee, luego viértelo con cuidado en los cuencos sobre los fideos y el aliño aromático. Esto hará que chisporrotee y se cueza (además de hacer que tu cocina huela muy bien). Mézclalo todo y sírvelo enseguida, o si quieres un plato más sustancioso, cúbrelo con el cordero al comino (derecha).

Aderezo de cordero al comino (opcional)

Este aromático salteado de cordero puede servirse sobre los fideos (izquierda) para obtener un plato más sustancioso.

2 cucharadas de aceite vegetal
1 cucharada de semillas de comino
3 dientes de ajo, picados
un pequeño trozo de jengibre fresco, pelado y cortado en rodajas finas
1 guindilla roja pequeña, finamente picada (opcional)
250 g de paletilla o pierna de cordero, cortada en lonchas finas (puedes comprarla ya cortada en un supermercado asiático)
½ cebolla, cortada en rodajas finas
1 cucharada de comino molido
1 cucharada de salsa de soja ligera
1 cucharadita de salsa de soja oscura
½ cucharada de vino chino de cocina (opcional)
1 cucharadita de vinagre negro chino
1 cucharadita de azúcar
una pizca de sal
1 puñado grande de hojas de cilantro (opcional)

1 | Para hacer el cordero, calienta 1 cucharada de aceite vegetal en un wok o sartén grande a fuego medio-alto. Añade las semillas de comino, el ajo, el jengibre y la guindilla y saltéalos durante 1 minuto, hasta que desprendan aroma. Añade el cordero troceado y cuécelo durante 3-4 minutos, dándole la vuelta regularmente, hasta que deje de estar rosado. Retíralo del wok y resérvalo.

2 | En el mismo wok o sartén, añade el aceite restante con la cebolla y cuece durante 3-4 minutos, hasta que se ablande.

3 | Vuelve a poner el cordero cocido en el wok o sartén y añade el resto de los ingredientes del condimento. Remueve y mezcla bien para que se cueza durante 1-2 minutos más. Sirve el cordero sobre los fideos, con un poco de hojas de cilantro, si lo usas.

Udon al aceite caliente

Preparación
10 minutos

Cocción
5 minutos

Raciones 2

Este plato vegano, rápido y lleno de sabor, lleva los fideos directamente al wok de una forma nueva: escaldándolos en agua hirviendo hasta que se ablanden ligeramente, pero conservando su textura masticable. A continuación, se reparten los distintos componentes de sabor en dos cuencos, y el aceite caliente es el ingrediente mágico que lo une todo, cocinando ligeramente las verduras al mismo tiempo.

1 cucharadita de pimienta de Sichuan en grano
1 cucharadita de semillas de comino
3 cucharadas de salsa de soja oscura
1-2 cucharaditas de copos de guindilla seca (según lo picante que te guste)
paquete de 300 g de fideos udon gruesos cocidos
50 g de tirabeques, cortados finamente a lo largo
2 cebolletas, parte verde y blanca, picadas finamente
1 diente de ajo, pelado y machacado
1 puñado de cacahuetes tostados salados, picados groseramente
4 cucharadas de aceite vegetal

1 | Añade los granos de pimienta y las semillas de comino a un cazo pequeño y seco. Tuéstalos a fuego medio durante 1 minuto o hasta que sean fragantes, luego pásalos a un mortero y tritúralos toscamente.

2 | Vierte las especias tostadas en un cuenco pequeño e incorpora la salsa de soja y los copos de guindilla (usa la cantidad menor si no te gusta muy picante).

3 | Vierte agua en un cazo mediano a fuego fuerte y llévalo a ebullición rápida. Suelta los fideos con los dedos de manera que caigan separados e introdúcelos en el agua hirviendo. Cuécelos durante 1 minuto y escúrrelos en un colador.

4 | Reparte los fideos en dos cuencos. Vierte con una cuchara el aliño de soja a partes iguales sobre cada uno, luego esparce los tirabeques, las cebolletas, el ajo y los cacahuetes tostados.

5 | Vierte el aceite vegetal en el cazo pequeño que has usado antes (no hace falta lavarlo). Deja que el aceite chisporrotee rápidamente a fuego fuerte, y viértelo inmediatamente de manera uniforme sobre los fideos. Sírvelos enseguida.

CONSEJO

En lugar de tirabeques, puedes probar con maíz dulce en conserva o rábanos en rodajas finas.

Spätzle

Preparación
20 minutos
+ reposo

Cocción
10 minutos

Raciones 4

Originarios de Europa central, y todo un símbolo de la cocina suaba, los Spätzle son un tipo de pasta, fideos o dumplings. Hay varias formas de prepararlos, como utilizar una prensa especial o usar un colador o un rallador de queso. Sirve los Spätzle en una cremosa salsa de queso con cebollas crujientes como un plato principal, o simplemente mézclalos en mantequilla y disfrútalos como una guarnición.

4 huevos medianos, a temperatura ambiente
300 g de harina normal
100 g de sémola fina
1 cucharadita de sal
175 ml de agua con gas

Para la salsa
1 cucharada de aceite de oliva
2 cebollas, peladas y cortadas en rodajas finas
una pizca de sal, y un poco más para sazonar
2 dientes de ajo, pelados y picados finamente
150 g de *crème fraîche*
100 g de queso gruyer rallado
25 g de cebollino picado
sal y pimienta negra recién molida

1 | Para hacer la masa de los Späztle, echa los huevos en un bol grande y bátelos con un batidor de globo unos 3 minutos, hasta que estén ligeros y espumosos. Incorpora la harina, la sémola y la sal con una cuchara de madera hasta que se mezclen. Vierte poco a poco el agua con gas, sin dejar de batir, hasta obtener una masa dura y suave, de consistencia similar a la del queso fundido espeso. Deja reposar unos 15 minutos.

2 | Pon a hervir un cazo grande con agua salada.

3 | Si no tienes una prensa para Späztle, que es similar a un rallador de patatas, el método alternativo más fácil y quizá más cómodo es utilizar un rallador de caja. Una vez que el agua esté hirviendo, sujeta el rallador sobre el cazo de agua y presiona un poco de la masa a través de los agujeros grandes con la ayuda de una espátula, moviéndola hacia delante y hacia atrás para hacer bolitas de masa pequeñas, finas y rechonchas. Ten cuidado de no quemarte con el vapor de agua. Cuece los Späztle durante 1 minuto, o hasta que suban a la superficie, luego pásalos a un colador con una espumadera y enjuágalos bajo el grifo de agua fría para evitar que sigan cociéndose. Colócalos en un cuenco mientras cocinas el resto de la masa. Una vez terminada toda, retira la sartén del fuego y guarda el agua de cocción, ya que necesitarás una parte para la salsa.

4 | Para hacer la salsa, calienta el aceite en un cazo grande a fuego medio-bajo. Añade la cebolla con una pizca de sal y cocina suavemente, removiendo a menudo, unos 10 minutos, hasta que esté dorada. Añade el ajo y cocina otros 2 minutos, hasta que notes el aroma. Añade los Späztle al cazo y sofríe un minuto más o menos, luego retira el cazo del fuego. Añade la *crème fraîche* y el gruyer, mezclando hasta que se derrita el queso, y vierte un cucharón del agua de cocción que habías reservado. Mezcla enérgicamente hasta que la salsa haya emulsionado y se adhiera a los dumplings, añadiendo más agua de cocción si es necesario para hacer una salsa. Prueba y sazona con sal y pimienta, esparce por encima el cebollino y sirve.

DUMPLINGS

Reconfortantes por excelencia, los dumplings adoptan distintas formas en muchas cocinas. Los hay rellenos, como las gyozas japonesas (abajo) o los wonton chinos, los manti turcos, los pierogi polacos y los ravioli italianos (ver p. 236). Lo que todos tienen en común es que son una forma de envolver carne, aves, marisco o verduras picadas en una fina capa de masa. Históricamente, se han preparado como una forma cómoda y práctica de hacer que el costoso elemento proteico, como la carne o el pescado, rindiera un poco más, además de crear una deliciosa comida completa. Ya sean hervidos, al vapor o fritos, el secreto de los dumplings es lograr el equilibrio adecuado entre el relleno y la envoltura: lo más importante es que puedas saborearlos ambos. El sabor de los dumplings se realza aún más con la forma en que se sirven: solo con una salsa para mojar o inmersos en un sabroso caldo o guiso.

No todas las bolas de masa están rellenas, pues hay numerosas versiones hechas con bolas de masa, normalmente a base de pan, harina o sebo, que se expanden al cocerlas en un guiso, agua, caldo o salsa, como los clásicos ñoquis italianos (ver p. 253).

GYOZAS DE CERDO AL CEBOLLINO

Preparación
1 hora
+ reposo

Cocción
20 minutos

Raciones 4
(salen 32)

Puede que hasta ahora no te hayas atrevido nunca con los dumplings, y que te diera respeto elaborar la envoltura de masa desde cero, pero es una habilidad muy satisfactoria y gratificante de aprender. Qué mejor manera de empezar que con estas gyozas japonesas, que en China se llaman jiaozi. Los dumplings rellenos de cerdo se fríen en la sartén para lograr una base dorada y crujiente, y luego se cuecen al vapor hasta que el relleno y el envoltorio se vuelven transparentes y se cuecen por completo. ¡Perfectos!

200 g de harina normal, y un poco más para espolvorear
una pizca de sal
100 ml de agua tibia
unas 3 cucharadas de aceite vegetal, para freír
salsa de soja y jengibre (ver p. 427), para servir

Para el relleno
250 g de carne picada de cerdo
2 dientes de ajo, pelados y rallados finamente
un trozo de 4 cm de raíz de jengibre fresco, pelado y rallado finamente
1 puñado de cebollino, finamente picado
1 cucharada de harina de maíz
1 cucharada de salsa de soja ligera
una pizca de sal y otra de pimienta negra recién molida

1 | Comienza con el envoltorio de los dumplings. Pon la harina con una pizca de sal en un bol. Vierte el agua tibia y mezcla bien con un cuchillo de mesa hasta que empiecen a formarse grumos. Únelo todo con las manos en una masa. Vuélcalo sobre una superficie de trabajo ligeramente enharinada y amasa unos 5 minutos, hasta que quede suave y uniforme. Envuelve la masa con film y déjala reposar a temperatura ambiente 30 minutos.

2 | Mientras la masa reposa, mezcla todos los ingredientes del relleno en un cuenco y añade una buena pizca de sal y pimienta. Tapa y enfría el relleno en la nevera mientras extiendes la masa.

3 | Enharina la superficie de trabajo, desenvuelve la masa y córtala por la mitad. Haz con ella una salchicha larga de 2 cm de grosor. Haz lo mismo con el otro trozo de masa. Corta la masa en trozos de 2 cm de ancho. Deberías tener unos 32 trozos de masa, con algunos de sobra por si se rompen.

4 | Aplasta un trozo de masa con la palma de la mano sobre una superficie de trabajo enharinada. Con un rodillo, extiende la masa hasta formar un círculo fino de 9 cm de diámetro. Para ello, estira la masa en una dirección, luego gírala 90 grados, vuelve a estirarla y repite la operación hasta obtener un círculo fino y uniforme. Haz lo mismo con el resto de los trozos de masa, enharinándolos bien antes de apilarlos en grupos de cinco para que no se peguen. (Sigue al dorso.)

CONSEJOS

En lugar de freírlos (ver p. 251), cuécelos 5-6 minutos en un cazo grande con agua salada hirviendo (tal vez debas cocerlos por tandas), hasta que estén hechos y sedosos. También puedes cocerlos al vapor por tandas durante 8 minutos.

Para congelarlos, ponlos crudos en una sola capa sobre una bandeja con papel de horno. Una vez congelados, ponlos en una bolsa de congelación con cierre hermético. Cocina los dumplings congelados friéndolos (ver p. 251), y luego cuécelos al vapor en una sartén tapada durante 5-6 minutos. También puedes hervirlos durante 7-8 minutos, hasta que estén bien cocidos.

Si no quieres hacer los envoltorios, encontrarás envoltorios de gyoza ya hechos en la sección de congelados de un supermercado asiático.

5 | Llena un cuenco pequeño con agua fría. Para darle forma, toma un envoltorio de masa en la palma de la mano y pon una cucharadita del relleno en el centro. Sumerge un dedo en el agua y pásalo por el borde del envoltorio. Junta suavemente los dos lados del envoltorio para que se toquen en el centro, pero no los selles.

6 | Empezando por un extremo de la gyoza, haz unos pequeños pliegues entre el pulgar y el índice, separados 1 cm, doblando la masa sobre sí misma y presionando los bordes para sellarlos. Sigue haciendo pliegues hasta que llegues al extremo opuesto: la gyoza se doblará ligeramente en forma de media luna. Coloca las gyozas en una bandeja de horno ligeramente enharinada y, sujetando el lado plegado, presiónalas hacia abajo para aplanar ligeramente la base. Repite la operación para hacer unos 32 dumplings en total.

7 | Para cocinarlas, pon una sartén grande con tapa a fuego medio-alto y añade 1 cucharada de aceite. Pon un tercio de las gyozas en la sartén con los pliegues hacia arriba, dejando un espacio entre cada una (tendrás que cocinarlas por tandas, dependiendo del tamaño de la sartén). Fríelas durante 2 minutos, hasta que la parte inferior esté crujiente y dorada.

8 | Vierte con cuidado 100 ml de agua en la sartén y cúbrela con la tapa. Pasa el fuego a bajo y cuece las gyozas al vapor durante 3-4 minutos, hasta que estén bien cocidas y se evapore el agua. Saca las gyozas de la sartén y ponlas en un plato y tápalas con un cuenco del revés para que se mantengan calientes. Limpia la sartén con papel de cocina y repite el proceso con el resto del aceite y las gyozas. Sírvelas con la salsa para mojar.

HACER ÑOQUIS

Preparación
40 minutos

Cocción
1 hora y
10 minutos

Raciones 2 o 4
como entrante
(salen 500 g)

El truco para hacer ñoquis caseros (dumplings de patata) es cocer las patatas hasta que estén bien blandas y secas, por eso se hornean enteras con piel, en vez de hervirlas en agua. Esto da a la masa la textura firme necesaria, que la hace más fácil de manejar, moldear y cocinar. Una vez cocidos, los ñoquis deben quedar ligeros y esponjosos. Se recomienda utilizar una prensa de patatas, ya que garantiza un puré uniforme y fino, seco y no pegajoso. No desperdicies las pieles, pues se pueden asar en el horno con un chorrito de aceite hasta que queden crujientes.

500 g de patatas blancas, como Maris Piper, enteras
1 yema de huevo (ver p. 32 para separar los huevos)
75 g de harina 00
sal y pimienta negra recién molida

1 | Precalienta el horno a 190 °C (170 °C ventilador / Gas 5). Pon las patatas enteras en una bandeja de horno y hornéalas durante 1 hora, hasta que al pincharlas con la punta de un cuchillo las notes bien cocidas. Tienes que cocer las patatas sin que se doren demasiado. Déjalas cocer al vapor y enfriar en la bandeja durante 15 minutos. Corta las patatas por la mitad y saca la pulpa con una cuchara, desechando la piel (ver más arriba).

2 | Pasa la pulpa de patata por una prensa de patatas hasta formar un montón sobre una superficie de trabajo limpia. También puedes pasar la pulpa de patata cocida por un colador metálico.

3 | Haz un hueco en el centro del puré de patata y añade la yema de huevo, la harina y una buena pizca de sal y pimienta negra. Con un tenedor, empieza a incorporar suavemente la mezcla de yema de huevo a la patata. (Sigue al dorso.)

4 | Una vez que la mezcla de patata empiece a unirse, utiliza las manos para amasarla hasta obtener una masa lisa y uniforme. Si está un poco pegajosa, amasa con otra pizca de harina. Tápala y déjala reposar a temperatura ambiente durante 15 minutos.

5 | Corta la masa en 4 trozos. Enharina ligeramente la superficie de trabajo y, con las manos, enrolla uno de los trozos suavemente hasta formar un cilindro o tronco de 30 cm de largo y unos 2 cm de diámetro. Corta el cilindro en 15 trozos de unos 2 cm de largo cada uno. Repite la operación con el resto de la masa.

6 | Enharina ligeramente un tenedor y pasa suavemente los ñoquis sobre las púas, haciendo hendiduras. Como alternativa, utiliza una tabla para pasta o ñoquis y pasa suavemente cada trozo con el pulgar por la tabla, haciendo hendiduras similares.

7 | Pon agua con sal en un cazo grande y llévala a ebullición a fuego medio-alto. Añade los ñoquis y cuécelos (por tandas) unos 2 minutos —estarán cocidos cuando floten en la superficie—, luego escúrrelos bien.

CONSEJO

Para congelar los ñoquis, espolvorea una bandeja de horno grande con harina y disponlos crudos en una sola capa. Una vez congelados, pásalos a una bolsa de congelación con cierre hermético y guárdalos hasta 3 meses. Cocínalos directamente congelados.

Gnocchetti con caldo de pollo y parmesano

Preparación
20 minutos

Cocción
20 minutos

Raciones 2 o 4 como entrante

Gnocchetti **significa «ñoquis pequeños», aunque estos bocados tienen más masticación, menos esponjosidad y son similares a la pasta en textura. «En brodo» o «en caldo» es una forma clásica italiana de servir los ñoquis, y la calidad del caldo marcará la diferencia en el sabor del plato final. Si quieres darles un toque más elegante, sírvelos con un chorrito de aceite de hierbas (ver p. 440).**

1 receta de ñoquis (ver p. 253)
1 litro de caldo de pollo o de verduras (ver p. 414) o comprado de buena calidad
2 cucharadas de aceite de oliva virgen extra, y un poco más para rociar
50 g de mantequilla salada
75 g de queso parmesano, rallado fino
ralladura fina de 1 limón sin cera, y un poco de zumo
pimienta negra recién molida
8 cucharadas de aceite de hierbas (ver p. 440), para servir (opcional)

1 | Sigue los pasos 1-7 de «Hacer ñoquis» (ver p. 253). Corta la bola de masa de ñoquis en 8 trozos.

2 | Enharina ligeramente la superficie de trabajo y, con las manos, extiende un trozo de la masa hasta formar un cilindro o tronco fino de 30 cm de longitud y 1 cm de diámetro. Corta el cilindro en 15 trozos pequeños, cada uno de unos 2 cm de largo. Repite la operación con el resto de la masa para ñoquis.

3 | Pon agua salada en un cazo y llévala a ebullición a fuego medio-alto. Añade los ñoquis y cuécelos durante 1 minuto aproximadamente —estarán cocidos cuando floten en la superficie—, luego escúrrelos bien. Déjalos secar al vapor durante 2-3 minutos.

4 | Mientras tanto, vierte el caldo de pollo o verduras en una cacerola y llévalo a ebullición, luego sazónalo al gusto. Cúbrelo con la tapa y mantén el caldo caliente.

5 | Calienta el aceite de oliva a fuego medio-alto en una sartén antiadherente grande. Añade con cuidado los *gnocchetti* y fríelos durante 1-2 minutos, hasta que empiecen a estar crujientes y dorados. Añade la mantequilla para derretirla y remueve un minuto más hasta que todos los trozos estén bien cubiertos.

6 | Para servir, reparte los *gnocchetti* en cuatro cuencos. Vierte el caldo caliente y cubre con queso rallado, ralladura de limón y un chorrito de zumo. Salpimienta y vierte el aceite de hierbas, si lo utilizas, o añade un chorrito de aceite de oliva.

CONSEJO

En lugar del aceite de hierbas, esparce por encima perejil de hoja plana picado o albahaca.

LEGUMBRES

LEGUMBRES

Las judías, los guisantes y las lentejas son legumbres, un grupo de alimentos que durante muchos siglos ha sido un sustento económico y nutritivo. Descubrir que las judías y las legumbres podían secarse y almacenarse durante meses fue asegurarse una fuente de alimentos muy necesaria para las épocas de escasez.

Trata las legumbres como un lienzo en blanco al que añadir notas de color. Mientras se cuecen a fuego lento, puedes añadir aromáticos al agua. Tanto las hierbas —laurel, tomillo o romero— como las especias —clavo, cardamomo, anís estrellado o semillas de hinojo— funcionan bien. Al igual que las legumbres secas, las que compras en conserva también permiten añadir hierbas y especias, pero a diferencia de aquellas, tardan solo unos minutos en cocerse o calentarse, por lo que son perfectas para comidas rápidas.

Conservación

Compra las legumbres secas en un lugar donde se renueven con regularidad y busca las gorditas, lisas y sin arrugas. Las legumbres viejas o pasadas tardan mucho más en cocerse y pueden quedar duras después de la cocción. Guarda las legumbres en un recipiente hermético en un armario oscuro.

PREPARAR LAS LEGUMBRES

Las legumbres en conserva son cómodas y fáciles de guardar, pero si cocinas habitualmente con alubias, las secas son más rentables. Ten en cuenta que duplican su peso cuando se cocinan, así que reduce a la mitad la cantidad de una receta si indica de lata. Aparte de las lentejas y los guisantes partidos, la mayoría requieren un remojo previo para ablandarlas y acelerar el tiempo de cocción. A continuación tienes una guía sobre los tiempos de remojo y cocción. Como con todas las legumbres secas, el punto de partida es enjuagarlas para eliminar cualquier resto de suciedad o polvo. Ponlas en un colador metálico y acláralas bien bajo el grifo, agitándolas hasta que el agua salga limpia. Pon las legumbres en un cuenco grande y vierte abundante agua fría, para cubrirlas generosamente. Pon un plato encima y deja en remojo de 6 a 8 horas o toda la noche.

TIPO DE LEGUMBRE	REMOJO	COCCIÓN	IDEAL EN...
Alubias negras / alubia carilla / alubias borlotti / alubias pintas	Toda la noche	1-1½ horas	Curris y guisos caribeños, fritas, hamburguesas, burritos, chile, sopas.
Alubias rojas	Ver p. 260	1½ horas	Chile, hamburguesas, guisos, fritas.
Garrofones	Toda la noche	1½-2 horas	Ensaladas, dips, guisos.
Judías blancas / alubias flageolet	Toda la noche	1-1½ horas	Sopas, guisos, al horno, ensalada.
Garbanzos	Toda la noche	1-1½ horas	Dips, curris, falafel, al horno.
Alubias adzuki	Sin remojo o 3 horas	35 minutos-1 hora	Sopas, ensaladas, buñuelos.
Lentejas partidas	Sin remojo	15-20 minutos	Dals, sopas, patés.
Lentejas enteras / mung	Sin remojo	30-40 minutos	Ensaladas, al horno, sopas, dals.
Guisantes partidos	Sin remojo	1½ horas	Dals, haburguesas, sopas.

En el sentido de las agujas del reloj, desde arriba, alubias rojas, guisantes enteros, alubias blancas, alubias negras, garbanzos, alubias borlotti, alubias blancas, lentejas rojas partidas, lentejas verdes y guisantes amarillos partidos (centro).

COCER LAS LEGUMBRES

Aunque el remojo reduce el tiempo de cocción, las legumbres secas tardan un poco en estar tiernas. Ponlas en un cazo grande y cúbrelas con abundante agua fría. Llévalas a ebullición y quita la espuma blanca que suba. Baja el fuego, tapa parcialmente y cuece a fuego lento hasta que estén tiernas (consulta la tabla de cocción de la página 258 para ver los tiempos). Escúrrelas bien y úsalas del mismo modo que las judías en conserva. Hacia el final de la cocción, vigílalas, ya que hay una línea muy fina entre que estén tiernas y excesivamente blandas. Evita añadir sal a las legumbres durante la cocción, ya que puede endurecer su piel.

Las alubias rojas deben cocinarse de forma algo distinta, pues contienen toxinas que hay que eliminar con una cocción adicional. Tras remojarlas, viértelas en un cazo grande, cúbrelas con abundante agua fría, llévalas a ebullición y cuécelas 10 minutos. Escúrrelas y desecha el agua de cocción (y con ella las toxinas). Cúbrelas con agua fría, llévalas de nuevo a ebullición y cuécelas a fuego lento hasta que estén tiernas.

HERVIR LENTEJAS

Preparación
5 minutos

Cocción
35 minutos

Salen 500 g de lentejas cocidas

Lo bueno de las lentejas es que no requieren remojo antes de cocinarlas. Las hay de muchas variedades, desde rojas, verdes y marrones hasta estas lentejas verdinas con su bonita piel moteada en tonos verdosos. Las verdinas mantienen su forma cuando se cocinan y añaden sustancia a guisos, salsas y ensaladas, como la de queso de cabra de la página siguiente.

250 g de lentejas verdinas
sal

1 | Enjuaga bien las lentejas en un colador metálico bajo un chorro de agua fría hasta que el agua salga clara. Ponlas en un cazo grande y cúbrelas con 1 litro de agua fría.

2 | Lleva el agua a ebullición y luego baja a fuego lento. Tapa parcialmente el cazo y cuécelas durante 30-35 minutos, hasta que estén tiernas. Sazónalas con sal hacia el final de la cocción. Escúrrelas bien en un colador metálico y úsalas cuando las necesites.

1

2

Ensalada de lentejas con queso de cabra, apio y vinagre balsámico

Preparación 15 minutos

Cocción 50 minutos

Raciones 4-6

Las lentejas verdinas tienen un ligero sabor a nuez y una textura firme que combina bien con sabores más fuertes, como este robusto aliño de ajo asado y balsámico. Utiliza el mejor vinagre balsámico que puedas permitirte, ya que realzará la intensidad y el dulzor de las lentejas y el apio.

1 apio mediano, pelado y cortado en trozos pequeños
5 cucharadas de aceite de oliva virgen extra
10 ramitas de tomillo, deshojadas
6 dientes de ajo enteros, sin pelar
1 receta de lentejas verdinas cocidas (izquierda)
1 cucharada de miel fluida
1 cucharada de mostaza de Dijon
4 cucharadas de vinagre balsámico
3 cucharadas de vinagre de vino tinto
125 g de hojas de rúcula
50 g de avellanas tostadas
150 g de queso de cabra en rulo
sal y pimienta negra recién molida

1 | Precalienta el horno a 190 °C (170 °C ventilador / Gas 5). Pon los apios en una bandeja de horno grande. Vierte 2 cucharadas de aceite de oliva, salpimienta bien y esparce por encima el tomillo y los dientes de ajo enteros. Mézclalo todo bien y ásalo durante 40-45 minutos, hasta que el apio y el ajo estén tiernos.

2 | Mientras tanto, sigue los pasos 1-2 de «Hervir lentejas» (izquierda).

3 | Retira el ajo de la bandeja y déjalo enfriar un poco. Desecha el tomillo. Rocía el apio con la miel y vuelve a meterlo en el horno 5 minutos más para que quede bien caramelizado.

4 | Para hacer el aliño, exprime los dientes de ajo de su piel en un cuenco pequeño. Echa la mostaza y aplástalo todo con el dorso de un tenedor. Vierte los dos tipos de vinagre y el aceite de oliva restante. Sazona con sal y pimienta al gusto y mezcla hasta que quede suave y combinado.

5 | Escurre las lentejas, viértelas en la bandeja de asar con la rúcula y mézclalas con el apio. Vierte tres cuartas partes del aliño y vuelve a mezclarlo todo.

6 | Vierte la ensalada en un plato grande o repártela en cuatro platos. Esparce por encima las avellanas y vierte con una cuchara el resto del aliño. Para terminar, desmenuza o trocea el queso de cabra y espárcelo por encima.

CONSEJO

Cambia las lentejas secas por lentejas en conserva, unas 2 latas de 400 g, o bien prueba con una bolsa de alubias o cereales mixtos ya cocidos.

Ewa riro
(alubias cocidas en salsa)

Preparación
15 minutos
+ remojo

Cocción
2½ horas

Raciones 6

Este es un plato delicioso y versátil de la parte yoruba de Nigeria. El sabroso guiso de alubias puede comerse solo, servido con pan o arroz (ver p. 202), o con una guarnición de plátanos hervidos o fritos. El aceite de carotino contiene aceite de palma y de colza y tiene un color ligeramente rojizo. Utiliza en su lugar aceite de colza puro si no lo encuentras.

500 g de alubias de carilla secas
4 tomates o 200 g en conserva, picados
2 cebollas medianas, peladas,
 1 picada gruesa y 1 picada fina
3 dientes de ajo pelados
un trozo de raíz de jengibre fresco del tamaño
 de un pulgar, pelado y picado grueso
2 guindillas rojas, como la Scotch bonnet
 o la ojo de pájaro
200 ml de aceite carotino o de colza
4 cucharadas de puré de tomate
sal, al gusto

1 | Enjuaga las alubias en un colador bajo un chorro de agua fría y colócalas en un cuenco grande. Vierte suficiente agua fría para cubrirlas generosamente y déjalas en remojo durante 6-8 horas o toda la noche.

2 | Escurre y enjuaga las alubias y ponlas en un cazo grande de agua hirviendo, unos 3 litros. Vuelve a llevar el agua a ebullición, baja el fuego a medio-bajo, tapa parcialmente la olla y cuece las alubias durante unas 2 horas, hasta que estén muy tiernas. Sazónalas con sal justo antes de que estén listas, escúrrelas y vuélvelas a poner en la cazuela.

3 | Mientras tanto, tritura los tomates con la cebolla picada gruesa, el ajo, el jengibre y las guindillas en un robot de cocina o una batidora hasta obtener un puré grueso, no demasiado suave.

4 | Calienta el aceite en otro cazo mediano a fuego medio. Añade la cebolla picada fina y sofríe durante 2 minutos, hasta que se ablande ligeramente. Incorpora el puré de tomate y cuece otros 2 minutos.

5 | Añade la mezcla de tomate licuado, sazona con sal al gusto y cuece durante unos 20 minutos, removiendo regularmente, hasta que el líquido se haya reducido y espesado.

6 | Incorpora la salsa de tomate a las alubias cocidas y caliéntalas durante 5 minutos, removiendo de forma regular. Sírvelas con arroz o pan para mojar en la salsa y con plátanos hervidos o fritos como guarnición, si quieres.

CONSEJO

En lugar de hervirlas, cuécelas en una olla a presión durante 1 hora, en 1,5 litros de agua.

Channa al curri al estilo de Trinidad

Preparación
10 minutos

Cocción
30 minutos

Raciones 6

En la parte oriental del Caribe, en lugares como Guyana y Trinidad y Tobago, los platos típicos tienen fuerte influencia india, vestigio de los indocaribeños que cruzaron el océano para escapar de la pobreza y trabajar en una nueva tierra. Un tipo de plato destaca en particular y es el curri, que muchos comen a diario. Casi cualquier alimento puede convertirse en curri, pero la prevalencia de los garbanzos (conocidos originariamente como channa) los convierte en una opción popular. El curri de garbanzos adquiere todo su esplendor en el famoso plato de comida callejera cuando se sirve entre dos rebanadas de pan con diversos condimentos. Pruébalo o sírvelo con arroz blanco (ver p. 202).

1½ cucharadas de curri suave en polvo
1 cucharada de comino molido
1 cucharada de garam masala
6 cucharadas de aceite de cocina de tu elección
1 cebolla mediana, pelada y picada finamente
2 latas de 400 g de garbanzos escurridos
arroz cocido (ver p. 202), para servir

Para el condimento verde
2 cucharadas de cilantro picado grueso
3 dientes de ajo, pelados y picados
½ guindilla, sin semillas y picada
1 cucharadita de zumo de limón o lima (opcional)
una pizca de sal, y un poco más para sazonar

1 | En un bol pequeño, mezcla el curri en polvo, el comino molido y el garam masala. Resérvalo.

2 | Con un mortero o una batidora pequeña, tritura todos los ingredientes del condimento verde con el zumo de cítricos, si lo usas, y 1 cucharada de agua y haz una pasta. Añade una pizca de sal y reserva.

3 | Calienta el aceite en un cazo grande de base pesada a fuego medio-alto. Añade la cebolla y sofríela durante 3 minutos, hasta que esté ligeramente blanda y translúcida. Añade la mezcla de especias, remueve para mezclarla con las cebollas y cuece un minuto más.

4 | Incorpora el condimento verde que has preparado y añade los garbanzos. Cuece, removiendo durante 1-2 minutos, hasta que todo esté mezclado.

5 | Vierte 500 ml de agua, llévala casi a ebullición, luego baja el fuego, tapa y cuece a fuego lento durante 15 minutos. Quita la tapa y cuece otros 10 minutos, hasta que el líquido casi se haya evaporado, dejando una salsa espesa, y algunos de los garbanzos empiecen a deshacerse. Sirve el curri con arroz.

Tarka dal de coco y espinacas

Preparación 10 minutos

Cocción 35 minutos

Raciones 4-6

Hacer este dal no puede ser más sencillo. Las lentejas rojas partidas son una comida vegetal, nutritiva y económica, que además es perfecta para cocinar y conservar. El dal se termina con una cobertura tradicional de tarka, una mezcla de especias aromáticas enteras cocinadas brevemente en aceite, que añade un plus de sabor. Antes de empezar a cocinar, es importante enjuagar bien las lentejas en un colador bajo un chorro de agua fría para eliminar el polvo y los restos; estarán listas cuando el agua salga clara.

350 g de lentejas rojas partidas, bien enjuagadas
un trozo de raíz de jengibre fresco del tamaño de un pulgar, finamente rallado
2 dientes de ajo gordos, pelados y rallados finos
2 cucharaditas de cúrcuma en polvo
2 cucharaditas de comino molido
una pizca grande de sal, y más para sazonar
lata de 400 g de leche de coco
200 g de hojas de espinacas tiernas
pimienta negra recién molida

Para la tarka

2½ cucharadas de aceite de coco o aceite vegetal o de girasol
1 cucharada de semillas de comino
1 cucharada de granos de mostaza negra
12 hojas de curri frescas
4 guindillas rojas secas pequeñas y enteras (opcional)

Para servir

1 lima, cortada en 4 gajos
chapati caliente o pan naan

1 | Vierte las lentejas en un cazo grande. Añade el jengibre, el ajo, la cúrcuma, el comino y una pizca grande de sal. Vierte la leche de coco y 1 litro de agua fría y llévalo a ebullición a fuego medio-alto. Baja el fuego y cuece a fuego lento, removiendo de vez en cuando, durante 25-30 minutos, retirando la espuma blanca que suba a la superficie, hasta que las lentejas estén tiernas y empiecen a deshacerse; el dal debe tener la consistencia de una papilla fina.

2 | Retira el cazo del fuego, echa las espinacas, remueve y deja que las hojas se ablanden fuera del fuego. Sazona el dal con sal y pimienta al gusto, y tapa el cazo para mantener el calor.

3 | Para hacer la tarka, calienta el aceite en una sartén pequeña a fuego medio-alto; añade una pizca de las semillas de comino para comprobar la temperatura (el aceite estará listo cuando empiecen a saltar). Añade el resto del comino y las semillas de mostaza y cuece, removiendo, durante 30 segundos. A continuación, añade las hojas de curri y las guindillas secas, si las usas. Sigue removiendo otros 30 segundos, hasta que las hojas de curri se enrosquen y chisporroteen.

4 | Sirve el dal en cuencos. En cuanto el tarka esté listo, viértelo sobre el dal, junto con el aceite de la sartén. Sírvelo con gajos de lima para exprimir por encima y chapati o naan caliente para servir. El dal se conserva en la nevera hasta una semana y es perfecto para las comidas de entre semana.

LEGUMBRES DE COCCIÓN LENTA

Al cocerlas a fuego lento, las alubias adquieren una textura suave y untuosa, y sus almidones espesan y enriquecen la salsa que las acompaña. También es un método ideal para cocer guisantes secos y lentejas. Descubrirás platos tradicionales de todo el mundo, como las alubias al horno al estilo de Boston (abajo) y el cassoulet (ver p. 268), que emplea esta técnica. En la cocción, tapa parcialmente la cazuela para evitar que la salsa se evapore demasiado, el pequeño hueco asegura que el líquido de cocción no se desborde.

ALUBIAS AL HORNO AL ESTILO DE BOSTON

Preparación 10 minutos + una noche en remojo

Cocción 4 horas y 50 minutos

Raciones 4

Estas alubias son muy reconfortantes y no tienen comparación con las de conserva. No te desanimes por el largo tiempo de cocción: es un plato que prácticamente se hace solo y te recompensará con creces. Las alubias secas son suaves y ricas una vez horneadas. Los almidones se desprenden lentamente de las alubias blancas y pasan a la salsa, haciéndola espesa, rica y brillante.

250 g de judías blancas secas, bien enjuagadas
2 hojas de laurel
2 cucharadas de aceite de oliva virgen extra
8 lonchas de beicon ahumado, cortadas en trozos de 3 cm de largo
2 cebollas, peladas y picadas finas
3 ramas de apio, picadas finas
2 pimientos verdes, sin pepitas y picados finos
6 dientes de ajo enteros, sin pelar
una pizca grande de sal, y un poco más para sazonar
2 cucharadas de melaza negra
2 cucharadas de azúcar moreno suave
1 cucharada de mostaza inglesa
2 cucharadas de puré de tomate
lata de 400 g de tomates de pera
2-3 cucharadas de vinagre de sidra de manzana
1 puñado de hojas de perejil de hoja plana, picadas gruesas
pimienta negra recién molida
tostadas o patatas fritas y queso rallado, para servir

1 | Pon las alubias en remojo durante 6-8 horas o toda la noche (ver p. 258). Al día siguiente, escúrrelas bien, viértelas en una cacerola grande y añade las hojas de laurel. Pon suficiente agua fría para cubrirlas generosamente y llévalas a ebullición a fuego medio-alto, quitando la espuma blanca de la superficie. Baja el fuego a medio-bajo y cuece a fuego lento durante 1-1½ horas, hasta que las alubias estén tiernas.

2 | Calienta una cazuela grande a fuego medio-alto. Vierte el aceite de oliva y añade el beicon. Cuece, removiendo regularmente, durante 4-5 minutos, hasta que la grasa del beicon esté ligeramente crujiente.

3 | Añade las cebollas, el apio, los pimientos verdes, los dientes de ajo enteros y una pizca grande de sal. Cúbrelo con la tapa y cuécelo durante 6-8 minutos, removiendo de vez en cuando, hasta que se ablande un poco.

4 | Vierte la melaza negra, el azúcar, la mostaza y el puré de tomate, y añade los tomates en conserva, aplastándolos ligeramente con el dorso de la cuchara de madera. Llena la lata con agua y añádela. Incorpora las alubias cocidas y sazona con sal y pimienta.

5 | Precalienta el horno a 160 °C (140 °C ventilador / Gas 3). Cubre la cazuela con papel de aluminio, pon encima la tapa para que quede bien sellada e introdúcela en el horno durante 3 horas. Comprueba al cabo de 2 horas que la cazuela no se ha secado, añadiendo más agua recién hervida si es necesario. A estas alturas, las alubias estarán espesas, salseadas y tiernas. Saca los dientes de ajo y exprímelos para quitarles la piel, deséchala y machácalos toscamente. Vuelve a añadir el ajo a las alubias, salpimienta bien y añade vinagre al gusto, y esparce el perejil.

6 | Sírvelo sobre pan tostado o una patata asada con un poco de queso rallado (esto último es opcional, pero muy recomendable). El estofado se conservará, tapado, en la nevera hasta 3 días.

CONSEJOS

Cambia las judías secas por 2 latas de 400 g de judías blancas. Añade las alubias escurridas en el paso 4.

Para congelarlas, repártelas en recipientes individuales y guárdalas hasta 3 meses. Descongélalas bien y vuelve a calentarlas en una cacerola pequeña unos 10 minutos antes de servir.

Cassoulet clásico

Preparación
20 minutos
+ una noche en remojo

Cocción
4 horas y 45 minutos

Raciones 4

Este sustancioso estofado de alubias y carne a fuego lento procede del sur de Francia y es la clásica comida campestre. Tradicionalmente cocinado en una olla de barro, las alubias, normalmente haricot, son el ingrediente principal, que se acompaña con varios tipos de carne, como el pato confitado, las salchichas y el cerdo. Este plato es toda una celebración de los sentidos.

300 g de alubias blancas secas (idealmente haricot, pero también puedes utilizar flageolet o cannellini)
4 hojas de laurel
3 cucharadas de grasa de pato
150 g de carne de cerdo salada o panceta gruesa, cortada en dados de 3 cm
4 muslos de pato o muslos de pato confitados
400 g de salchichas de Toulouse o al ajillo, cortadas en 3-4 trozos cada una
1 cebolla, pelada y picada finamente
2 zanahorias, peladas y picadas finamente
2 ramas de apio, finamente picadas
1 cabeza de ajo, partida por la mitad horizontalmente
1 puñado de ramitas de tomillo
una pizca de sal, más para sazonar
1,2 litros de caldo de pollo (ver p. 414) o comprado
100 g de pan rallado fresco del día anterior
1 puñado de perejil de hoja plana, picado grueso
pimienta negra recién molida
baguette o pan crujiente, para servir

1 | Pon las alubias en remojo durante 6-8 horas o toda la noche (ver p. 258). Al día siguiente, escúrrelas bien, viértelas en una cacerola grande y añade las hojas de laurel. Vierte agua fría para cubrirlas generosamente y llévalas a ebullición a fuego medio-alto, quitando la espuma blanca de la superficie. Baja el fuego a medio-bajo, tapa parcialmente y cuece a fuego lento durante 1 hora, hasta que estén tiernas.

2 | Calienta 1 cucharada de la grasa de pato en una cazuela grande a fuego medio-alto. Añade la carne de cerdo salada o la panceta y fríela durante 3-4 minutos, dándole la vuelta de vez en cuando, hasta que la grasa se deshaga en la sartén y la carne esté crujiente. Con una espumadera, pásala a un cuenco.

3 | Añade la grasa de pato restante a la cazuela. Si utilizas muslos de pato frescos, sazónalos bien con sal y pimienta (si utilizas pato confitado no hace falta sazonarlo, pues está curado con sal). Fríe los muslos de pato durante 3-4 minutos por cada lado hasta que estén bien dorados y tengan la piel crujiente. Ponlos en el bol con la espumadera.

4 | Añade la salchicha a la cazuela y cuécela durante 4-5 minutos, hasta que se dore bien. Añade la cebolla, las zanahorias, el apio, el ajo y el tomillo con una pizca de sal, baja el fuego a medio y cuécelo todo durante 8-10 minutos, hasta que las verduras se ablanden.

5 | Precalienta el horno a 160 °C (140 °C ventilador / Gas 3). Añade las judías cocidas, el caldo, la carne de cerdo, los muslos de pato frescos (pero no el confit, si lo utilizas) y las salchichas. Sube el fuego, lleva a ebullición, tapa y mete en el horno durante 1½ horas. Si la cazuela está muy llena, pon una bandeja de horno debajo de la cazuela para recoger el goteo.

6 | Retira la cazuela del horno y remueve. Saca los muslos de pato a la superficie, para que la piel se crispe un poco. Si utilizas muslos de pato confitados, añádelos ahora poniéndolos encima. Vuelve a meterlo en el horno y cuécelo, destapado, durante 1 hora, hasta que esté bien cocido.

7 | Esparce por encima el pan rallado y vuelve a meter la cazuela en el horno durante 30 minutos más, hasta que esté dorada y burbujeante. Espolvorea con perejil y sirve con rebanadas de baguette o pan crujiente.

CONSEJOS

El cassoulet es estupendo para hacer con antelación. Se conserva en la nevera hasta 3 días o se congela hasta 3 meses en porciones individuales. Para servirlo, descongélalo bien y recaliéntalo en una cazuela a fuego medio. Llévalo a ebullición y cuécelo a fuego lento durante al menos 10 minutos para que se caliente bien.

Puedes utilizar 3 latas de 400 g de alubias blancas escurridas en lugar de las secas, añadiéndolas en el paso 5.

PICAR Y TRITURAR LAS LEGUMBRES

Picar y triturar pueden parecer habilidades básicas, pero son técnicas muy útiles para ampliar tu repertorio de platos de alubias, lentejas y guisantes. Con un robot de cocina o una batidora, es fácil transformar las legumbres cocidas en una salsa cremosa y sedosa, como el hummus (abajo), o en un paté, salsa, relleno o buñuelo. Con un pasapurés también es fácil triturar las legumbres cocidas, rompiendo la piel para dejar al descubierto su centro blando y reconfortante, que es una buena alternativa al puré de patata, o utilizarlo para hacer alubias refritas (ver p. 272) o hamburguesas de alubias negras al chipotle (ver p. 276).

HUMMUS

Preparación 10 minutos

Sin cocción

Raciones 2-4

Esta pasta cremosa se prepara con garbanzos en conserva, por comodidad y rapidez, pero también puedes usar garbanzos secos. Solo tienes que seguir las instrucciones de remojo y cocción (ver p. 258), utilizando unos 115 g de garbanzos secos; algunos recomiendan también añadir una cucharadita de bicarbonato de sodio al agua de cocción para ablandar los garbanzos y reducir un poco el tiempo de cocción. El ingrediente secreto de este hummus aterciopelado y suave es el agua de garbanzos, o aquafaba, del bote. Si utilizas alubias secas cocidas, usa agua en su lugar.

bote de 400 g de garbanzos en agua, reservando el líquido
4 cucharadas de tahini
1 diente de ajo pequeño, pelado
zumo y ralladura fina de ½ limón sin encerar
aceite de oliva virgen extra, para terminar
sal y pimienta negra recién molida

1 | Escurre los garbanzos sobre un cuenco con un colador metálico, reservando el líquido del bote.

2 | Añade el tahini, el ajo, el zumo y la ralladura de limón a una batidora de alta potencia o a un robot de cocina. Introduce los garbanzos escurridos con la mitad del líquido reservado.

3 | Tritura la mezcla de garbanzos hasta que quede completamente lisa, lo que te llevará unos 2-3 minutos, añadiendo un chorrito más de líquido del bote, en función de cómo te guste el hummus y de lo blandos que estén los garbanzos. Sazona con sal y pimienta al gusto.

4 | Pasa el hummus a un cuenco para servir y rocíalo con aceite de oliva. Comprueba la sazón, salpimentando si es necesario. El hummus se conservará en la nevera en un recipiente hermético hasta 5 días.

CONSEJOS

Prueba a aromatizar tu hummus con especias, como comino o cilantro molidos o za'atar (ver p. 449), o bien mézclalo con pimientos rojos asados.

Usa el hummus en lugar de mantequilla en bocadillos, como acompañamiento del falafel (ver p. 274) en un pan de pita o como base de una ensalada de verduras asadas y lentejas.

Alubias refritas

Preparación
5 minutos

Cocción
15 minutos

Raciones 4

Lo bueno de esta receta es que tomas un ingrediente básico como una lata de alubias y lo transformas en una guarnición especiada que da interés y sustancia a cualquier comida. Sirve estas judías como parte de los huevos rancheros (derecha) o como guarnición de cualquier plato de pollo especiado o verduras asadas. La textura final dependerá de tus preferencias: puedes dejar las alubias poco trituradas o hacer una mezcla de textura más suave.

lata de 400 g de alubias negras o pintas, escurridas
2 cucharadas de aceite vegetal
1 cebolla, finamente picada
una pizca de sal, más para sazonar
3 dientes de ajo, finamente picados
1 guindilla verde, finamente picada
1 cucharadita de comino molido
½ cucharadita de pimentón dulce ahumado
zumo de ½ lima
1 puñado de hojas de cilantro, finamente picadas
pimienta negra recién molida
panes calientes, para servir

1 | Vierte las alubias escurridas en un cuenco para mezclar y, a continuación, utiliza un pasapurés para aplastarlas, dejándolas casi enteras, más o menos trituradas o finas, según prefieras.

2 | Calienta el aceite vegetal en una sartén mediana a fuego medio-alto. Añade la cebolla y una pizca de sal. Cuece durante 6-8 minutos, removiendo regularmente, hasta que la cebolla esté blanda y translúcida.

3 | Añade el ajo y la guindilla y cocina, removiendo regularmente, durante otro minuto, antes de añadir el comino molido y el pimentón ahumado.

4 | Vierte el puré de alubias en la sartén junto con media lata de agua y cuécelo durante 5 minutos, hasta que esté bien caliente. Salpimienta las judías y exprime el zumo de lima. Añade el cilantro y sirve el puré solo con panes calientes o como parte de los huevos rancheros (derecha).

CONSEJO

Las alubias refritas se conservan en la nevera, tapadas, hasta 3 días. También se pueden congelar hasta 3 meses. Las alubias que sobren están buenísimas recalentadas con pan tostado.

Huevos rancheros

Preparación
20 minutos

Cocción
20 minutos

Raciones 4

Este clásico desayuno mexicano suele acompañarse de una salsa de tomate cocido caliente, que aquí se ha sustituido por un pico de gallo rápido y fácil, una salsa cruda fresca y picante hecha con tomate, cebolla, guindilla y zumo de lima. Cuando domines esta salsa, la repetirás, aunque solo sea para mojar los nachos. El crujiente huevo frito (ver p. 25) domina el plato, y su yema, junto a las judías especiadas, es puro confort y felicidad.

1 receta de alubias refritas (izquierda)
½ cucharada de aceite vegetal
150 g de chorizo para cocinar, sin piel
4 huevos medianos, a temperatura ambiente
100 g de nachos
2 aguacates, pelados, sin hueso y cortados en rodajas
100 g de queso feta, desmenuzado
salsa picante, para servir (opcional)

Para el pico de gallo
200 g de tomates cherri, finamente picados
1 cebolla pequeña, finamente picada
½-1 guindilla verde, picada fina (según lo picante que te guste)
1 puñado de hojas de cilantro, finamente picadas
zumo de 2 limas
sal y pimienta negra recién molida

1 | Sigue los pasos 1-4 para hacer las alubias refritas (izquierda) y mantenlas calientes.

2 | Mientras tanto, mezcla todos los ingredientes del pico de gallo en un cuenco pequeño y sazónalos con sal y pimienta al gusto.

3 | Calienta el aceite vegetal en una sartén grande a fuego medio-alto. Desmenuza el chorizo en trozos pequeños en la sartén y fríelo durante 2-3 minutos, removiendo regularmente, hasta que esté crujiente.

4 | Sigue los pasos 1-3 de «Freír huevos» (ver p. 25), utilizando 2 cucharadas de aceite vegetal y siguiendo el método para huevos 'nduja.

5 | Para montar el plato, reparte los nachos, las alubias refritas, el chorizo y el aguacate en cuatro platos. Pon encima de cada uno un huevo frito y una cucharada generosa de salsa. Desmenuza el queso feta y sírvelo con salsa picante, si quieres.

FREÍR LEGUMBRES

Puede que este método de cocción no te venga inmediatamente a la mente cuando piensas en platos de legumbres, pero las alubias, los guisantes y las lentejas se prestan muy bien a la fritura para darles sabor, color y textura. Las croquetas, las empanadillas, las hamburguesas, tlas ortitas y los buñuelos a base de legumbres quedan muy bien fritos, dorados y crujientes por fuera y blandos por dentro. En la cocina de Oriente Medio han perfeccionado este método con el falafel (abajo), hecho con habas secas o garbanzos.

HACER FALAFEL

Preparación
20 minutos
+ remojo y enfriamiento

Cocción
20 minutos

Raciones 4

Esta versión casera de la popular comida callejera no podría estar más lejos del falafel del supermercado que recalientas en el horno. La clave está en usar garbanzos secos remojados, en lugar de cocidos, que dan textura y mordiente al falafel, además de añadir muchas hierbas y especias para darle sabor. Con harina de garbanzos puedes hacerlo sin gluten, pero si te resulta difícil encontrarla, utiliza harina normal en su lugar.

200 g de garbanzos secos, bien enjuagados
1 cebolla roja pequeña, pelada y picada groseramente
1 guindilla verde, picada en trozos grandes
3 dientes de ajo pelados
zumo y ralladura fina de 1 limón sin cera
2 cucharaditas de comino molido
2 cucharaditas de cilantro molido
1 cucharadita de zumaque molido, y un poco más para servir
½ cucharadita de sal, y un poco más para sazonar
30 g de cilantro, hojas y tallos, picados groseramente
30 g de perejil de hoja plana, hojas y tallos, picados
4 cucharaditas de sésamo tostado (opcional)
2-3 cucharadas de harina de garbanzos o harina normal
½ cucharadita de levadura en polvo
aceite vegetal, para freír

Para servir
200 g de hummus (ver p. 270) o comprado
4 tomates madurados en rama, picados
1 pepino picado
cebolla rosa encurtida (ver p. 459)
salsa turca de guindilla (ver p. 453)
panes planos calientes o panes de pita

1 | Remoja los garbanzos toda la noche (ver p. 258). Al día siguiente, escúrrelos en un colador y enjuágalos bajo el agua fría, sacudiendo el exceso. Ponlos después en el vaso del robot de cocina o la batidora. Añade la cebolla, la guindilla, el ajo, la ralladura de limón, el comino molido, el cilantro, el zumaque, la sal y tres cuartas partes del cilantro y el perejil.

2 | Tritura la mezcla de garbanzos hasta que parezca una pasta densa. Añade agua, si es necesario.

3 | Pasa la mezcla a un bol grande y añade las semillas de sésamo, si las usas, 2 cucharadas de harina y la levadura en polvo. Tapa y déjalo enfriar en la nevera durante 30 minutos para que se endurezca.

4 | Forra una bandeja de horno con papel de hornear. Con las manos limpias o una cuchara para helados, haz con el falafel 18 bolas del tamaño de una nuez y ponlas en la bandeja. Si la masa está demasiado húmeda, añade el resto de la harina. Si está demasiado seca y desmenuzable, añade un chorrito de agua. Forra otra bandeja de horno con papel de cocina.

5 | Pon aceite vegetal en una sartén honda o wok hasta llenar un tercio y ponlo a fuego medio-alto. Calienta el aceite a 180 °C, midiendo con un termómetro de cocina o hasta que un cubo de pan se dore en 20 segundos. Si el aceite se calienta demasiado, apaga el fuego y déjalo enfriar unos minutos antes de comprobar de nuevo la temperatura. Cuando esté a la temperatura adecuada, por tandas, introduce los falafel en el aceite. Fríelos durante 4 minutos, dándoles la vuelta una vez, hasta que el exterior esté bien dorado y crujiente.

6 | Pon el falafel cocido en la bandeja forrada de papel para escurrirlo y sazónalo con sal. Extiende el hummus en un plato grande y pon encima el falafel, los tomates, el pepino y el resto de las hierbas. Exprime el zumo de limón y espolvorea con más zumaque. Sírvelo con las cebollas encurtidas, la salsa de guindilla y los panes planos o de pita calientes. ¡Buen provecho!

1

2

3

4

5

6

Hamburguesas de alubias negras al chipotle

Preparación
25 minutos

Cocción
5 minutos

Raciones 4

Estas hamburguesas veganas picantes utilizan alubias negras de lata por su sencillez y comodidad, pero si tienes alubias secas, necesitarás unos 240 g, el equivalente aproximado de dos latas, y seguir las instrucciones de remojo y cocción (ver p. 258). La mezcla de alubias debe estar bastante seca para que las hamburguesas se mantengan unidas al freírlas y queden crujientes y doradas por fuera.

1 cucharada de semillas de lino molidas
2 latas de 400 g de judías negras, escurridas y enjuagadas
4 cebolletas, partes verde y blanca, picadas finamente
1 cucharadita de ajo en polvo
1 cucharadita de comino molido
4 cucharaditas de pasta de chipotle
45 g de pan rallado panko
2 cucharadas de aceite de oliva
sal y pimienta negra recién molida

Para servir
4 panes de hamburguesa veganos, cortados por la mitad
2 aguacates maduros, partidos por la mitad y sin hueso
zumo de 2 limas
1 lechuga little gem, cortada en rodajas
salsa de tomate y naranja (ver p. 425)

1 | En un cuenco pequeño, mezcla las semillas de lino molidas con 2 cucharadas de agua y deja reposar unos 5 minutos, hasta que el agua se absorba y se convierta en una pasta espesa. Este es tu sustituto del huevo, que ayudará a ligar las hamburguesas.

2 | Pon las alubias negras escurridas en un bol grande. Añade la cebolleta, el ajo en polvo, el comino molido, la pasta de chipotle, el pan rallado y las semillas de lino remojadas. Sazona con sal y pimienta abundantes. Con un pasapurés, aplasta las alubias hasta obtener una masa para las hamburguesas de textura grumosa, que se mantenga unida pero no pegajosa ni pastosa.

3 | Con las manos limpias y húmedas, divide la mezcla en cuatro porciones y dale a cada una forma de una hamburguesa redonda, de 4 cm de grosor y 10 cm de diámetro. Pon las hamburguesas en un plato.

4 | Pon el horno a 180 °C (160 °C ventilador / Gas 4).

5 | Calienta una sartén grande o una plancha estriada a fuego fuerte. Rocía uniformemente la mitad del aceite de oliva sobre las hamburguesas y colócalas en la sartén con el lado aceitado hacia abajo. Fríe durante 2 minutos, hasta que se doren bien, luego rocía el aceite restante por encima de las hamburguesas y dales la vuelta. Fríe otros 2 minutos, hasta que estén doradas y crujientes. Pasa las hamburguesas a una bandeja de horno y mantenlas calientes en el horno hasta el momento de servirlas.

6 | Mientras tanto, tuesta los panecillos cortados por la mitad, con el corte hacia abajo, en dos tandas en la sartén caliente durante unos 30 segundos, luego apaga el fuego.

7 | Con una cucharilla, vierte los aguacates en un cuenco mediano, añade el zumo de lima y cháfalos con el dorso de un tenedor hasta que queden bien aplastados. Sazona con sal y pimienta al gusto.

8 | Para montar las hamburguesas, extiende el puré de aguacate por la base de cada panecillo. Pon encima la lechuga y luego las hamburguesas. Echa por encima la salsa de tomate y completa con la otra mitad del panecillo para servir.

CONSEJOS

Para hacerlas el día antes, sigue hasta el paso 3, luego tápalas y refrigéralas hasta el momento de cocinarlas.

Puedes cambiar las semillas de lino por 1 huevo mediano ligeramente batido.

Los panecillos de brioche también sirven. Puedes añadir queso feta desmenuzado por encima de las hamburguesas antes de servirlas.

TOFU Y TEMPEH

El tofu se elabora a partir de habas de soja de forma muy parecida al queso blando (la leche de soja fresca coagulada se transforma en cuajada y luego se prensa hasta obtener un bloque sólido). Este alimento proteínico de origen vegetal puede presentar distintos niveles de firmeza, desde sedoso hata extrafirme. Lo bueno del tofu es que, al ser de sabor suave, absorbe fácilmente los sabores de ingredientes más fuertes, como salsas, especias, ajo y jengibre.

Aunque el tofu sedoso no suele requerir prensado, a los más firmes les viene bien para conservar su forma y absorber los sabores añadidos. Para escurrirlo, saca el bloque de tofu de su líquido en el paquete y luego presiónalo entre varias hojas de papel de cocina o con un paño de cocina limpio hasta que esté casi seco.

Originario de Indonesia, el tempeh también se elabora a partir de habas de soja, que se cuecen y fermentan para obtener una textura firme, casi de nuez. No tiene mucha preparación (basta con cortarlo a rodajas o a dados), pero, como el tofu, conviene marinarlo antes de cocinarlo. También es rico en proteínas y bajo en grasas.

Conservación

Algunas marcas de tofu sedoso no necesitan estar en la nevera y se conservan sin abrir a temperatura ambiente, pero en general el tofu y el tempeh deben estar refrigerados. Guárdalos en su envase o tapados para que no absorban otros sabores. También puedes congelarlos, lo que les dará una textura ligeramente más firme y carnosa una vez descongelados.

TIPO DE TOFU/TEMPEH	CÓMO SE PREPARA	MÉTODO DE COCIÓN	IDEAL EN...
Tofu sedoso	Añádelo crudo a batidos o mézclalo en salsas y postres como sustituto de la nata o del huevo.	Crudo en batidos, salsas y postres en lugar de nata o huevo. Puedes calentarlo y manipularlo con cuidado para que no se rompa. Evita hervir para que no se cuaje.	Córtalo en dados y añádelo a caldos picantes o mézclalo con una salsa de tomate para pasta, o utilízalo como base de una mousse de chocolate o un revuelto indio de tofu (ver p. 37)
Tofu firme o extrafirme	Escúrrelo bien y seca con papel de cocina, y luego córtalo en rodajas o dados.	Hornea o fríe. Para lograr una cobertura crujiente, espolvorea antes con harina de maíz o sazonada.	Marínalo en salsas muy condimentadas con especias. Añade una cucharada de miel o sirope de arce para darle un glaseado pegajoso.
Tofu ahumado o sazonado	Igual que el firme o extrafirme (arriba).	Hornea, fríe o revuelve (desmenúzalo antes).	Utilízalo en salteados, platos de arroz y fideos.
Tempeh ahumado o no ahumado	Sécalo con papel de cocina y córtalo en rodajas o en dados.	Hacerlo al vapor elimina el amargor, o bien hornéalo y fríelo como el tofu.	Puede soportar sabores fuertes, como especias, pastas y salsas asiáticas y de Oriente Medio.

En el sentido de las agujas del reloj, desde arriba, tempeh ahumado, tofu sedoso, tofu ahumado, tofu firme y tempeh.

TOFU TERIYAKI

Preparación
10 minutos

Cocción
15 minutos

Raciones 2-4

En esta receta se muestra la versatilidad del tofu y su capacidad para adoptar sabores más fuertes, en este caso, la salsa teriyaki. El secreto para que el tofu quede crujiente es escurrirlo bien y espolvorearlo con harina de maíz, que ayuda a secarlo aún más, antes de freírlo. Sirve el tofu sobre arroz jazmín al vapor y con verduras salteadas con soja y jengibre (ver p. 191) para una comida vegana abundante.

280 g de tofu extrafirme, bien escurrido
3 cucharadas de harina de maíz
2 cucharadas de aceite vegetal o de girasol
2 cebolletas, partes verde y blanca, cortadas en rodajas finas
1 guindilla roja, cortada en rodajas finas, sin semillas si se prefiere
sal y pimienta negra recién molida

Para la salsa teriyaki
3 cucharadas de salsa de soja oscura o tamari
1 diente de ajo gordo, pelado y rallado finamente
un trozo pequeño de raíz de jengibre fresco, del tamaño de un pulgar, pelado y rallado finamente
2 cucharadas de azúcar moreno suave
1 cucharada de vinagre de vino de arroz
1 cucharadita de harina de maíz

1 | Seca el tofu con papel de cocina, presionándolo suavemente para eliminar el exceso de líquido. Corta el tofu en trozos de unos 3 x 2 cm.

2 | Pon la harina de maíz en un cuenco poco profundo y sazónala con sal y pimienta. Reboza el tofu en la harina de maíz sazonada, asegurándote de que quede ligera y uniformemente cubierto, y pásalo a un plato.

3 | Calienta el aceite en un wok o una sartén grande a fuego vivo. Añade el tofu a la sartén, asegurándote de que haya suficiente espacio entre cada trozo, y fríelo durante 5-6 minutos, dándole la vuelta a menudo, hasta que el tofu esté dorado y crujiente por todos los lados. (Puede que tengas que cocinar el tofu en dos tandas, añadiendo un chorrito más de aceite a la sartén). Apaga el fuego y deja el tofu en la sartén.

4 | Para hacer la salsa teriyaki, añade la salsa de soja o tamari, el ajo, el jengibre, el azúcar, el vinagre, la harina de maíz y 3 cucharadas de agua a un cazo pequeño. Pon el cazo a fuego medio-alto y deja que la salsa burbujee durante un par de minutos, removiendo, hasta que el azúcar se disuelva y la salsa esté bien espesa y brillante.

5 | Vierte la salsa teriyaki sobre el tofu en el wok o la sartén, remueve para cubrirlo y caliéntalo hasta que el tofu esté brillante y dorado. Sírvelo con las cebolletas y la guindilla cortada para darle un toque de frescura, acompañado de arroz y verduras salteadas.

Variaciones de sabor

Sriracha y lima: mezcla 2 cucharadas de salsa sriracha, 1 cucharada de sirope de arce o miel y el zumo y la ralladura fina de 1 lima en un bol pequeño. Fríe el tofu siguiendo el método del paso 3, luego viértelo sobre el glaseado y remuévelo durante un par de minutos antes de servirlo cubierto con semillas de sésamo tostadas.

***Chutney* de garam masala y mango:** pon 1 cucharada de garam masala (ver p. 448) con la harina de maíz en un cuenco poco profundo, luego añade el tofu y dale la vuelta hasta que esté ligeramente cubierto por todas partes. Fríe el tofu con el método del paso 3, hasta que esté crujiente, y luego glaséalo con 2 cucharadas de *chutney* de mango, removiendo durante un par de minutos. Sirve el tofu cubierto con mezcla Bombay picada y hojas de cilantro fresco.

CONSEJOS

Si prefieres hornear en lugar de freír, precalienta el horno a 200 °C (180 °C ventilador / Gas 6). Pasa el tofu por la harina de maíz y ponlo en una capa en una bandeja de horno con papel de hornear. Rocíalo con aceite y cuécelo 20-25 minutos, dándole la vuelta a la mitad de tiempo, hasta que esté dorado.

Utiliza el tofu teriyaki en lugar de pollo en la ensalada de pollo con sésamo (ver p. 75) o sírvelo como relleno de los bollos bao (ver p. 318).

1

2

3

4

5

Naan de tempeh con chile

Preparación
15 minutos

Cocción
10 minutos

Raciones 2

La harina de maíz con chile picante da a los dados de tempeh una capa crujiente al freírlos. Luego, el tempeh se mezcla con verduras salteadas con salsa de chile y se sirve sobre un naan para obtener un plato muy reconfortante. Si lo prefieres, puedes usar tofu o panir como alternativa al tempeh.

2 cucharadas de salsa de soja oscura
3 cucharadas de kétchup de tomate
2 cucharadas de salsa de guindilla picante
2 cucharaditas de vinagre de vino de arroz
2 cucharadas de harina de maíz
½ cucharadita de guindilla en polvo
200 g de tempeh escurrido, secado con papel de cocina y cortado en dados de 2 cm
5 cucharadas de aceite vegetal
1 cebolla roja, pelada y picada gruesa
1 pimiento rojo, sin semillas y picado grueso
1 pimiento verde, sin semillas y picado grueso
3 dientes de ajo grandes, pelados y picados finos
sal y pimienta negra recién molida

Para servir

2 panes naan grandes calentados (los de ajo y cilantro van muy bien)
2 cebolletas, parte verde y blanca, en rodajas finas

1 | Mezcla la salsa de soja, el kétchup, la salsa de guindilla y el vinagre con 3 cucharadas de agua en un bol pequeño. Reserva.

2 | Con un tenedor, mezcla la harina de maíz con la guindilla en polvo y una pizca generosa de sal y pimienta en un cuenco ancho y poco profundo.

3 | Añade el tempeh a la mezcla de harina de maíz especiada y remueve para que quede bien cubierto.

4 | Calienta un wok o una sartén grande y alta a fuego fuerte. Vierte entonces 3 cucharadas del aceite y añade el tempeh, dejando espacio entre cada trozo para que se cuezan uniformemente. Fríe el tempeh durante unos 5 minutos, dándole la vuelta regularmente con unas pinzas, hasta que se dore por todos los lados. Pásalo a un plato forrado con papel de cocina para escurrirlo.

5 | Vierte las 2 cucharadas de aceite restantes en la sartén y añade la cebolla roja, los dos pimientos y el ajo. Sofríe 2-3 minutos, hasta que las verduras empiecen a ablandarse pero aún tengan textura crujiente.

6 | Baja el fuego a medio. Vierte la mezcla de salsa de guindilla, vuelve a poner el tempeh en la sartén y remuévelo todo bien. Deja que la salsa burbujee un par de minutos hasta que espese.

7 | Coloca el tempeh con guindilla y verduras en los panes naan calientes y cubre con las cebolletas para servir el plato.

Mapo doufu

Preparación
10 minutos

Cocción
25 minutos

Raciones 2

El mapo doufu es un plato popular de Sichuan, una región conocida por su comida picante, sobre todo por el uso de la pimienta de Sichuan. Es una receta con mucho sabor: dados de tofu (tanto el sedoso como el de firmeza media sirven) cocidos en una rica salsa de pimienta de Sichuan con carne picada de cerdo o ternera y cebolletas. Si prefieres un plato de sabor más suave, puedes dejar los granos de pimienta enteros y sacarlos antes de servir. Si prefieres un plato más tradicional y picante, tritúralos tras asarlos y espolvoréalos al final de la cocción para que se impregne todo el plato. Esta receta puede hacerse fácilmente vegana sin que pierda sabor, cambiando la carne picada por una alternativa vegetal.

1 cucharada de aceite vegetal
1 cucharada de pimienta de Sichuan en grano
150 g de carne picada de ternera o cerdo, o una alternativa vegetal

3 dientes de ajo, picados
1 cucharadita de azúcar granulado
1 cucharada colmada de pasta picante de habas (dou ban jiang)
250 ml de caldo de verduras (ver p. 414) o comprado
300 g de tofu (sedoso o firme), escurrido y cortado en dados del tamaño de un bocado
½ cucharada de harina de maíz (opcional)
1 puñado de cebolletas picadas finas
sal, al gusto
arroz cocido (ver p. 202), para servir

1 | Calienta el aceite en un wok o sartén grande y honda con tapa a fuego medio. Fríe suavemente los granos de pimienta de Sichuan durante 2-3 minutos, removiendo la sartén de vez en cuando, hasta que desprendan aroma y adquieran un color ligeramente más oscuro. Para un plato de sabor más suave, deja los granos de pimienta enteros en la sartén. También puedes sacarlos del aceite con una espumadera, dejar que se enfríen, molerlos en el mortero y espolvorearlos al final de la cocción.

2 | En la misma sartén, añade la carne picada y saltéala durante 4-5 minutos, hasta que se dore y se haya eliminado la grasa. Añade el ajo y sofríelo 30 segundos, hasta que desprenda aroma. A continuación, añade el azúcar, la pasta picante de habas y el caldo hasta que se mezclen. La salsa debe quedar brillante y roja, con un buen brillo por encima.

3 | Pon el tofu encima y muévelo para que quede parcialmente sumergido en el líquido. Baja el fuego, tapa y cuece a fuego lento 5-10 minutos, hasta que la salsa se haya reducido ligeramente. Pruébala y ajusta el sabor, añadiendo sal si es necesario, o si está muy picante, con un poco más de azúcar para equilibrar. Si la salsa necesita espesarse, sube el fuego y cuece a fuego lento, sin tapa, unos minutos más hasta que se reduzca. También puedes añadir la harina de maíz mezclada con 2 cucharadas de agua y cocer a fuego lento unos minutos, removiendo, hasta que espese.

4 | Añade las cebolletas y remueve suavemente una última vez hasta que se ablanden en la salsa. Según lo que prefieras, retira los granos de pimienta de Sichuan enteros o espolvorea los molidos por encima y sirve el mapo doufu sobre arroz cocido.

FRUTOS SECOS

y

SEMILLAS

FRUTOS SECOS

A diferencia de los cacahuetes, que crecen bajo tierra, los frutos secos y las nueces (en su sentido genérico) son el fruto de los árboles. Son un recurso valioso y versátil en la cocina, dan sabor y textura, y tienen gran valor nutritivo. Puedes comprarlos enteros con cáscara o sin ella, más cómodos de usar. Se presentan de muchas formas: enteros, partidos por la mitad, tostados, sin tostar, molidos, escaldados, en copos, picados o mezclados con un sabroso aceite, como el de nuez o avellana.

Los frutos secos son una base estupenda para alternativas sin carne de un asado, hamburguesa, relleno o croquetas, de la granola para el desayuno o, simplemente, de un tentempié nutritivo y energético. Espolvoreados sobre gachas de avena, helado, sopa o ensalada, no solo dan un agradable toque crujiente, sino que potencian el sabor, especialmente si se tuestan antes (ver p. 288). Son deliciosamente cremosos en alternativas de la leche sin lácteos (ver p. 64), el yogur, la nata y el queso (ver p. 65).

Algunas personas los evitan por su alto contenido en grasas, pero son en gran parte monoinsaturadas o poliinsaturadas beneficiosas. De hecho, se dice que son «nutricionalmente densos», ya que no solo son una gran fuente de proteínas, lo que los hace muy útiles si sigues una dieta vegetariana, sino que también aportan minerales, como calcio, potasio y magnesio, así como vitamina E y mucha fibra. Hay quien sugiere remojar los frutos secos antes de comerlos y cocinarlos para hacerlos más digeribles, pero esto no es en absoluto imprescindible.

Conservación

Compra siempre los frutos secos y las semillas en pequeñas cantidades, sobre todo si no piensas utilizarlos con regularidad, ya que son propensos a ponerse rancios. Guárdalos en un recipiente hermético en la nevera o en un armario fresco y oscuro hasta 3 meses. También puedes guardarlos en un recipiente con tapa en el congelador; no es necesario descongelarlos antes de usarlos.

FRUTO	CÓMO COMPRARLO	IDEAL EN...
Almendras	Enteras, escaldadas, en copos, molidas	Leche vegetal, nata, mazapán, repostería, salsas, mantequilla de frutos secos, para decorar.
Anacardos	Enteros, partidos, tostados	Leche vegetal, nata, queso, salsas, curri, salteados, mantequilla de frutos secos.
Coco	Entero, picado, en copos, desecado, crema, leche	Leche vegetal, curri, postres, guisos, sopas, curri, repostería.
Avellanas	Enteras, escaldadas, molidas, aceite	Leche vegetal, repostería, granola.
Cacahuetes	Enteros, tostados, aceite	Mantequillas, para hornear, salsa satay, salteados, curri, guisos, como guarnición.
Pacanas	Partidas	Leche vegetal, repostería, granola, para decorar.
Piñones	Enteros	Pesto, ensaladas, salsas.
Pistachos	Enteros, picados, aceite	Leche vegetal, rellenos, cortezas de frutos secos, repostería.
Nueces	Enteras, partidas, aceite	Pasteles, rellenos, repostería, ensaladas, granola.

En el sentido de las agujas del reloj, desde arriba, piñones, nueces de Brasil,
cacahuetes sin tostar, avellanas, nueces, pistachos, anacardos y almendras.

TOSTAR FRUTOS SECOS EN EL HORNO

Preparación
5 minutos

Cocción
10 minutos

Salen 100 g

Esta es la forma más fácil, sobre todo si tienes una gran cantidad. El horno asegura un calor uniforme, lo que da a los frutos secos un color dorado por todas partes. Sacude la bandeja de vez en cuando para evitar que se quemen. Si tuestas almendras con piel o frutos secos de color oscuro, no se verá un cambio de color tan claro, así que comprueba que están listos cortando uno por la mitad: deberán estar dorados por todas partes. Los frutos secos pueden comprarse ya tostados, pero suelen durar menos y su sabor tostado es menos intenso.

100 g de los frutos secos que quieras

1 | Precalienta el horno a 180 °C (160 °C ventilador / Gas 4). Pon los frutos secos en una bandeja de horno pequeña y extiéndelos en una sola capa para que se tuesten uniformemente. Tenlos en el horno 6-8 minutos, comprobando cada pocos minutos, hasta que estén ligeramente dorados y se note el aroma tostado. Deja enfriar antes de usarlos o guárdalos en un recipiente hermético a temperatura ambiente hasta 1 mes.

TOSTAR FRUTOS SECOS EN UNA SARTÉN

Preparación
5 minutos

Cocción
5 minutos

Salen 50 g

Los frutos secos que más se benefician de tostarlos en una sartén son los más pequeños, como los piñones, ya que se pueden remover mientras se cuecen para asegurar un dorado uniforme. Este método también es adecuado si vas a tostar una pequeña cantidad de frutos secos y no quieres poner el horno; con cantidades mayores, es preferible el método del horno y mucho más fácil de controlar. Recuerda mantener el fuego bajo para que no se quemen.

50 g de piñones

1 | Pon los piñones en una sartén pequeña a fuego medio-bajo. Cuécelos, removiéndolos regularmente, durante 4-5 minutos, hasta que adquieran un color dorado uniforme. Al principio, no parece que pase nada, pero de repente empiezan a tomar color, por lo que conviene estar pendiente.

ESCALDAR FRUTOS SECOS

Preparación 15 minutos

Sin cocción

Salen 100 g

Puedes comprar nueces ya escaldadas (sin piel), pero es fácil hacerlo tú mismo si solo encuentras las que tienen la piel marrón.

100 g de avellanas o almendras con piel

1 | Pon las almendras o las avellanas en un cuenco mediano resistente al calor y cúbrelas con agua recién hervida. Déjalas en remojo durante 4-5 minutos y escúrrelas bien en un colador en el fregadero.

1

2 | Pasa las almendras o las avellanas remojadas a una bandeja de horno forrada con papel de cocina para que se sequen y se enfríen durante unos minutos. Con los dedos, pélalas o frótalas para quitarles la piel. También puedes frotar los frutos secos entre 2 hojas de papel de cocina.

2

MOLER FRUTOS SECOS

Preparación 5 minutos

Sin cocción

Salen 100 g

Algunas recetas requieren frutos secos molidos, sobre todo en repostería. Puedes comprar frutos secos ya molidos, pero los recién molidos tienen mejor sabor. Asegúrate de dejar de triturar cuando los frutos secos estén bien picados y todavía secos; si te pasas, puedes acabar con una mantequilla de frutos secos (ver p. 297). También puedes tostarlos antes de triturarlos para obtener un sabor más intenso a frutos secos.

100 g de pistachos o los frutos secos que prefieras

1 | Introduce los frutos secos en un procesador de alimentos pequeño o en una batidora. Utilizando la función de pulsación, tritúralos en tandas muy cortas hasta que queden picados de forma uniforme y muy fina. Deben tener textura de miga de pan fina y seca.

1

Calabaza asada con frutos secos

Preparación 30 minutos

Cocción 2 horas y 15 minutos

Raciones 4

En este asado, los frutos secos y la harissa se encajan entre dos mitades de calabaza butternut y se asa hasta que queda muy blanda por dentro con la piel dorada y crujiente. Con *gravy* vegano (ver p. 419) tienes un impresionante plato principal sin carne.

50 g de frutos secos variados sin sal
1 calabaza butternut grande, cortada por la mitad a lo largo y sin semillas, sacadas con una cuchara
2 cucharadas de aceite de oliva
1 cucharada de harissa rosa
1 cebolla, pelada y picada finamente
una pizca de sal, más para sazonar
3 dientes de ajo, pelados y picados finamente
1 puñado de ramitas de tomillo, deshojadas
50 g de pan rallado fresco del día anterior
125 g de lentejas verdinas ya cocidas
30 g de arándanos secos
1 puñado grande de perejil de hoja plana, picado fino
pimienta negra recién molida

1 | Precalienta el horno a 180 °C (160 °C ventilador / Gas 4). Sigue el paso 1 de «Tostar frutos secos en el horno» (ver p. 288).

2 | Con una cucharilla, retira parte de la pulpa de cada mitad de la calabaza sin pepitas para dejar una cáscara de 2 cm de grosor. Pica finamente la calabaza sacada con la cuchara y resérvala.

3 | Calienta la mitad del aceite de oliva y toda la harissa en una sartén grande a fuego medio, removiendo hasta que se mezclen. Añade la cebolla y la calabaza picada con una pizca de sal y cocina, removiendo a menudo, durante 12-14 minutos, hasta que la calabaza esté casi blanda. Añade el ajo y el tomillo y cocina otros 2 minutos.

4 | Pon el horno a 190 °C (170 °C ventilador / Gas 5).

5 | Pasa la mezcla de calabaza al bol de un robot de cocina con los frutos secos tostados, el pan rallado y las lentejas, y bate hasta que los frutos secos estén picados y la mezcla se convierta en un puré grueso. Incorpora los arándanos y el perejil.

6 | Coloca las mitades de calabaza en una bandeja de horno, con el lado cortado hacia arriba y sazónalas bien con sal y pimienta. Reparte el relleno de frutos secos entre cada mitad de calabaza, presionando hasta que quede compacto. Con cuidado y rapidez, une las dos mitades de calabaza, colocándolas una encima de la otra, para tener una calabaza «entera». Con cordel de cocina, ata las dos mitades a intervalos.

7 | Rocía la calabaza con el aceite de oliva restante y salpimiéntala. Ásala en el horno 1 hora y 45 minutos, hasta que la piel esté crujiente y dorada y el interior esté del todo tierno al pincharlo con la punta de un cuchillo. Córtala en rodajas y sírvelas.

CONSEJO

Puedes preparar y rellenar la calabaza con antelación y guardarla tapada en la nevera hasta 2 días antes de asarla.

Pollo Kung Pao con anacardos

Preparación
20 minutos

Cocción
30 minutos

Raciones 4

Una versión del clásico salteado picante de Sichuan, repleto de sabor y listo en minutos. En lugar de los habituales cacahuetes, aquí se utilizan anacardos, que se fríen hasta que estén dorados y dan al plato un sabroso sabor a frutos secos y un agradable toque crujiente.

2 cucharadas de aceite vegetal
75 g de anacardos sin sal y sin tostar
4 filetes de muslo de pollo sin piel ni hueso, en trozos del tamaño de un bocado
1 cebolla picada
2 ramas de apio, cortadas finamente en diagonal
1 pimiento verde, sin semillas, en trozos de 4 cm
1 pimiento rojo, sin semillas, en trozos de 4 cm
4 dientes de ajo, pelados y picados finamente
un trozo de raíz de jengibre fresco del tamaño de un pulgar, pelado y picado finamente
2 cucharaditas de granos de pimienta de Sichuan, ligeramente machacados

6 guindillas rojas secas o 2 guindillas rojas frescas, sin semillas y en rodajas finas
2 cucharaditas de harina de maíz
2 cucharadas de salsa de soja oscura
1 cucharadita de azúcar glas
sal y pimienta negra recién molida
arroz cocido (ver p. 202), por ejemplo jazmín, para servir

1 | Calienta la mitad del aceite vegetal en un wok o sartén grande y honda a fuego medio-alto. Añade los anacardos y fríelos durante 1-2 minutos, hasta que se doren; luego, con una espumadera, ponlos en un cuenco. Resérvalos.

2 | Salpimienta los trozos de pollo. Pon el fuego alto y añade el aceite restante al wok o sartén. Añade el pollo y fríelo durante 5-6 minutos, removiendo de vez en cuando, hasta que se dore por todos los lados.

3 | Añade la cebolla, el apio y los pimientos a la sartén y sofríe durante 3-4 minutos, hasta que empiecen a caramelizarse y ablandarse.

4 | Pon el fuego a medio-bajo. Añade el ajo, el jengibre, los granos de pimienta de Sichuan y las guindillas secas o frescas y sofríe durante otros 2-3 minutos, hasta que se ablanden.

5 | Mezcla la harina de maíz con 1 cucharadita de agua en un cuenco para hacer una pasta, y luego completa con 150 ml de agua fría. Vierte el agua de la harina de maíz en el wok o sartén con la salsa de soja y el azúcar glas, remueve y cuece a fuego lento 10 minutos, hasta que la salsa se reduzca y espese y el pollo esté hecho.

6 | Incorpora los anacardos fritos y sazona con sal y pimienta al gusto, añadiendo un chorrito más de salsa de soja, si quieres. Sírvelo con arroz cocido.

Costillar de cordero con costra de pistacho y cilantro

Preparación
20 minutos

Cocción
35 minutos
+ reposo

Raciones 2

Si buscas una buena alternativa veraniega al asado tradicional, este es tu plato. La costra de pistachos especiados se tuesta a medida que el cordero se asa, quedando crujiente y dorada por partes, además de ayudar a absorber parte de los jugos del cordero mientras la carne reposa. El costillar de cordero debe estar cortado a la francesa, es decir, retirando la carne y los tendones de los huesos de las costillas para conseguir un acabado limpio y profesional. El costillar de cordero comprado en el supermercado suelen venir ya preparado; también puedes pedirle a tu carnicero que te lo prepare. Sirve el cordero con una ensalada de tomate fresco y con la tapenade de aceitunas (ver p. 424) y tendrás una cena inolvidable.

1 costillar de cordero cortado a la francesa, con 4-6 costillas, de unos 350-400 g de peso total
2 cucharaditas de semillas de cilantro
50 g de pistachos sin sal y sin cáscara
1 puñado de perejil de hoja plana
2 cucharaditas de aceite vegetal
1 cucharada de mostaza de Dijon
sal y pimienta negra recién molida
½ receta de tapenade de aceitunas (ver p. 424), para servir

Para la ensalada
3 tomates grandes maduros, cortados en rodajas
½ cebolla roja, pelada y cortada en rodajas finas
1 puñado pequeño de hojas de menta
2 cucharadas de aceite de oliva virgen extra
1 cucharada de vinagre de vino tinto

1 | Saca el costillar de cordero de la nevera 1 hora antes de cocinarlo, colócalo en un plato y mantenlo tapado a temperatura ambiente.

2 | Mientras tanto, tuesta las semillas de cilantro en una sartén seca a fuego medio durante 1-2 minutos, removiendo regularmente, hasta que estén ligeramente tostadas. Pon las semillas de cilantro en un procesador de alimentos pequeño. Añade los pistachos y el perejil y tritúralos hasta que queden finamente picados.

3 | Precalienta el horno a 190 °C (170 °C ventilador / Gas 5). Con un cuchillo de cocina pequeño y afilado, marca ligeramente la grasa del cordero en forma de rombo, para que se deshaga durante el asado. Rocía con el aceite y sazona bien con sal y pimienta.

4 | Pon la sartén a fuego fuerte. Coloca el cordero en la sartén caliente, con la grasa hacia abajo, y cocínalo durante 3-4 minutos, hasta que esté dorado y crujiente. Con unas pinzas para sujetarlo, dora cada extremo del costillar durante 30 segundos, y luego colócalo en una bandeja de horno pequeña.

5 | Unta el cordero por todas partes con una capa uniforme de mostaza, luego ponlo en un cuenco poco profundo y espolvorea por encima la picadura de pistacho, presionando para que la capa se pegue y amontonándola en el lado de la grasa hasta cubrirlo por completo. Vuelve a colocar el costillar en la bandeja de asar, con la parte de grasa hacia arriba, añadiendo más picadura por encima. Ásalo durante 20-25 minutos (20 minutos para una carne poco hecha y 25 para una carne medio rosada). Pasa el cordero a un plato caliente, cúbrelo sin apretar con papel de aluminio y déjalo reposar 15 minutos.

6 | Mientras reposa el cordero, prepara la ensalada. Pon las rodajas de tomate en un plato de servir y esparce por encima la cebolla y la menta. Rocía con el aceite de oliva y el vinagre, y salpimienta al gusto.

7 | Corta el cordero en chuletas entre las costillas y sírvelas con la ensalada y la tapenade de aceitunas como guarnición.

USAR LOS FRUTOS SECOS EN SALSAS

Los frutos secos mejoran cualquier salsa y pueden usarse además como espesantes. Su textura cremosa y densa y su sabor ligeramente mantecoso realzan la riqueza y la sensación en boca de una salsa, además de aumentar su valor nutritivo. Esta versatilidad se ve en muchas cocinas de todo el mundo. Así, el anacardo es la base del korma, la salsa de curri india; la almendra, ingrediente principal del romesco (abajo), la tradicional salsa catalana, y las nueces juegan su papel en la muhammara (ver p. 296) de Oriente Medio. Triturados, absorben muy bien otros sabores, sobre todo los de las especias, que combinan con su consistencia cremosa.

SALSA ROMESCO

Preparación
5 minutos

Cocción
10 minutos

Raciones 4-6

Esta salsa catalana ahumada a veces contiene tomates además de las almendras tostadas y los pimientos rojos. Esta versión los omite para hacer brillar el sabor del pimentón ahumado, pero puedes reducir la cantidad de pimiento rojo en 50 g y sustituirlo por el mismo peso de tomates secos en aceite. Sirve la salsa con una cuchara sobre la merluza frita (ver p. 148).

100 g de almendras escaldadas
tarro de 450 g de pimientos rojos asados, escurridos
1½ cucharadita de pimentón ahumado dulce
1 diente de ajo pequeño, pelado
1-1½ cucharadas de vinagre de Jerez o de vino tinto
2 cucharadas de aceite de oliva virgen extra
sal y pimienta negra recién molida

1 | Precalienta el horno a 180 °C (160 °C ventilador / Gas 4). Sigue el paso 1 de «Tostar frutos secos en el horno» (ver p. 288), y luego aparta las almendras para que se enfríen. Una vez frías, pon en la batidora las almendras tostadas, los pimientos asados, el pimentón ahumado, el ajo, 1 cucharada de vinagre y el aceite de oliva.

2 | Tritura hasta obtener una salsa suave, de la consistencia de un yogur griego espeso. Sazona con sal y pimienta al gusto, añadiendo la ½ cucharada extra de vinagre, si es necesario. Vuelve a batir para distribuir uniformemente los condimentos en la salsa. Consúmela enseguida o guárdala en un recipiente hermético o en un tarro con tapa en la nevera hasta 3 días.

Chorizo con miel y romesco

Preparación
5 minutos

Cocción
20 minutos

Raciones 2-4

El ahumado picante del chorizo fresco complementa a la perfección el sabor de la salsa de pimientos rojos asados, ahumada y con sabor a frutos secos. Solo debes asegurarte de comprar chorizo para cocinar, en lugar de chorizo curado. Este plato es perfecto para un almuerzo ligero o un aperitivo, o para servir como parte de una comida para compartir.

200 g de choricitos para cocinar
½ receta de salsa romesco (izquierda)
1 cucharada de miel fluida
1 puñado de perejil de hoja plana, hojas recogidas
pan crujiente o tostadas, para servir

1 | Precalienta el horno a 200 °C (180 °C ventilador / Gas 6). Forra una bandeja de horno pequeña con papel de hornear.

2 | Con unas tijeras de cocina, separa los choricitos y ponlos en la bandeja del horno durante 15 minutos, hasta que estén cocidos y ligeramente coloreados por fuera.

3 | Mientras tanto, sigue los pasos 1-2 de la salsa romesco (izquierda); solo necesitarás la mitad para esta receta, el resto se conservará en un recipiente hermético hasta 3 días.

4 | Rocía la miel sobre el chorizo cocido y vuelve a meter la bandeja en el horno otros 3-5 minutos, hasta que esté pegajoso y caramelizado.

5 | Esparce el romesco sobre la base de un plato de servir, luego pon encima los chorizos a la miel y esparce por encima las hojas de perejil. Sírvelo con pan crujiente o tostadas.

Muhammara

Preparación
5 minutos

Cocción
10 minutos

Raciones 4-6

Esta popular salsa siria suele servirse como parte de un mezze con pan caliente. Se parece al romesco en que utiliza pimientos rojos asados, pero los frutos secos y el condimento son distintos. A menudo se incluye pan rallado como espesante, pero aquí los frutos secos por sí solos cumplen esta función. Sírvelo con panes planos de yogur (ver p. 308) o bien acompañando la coliflor entera al horno al shawarma (ver p. 177), como alternativa vegana al yogur.

100 g de nueces en mitades
tarro de 450 g de pimientos rojos asados, escurridos
1 cucharadita de comino molido
½-1 cucharadita de guindilla seca de Alepo (según lo picante que te guste)
1 diente de ajo pequeño, pelado
2 cucharadas de melaza de granada
2 cucharadas de aceite de oliva virgen extra
sal y pimienta negra recién molida

1 | Precalienta el horno a 180 °C (160 °C ventilador / Gas 4).

2 | Sigue con las nueces el paso 1 de «Tostar frutos secos en el horno» (ver p. 288). Déjalas enfriar.

3 | Una vez frías, pon las nueces, los pimientos rojos, el comino, la guindilla, el ajo, la melaza de granada y el aceite de oliva en una batidora.

4 | Tritura la mezcla hasta obtener una salsa suave, de la consistencia de un yogur griego espeso. Sazona con sal y pimienta al gusto. Vuelve a batir para distribuir uniformemente los condimentos en la salsa. Consúmela enseguida o guárdala en un recipiente hermético o en un tarro con tapa en la nevera hasta 3 días.

CONSEJO

Si prefieres una salsa más espesa, utiliza un robot de cocina en lugar de una batidora y bate hasta obtener la consistencia deseada.

HACER MANTEQUILLA DE FRUTOS SECOS

Preparación 15 minutos

Cocción 10 minutos

Salen 300 g

Además de ser ricos en proteínas, los frutos secos contienen un alto porcentaje de grasas beneficiosas, lo que los hace ideales para convertirlos en una mantequilla rica y cremosa, y sin los aditivos no deseados que suelen tener las alternativas de las tiendas. Con un robot de cocina o una batidora de gran potencia, y algo de paciencia, tritura los frutos secos para que liberen los aceites y acaben desmenuzándose hasta obtener una consistencia pastosa y espesa. Tostar antes los frutos secos es opcional, pero aporta más sabor a la mantequilla y el calor ayuda a extraer los aceites, facilitando su trituración. Esta es una receta de mantequilla de anacardos, aunque puedes utilizar el mismo método para hacer mantequilla de cacahuetes, almendras, avellanas, macadamias y, si te apetece, pistachos, o una combinación de varios.

300 g de anacardos sin tostar ni salar
una pizca grande de sal

Aromas (opcional)
1 cucharadita de pasta de vainilla
½ cucharada de cacao en polvo tamizado
1 cucharada de sirope de arce

1 | Precalienta el horno a 180 °C (160 °C ventilador / Gas 4). Sigue con los anacardos el paso 1 de «Tostar los frutos secos en el horno» (ver p. 288) y resérvalos para que se enfríen. Pasa los anacardos a un procesador de alimentos pequeño y tritúralos, rascando de vez en cuando por los lados, hasta que pasen de estar secos y finamente picados a tener la consistencia de la arena húmeda.

2 | En este punto, añade una pizca grande de sal y cualquier aromatizante adicional opcional, y sigue triturando hasta que los aceites se hayan separado de los frutos secos.

3 | Raspa el interior del vaso del procesador una vez más y sigue batiendo hasta obtener una mantequilla cremosa; puede quedar completamente lisa o ligeramente crujiente, según lo que prefieras. Vierte la mantequilla de anacardos en un tarro esterilizado (ver p. 456) y guárdala en la nevera hasta 1 mes.

CONSEJO

Si haces mantequilla de pistacho, sáltate el paso 1, pues los pistachos no se benefician del tostado, y esto también ayudará a conservar su vibrante color verde al triturarlos.

SEMILLAS

Las semillas son diminutas, pero tienen un gran poder saludable, y son un añadido sabroso en platos dulces o salados. Desde el punto de vista nutricional, son una fuente de energía que aporta grandes cantidades de grasas buenas, proteínas, vitaminas, sobre todo E, y minerales, como el hierro, además de fibra.

Se pueden utilizar de muchas formas, como en salsas y pastas, panes, pasteles, bollería, galletas, hamburguesas, buñuelos, platos de pasta, pilafs y granola (ver p. 300) o como cobertura crujiente en ensaladas, sopas, salteados, helados o yogures.

Como los frutos secos, conviene tostarlas antes de usarlas para potenciar su sabor y su textura crujiente. Lo ideal es tostarlas en una sartén para vigilarlas de cerca, ya que es fácil que se quemen. Si tuestas grandes cantidades o las combinas con frutos secos, puedes optar por el método del horno (ver p. 288). Además de cambiar de color y dorarse, las más grandes, como las de calabaza y girasol, empezarán a saltar cuando estén tostadas, así que ten cuidado. Si utilizas semillas de lino y de chía en repostería como alternativa vegetal a los huevos, tendrás que remojarlas primero en un poco de agua (ver p. 36). Esto las ablandará y las convertirá en una mezcla gelatinosa, lista para usar.

Conservación

Como los frutos secos, son propensas a ponerse rancias por su alto contenido de grasa, por lo que es mejor comprarlas en pequeñas cantidades, sobre todo si no vas a usarlas con regularidad. Tras abrir el paquete, pásalas a un recipiente hermético y guárdalas en la nevera o en un armario fresco y oscuro. Es mejor comprar las semillas enteras que molidas, ya que es menos probable que se estropeen y conservarán su valor nutritivo. Puedes guardarlas en el congelador; no es necesario descongelarlas antes de usarlas.

SEMILLA	CÓMO COMPRARLA	IDEALES EN...
Chía	Entera, molida	Alternativa al huevo, cereales de desayuno, repostería, batidos.
Lino	Entera, molida, aceite	Alternativa al huevo, repostería, granola, ensaladas.
Calabaza	Entera, molida, aceite	Horneados, panes, ensaladas, salsas, aderezos, granola.
Amapola	Entera	Pan, horneados.
Sésamo	Entera, aceite	Tahini, dukkah, repostería, pan, salteados, platos asiáticos, granola.
Girasol	Entera, aceite	Horneados, ensaladas, pasteles salados, granola, panes.

En el sentido de las agujas del reloj, desde arriba, semillas de lino molidas, semillas de amapola, semillas de girasol, semillas de chía, sésamo y pepitas de calabaza (centro).

GRANOLA DE SEMILLAS CON MIEL

Preparación 10 minutos

Cocción 30 minutos

Sale 1 kg

Hacer tu propia granola no puede ser más sencillo y te da la opción de usar tu mezcla favorita de frutos secos y semillas. Además, seguro que contiene menos azúcar y aditivos que las que compras en la tienda. En esta granola solo se utilizan semillas, pero también puedes introducir frutos secos y cambiar la mezcla de especias por canela. Lo bueno de esta receta es que es fácil de adaptar. También puedes probar a tostar primero las semillas con la avena para dar a la granola un sabor tostado más intenso.

500 g de copos de avena grandes
500 g de semillas mixtas sin tostar
(una mezcla de semillas de calabaza, girasol, sésamo y amapola es una buena opción)
4 cucharadas de especias mixtas o canela molida
una pizca grande de sal
1 cucharada de extracto de vainilla
150 g de aceite de coco, derretido
150 g de miel fluida o sirope de arce

1 | Precalienta el horno a 180 °C (160 °C ventilador / Gas 4). Forra una bandeja de horno grande con papel de hornear. En un bol grande, mezcla los copos de avena con las semillas, la mezcla de especias o canela y una pizca grande de sal.

2 | Vierte el extracto de vainilla, el aceite de coco y la miel o el sirope de arce, luego mezcla bien con una cuchara de madera para combinar los ingredientes húmedos con los secos.

3 | Vierte la mezcla en la bandeja de horno forrada y extiéndela en una sola capa para que todo se cueza por igual. Hornea 25-30 minutos, removiendo cada 10 minutos para que los bordes del exterior se integren en el centro, hasta que esté dorado y crujiente.

4 | Deja enfriar la granola. Decántala en un tarro o un recipiente con tapa y guárdala a temperatura ambiente hasta 1 mes.

Quinoa con langostinos, jengibre, edamame y semillas

Preparación
10 minutos

Cocción
20 minutos

Raciones 2

Las mezcla de semillas de esta ensalada añade un crujiente tostado inesperado, que complementa el sabor a frutos secos de la quinoa. Es un plato principal estupendo para preparar con un día de antelación. Simplemente guárdalo en la nevera y llévalo a temperatura ambiente 20 minutos antes de servir. Para que la ensalada sea completamente sin gluten, cambia la salsa de soja por tamari.

100 g de quinoa, bien enjuagada
una pizca grande de sal
60 g de semillas variadas
una pizca grande de copos de guindilla seca
100 g de judías edamame congeladas con vaina
150 g de langostinos cocidos
½ pepino, cortado en dados
100 g de rábanos picados
1 puñado grande de cilantro, hojas y tallos, picado grueso

Para el aderezo
1 cucharada de aceite de sésamo tostado
3 cucharadas de salsa de soja oscura o tamari
zumo y ralladura fina de 1 lima
2 cucharaditas de miel fluida
un trozo de raíz de jengibre fresco del tamaño de un pulgar, pelado y rallado fino

1 | Cuece la quinoa en un cazo mediano de agua hirviendo con sal, removiendo de vez en cuando, durante 15-20 minutos, hasta que los granos hayan doblado su tamaño y estén tiernos pero aún con un punto de firmeza.

2 | Mientras tanto, pon las semillas en una sartén pequeña a fuego medio-bajo y tuéstalas durante 4-5 minutos, removiendo regularmente, hasta que estén doradas y las más grandes hayan empezado a saltar. Retíralas del fuego, viértelas en un cuenco, mézclalas con los copos de guindilla y déjalas enfriar.

3 | Para hacer el aderezo, mezcla todos los ingredientes con un batidor de globo en un bol grande hasta que se combinen. Reserva.

4 | Pon el edamame congelado en un cuenco pequeño resistente al calor, vierte un poco de agua recién hervida y deja que se descongele durante 2-3 minutos, luego escúrrelo en un colador metálico, sacude el exceso de agua y viértelo en el cuenco que contiene el aderezo.

5 | Una vez cocida la quinoa, escúrrela en el colador metálico y enjuágala bajo el grifo de agua fría. Deja el colador sobre el fregadero unos minutos para que se escurra el exceso de agua.

6 | Vierte la quinoa cocida ya fría en el bol de servir. Añade los langostinos, el pepino, los rábanos, el cilantro y las semillas tostadas. Mézclalo todo bien y reparte la ensalada en dos platos para servir.

TAHINI CASERO

Preparación
10 minutos

Cocción
5 minutos

Salen 200 g

Este condimento cremoso tradicional de Oriente Medio se elabora con semillas de sésamo tostadas y molidas, y es sorprendentemente fácil de preparar. Lleva semillas de sésamo blancas, aunque se pueden usar negras para variar el clásico. Parte fundamental del hummus, el tahini también puede utilizarse como aderezo cremoso, para untar, como salsa (ver p. 432) o en tartas y pasteles.

200 g de semillas de sésamo blanco
3 cucharadas de aceite vegetal o de girasol
una pizca grande de sal

1 | Tuesta las semillas de sésamo en una sartén pequeña a fuego medio-bajo durante 3-4 minutos, removiendo a menudo, hasta que se doren. No dejes de removerlas, pues algunas se doran antes que otras. Vierte las semillas en un cuenco y déjalas enfriar.

2 | Pon las semillas tostadas ya frías en un procesador de alimentos pequeño y tritúralas hasta que tengan la consistencia de la arena húmeda.

3 | Añade el aceite y una pizca grande de sal y vuelve a batir hasta que quede una mezcla lisa y cremosa. Viértela con una cuchara en un tarro esterilizado (ver p. 456) y guárdalo hasta 1 mes en la nevera.

CONSEJOS

El tahini es una base estupenda para un aliño rico y cremoso cuando se mezcla con aceite de oliva y zumo de limón. Puedes añadir otros aromatizantes, como ajo machacado o hierbas picadas.

Mezcla tahini con pasta de miso y salsa de soja o tamari para dar sabor umami a caldos asiáticos o a sopas de fideos.

DUKKAH

Preparación
5 minutos

Cocción
5 minutos

Salen unos 85 g

En árabe, dukkah significa «machacar», pues los frutos secos, las semillas y las especias se suelen machacar tradicionalmente en un mortero. Es una buena combinación de especias saladas y ¡mejora el sabor de todo! Espolvoréalo sobre la col asada con tahini y dukkah (ver p. 304), sobre los huevos cocidos (ver p. 18) o en aceite de oliva virgen extra para conseguir una gran salsa para acompañar los panes planos.

1 cucharada de semillas de comino
1 cucharada de semillas de cilantro
2 cucharaditas de pimienta rosa en grano (opcional)
2 cucharadas de semillas de sésamo
50 g de almendras tostadas (ver p. 288), picadas
una pizca grande de sal

1 | Tuesta las semillas de comino y cilantro en una sartén pequeña y a fuego medio, removiéndolas de vez en cuando, 1 minuto aproximadamente, hasta que estén aromáticas. Añade los granos de pimienta rosa, si los usas, y tuéstalos unos 30 segundos.

2 | Vierte las especias tostadas en un mortero o molinillo de especias y deja que se enfríen un poco. Con el mortero, muele las especias tostadas (o tritúralas en el molinillo durante 20 segundos).

3 | Pon la sartén a fuego medio-bajo con las semillas de sésamo. Tuéstalas unos 3-4 minutos, removiendo regularmente, hasta que se doren. Deja enfriar.

4 | Añade las semillas de sésamo tostadas y enfriadas y las almendras tostadas a las especias. Sazona con una pizca grande de sal y remueve bien para que se mezcle. Guárdalo en un recipiente hermético en la nevera o a temperatura ambiente hasta 3 semanas.

CONSEJO

Cualquier fruto seco te sirve. En lugar de las almendras, prueba con cacahuetes, avellanas y macadamia, o con pepitas de calabaza tostadas.

Col asada con tahini y dukkah

Preparación 20 minutos

Cocción 30 minutos

Raciones 4 como guarnición

Esta guarnición de verduras utiliza tahini cremoso (ver p. 302) como base para los trozos de col asada: su sabor ahumado complementa a la perfección la riqueza de la salsa. Puedes utilizar tahini comprado o preparar el tuyo propio siguiendo nuestra sencilla receta. Es una guarnición estupenda para el filete perfecto (ver p. 114) o para combinarla con el fattoush de pimientos marinados (ver p. 188) y hacer un festín vegetariano.

4 cucharadas de tahini (ver p. 302) o comprado
3 cucharadas de dukkah (ver p. 303) o comprado
1 col puntiaguda grande, cortada en 4 trozos a lo largo
2 cucharadas de aceite de oliva
zumo de ½-1 limón
1 cucharadita de sirope de arce (opcional)
1 puñado de eneldo, hojas
sal y pimienta negra recién molida

1 | Sigue los pasos 1-3 del tahini casero (ver p. 302), luego sigue los pasos 1-4 del dukkah (ver p. 303), o bien cómpralos ya preparados.

2 | Precalienta el horno a 200 °C (180 °C ventilador / Gas 6). Forra una bandeja de horno con papel de hornear.

3 | Pon una sartén antiadherente grande a fuego fuerte. Salpimienta los lados cortados de los trozos de col y vierte el aceite de oliva en la sartén caliente.

4 | Pon los trozos de col en la sartén, con uno de los lados cortados hacia abajo y cocínalos durante 2 minutos, hasta que estén bien chamuscados. Con unas pinzas, da la vuelta a la col y cocínala por el otro lado otros 2 minutos. Transfiere la col, con los lados cortados hacia arriba, a la bandeja de horno forrada y ásala en el horno durante 15 minutos, hasta que esté tierna. Un cuchillo pequeño y afilado debe perforar fácilmente el tallo de la col una vez cocida.

5 | Mientras, echa el tahini en un bol pequeño. Añade el zumo de medio limón y 4 cucharadas de agua, y bátelo todo con un tenedor. El tahini se agarrotará y parecerá que se ha cortado, pero es normal, el agua y el batido lo volverán a unir en una salsa suave.

6 | Sazona la mezcla de tahini con sal y pimienta al gusto, añadiendo el zumo de limón restante si te gustan las cosas más picantes y/o el sirope de arce, si prefieres un poco de dulzor. Si el tahini aún está un poco espeso, bate con un poco más de agua; debe tener la consistencia del yogur natural.

7 | Esparce el tahini batido en un plato de servir. Coloca encima los trozos de col y espolvorea con el dukkah y el eneldo, para servir.

CONSEJO

En lugar de dukkah, puedes espolvorear sobre la col 2 cucharadas de almendras, avellanas o nueces tostadas (ver p. 288).

PAN

y

MASAS

PAN

Hacer pan requiere paciencia y cuidado a partes iguales, pero tus esfuerzos se verán recompensados con panes caseros crujientes, bollos esponjosos y un sinfín de maravillosos productos de masa horneada. Es tanto una ciencia como un arte, y una vez que te hayas familiarizado con las distintas fases —mezclado, amasado, fermentación, moldeado, fermentación y horneado— podrás enfrentarte a cualquier tipo de pan. Para ello vale la pena conocer bien los ingredientes, principalmente la harina, la levadura, la sal y el agua.

La harina de trigo es el ingrediente principal de la mayoría de los panes y necesitarás harina de fuerza o harina panificable, que tiene un mayor contenido de gluten que la mayoría de los demás tipos de harina y funciona mejor con panes con levadura (ver p. 312). Al activarse, la levadura desprende gas carbónico, que desarrolla el gluten, contribuyendo a dar a la hogaza una textura abierta y fermentada. Si no has horneado nunca, no temas, no es tan difícil crear una hogaza de la que estar orgulloso. Este capítulo comienza con los panes más sencillos: los que se hacen sin levadura, también conocidos como panes rápidos.

Conservación

Los ingredientes secos, como la harina y las formas secas de levadura, reaccionan con la humedad, por lo que deben guardarse en un armario fresco y seco. No pierdas de vista la fecha de caducidad, especialmente en el caso de la levadura, ya que los paquetes caducados dificultan el crecimiento del pan.

PANES PLANOS DE YOGUR SIN LEVADURA

Preparación
15 minutos
+ reposo

Cocción
10 minutos

Salen 4

El pan sin levadura utiliza otros agentes fermentadores, como el impulsor en polvo y el bicarbonato sódico. Cuando estos se mezclan con la harina y un ingrediente húmedo, tiene lugar una reacción instantánea, de ahí que a menudo se llamen panes «rápidos». La principal ventaja es que no requieren un amasado y levado prolongados: es perfectamente posible hacer un pan caliente y crujiente en menos de una hora.

Te sorprenderá lo sencillo y fácil que es hacer estos panes planos ligeros y esponjosos. La combinación de harina autolevante (una mezcla de harina normal e impulsor en polvo) con yogur hace que suban en muy poco tiempo y sin necesidad de levadura. Cocidos en una sartén, en lugar de hornearlos, el calor hace que las bolsas de aire de la masa se expandan y se hinchen mientras se cuecen. Sírvelos con todo, desde el baba ganoush (ver p. 187) o la paletilla de cordero asada a fuego lento con anchoas y romero (ver p. 106) hasta las sardinas a la plancha con aderezo tibio de 'nduja y miel (ver p. 141).

200 g de harina, y un poco más para espolvorear
150 g de yogur natural
½ cucharadita de sal

1 | Con una cuchara de madera, mezcla la harina, el yogur y la sal en un cuenco; luego junta la masa con las manos hasta formar una bola.

2 | Pon la masa en una superficie de trabajo enharinada y amásala suavemente durante 1-2 minutos, utilizando la palma de la mano para presionar y empujar la masa, teniendo cuidado de no romperla; se trata de tener una bola más o menos lisa. La masa debe estar húmeda, pero añade harina si está demasiado pegajosa.

3 | Vuelve a poner la masa en el bol limpio, tápala con un paño y déjala reposar 10 minutos. Con un cuchillo afilado, corta la masa en 4 trozos iguales. Vuelve a poner tres en el cuenco y tápalo de nuevo.

4 | Con un rodillo, extiende un trozo de masa sobre una superficie de trabajo ligeramente enharinada. Forma un pan plano circular de unos 18 cm de diámetro y 5 mm de grosor. Pasa el pan plano a una bandeja de horno, espolvoréalo con harina y repite la operación con el resto de los trozos de masa.

5 | Calienta una sartén de base gruesa, lo bastante grande para que quepan los panes, a fuego fuerte durante 2 minutos. Pon un pan plano en la sartén caliente y cuécelo durante 1 minuto por cada lado hasta que se noten las burbujas de aire y esté bien cocido, con algunas partes chamuscadas. Sácalo de la sartén, cúbrelo con un paño de cocina para mantenerlo caliente y repite la operación para hacer los panes restantes.

CONSEJO

Estos panes planos se comen mejor recién hechos. Si te sobran, envuélvelos en papel de aluminio con un chorrito de agua y vuelve a calentarlos en el horno precalentado a 180 °C (160 °C ventilador / Gas 4) durante 10 minutos.

Pan de soda con cebolleta y queso cheddar

Preparación
10 minutos

Cocción
40 minutos

Sale 1 pan

El pan de soda se llama así porque se usa bicarbonato sódico como principal agente fermentador. Cuando se combina con humedad y un ingrediente ácido, en forma de suero de leche, crea una reacción química que hace que el pan suba al hornearse. Esto significa que es muy rápido de hacer, ya que no requiere amasado ni un largo tiempo de fermentación. Es mejor comerlo en el mismo día, cuando aún está caliente, untado con mantequilla. También se puede cortar en rebanadas, guardarlo en el congelador y tostarlo directamente congelado.

100 g de harina normal, y algo más para espolvorear
275 g de harina integral fuerte
1 cucharadita de sal
1 cucharadita de bicarbonato sódico
100 g de queso cheddar extra curado, rallado fino
3 cebolletas, parte verde y blanca, picadas finas
300 ml de suero de mantequilla (ver p. 45) o comprado

1 | Precalienta el horno a 200 °C (180 °C ventilador / Gas 6). Enharina ligeramente una bandeja de horno plana con harina normal.

2 | Mezcla los dos tipos de harina, la sal y el bicarbonato sódico en un bol grande con una cuchara de madera. Añade las tres cuartas partes del queso y las cebolletas, remueve para mezclar y vierte el suero de mantequilla.

3 | Empieza a mezclar con la cuchara de madera y, una vez que se formen copos grandes y desgreñados, utiliza las manos limpias para unir la mezcla hasta obtener una masa blanda y ligeramente pegajosa, pero no húmeda. Forma una bola con la masa (puede que tengas que enharinarte un poco las manos) y colócala en el centro de la bandeja enharinada.

4 | Con un cuchillo de sierra, haz un corte en cruz en el centro de la hogaza, de un tercio de profundidad aproximadamente; esto ayudará a controlar el levado del pan y a que se cueza por el centro.

5 | Esparce por encima el queso restante y hornea en el centro del horno durante 30-40 minutos, hasta que haya subido y suene a hueco al golpear la parte inferior. Deja enfriar sobre una rejilla antes de servir.

Variaciones de sabor

Pan de avena: para un pan sencillo, omite la cebolleta y el queso y espolvorea un puñado de copos de avena grandes por encima del pan crudo antes de hornearlo.

Pan dulce de grosellas: sustituye las cebolletas y el queso por 50 g de grosellas o pasas sultanas mezcladas en la masa, y espolvorea 1 cucharada de azúcar moreno por encima del pan antes de hornearlo.

Aprovechar las sobras de pan

Puede parecer exagerado incluir ya aquí consejos para aprovechar el pan sobrante, pero no está de más recordar que el pan es uno de los alimentos que más se desperdician. Pero no hay por qué tirarlo: se conserva bien congelado (en rebanadas o entero) y, cuando está un poco duro, se pueden hacer con él unos picatostes o un pan rallado fantásticos (abajo).

Picatostes: precalienta el horno a 200 °C (180 °C ventilador / Gas 6). Corta el pan en trozos de 2,5 cm. Ponlos en una bandeja de horno y rocíalos con aceite de oliva (1 cucharada de aceite por cada 100 g de pan), salpimiéntalos, remuévelos con las manos y extiéndelos en una capa. Hornea durante 8-10 minutos, dándoles la vuelta a medio horneado, hasta que estén dorados y crujientes. Los picatostes quedan perfectos sobre sopas y ensaladas, como la clásica ensalada César (ver p. 431), para que queden más crujientes.

Pan rallado: tritura el pan ligeramente duro en un robot de cocina hasta obtener migas finas o gruesas, según tu gusto y la receta. Úsalo directamente o guárdalo en un recipiente hermético en la nevera hasta 3 días o congélalo en una bolsa de congelación hasta 3 meses. El pan rallado se puede utilizar directamente de la nevera o del congelador para rebozar pescado, en lugar de panko en los goujons de pescado (ver p. 152), como aglutinante en las hamburguesas de alubias negras al chipotle (ver p. 276) o frito hasta que esté crujiente y dorado (abajo).

Pangrattato (foto de arriba): conocido en Italia como el «parmesano de los pobres», este pan rallado se fríe en aceite de oliva hasta que queda crujiente y dorado. Es una deliciosa cobertura crujiente para la pasta, incluidos los espaguetis con salsa de tomate sencilla (ver p. 422). Esta versión incluye ajo aromático, limón para darle frescura y perejil para un toque de color.

Tritura 100 g de pan un poco duro (retira la corteza si está muy dura) en un procesador hasta obtener migas gruesas. Calienta 2 cucharadas de aceite de oliva en una sartén a fuego medio. Pon el pan rallado y fríelo 4-5 minutos, removiendo, hasta que se dore uniformemente.

Pon el pan rallado en un lado de una sartén, vierte otra cucharada de aceite de oliva en el espacio libre y añade 1 diente de ajo grande machacado. Cuece, removiendo, durante 30 segundos, y mezcla el ajo con el pan rallado. Apaga el fuego, añade 1 manojo de perejil de hoja plana finamente picado y la ralladura fina de 1 limón sin cera. Salpimienta al gusto y sírvelo enseguida espolvoreado sobre la pasta.

HACER PAN CON LEVADURA

Además de hacer pan ácimo, o sin levadura, se puede hacer pan con levadura. Hay varios tipos de levadura, desde las levaduras naturales presentes en el ambiente, como las que se usan en la popular masa madre, hasta levaduras comerciales. Si utilizas levaduras naturales, se necesita un periodo de fermentación para crear lo que se denomina un fermento. Es este proceso el que, con tiempo, acaba dando como resultado una hogaza ligera y de textura abierta al hornearla. Sin embargo, la levadura comercial, tanto fresca como seca, es el tipo más controlable para utilizar en panadería. La levadura fresca se presenta en un bloque de color cremoso y da un sabor más pronunciado a panes y pasteles (es muy apreciada para hacer cruasanes por este motivo), pero no se consigue fácilmente y tiene una vida útil más corta que la seca. (Si la receta pide levadura fresca y quieres usar levadura seca, reduce la cantidad a la mitad). Algunos tipos de levadura seca deben activarse en agua tibia antes de usarlas, pero quizá el tipo más fácil de utilizar sea la levadura seca «instantánea», que no necesita rehidratación previa: basta con espolvorearla en los ingredientes secos y listo.

BÂTARD BLANCO

Preparación
20 minutos
+ fermentación

Cocción
35 minutos

Sale
1 pan grande

Este sencillo pan blanco es un buen punto de partida para hornear tu primer pan con levadura. Un «bâtard» es una hogaza parecida a la baguette, pero más gruesa. La misma masa se usa para la focaccia de romero y aceitunas (ver p. 315) y las pizzas de sartén (ver p. 316), lo que demuestra lo versátil que es. Es básico seguir las instrucciones para amasar, ya que así se desarrollará el gluten de la harina y se distribuirá uniformemente la levadura, lo que hará que suba bien. Asegúrate de que el agua no esté demasiado caliente para no matar la levadura; debe estar templada o tibia, a unos 22 °C.

500 g de harina blanca de fuerza, y un poco más para espolvorear
2 cucharaditas de sal
1 cucharadita de levadura seca instantánea
350 ml de agua tibia
un chorrito de aceite neutro, para engrasar

1 | **Mezcla la masa:** echa la harina, la sal y la levadura en un bol grande, remueve hasta que se mezclen y haz un hueco en el centro. Vierte el agua tibia en el hueco. Con las manos limpias, mezcla hasta obtener una masa áspera y desgreñada.

2 | **Amasa:** vuelca la masa sobre una superficie de trabajo ligeramente enharinada y espolvorea la parte superior con más harina. Con las manos limpias, forma una bola con la masa. Amasa con un movimiento firme y constante, presionando firmemente hacia abajo y en dirección contraria a ti con la base de una mano para estirarla, y luego levanta, dobla y da un cuarto de vuelta a la masa. Repite este proceso de amasar, estirar, doblar y girar durante unos 5 minutos, hasta que la masa quede lisa, sedosa y elástica. Sabrás que la masa está lista cuando rebote al presionarla con un dedo.

3 | **Deja levar la masa:** pon la masa en un cuenco limpio y ligeramente aceitado, cúbrela con un paño de cocina y deja que suba en un lugar cálido y sin corrientes de aire durante 2 horas, hasta que doble su tamaño y esté bien crecida e hinchada.

4 | **Da forma a la masa:** pon la masa sobre una superficie de trabajo ligeramente enharinada. Empezando por un lado, pellizca la masa entre los dedos, estirándola ligeramente, y luego dóblala sobre sí misma hasta el centro de la bola. Repite la operación alrededor de la masa, girándola 90 grados cada vez, y continúa hasta que la masa forme una bola compacta.

5 | Da la vuelta a la masa de modo que la costura quede por debajo y, con las manos, enrolla suavemente la masa hasta darle forma ovalada, de unos 20-25 cm de largo, con los extremos ligeramente ahusados.

6 | **Deja fermentar la masa:** forra una bandeja de horno con papel de hornear y pon la hogaza sobre ella, con la costura hacia abajo. Tápala y déjala fermentar 1 hora, hasta que haya crecido la mitad. (Sigue al dorso.)

1
2
3
4
5
6

7 | **Termina la masa:** 30 minutos antes de que la masa termine de fermentar, precalienta el horno a 220 °C (200 °C ventilador / Gas 7) y pon una bandeja de horno gruesa sobre una rejilla en el centro del horno, sin nada encima. Con un cuchillo de cocina pequeño y afilado, haz tres cortes diagonales de 3 cm de profundidad a lo largo de la masa.

8 | **Hornea el pan:** desliza con cuidado la hogaza, sobre su papel de hornear, en la bandeja precalentada del horno. Hornea durante 20 minutos, luego reduce el horno a 190 °C (170 °C ventilador / Gas 5) y hornea otros 15 minutos, hasta que haya subido, esté crujiente y dorado. Para saber si el pan está listo, con un paño de cocina o unos guantes de cocina, sujétalo con una mano y golpea suavemente la parte inferior; debe sonar a hueco cuando esté cocido. Si no es así, hornea el pan otros 5 minutos y vuelve a comprobarlo.

9 | Pasa el pan a una rejilla y déjalo enfriar del todo antes de cortarlo.

CONSEJOS

Para un pan redondo de acabado crujiente, hornea la masa moldeada en una cazuela pesada, que imita el horno de un panadero. Precaliéntala en el horno, haz una cruz en la parte superior de la hogaza y utiliza el papel de horno para introducirla con cuidado en la cazuela caliente. Cúbrelo con la tapa y hornéalo durante 20 minutos, luego retira la tapa, baja el fuego y sigue horneando otros 15 minutos, hasta que se dore.

El pan se conservará unos días en una bolsa o recipiente hermético. Para las mejores tostadas, córtalo en rebanadas y mételas en una bolsa de congelación, luego congélalas. Tuéstalas directamente congeladas.

Prueba a añadir distintos sabores a la masa: queso rallado y cebollino, semillas de sésamo, semillas de amapola... ¡hazlo a tu gusto!

Focaccia de romero y aceitunas

Preparación
2 horas
+ levado, fermentación nocturna y reposo

Cocción
35 minutos

Sale 1 focaccia

Este clásico pan italiano se hace en una bandeja poco profunda antes de hornearlo, lo que tiene como resultado un pan ligero de textura abierta y corteza crujiente. El agua añadida es algo más que la del bâtard blanco, pues la masa mantiene la forma en la cocción gracias al molde; una masa más húmeda da una miga más ligera. Además, la masa sin amasar se estira y se dobla en el bol para desarrollar el gluten, y luego se deja fermentar toda la noche en la nevera. Esto ralentiza la actividad de la levadura, pero da más tiempo a que se desarrolle el sabor de la masa, dando un pan increíblemente delicioso.

1 receta de masa de bâtard blanco (ver p. 312)
5 cucharadas de aceite de oliva virgen extra, y un poco más para engrasar/acabar
2 cucharaditas de sal
100 g de aceitunas verdes sin hueso
4 ramitas de romero fresco, deshojadas
escamas de sal marina, para espolvorear

1 | Sigue el paso 1 de bâtard blanco (ver p. 312), pero aumenta el agua tibia a 400 ml y añade 2 cucharadas de aceite de oliva a la mezcla de levadura. Cuando tengas una masa áspera y desgreñada y se haya mezclado la harina, tapa el cuenco con un paño y déjala a temperatura ambiente unos 15 minutos.

2 | Humedece ligeramente tus manos con agua. Con la masa en el cuenco, toma un lado de la masa y estírala verticalmente, unos 15 cm, con cuidado de no romperla, y luego dobla la masa sobre sí misma. Gira el bol 90 grados y repite la operación tres veces más. Verás que la masa se vuelve más lisa y uniforme. Tapa el cuenco y déjalo reposar 30 minutos.

3 | Repite el estirado y plegado como arriba, dejando la masa durante 30 minutos, y luego una tercera vez. A estas alturas, la masa debe estar lisa y elástica. Tápala y deja que suba en un lugar cálido durante 2 horas, hasta que doble su tamaño y burbujee.

4 | Forra una bandeja de horno poco profunda de 30 x 25 cm con papel de horno y úntala con un poco de aceite por todas partes. Vierte la masa en la bandeja y presiónala suavemente hasta llenar el molde con una capa uniforme. Tápala bien con film transparente y déjala fermentar en la nevera durante toda la noche.

5 | Al día siguiente, saca la bandeja de la nevera 2 horas y 30 minutos antes de hornear para llevar la masa a temperatura ambiente. Precalienta el horno a 220 °C (200 °C ventilador / Gas 7). Vierte 2 cucharadas de aceite de oliva sobre la masa. Con la punta de los dedos, presiona para hacer hoyuelos por toda la superficie, esparce las aceitunas y el romero, y rocía con la cucharada de aceite restante. Espolvorea con sal y hornea durante 30-35 minutos, hasta que la masa haya subido y esté dorada por encima. Ponla con cuidado sobre una rejilla para que se enfríe.

CONSEJO

Si quieres hacer la focaccia sin la fermentación nocturna, una vez en la bandeja, déjala fermentar en un lugar cálido durante 2 horas, hasta que doble su tamaño, y luego hornéala.

Pizzas de sartén

Preparación
45 minutos
+ subida y fermentación

Cocción
30 minutos

Salen 4

La base de estas pizzas se elabora con la misma masa que el bâtard blanco, aunque el método difiere en que las pizzas se cocinan inicialmente en la sartén —el calor del fogón hace que suba y se esponje— y se terminan al grill para que la parte superior quede dorada y burbujeante. Utiliza el fogón más grande de tu cocina, ya que así conseguirás una temperatura uniforme y una base crujiente. Con este método, cocinas las pizzas de una en una, pero es estupendo para hacer con amigos, ya que podéis compartir la pizza terminada mientras se hace la siguiente.

1 receta de masa de bâtard blanco (ver p. 312)
harina normal, para espolvorear
lata de 400 g de tomate triturado
250 g de mozzarella de búfala escurrida y desmenuzada
sal y pimienta negra recién molida
1 puñado de hojas de albahaca, para terminar

Cobertura de la pizza a elegir:
pepperoni
salami
pimientos asados (ver p. 186) o comprados
dientes de ajo en láminas finas
queso parmesano rallado fino

1 | Sigue los pasos 1-4 para mezclar, amasar y hacer subir la masa del bâtard blanco (ver p. 312).

2 | Enharina ligeramente la superficie de trabajo y divide la masa en 4 trozos iguales. Colocando la mano sobre un trozo de masa, hazlo rodar en círculo sobre la superficie hasta formar una bola apretada. Repite la operación con los trozos de masa restantes.

3 | Enharina una bandeja de horno y pon las bolas de masa en la bandeja, dejando unos 6 cm entre cada una para que suban. Tápalas con un paño de cocina y déjalas fermentar 2 horas en un lugar cálido sin corriente de aire, hasta que doblen su tamaño y se hinchen.

4 | Para hacer la salsa, vierte el tomate en un bol pequeño y sazónalo bien con sal y pimienta.

5 | Pon un trozo de masa en una superficie de trabajo enharinada y, con los dedos planos, presiona la masa hasta obtener una forma redonda uniforme. Levanta la masa, dale la vuelta, estírala y presiónala hasta formar un círculo de unos 25 cm de diámetro. Repite la operación con los trozos de masa restantes.

6 | Calienta una sartén grande apta para horno a fuego fuerte. Precalienta el grill a fuego alto con la rejilla en la parte superior del horno.

7 | Cuando la sartén esté bien caliente, coloca con cuidado una de las bases de pizza en ella y luego vierte 4 o 5 cucharadas de postre de la salsa de tomate, extendiéndola uniformemente y dejando un borde de 3 cm alrededor. Esparce la mozzarella y el relleno que prefieras sobre la salsa. Cuece durante 2 minutos al fuego, hasta que se haya hinchado y la parte inferior esté dorada y cocida.

8 | Pon la sartén bajo el grill durante 4-5 minutos, hasta que la parte superior esté dorada y burbujeante. Desliza la pizza sobre una tabla de cortar, espolvoréala con albahaca y córtala en porciones. Limpia bien la sartén con papel de cocina y repite la operación con el resto de la masa e ingredientes.

CONSEJOS

Puedes hacer la masa hasta 2 días antes, seguir el método hasta el final del paso 3, y guardarla en la nevera hasta el momento de usarla. También puedes congelar la masa cruda en una bolsa de congelación hasta 3 meses.

Para utilizar la masa que conserves congelada, descongélala en la nevera durante la noche, ponla a temperatura ambiente y sigue el paso 4.

BOLLOS BAO CASEROS

Preparación
30 minutos
+ levado y fermentación

Cocción
30 minutos

Salen 12-14

Estos bollos ligeros y esponjosos son originarios de Taiwán y se cuecen al vapor en lugar de hornearse para que tengan una textura suave, casi como la del malvavisco. Después de cocerlos al vapor, puedes rellenarlos con lo que quieras, desde carne o verduras hasta pollo hoisin y pepinos encurtidos (ver p. 459).

50 ml de leche entera, calentada para que esté tibia
1 cucharadita de azúcar glas
125 ml de agua tibia
1 cucharada de aceite vegetal
½ cucharada de vinagre de arroz
300 g de harina normal, y un poco más para espolvorear
½ cucharadita de sal
½ cucharadita de levadura seca instantánea
½ cucharadita de levadura en polvo
aceite de cocina en espray

1 | Vierte la leche templada en una jarra con el azúcar, el agua templada, el aceite vegetal y el vinagre de arroz, y bate con un tenedor hasta que se mezclen. Vierte la harina, la sal y la levadura en un bol grande, remueve hasta que se mezclen y haz un hueco en el centro. Vierte la mezcla de leche en el hueco. Con las manos limpias, mezcla hasta obtener una masa áspera y desgreñada. Amasa y deja que suba según los pasos 2-4 del bâtard blanco (ver p. 312). Pasa la masa fermentada a una superficie de trabajo ligeramente enharinada. Espolvorea la masa con harina y extiéndela uniformemente hasta que tenga unos 2 cm de grosor. Espolvorea la masa con levadura en polvo.

2 | Con un cortador redondo de 8 cm (una copa de vino también sirve), haz 8 discos de masa.

3 | Rocía uniformemente la superficie de cada disco con el aceite de cocina (o pincela ligeramente la superficie con un pincel de repostería aceitado).

4 | Corta 8 cuadrados de 10 cm de papel de horno. Dobla con cuidado cada círculo de masa por la mitad en forma de media luna, pásalo a un cuadrado de papel de horno y déjalo reposar durante 30 minutos, hasta que haya subido y esté hinchado.

5 | Coloca un cestillo de cocción al vapor sobre un cazo o wok con agua hirviendo a fuego lento. Mete los bollos bao, todavía en sus discos de papel, en el cestillo, dejando suficiente espacio entre cada uno para que se expandan; tendrás que hacerlo por tandas. Cúbrelos con la tapa y cuécelos al vapor durante 8-10 minutos, hasta que se hinchen y suban. Repite la operación hasta que todos los bao estén cocidos.

6 | Saca los bao de la vaporera y, con cuidado, abre ligeramente el bollo por el centro. Ya están listos para rellenarlos (abajo).

Relleno de pollo hoisin

2 cucharadas de aceite vegetal
300 g de sobras de pollo asado, desmenuzado (ver p. 85) o comprado
3 cucharadas de salsa hoisin
sal y pimienta negra recién molida

Para servir

4 cucharadas de mayonesa (ver p. 420) o comprada
pepinos encurtidos (ver p. 459), en rodajas
1 puñado de hojas de cilantro
50 g de cacahuetes salados, picados gruesos

1 | Calienta el aceite vegetal en una sartén grande a fuego medio-alto. Añade el pollo y saltéalo 5 minutos, hasta que empiece a estar crujiente y bien caliente.

2 | Retira la sartén del fuego y añade la salsa hoisin junto con 3 cucharadas de agua. Sazona con sal y pimienta al gusto.

3 | Para rellenar el bao, pon un poco de mayonesa en cada bollo abierto y añade una cucharada del relleno de pollo, un poco de pepino y unas hojas de cilantro. Termina espolvoreando por encima los cacahuetes picados.

CONSEJOS

El tofu teriyaki (ver p. 280) es un relleno estupendo para los bollos bao.

Los bollos bao se conservan tapados en un recipiente hermético hasta 2 días; solo hay que recalentarlos en el microondas para servirlos.

BAGELS

Preparación
40 minutos
+ levado y
fermentado

Cocción
25 minutos

Salen 8

Los bagels se hacen tradicionalmente con una masa de pan de trigo con levadura, pero excepcionalmente se escalfan antes de hornearlos, lo que les da su característica textura densa y su fina corteza de color caramelo. Estos panecillos en forma de anillo son ideales para untarlos con queso crema y rellenarlos con salmón curado con naranja y remolacha (ver p. 134).

1 receta de masa de bâtard blanco (ver p. 312), utilizando 2 cucharaditas de levadura seca instantánea
1 cucharada de miel fluida
harina normal, para espolvorear
350 ml de agua tibia
1 cucharada de bicarbonato sódico
1 huevo mediano, a temperatura ambiente, ligeramente batido
4 cucharadas de semillas de sésamo o amapola

1 | Sigue los pasos 1-4 del bâtard blanco (ver p. 312), aumentando la levadura seca instantánea a 2 cucharaditas y añadiendo la miel al agua tibia, y luego mezcla, amasa y deja que la masa suba. Vuelca la masa sobre una superficie de trabajo ligeramente enharinada y córtala en 8 trozos iguales. Con una mano, toma un trozo de masa y hazlo rodar en círculo sobre el mismo punto hasta formar una bola apretada. Repite la operación con los trozos de masa restantes.

2 | Enharina el mango de una cuchara de madera y pincha con ella el centro de la bola de masa para hacer un agujero. Enharina 2 bandejas de horno grandes.

3 | Enharínate las manos y toma un trozo de masa. Pasa los dedos índices de ambas manos por el agujero y gíralos suavemente para estirar el agujero hasta que tenga unos 3-4 cm de ancho. Pon la pieza con cuidado sobre la hoja enharinada y repite la operación con los trozos de masa restantes.

4 | Precalienta el horno a 220 °C (200 °C ventilador / Gas 7). Lleva a ebullición un cazo grande y ancho con agua y añade el bicarbonato sódico. Baja a fuego lento, añade con cuidado 4 bagels y cuécelos durante 1 minuto por cada lado, hasta que se hinchen un poco. Con una espumadera, retira con cuidado los bagels de la sartén y ponlos en 2 bandejas forradas con papel de horno. Repite la operación con los 4 bagels restantes y déjalos 10 minutos para que se sequen.

5 | Unta la parte superior de cada bagel con huevo batido, luego espolvorea por encima las semillas.

6 | Hornea los bagels durante 15-18 minutos, hasta que estén ligeramente dorados. Déjalos enfriar en una rejilla antes de servirlos.

CONSEJO

Se conservarán frescos un día más o menos; los que sobren se pueden congelar. Si vas a tostarlos una vez descongelados, córtalos por la mitad antes. Descongela los bagels durante 30 minutos a temperatura ambiente.

1
2
3
4
5
6

MASA ENRIQUECIDA

Esta masa de pan se «enriquece» con leche, nata o huevos, lo que da al horneado final un sabor más completo y una miga más suave y fina, casi como la de un pastel. Es un tipo de masa que se adapta bien a los pasteles dulces, como el brioche (abajo) y los bollos de canela (ver p. 324). Para todas las recetas de masa enriquecida, se recomienda una batidora de pie, pues la grasa o los huevos añadidos hacen que sean más pegajosas y difíciles de manejar que la masa de pan normal. También pueden requerir más tiempo de amasado y fermentación, pues la grasa ralentiza el gluten necesario para una buena fermentación.

PAN DE BRIOCHE TRENZADO

Preparación 45 minutos + levado y fermentado

Cocción 30 minutos

Sale 1 pan

El clásico brioche francés es la cumbre de las masas enriquecidas. Debe tener un dorado intenso por fuera y una miga ligera, tierna y parecida a la de un pastel cuando se hornea. Aquí se utiliza levadura seca instantánea por comodidad. Necesitarás un molde para pan de 900 g, de unos 20-25 cm.

50 ml de leche entera
250 g de harina blanca de fuerza, y un poco más para espolvorear
2 cucharadas de azúcar glas
1 cucharadita de sal
2 cucharaditas de levadura seca instantánea
3 huevos medianos, a temperatura ambiente
150 g de mantequilla salada, en dados y ablandada, y un poco más, derretida, para engrasar el molde
un chorrito de aceite neutro

1 | Calienta la leche en un cazo o en el microondas hasta que esté tibia —debe estar más o menos a la temperatura corporal—, y viértela en una jarra.

2 | Pon la harina, el azúcar, la sal y la levadura en el bol de una batidora con gancho amasador y mezcla un poco. Vierte la leche tibia y añade 2 huevos. Casca el otro huevo en un cuenco pequeño y bátelo ligeramente con un tenedor. Vierte la mitad del huevo batido en la amasadora (cubre el resto con film transparente y mantenlo a temperatura ambiente para glasear).

3 | Mezcla a velocidad baja durante 2 minutos. Aumenta la velocidad a media y mezcla 10 minutos, hasta tener una masa suave. Con la batidora en marcha, añade la mantequilla, de dado en dado, y mezcla bien hasta que se incorpore antes de añadir el siguiente dado. Añade la mantequilla en 3-4 minutos, y vuelve a mezclar 5 minutos, hasta tener una masa brillante y suave.

4 | Vierte la masa en un cuenco limpio y engrasado, cúbrela con un paño y deja que suba en un lugar cálido y sin corrientes 2 horas, hasta que doble su tamaño.

5 | Cuando haya subido, pon la masa sobre una superficie de trabajo ligeramente enharinada y córtala en 3 trozos iguales. Enrolla cada trozo en forma de salchicha de la longitud que el molde, unos 20-25 cm.

6 | Para trenzar la masa, pon los 3 trozos verticales sobre una superficie de trabajo enharinada. Presiona por la parte superior para unirlos. Cruza la hebra de la derecha sobre la hebra del medio, luego cruza la hebra de la izquierda sobre la hebra del medio. Repite la operación trenzando la masa hasta llegar al final, y presiona las hebras para unirlas por la parte inferior.

7 | Unta un molde de 900 g con mantequilla derretida. Mete la masa trenzada con cuidado pero con decisión en el molde, tápala ligeramente con un paño y déjala reposar en un lugar cálido hasta que duplique el tamaño y se hinche, aproximadamente 1 hora y media.

8 | Precalienta el horno a 200 °C (180 °C ventilador / Gas 6). Pincela ligeramente la parte superior del brioche con el huevo batido reservado y hornea durante 10 minutos. Baja el horno a 180 °C (160 °C ventilador / Gas 4) y hornea otros 20 minutos, hasta que haya subido y esté bien dorado. Sácalo del horno y desmóldalo sobre una rejilla para que se enfríe.

Variación de los panecillos de hamburguesa

Para hacer panecillos de hamburguesa, sigue los pasos 1-4 (izquierda), luego pon la masa en una superficie de trabajo enharinada y divídela en 10 trozos. Haz con cada trozo una bola apretada siguiendo el paso 2 de las pizzas de sartén (ver p. 316). Ponlas en bandejas de horno forradas con papel de hornear y déjalas fermentar durante 2 horas, hasta que estén bien crecidas e hinchadas. Pincela la parte superior de cada panecillo con huevo batido y espolvorea semillas de sésamo o amapola, si lo deseas. Hornéalos a 200 °C (180 °C ventilador / Gas 6) 15-18 minutos, hasta que hayan subido, estén dorados y cocidos. Deja enfriar sobre una rejilla.

BOLLOS DE CANELA O CARDAMOMO

Preparación
45 minutos
+ levado y fermentado

Cocción
20 minutos

Salen 12

Un clásico de la repostería nórdica, estos fragantes bollos son ligeramente empalagosos y suaves en el centro gracias a una capa de mantequilla dulce con especias. Además de con la mantequilla, la masa está enriquecida con leche y huevos, lo que le da una miga suave y de textura fina. El truco está en la forma: la masa se retuerce para dejar al descubierto parte de la mantequilla especiada, de modo que el azúcar se carameliza ligeramente y las especias impregnan la masa. El azúcar perlado es el tradicional, pero si no lo encuentras, puedes sustituirlo por azúcar moreno.

250 ml de leche entera
50 g de mantequilla salada, cortada en dados
500 g de harina blanca de fuerza, y un poco más para espolvorear
2 cucharadas de azúcar glas
1 cucharadita de sal, más una pizca para el relleno
1 cucharadita de levadura seca instantánea
2 huevos medianos, a temperatura ambiente, y 1 yema para glasear
50 g de azúcar perlado

Para el relleno de mantequilla especiada
75 g de mantequilla salada, ablandada
75 g de azúcar moreno claro blando
1½ cucharadas de canela o cardamomo molidos

1 | Calienta suavemente la leche y la mantequilla en un cazo pequeño, hasta que la mantequilla se derrita. Debe estar tibia al tacto, pero no caliente. Vierte la harina, el azúcar, la sal y la levadura en el bol de una batidora de pie equipada con un gancho amasador y mezcla brevemente. Vierte la mezcla de leche tibia e introduce 2 huevos. Mezcla a velocidad baja durante 2 minutos, luego aumenta la velocidad a media y mezcla durante otros 6-8 minutos, hasta obtener una masa lisa y brillante.

2 | Raspa las paredes del cuenco, tapa con un paño de cocina y deja que suba en un lugar cálido y sin corrientes de aire durante 2 horas, hasta que doble su tamaño y se hinche. Mientras sube la masa, prepara el relleno de mantequilla especiada. Vierte la mantequilla ablandada en un bol mediano y bátela bien con una cuchara de madera. Añade el azúcar y la especia que prefieras, con una pizca de sal, y bate hasta que quede suave y cremoso.

3 | Una vez que la masa haya subido, viértela con cuidado sobre una superficie de trabajo ligeramente enharinada, asegurándote de que tienes espacio suficiente para extenderla hasta formar un rectángulo grande. Espolvorea la parte superior de la masa con harina y, con un rodillo, extiéndela hasta formar un rectángulo de unos 55 x 35 cm, con uno de los lados más largos hacia ti.

4 | Vierte la mantequilla especiada ablandada sobre la masa y extiéndela con una espátula hasta formar una capa uniforme. Empezando por el lado izquierdo, dobla un tercio de la masa sobre sí misma, luego repite en el lado derecho, doblándola encima, como una carta, de modo que tengas un rectángulo de masa con 3 capas.

5 | Da la vuelta a la masa de modo que uno de los lados largos quede hacia ti y utiliza el rodillo para sellar los bordes de la masa, luego córtala verticalmente en 12 tiras de 3 cm de ancho.

6 | Forra 2-3 bandejas de horno grandes con papel de hornear. Toma una tira de masa por ambos extremos y estírala suavemente hasta que casi duplique su longitud. Retuércela 3-4 veces para que quede una espiral.

7 | Sujeta un extremo de la tira, enróllala firmemente en espiral para crear un bollo redondo, luego mete el otro extremo por debajo, presionando para que se pegue. Colócalo en una de las bandejas forradas y repite la operación con el resto de las tiras de masa, dejando un espacio de 4 cm entre cada bollo para poder extenderlo. Cubre las bandejas con paños de cocina y déjalos fermentar durante 1 hora, hasta que estén bien crecidos e hinchados.

8 | Precalienta el horno a 190 °C (170 °C ventilador / Gas 5). Bate ligeramente la yema de huevo restante en un bol pequeño y usa una brocha de repostería para glasear la parte superior de los bollos. Espolvoréalos con el azúcar. Hornéalos durante 18-20 minutos, hasta que hayan subido y estén uniformemente dorados.

1
2
3
4
5
6
7
8

PASTELES

y

REPOSTERÍA

PASTELERÍA

La repostería casera es difícil de superar cuando está bien hecha; su textura crujiente y mantecosa se desmenuza y se deshace en la boca, y es bastante irresistible. Esto es aún más notable si se tiene en cuenta que la masa básica de repostería se hace con solo tres ingredientes sencillos: harina, grasa y agua. Aunque pueda parecer complicada, con unas reglas sencillas y un poco de atención a los detalles, verás que es satisfactoria y gratificante de dominar.

Antes de empezar, procura comprar los ingredientes de mejor calidad que puedas permitirte y asegúrate de pesarlos con precisión. Una de las cosas más importantes, aplicable a todos los tipos de masa, desde la masa quebrada dulce y salada hasta el hojaldre más elaborado, es no trabajar demasiado la masa, pues puede endurecerse. Lo ideal es manipularla con suavidad, trabajando rápida y ligeramente. Igualmente importante es dejar que la masa se enfríe y repose lo necesario para que sea más manejable y no se encoja al hornearla. El calor es el enemigo, así que lo ideal es trabajar en una cocina fría, con agua helada, mantequilla fría y las manos frías.

Conservación
La masa casera se conserva envuelta en la nevera durante 1-2 días, o congelada hasta 6 meses.

HACER MASA QUEBRADA

Preparación 15 minutos a mano o 5 minutos con un robot + enfriamiento

Sin cocción

Salen unos 400 g

El término «masa quebrada» se refiere a la textura de la masa, que es ligeramente desmenuzable, más que hojaldrada, y casi como una galleta cuando se cocina. La masa quebrada se conoce también como pasta brisa, y es la base ideal para tartas saladas, quiches y flanes; y si no te gustan las cosas muy azucaradas, también puedes usarla para las tartas dulces: funciona muy bien con un relleno de chocolate para combinar dulce y salado. De todas formas, también tienes una receta de masa quebrada dulce (abajo). Los métodos de ambas son muy parecidos y pueden prepararse a mano o en un robot de cocina, según prefieras; en cualquier caso, son recetas estupendas para iniciarse en la repostería si nunca antes has probado.

250 g de harina normal, y un poco más para espolvorear
una pizca de sal
140 g de mantequilla fría salada, en dados pequeños
2-4 cucharadas de agua helada

1 | Si haces la masa a mano, tamiza la harina y la sal en un cuenco grande y añade la mantequilla. Frota los dados de mantequilla entre las puntas de los dedos y los pulgares en la harina. Levanta la harina mientras trabajas la mantequilla para airearla y continúa hasta que la mezcla parezca arena gruesa o pan rallado.

2 | Rocía 2 cucharadas de agua helada sobre la mezcla de harina y remuévela con un cuchillo de mesa para unir la masa y formar una bola áspera y rasposa. Si la masa parece un poco seca, añade un chorrito más de agua helada y vuelve a mezclar. Es importante añadir el agua justa para unir la masa, pero sin humedecerla en exceso.

3 | Vuelca la masa sobre una superficie de trabajo y, con las manos, forma una bola más o menos lisa, trabajándola suavemente.

4 | Aplasta ligeramente la masa hasta formar un disco, envuélvela en film transparente y déjala reposar en la nevera 30 minutos antes de utilizarla.

Variante de masa quebrada dulce

Sigue los pasos 1-4 de «Hacer masa quebrada», con el método manual o con un robot de cocina (derecha), añadiendo 2 cucharadas de azúcar glas tamizado con la harina normal, la sal y la mantequilla. Reduce la cantidad de agua helada a 1 cucharadita y añádela a la mezcla de mantequilla untada con 1 yema de huevo mediana, a temperatura ambiente. Si la masa parece un poco seca, añade un chorrito más de agua hasta que se forme una bola.

CONSEJOS

La masa se conserva en la nevera, tapada, hasta 2 días o congelada hasta 3 meses; descongélala en la nevera antes de usarla. Es necesario amasar ligeramente la masa con las manos para ablandarla antes de extenderla.

También puedes hacer la masa en un robot de cocina. Pon la harina, la sal y la mantequilla en el robot de cocina y bate hasta que la mezcla parezca pan rallado grueso. Añade 2 cucharadas de agua helada y bate de nuevo hasta que la masa esté homogénea (es probable que no necesites el resto del agua). Haz una bola con la masa, aplánala en forma de disco, envuélvela y refrigérala durante 30 minutos antes de usarla.

FORRAR UN MOLDE DE TARTA Y PRECOCINARLO

Preparación
30 minutos
+ enfriamiento

Cocción
35 minutos

Salen 25 cm de cobertura de molde de tarta

La receta de masa quebrada (ver p. 328) basta para cubrir un molde de tarta de 25 cm, pero puedes utilizar este método para cualquier tamaño de molde: solo tienes que extender la cantidad adecuada de masa hasta formar un círculo 5 cm más grande que el molde. Necesitarás otros utensilios de cocina básicos, como un rodillo, papel de horno y habas para hornear, o alubias o arroz secos. Antes de extender la masa, es importante que se enfríe para que sea más fácil de manipular, así como dejarla reposar después de forrar el molde. La masa se precocina, es decir, debe estar del todo cocida antes de añadir el relleno, para evitar que el fondo quede empapado.

1 receta de masa quebrada (dulce o salada), refrigerada (ver p. 328)
harina normal, para espolvorear
habas para hornear, o arroz o alubias secas

1 | Sigue los pasos 1-4 de «Hacer masa quebrada» (ver p. 328). Cuando la masa se haya enfriado durante 30 minutos, espolvorea ligeramente la superficie de trabajo y el rodillo con harina. Extiende la masa con el rodillo en un círculo grande presionando suavemente hasta que tenga unos 5 mm de grosor y 30 cm de diámetro. De vez en cuando, da un cuarto de vuelta a la masa para darle forma redonda y espolvorea la superficie de trabajo con un poco más de harina para evitar que se pegue.

2 | Usa un molde de tarta acanalado de 25 cm de fondo suelto. Para introducir la masa en él, dobla ligeramente los lados del círculo hacia el centro, de modo que tengas una forma más o menos rectangular. Pasa la masa doblada a la base del molde, ayudándote con el rodillo si es necesario, y luego despliega con cuidado los lados, primero uno y luego el otro.

3 | Presiona la masa uniformemente sobre la base y los lados del molde, dejando un saliente de 3-5 cm.

4 | Recorta el sobrante con unas tijeras, dejando 1-2 cm para prever que pueda encogerse un poco durante el precocinado; puedes eliminar el sobrante antes de añadir el relleno. Utiliza el hojaldre sobrante para reparar una pequeña rotura, o guárdalo en la nevera para tapar algún agujero que haya podido quedar tras el precocinado. Pincha la base de manera uniforme por todos los lados con un tenedor y ponla a enfriar en la nevera durante 20 minutos.

5 | Mientras tanto, precalienta el horno a 200 °C (180 °C ventilador / Gas 6). Corta un trozo de papel de horno un poco más grande que el diámetro del molde y haz una bola con él. Desarruga la bola y colócala en el molde enfriado de forma que cubra la base y suba por los lados. Rellena tres cuartas partes del molde con habas de hornear o arroz o judías secas.

6 | Pon el molde en una bandeja en el centro del horno y hornea durante 20 minutos, hasta que la masa que sobresale tenga un dorado pálido.

7 | Retira el papel de horno y las habas de hornear o las judías o el arroz. Rellena los agujeritos, si los hay, con la masa reservada y vuelve a meter la masa en el horno durante 10-12 minutos, hasta que la base esté dorada y la masa cocida.

8 | Con un cuchillo de cocina grande, corta los restos de masa que sobresalgan. La base ya está lista para rellenar y hornear o dejar enfriar.

CONSEJOS

Las habas de cerámica para hornear duran años. Déjalas enfriar y guárdalas en un recipiente hermético. Si no tienes habas de repostería, el arroz crudo o las alubias secas van igual de bien.

Si hace calor, puede que tengas que prolongar 10 minutos más el tiempo de enfriamiento antes de hornear, o meter la masa en la nevera.

Puedes hornear la masa el día antes. Deja enfriar el molde horneado y envuélvelo en film transparente hasta el momento de utilizarlo.

1
2
3
4
5
6
7
8

Quiche de brócoli, avellanas y Stilton

Preparación 45 minutos + enfriamiento y precocinado

Cocción 35 minutos

Raciones 8

Esta tarta tiene un sabroso relleno de crema pastelera, que se hornea a baja temperatura hasta que acaba de cuajar. El relleno juega con la clásica sopa de brócoli y Stilton, pero también puedes probar con cebollas caramelizadas (ver p. 194) o beicon ahumado y gruyer para una versión de la clásica quiche Lorraine.

1 receta de masa quebrada (ver p. 328)
1½ cucharadas de aceite de oliva
1 cabeza pequeña de brócoli, cortada en ramilletes medianos y el tallo picado grueso
3 huevos medianos, a temperatura ambiente
150 ml de leche entera
150 ml de nata doble
una buena ralladura de nuez moscada fresca
30 g de avellanas tostadas (ver p. 288) y picadas en trozos grandes
150 g de queso Stilton, desmenuzado
sal y pimienta negra recién molida
hojas de ensalada crujientes, para servir (opcional)

1 | Sigue los pasos 1-4 de «Hacer masa quebrada» (ver p. 328).

2 | Sigue los pasos 1-8 de «Forrar un molde de tarta y precocinarlo» (ver p. 330).

3 | Mientras la masa se precocina, pon los ramilletes de brócoli en una bandeja de horno, rocíalos con el aceite de oliva y salpimiéntalos. Extiende el brócoli en una sola capa para que se ase uniformemente y cuécelo durante 20 minutos en la parte superior del horno hasta que esté tierno y un poco chamuscado. Deja enfriar.

4 | Cuando la base y el brócoli estén cocidos, baja el horno a 160 °C (140 °C ventilador / Gas 3).

5 | Casca los huevos en una jarra grande, añade la leche y la nata doble, y bátelos bien con un tenedor hasta que se mezclen por completo; debes asegurarte de que no queden grumos de clara de huevo. Sazona generosamente con sal y pimienta y una buena ralladura de nuez moscada.

6 | Para rellenar el molde una vez enfriado, añade el brócoli asado, la mitad de las avellanas y tres cuartas partes del Stilton; luego vierte encima la mezcla de huevo. Cubre con las avellanas y el Stilton restantes. Transfiere con cuidado el molde, aún en la bandeja de hornear, al horno y hornea durante 35 minutos, hasta que el relleno esté bien cuajado pero aún un poco blando en el centro.

7 | Pasa la tarta a una rejilla y deja que se enfríe un poco. Puedes servir la tarta templada, a temperatura ambiente o fría de la nevera, según prefieras. Retira el lateral del molde, córtala en 8 porciones y sírvela con una ensalada crujiente.

CONSEJO

La quiche se conservará hasta 5 días en la nevera una vez fría. Si quieres servirla caliente, caliéntala en el horno a 180 °C (160 °C ventilador / Gas 4) durante 10 minutos.

Tarta de limón

Preparación
40 minutos
+ enfriamiento
y precocinado

Cocción
35 minutos

Raciones 8-10

El relleno ligero y ácido es el complemento perfecto de la masa dulce y mantecosa. Lo mejor es hornear la tarta de limón a fuego lento para que el relleno quede ligeramente blando y cremoso, y sacarla del horno antes de que esté completamente cuajada. Disfrútala, el mismo día que la prepares, con una buena cucharada de *crème fraîche* y una pizca de azúcar glas.

1 receta de masa quebrada dulce (ver p. 328)
6 huevos medianos, a temperatura ambiente
3 yemas de huevo medianas, a temperatura ambiente (ver p. 32, separar los huevos)
una pizca de sal
225 g de azúcar glas
ralladura fina de 3 limones sin cera
zumo de 6 limones
300 ml de nata doble
1-2 cucharadas de azúcar glas y *crème fraîche*, para servir

1 | Sigue el método para hacer masa quebrada dulce (ver p. 328).

2 | Sigue los pasos 1-8 de «Forrar un molde de tarta y precocinarlo» (ver p. 330).

3 | Mientras se enfría la masa, baja el horno a 140 °C (120 °C ventilador / Gas 1).

4 | Casca los huevos enteros en un bol grande, añade las yemas, la sal, el azúcar, la ralladura de limón, el zumo y la nata doble. Bate bien con un batidor de globo hasta que todo se mezcle: debe quedar una crema pastelera lisa, aparte de los trocitos de ralladura de limón.

5 | Trabajando cerca del horno, vierte el relleno en el molde cocido y, con cuidado, coloca el molde, aún sobre la bandeja de hornear, en el centro del horno. Hornea durante 35 minutos, hasta que los dos tercios exteriores del flan estén cuajados pero la parte central aún tenga un ligero movimiento.

6 | Deja enfriar del todo la tarta en el molde sobre una rejilla. Una vez fría, retira el lateral del molde y espolvorea la parte superior con azúcar glas tamizándolo con un colador pequeño. Corta la tarta en 8-10 porciones y sírvela con una cucharada de *crème fraîche*.

CONSEJO

La tarta de limón se conservará hasta 5 días en la nevera, aunque el relleno estará más firme una vez frío. Es importante enfriar la tarta a temperatura ambiente antes de meterla en la nevera, ya que así evitarás que la parte superior se agriete.

HACER UN HOJALDRE RÁPIDO

Preparación 40 minutos + enfriamiento

Sin cocción

Salen unos 500 g

Esta no es propiamente la receta del hojaldre, sino de la masa escamosa, la hermana rápida y fácil del hojaldre. En ambos tipos, la mantequilla se distribuye en capas por toda la masa, de modo que, al hornearse, el agua de la mantequilla se evapora y se obtienen capas hinchadas. Al hacer hojaldre se utilizan grandes trozos de mantequilla, mientras que con la masa escamosa se incorporan pequeños trozos a la masa al laminarla y plegarla. Esto hace que la masa sea mucho más fácil de manejar y las posibilidades de éxito, mucho mayores. Como con la mayoría de la repostería artesanal, la temperatura es clave. Asegúrate de que la mantequilla está congelada antes de empezar, de que utilizas agua helada y, a ser posible, ¡que el día no sea caluroso! El vinagre de vino blanco mantiene la textura corta, consiguiendo una deliciosa masa hojaldrada que se deshace en la boca una vez horneada.

250 g de harina normal, y un poco más para espolvorear
½ cucharadita de sal
200 g de mantequilla salada congelada
75 ml de agua helada
2 cucharaditas de vinagre de vino blanco

1 | Tamiza la harina en un bol con la sal y mézclala brevemente. Con un rallador de caja, ralla la mantequilla en la harina y, con un cuchillo de mesa, pasa cada trozo por la harina.

2 | Vierte el agua helada en el bol con el vinagre. Mezcla con un cuchillo de mesa para formar grumos, luego vuelca la masa sobre la superficie de trabajo y amasa brevemente para formar una bola lisa, añadiendo un chorrito más de agua si está demasiado seca.

3 | Espolvorea ligeramente la superficie de trabajo y la masa con harina, y estírala con un rodillo hasta obtener un rectángulo de unos 35 x 25 cm.

4 | Con uno de los lados cortos de la masa hacia ti, dobla el tercio inferior hacia arriba sobre sí mismo, y luego dobla el tercio superior hacia abajo, como una carta. Presiona con el rodillo para sellar suavemente los bordes, luego tapa y refrigera durante 1 hora.

5 | Gira la masa 90 grados y vuélvela a extender hasta formar un rectángulo de 35 x 25 cm. Vuelve a plegarla como si fuera una carta, doblando el lado derecho un tercio por encima del izquierdo, y luego el izquierdo por encima, presionando para sellar suavemente los bordes. Cubre y refrigera la masa durante una hora más.

6 | Repite la operación una tercera vez, girando la masa 90 grados y enrollando y doblando la masa, como en el paso 4; luego tápala y refrigérala una hora más. Gira la masa 90 grados y repite el paso 5. A estas alturas, la masa debe estar lisa y uniforme, sin grumos perceptibles de mantequilla. (Si no es así, repite el procedimiento de plegar y refrigerar una vez más.) Envuelve la masa en film transparente y guárdala en la nevera hasta el momento de usarla: se conservará hasta 2 días.

CONSEJO

La masa se puede congelar hasta 6 meses en una bolsa de congelación. Descongélala en la nevera toda la noche antes de usarla.

2

4

5

Rollitos de salchicha con mermelada de guindilla

Preparación
1 hora y
10 minutos
+ enfriamiento

Cocción
30 minutos

Salen 12

La masa escamosa es ideal para estos rollitos de salchicha ligeramente especiados y con sabor a hierbas. Al hornearse, la pasta se vuelve crujiente y hojaldrada por fuera mientras se carameliza con la carne de cerdo de la base. La clave de esta receta es mantener el hojaldre lo más frío posible cuando trabajes con él, ya que así será mucho más fácil rellenarlo, enrollarlo y doblarlo.

1 hojaldre rápido (ver p. 334)
2½ cucharadas de semillas de hinojo
600 g de carne picada de cerdo
4 cucharadas de mermelada de guindilla
8 ramitas de tomillo fresco, hojas recogidas
1 cucharadita de aceite vegetal o de oliva
harina normal, para espolvorear
2 huevos medianos, a temperatura ambiente, ligeramente batidos
2 cucharadas de semillas de sésamo
sal y pimienta negra recién molida

1 | Sigue los pasos 1-6 para hacer el hojaldre rápido (ver p. 334).

2 | Calienta una sartén pequeña y seca y tuesta a fuego medio-alto las semillas de hinojo durante 1-2 minutos, removiendo la sartén de vez en cuando, hasta que estén fragantes. Vierte las semillas en un bol grande y déjalas enfriar durante 2 minutos.

3 | Añade la carne picada al bol con la mermelada de guindilla y el tomillo, y sazona con abundante sal y pimienta. Mézclalo bien con las manos hasta que quede homogéneo.

4 | Para comprobar la sazón, calienta el aceite en la sartén, añade 1 cucharadita de la mezcla de cerdo y cocina a fuego medio durante 1 minuto por cada lado hasta que se dore. Deja que se enfríe un poco antes de probarla y, si es necesario, añade más sal y pimienta a la mezcla de cerdo sin cocer.

5 | Corta la masa de hojaldre rápido en 2 trozos de tamaño uniforme. Envuelve y enfría uno de los trozos mientras trabajas con el otro.

6 | Enharina la superficie de trabajo y enrolla la mitad de la masa formando un rectángulo de unos 30 x 24 cm. Corta la masa por la mitad para formar 2 rectángulos largos, de 30 x 12 cm, con uno de los lados largos más cerca de ti.

7 | Toma una cuarta parte de la mezcla de carne picada y dale forma de salchicha larga por el centro del rectángulo de hojaldre, dejando un borde a cada lado. Unta el borde superior de la masa con un poco del huevo batido.

8 | Empezando por el lado más cercano a ti, dobla el hojaldre sobre el relleno de cerdo para envolverlo y enrollarlo hacia el lado del huevo batido. Con las manos, dale forma de salchicha larga con la costura de la masa por debajo. Forra una bandeja de horno con papel de hornear.

9 | Repite la operación con la otra tira de masa y otro cuarto de la mezcla de cerdo. Corta cada rollo largo en 3 trozos del mismo tamaño, de modo que haya 6 rollos de salchicha en total. Haz 3 cortes diagonales en la parte superior de cada rollo de salchicha, para permitir que salga el vapor al hornear, y colócalos en la bandeja de horno forrada. Unta la parte superior de cada uno con huevo y espolvorea con las semillas de sésamo.

10 | Enfría en la nevera sobre la bandeja de horno y repite la operación con la otra mitad de la masa y la mezcla de cerdo restante para hacer 12 rollos de salchicha en total.

11 | Precalienta el horno a 200 °C (180 °C ventilador / Gas 6). Hornea los rollos de salchicha 25-30 minutos, hasta que la masa esté bien dorada y el relleno bien cocido. Sírvelos calientes o a temperatura ambiente.

CONSEJO

Puedes congelar los rollos de salchicha sin hornear en una bandeja de horno y, una vez congelados, meterlos en bolsas de congelación y congelarlos hasta 3 meses. Cocínalos directamente congelados; necesitarán 10 minutos más en el horno.

PASTA CHOUX

Preparación
10 minutos

Cocción
5 minutos

Salen 30-32 profiteroles o 16 éclairs

El choux es uno de los tipos de pasta más fáciles de hacer, ya que no necesita una manipulación cuidadosa ni refrigeración, puesto que no se ve tan afectado por la temperatura como otros tipos de masa de hojaldre. Esta masa enriquecida, hecha con mantequilla y huevos, se utiliza para hacer los clásicos profiteroles y éclairs franceses (ver p. 340). A diferencia de otros tipos de masa, su alto contenido en agua la ayuda a hincharse cuando casi se cuece al vapor en el horno. Para hacer la masa, puedes utilizar harina blanca de pan normal o de fuerza: la normal da una masa más blanda, mientras que la de fuerza, con su mayor contenido en gluten, da una cubierta más crujiente, perfecta para rellenar con nata y crema pastelera (ver p. 396).

100 g de harina blanca de pan o de fuerza
una pizca de sal
75 g de mantequilla salada, cortada en dados
3 huevos medianos, a temperatura ambiente, ligeramente batidos en una jarra

1 | Tamiza la harina y la sal a través de un colador metálico en un bol mediano.

2 | Calienta la mantequilla en una sartén pequeña con 200 ml de agua a fuego medio hasta que se derrita y el agua esté a punto de hervir. Luego retira enseguida la sartén del fuego (no debe evaporarse demasiada agua).

3 | Añade rápidamente la harina a la sartén, batiendo enérgicamente con una cuchara de madera para formar una masa lisa y sin grumos; debe empezar a despegarse de las paredes de la sartén.

4 | Deja la masa en la sartén durante 2-3 minutos, hasta que se enfríe un poco (esto evita que los huevos se revuelvan al añadirlos). Poco a poco, vierte una cuarta parte del huevo en la masa, batiendo enérgicamente con una cuchara de madera.

5 | Una vez incorporada la primera tanda de huevo, añade el siguiente cuarto, batiendo de nuevo hasta que se mezcle. Sigue añadiendo el huevo (puede que no lo necesites todo) hasta que la masa tenga una consistencia brillante, lisa y suave. Estará lista cuando a la masa le cueste caer de la cuchara.

6 | La pasta choux ya está lista para utilizarla para hacer profiteroles (ver p. 340) o como más te guste.

CONSEJOS

Para evitar que la pasta choux se agriete durante la cocción, es importante añadir la harina rápidamente y batir enérgicamente para incorporarla.

Asegúrate de dejar que la masa se enfríe un poco antes de añadir los huevos, a fin de que no se revuelvan. Esto podría evitar que los choux suban bien en el horno.

1

2

3

4

5

Profiteroles

Preparación
40 minutos
+ enfriamiento

Cocción
40 minutos

Salen 30-32

Estos bollos ligeros y crujientes de pasta choux se rellenan con nata montada o crema pastelera (ver p. 396) y se cubren con una ganache de chocolate para conseguir el bocado más delicioso. No te dejes intimidar por el número de pasos, esta receta es muy fácil de hacer y solo requiere algo de tiempo y un buen relleno. Necesitarás 2 mangas pasteleras grandes.

1 receta de pasta choux (ver p. 338)
1 receta de crema pastelera (ver p. 396) o nata azucarada (ver Consejo, abajo)
140 ml de nata líquida
100 g de chocolate (con aproximadamente un 70 % de cacao), en trozos pequeños
una pizca de sal marina en escamas (opcional)

1 | Precalienta el horno a 200 °C (180 °C ventilador / Gas 6). Forra 2 bandejas de horno grandes con papel de hornear.

2 | Sigue los pasos 1-5 de la pasta choux (ver p. 338).

3 | Introduce la masa en una manga pastelera grande y corta el extremo con unas tijeras para hacer un agujero de unos 2 cm de diámetro. Dejando un espacio de 4 cm entre cada profiterol para poder extenderlo, vierte bolas de masa del tamaño de un tomate cherri, de unos 3 cm de diámetro, en las bandejas de horno forradas. Con la masa se pueden hacer entre 30 y 32 profiteroles en total.

4 | Con un dedo húmedo (es útil tener a mano una taza pequeña o un cuenco con agua fría), alisa la parte superior de cada profiterol. Pásalos al horno y hornéalos durante 25-30 minutos, hasta que estén hinchados, crujientes y bien dorados. Un buen indicador de que están listos es que ya no se pegan al papel de hornear, pero no abras la puerta del horno antes de que pasen 25 minutos, ya que corres el riesgo de que se derrumben.

5 | Da la vuelta a los profiteroles y utiliza una brocheta o el extremo del mango de una cucharilla para hacer un agujero de 5 mm en la base de cada uno. Vuelve a meterlos en el horno, boca abajo, durante otros 3-5 minutos, hasta que se sequen por dentro. Pasa los profiteroles a una rejilla, con la parte plana hacia abajo, y déjalos enfriar.

6 | Haz crema pastelera (ver p. 396) o usa nata azucarada (ver Consejo). Ponla en la segunda manga. Corta el extremo con unas tijeras (no hace falta boquilla, pero puede que te sea más fácil usar una redonda lisa de 1 cm). Introduce el extremo de la manga pastelera en el agujero hecho en uno de los profiteroles y rellénalo con la crema que prefieras, apretando suavemente la manga mientras rellenas. Pon el profiterol relleno sobre la rejilla y repite la operación con el resto.

7 | Una vez rellenos los profiteroles, prepara la ganache. Calienta la nata líquida en un cazo pequeño a fuego medio hasta que empiece a humear y viértela sobre el chocolate troceado en un cuenco. Remueve con una espátula hasta que se mezclen, deja reposar 1 minuto y vuelve a remover para obtener una ganache suave, espesa y brillante. Si quieres, añade una pizca de sal marina en escamas. Sumerge con cuidado la parte superior redondeada de los profiteroles en la ganache de chocolate y colócalos sobre la rejilla, con el lado del chocolate hacia arriba, para que se enfríen y cuajen.

Variante del éclair de chocolate

En lugar de moldear la pasta choux en bolas pequeñas, haz éclairs de 12 cm de largo en una bandeja de horno forrada. Hornéalos 35-40 minutos, hasta que estén hinchados y crujientes. Sácalos del horno y haz un agujero en la parte inferior de cada extremo. Vuelve a meterlos en el horno para que se sequen. Cuando se enfríen, rellénalos con la crema que prefieras.

CONSEJOS

Los profiteroles pueden hacerse hasta el final del paso 5 el día anterior. Una vez completamente fríos, pásalos a un recipiente hermético. Estarán listos para rellenar al día siguiente.

En lugar de crema pastelera, rellena los profiteroles con 450 ml de nata doble, batida con 2 cucharadas de azúcar glas y 1 cucharadita de extracto de vainilla hasta que mantenga su forma.

UTILIZAR MASA COMPRADA

Si no tienes tiempo de hacer tu propia masa, hay muy buenas alternativas en el mercado, sobre todo si quieres adaptarte a distintas dietas, como la vegetariana o la sin gluten. El hojaldre y la pasta filo son difíciles de hacer en casa, y si los compras en la tienda te será más fácil hacer recetas con las capas doradas del hojaldre o las finas y delicadas capas crujientes de la pasta filo. La masa quebrada ya extendida también es una gran ayuda, y te permite hacer una tarta en mucho menos tiempo que partiendo de cero.

Conservación
Guárdala en la nevera o en el congelador hasta el momento de utilizarla y vigila la fecha de caducidad.

BAKLAVA

Preparación
1 hora

Cocción
40 minutos

Salen 24 piezas

Las finas capas de la pasta filo se combinan con frutos secos picados y especiados, un sirope de miel y mucha mantequilla derretida para hacer este delicioso postre de repostería, que puede ser también una deliciosa merienda. Esta versión lleva pistachos, pero puedes usar el fruto seco que prefieras. No te asustes con lo extensa que es la receta, pues el baklava es fácil de hacer: se trata más bien de ir montando las capas.

150 g de pistachos sin sal y sin cáscara, y otros 50 g picados finos para la cobertura
150 g de nueces en mitades
150 g de nueces en mitades
75 g de azúcar glas
½ cucharadita de clavo molido
2 cucharaditas de canela molida
una pizca de sal
300 g de mantequilla salada derretida
3 paquetes de 270 g de pasta filo, unas 21 hojas

Para el sirope
zumo de 1 limón
2 ramas de canela
200 g de miel fluida
175 g de azúcar glas

1 | Pon los pistachos (salvo los de la cobertura), las nueces y las pacanas en un robot de cocina y pulsa en tandas de 30 segundos hasta que queden picados. No deben estar demasiado finos. Añade el azúcar, el clavo, la canela y la pizca de sal, y pulsa para que se mezclen.

2 | Precalienta el horno a 180 °C (160 °C ventilador / Gas 4). Unta una bandeja de horno grande de 33 x 22 cm con un poco de la mantequilla derretida. Humedece 2 paños de cocina con agua. Desenvuelve la pasta filo y ponla plana entre los paños para evitar que se seque. Pon 1 hoja de pasta filo en la bandeja. Unta la pasta con mantequilla derretida y pon encima una segunda capa. Repite hasta tener 7 capas de pasta filo en la bandeja.

3 | Vierte una cuarta parte de la mezcla de frutos secos especiados sobre la pasta y extiéndela hasta formar una capa uniforme. Cubre con otras 2 capas de pasta filo, untando cada capa con mantequilla derretida. Pon una segunda capa de la mezcla de frutos secos por encima. Repite este proceso dos veces más hasta acabar con todos los frutos secos.

4 | Cubre la última capa de frutos secos con las 6 capas finales de pasta filo, untando con mantequilla derretida entre capa y capa hasta que se haya utilizado toda la pasta, y dejando suficiente mantequilla para untar la parte superior.

5 | Con un cuchillo pequeño y afilado, corta el baklava en 24 rombos o rectángulos, cortando hasta el fondo del molde para que sea fácil de sacar después de hornear. Hornea en el centro del horno durante 35-40 minutos, hasta que la parte superior esté uniformemente dorada y los bordes empiecen a estar crujientes.

6 | Mientras se hornea, calienta los ingredientes del almíbar con 250 ml de agua en un cazo pequeño a fuego medio. Cuécelos a fuego lento 8-10 minutos, removiendo de vez en cuando, hasta que espesen ligeramente y se forme un almíbar. Retira el cazo del fuego y déjalo enfriar.

7 | Retira las ramas de canela del almíbar enfriado y viértelo sobre el baklava caliente. Espolvorea por encima el resto de los pistachos picados y deja enfriar en el molde antes de servir.

CONSEJO

El baklava se conservará en un recipiente hermético con tapa a temperatura ambiente hasta 2 semanas.

Galette caprese

Preparación
30 minutos
+ salazón

Cocción
45 minutos

Raciones 6

Esta tarta de forma libre no necesita molde, sino que la masa quebrada ya preparada se moldea en la bandeja de horno, así que no puede ser más fácil. La masa se rellena con tomates, albahaca y guindilla, y se termina con refrescantes trozos de mozzarella. Aunque no es esencial y es puramente decorativo, la galette queda muy bonita si utilizas una mezcla de tomates de distintos colores.

300 g de tomates cherri cortados por la mitad
400 g de tomates maduros cortados en gajos
1 puñado grande de albahaca, unos 15 g, las hojas y los tallos picados finos
1 cebolla roja pequeña, pelada y picada muy fina
½-1 cucharadita de copos de guindilla seca (según lo picante que te guste)
bloque de 500 g de masa quebrada
harina normal, para espolvorear
1 huevo mediano, a temperatura ambiente, ligeramente batido
125 g de mozzarella de búfala escurrida y cortada en trozos
2 cucharadas de vinagre balsámico o glaseado (usa el de mejor calidad que puedas)
1 cucharada de aceite de oliva virgen extra
sal y pimienta negra recién molida

1 | Pon los tomates cortados en un colador sobre un cuenco grande. Sazónalos bien con sal, removiéndolos para que queden uniformemente cubiertos, y déjalos escurrir durante 1 hora: la sal ayudará a eliminar el agua de los tomates, evitando que la masa se empape.

2 | Al cabo de 1 hora, desecha el líquido de los tomates y pásalos al bol grande. Añade los tallos de albahaca, la cebolla roja, los copos de guindilla y un buen molido de pimienta negra y mezcla suavemente.

3 | Saca la masa de la nevera. Precalienta el horno a 200 °C (180 °C ventilador / Gas 6) y forra una bandeja de horno grande con papel de hornear.

4 | Con un rodillo, extiende la masa en un círculo grande sobre una superficie de trabajo ligeramente enharinada hasta que tenga unos 5 mm de grosor y 35-40 cm de diámetro. Estira la masa sobre la bandeja de horno forrada; no te preocupes si parte de la masa cuelga por el borde al doblarla.

5 | Dejando un borde de 5 cm, vierte el relleno de tomates en el centro del círculo de hojaldre, formando una capa uniforme. Pincela el borde con el huevo batido y, a continuación, dobla el borde de la masa sobre el relleno, solapándolo donde sea necesario para crear una tarta redondeada y abierta por el centro. No es necesario que la masa doblada quede limpia, queda bien un poco rústica y superpuesta.

6 | Unta la parte superior de la masa con huevo batido y hornea durante 35-40 minutos, hasta que esté cocida y bien dorada, y los tomates, blandos.

7 | Pasa la galette a un plato grande para servir. Deja enfriar 5 minutos y esparce por encima la mozzarella y las hojas de albahaca. Rocía con vinagre balsámico y aceite de oliva, y sazona la tarta con una buena pizca de sal y pimienta, para servir.

CONSEJOS

Si quieres hacer la galette con antelación, sigue el método hasta el final del paso 6, y luego déjala enfriar. Para servirla, vuelve a calentar la galette 10 minutos a 180 °C (160 °C ventilador / Gas 4) antes de terminar con el paso 7. También puedes dejar que se enfríe a temperatura ambiente y añadir la mozzarella por encima antes de servir.

Para darle un toque de Oriente Medio, desmenuza 200 g de queso feta por encima de la galette horneada en lugar de la mozzarella y espolvorea 1 cucharada de za'atar (ver p. 449), por encima en lugar del vinagre balsámico. Si quieres, también puedes rociarla con 1 cucharada de melaza de granada.

Milhojas

Preparación
20 minutos
+ enfriamiento

Cocción
20 minutos

Raciones 4-6

Esta versión del postre clásico utiliza hojaldre comprado. Las capas doradas y crujientes del hojaldre se rellenan con nata montada con vainilla y frambuesas frescas ácidas. Durante la cocción, cubre la lámina de hojaldre con una bandeja de horno para que no se hinche y se mantenga plana. Una manga pastelera grande, con una boquilla redonda o de estrella de 2-3 cm, es útil para incorporar el relleno, pero no es imprescindible.

320 g de hojaldre ya estirado
400 ml de nata doble
2 cucharadas de azúcar glas, y un poco más para espolvorear
1 cucharadita de pasta o extracto de vainilla
150 g de frambuesas

1 | Precalienta el horno a 200 °C (180 °C ventilador / Gas 6).

2 | Saca el hojaldre de la nevera y desenróllalo en una bandeja de horno grande, dejándolo sobre su forro de papel de horno. Toma una segunda hoja de papel de hornear del mismo tamaño, ponla sobre el hojaldre y cúbrela con otra bandeja de hornear. Hornéalo 18-20 minutos, hasta que esté dorado y crujiente. Pásalo a una rejilla, retira el papel de horno y déjalo enfriar. Córtalo en 3 trozos de 20 x 10 cm con un cuchillo de sierra.

3 | Bate la nata doble con el azúcar glas y la vainilla en un cuenco grande con un batidor de globo hasta que forme picos suaves (ver p. 402); solo debe mantener la forma. Vierte la nata montada en una manga pastelera provista de una boquilla redonda grande o de estrella.

4 | Para montar el milhojas, coloca una de las piezas de hojaldre sobre una superficie plana o un plato. Echa la nata con una manga pastelera sobre el hojaldre (o con una cuchara si no tienes manga pastelera) y coloca la mitad de las frambuesas uniformemente sobre la nata. Coloca con cuidado el segundo trozo de hojaldre encima y repite la operación con el resto de la crema y las frambuesas. Cubre con la última pieza de hojaldre. Corta con cuidado el milhojas en 4-6 piezas con un cuchillo de sierra afilado. Espolvorea la parte superior de cada una con azúcar glas, para servir.

REBOZADOS

Una masa sedosa y suave tiene una mayor proporción de líquido y harina que otros tipos de masa, lo que le da una consistencia más fácil de verter, casi como la de la nata doble. El contenido líquido varía desde agua del grifo o con gas hasta leche o cerveza, según la receta, y también el tipo de harina varía. Las masas suelen pertenecer a una de estas categorías: con levadura, sin levadura, dulces o saladas. Los rebozados sin levadura obtienen su ligereza de un agente leudante, como el impulsor en polvo, el bicarbonato sódico o las claras de huevo batidas. Pueden ser finísimas, como los creps (ver p. 348), o esponjosas como los budines de Yorkshire (abajo) o los panqueques dulces al estilo americano (ver p. 349). Las masas con levadura, como su nombre indica, aprovechan la naturaleza burbujeante y expansiva de la levadura para elevarse. La masa se vuelve ligera y aireada y sube durante la cocción, como los crumpets de la página 350.

BUDINES DE YORKSHIRE

Preparación
5 minutos
+ reposo

Cocción
25 minutos

Salen 8

Estos crujientes y esponjosos budines se cocinaban tradicionalmente cubiertos por la carne asada, para que la grasa y los jugos gotearan en la masa mientras se cocinaba. El secreto de los grandes «Yorkies» es un horno fuerte y calentar la grasa antes de añadir la masa para que suba nada más verterla en el molde.

250 g de harina normal
½ cucharadita de sal
4 huevos medianos, a temperatura ambiente
200 ml de leche entera
2½ cucharadas de grasa de vacuno, manteca de cerdo, grasa de pato o ganso o aceite vegetal

1 | Mezcla la harina con la sal en un bol. Casca los huevos y vierte la leche con 100 ml de agua. Con un batidor de globo, bate hasta obtener una masa homogénea. Tápala y déjala reposar 30 minutos.

2 | Mientras tanto, precalienta el horno a 230 °C (210 °C ventilador / Gas 8). Pon 1 cucharadita de grasa de vaca (o la que prefieras) en los huecos de 2 moldes de 4 agujeros para budín Yorkshire. Mete los moldes en el horno durante 10 minutos para que se calienten. Tras el reposo, vierte la masa en una jarra y remueve. Saca los moldes del horno y reparte la masa en cada hueco.

3 | Hornéalo durante 20-25 minutos, hasta que suba y esté bien dorado.

Creps salados

Preparación
15 minutos
+ reposo

Cocción
20 minutos

Raciones 2-4

Típicos del norte de Francia, pueden rellenarse de casi cualquier cosa, aunque los clásicos son de jamón y queso. La clave para que salgan bien es calentar la sartén lo suficiente para que la superficie superior se endurezca antes de que la inferior se dore demasiado. Los primeros pueden ser difíciles de hacer bien, y tal vez debas ajustar el calor. Persiste y tendrás éxito.

1100 g de harina normal
una pizca grande de sal
1 huevo mediano, a temperatura ambiente
200 ml de leche entera
25 g de mantequilla salada

Para el relleno
1 cucharada de aceite vegetal
250 g de champiñones, cortados en láminas finas
una pizca de sal y otra de pimienta negra recién molida
3 dientes de ajo, pelados y picados
2 cucharaditas de mostaza de Dijon
100 g de jamón asado en lonchas, cortado en trozos
100 g de queso gruyer, rallado fino
2 cebolletas, cortadas finamente en ángulo
ensalada con aderezo francés (ver p. 429), para servir

1 | Para hacer la masa, tamiza la harina en un bol mediano con una pizca grande de sal. Bate el huevo y la leche hasta obtener una masa homogénea. Vierte la masa en una jarra, tápala y déjala reposar 20 minutos.

2 | Para hacer el relleno, calienta el aceite vegetal en una sartén grande de base pesada a fuego medio-alto. Añade los champiñones y una pizca de sal y pimienta. Fríe 6-7 minutos, removiendo de vez en cuando, hasta que empiecen a estar crujientes. Añade el ajo y cuece 2 minutos, hasta que se dore. Viértelo en un cuenco.

3 | Para hacer las tortitas, limpia la sartén con papel de cocina. Vuelve a poner la sartén a fuego medio, añade 1 cucharada de mantequilla y, una vez derretida, inclina la sartén para que cubra ligeramente la base, o usa una hoja arrugada de papel de cocina para extenderla.

4 | Vierte una cuarta parte de la masa e inclina y mueve inmediatamente la sartén para que cubra la base en una capa uniforme. Cocina durante 1 minuto, hasta que la superficie se endurezca y la parte inferior esté ligeramente dorada. Con una espátula, dale la vuelta.

5 | Rocía media cucharadita de mostaza sobre la mitad de la tortita, luego espolvorea con una cuarta parte del jamón, el queso y los champiñones cocidos. Esparce por encima unas cebolletas, luego dobla la tortita por la mitad y luego otra vez por la mitad. Retira la crep de la sartén y repite la operación con el resto de la masa y el relleno, añadiendo más mantequilla a la sartén cuando sea necesario. Sirve los creps directamente con una ensalada aliñada.

CONSEJO

Para un relleno dulce, opta por el clásico con un chorrito de zumo de limón y una pizca de azúcar glas. O rellénalos con chocolate con avellanas para untar y un puñado de bayas o rodajas de plátano.

Panqueques dulces al estilo americano

Preparación
5 minutos

Cocción
25 minutos

Raciones 4

Estas clásicas tortitas pequeñas y gruesas están doradas por fuera y son suaves y esponjosas por dentro. La proporción de harina y leche es mayor que en la receta de las creps, lo que da lugar a una masa más espesa, pero para que sean ligeras se incluyen levaduras en forma de harina autolevante y levadura en polvo. Sírvelos apilados con mantequilla dulce especiada (ver p. 48) y sirope de arce o la cobertura que prefieras.

225 g de harina de repostería
1 cucharadita de levadura en polvo
½ cucharadita de sal
2 cucharadas de azúcar glas
250 ml de leche entera
1 huevo mediano, a temperatura ambiente
30 g de mantequilla salada derretida, y 3 cucharadas más para freír
mantequilla especiada (ver p. 48) y sirope de arce, para servir

1 | Tamiza la harina, la levadura, la sal y el azúcar en un bol mediano y remueve para mezclar.

2 | Bate la leche con el huevo en una jarra con un batidor de globo o un tenedor, y luego viértela sobre los ingredientes secos del bol. Añade la mantequilla derretida y mezcla con un batidor de globo hasta obtener una masa suave para panqueques, de la consistencia de una crema doble.

3 | Precalienta el horno a 160 °C (140 °C ventilador / Gas 3).

4 | Derrite 1 cucharada de mantequilla en una sartén grande y pesada a fuego medio. Pon 2 cucharadas de masa por panqueque en la sartén. Repite la cocción de 3 panqueques cada vez y fríelos 2-3 minutos, hasta que aparezcan burbujas en la superficie y la parte inferior esté ligeramente dorada. Con una espátula, da la vuelta a los panqueques y fríelos otros 2 minutos, hasta que estén ligeramente dorados. Pásalos a una bandeja de horno y mantenlos calientes en el horno.

5 | Limpia la sartén con papel de cocina si la mantequilla se dora demasiado. Añade otra nuez de mantequilla y repite la operación con el resto de la masa para hacer 12 panqueques en total.

6 | Sirve 3 panqueques en cada plato y cúbrelos con una pizca de mantequilla especiada y un chorrito de sirope de arce, o con el aderezo que prefieras.

CONSEJO

Prueba con una mezcla de bayas y yogur natural o plátano en rodajas y mantequilla de cacahuete como ingredientes alternativos.

CRUMPETS CASEROS

Preparación
15 minutos
+ fermentación

Cocción
25-40 minutos

Salen 8-10

Los crumpets borran los límites entre la masa y la pasta. Estos panes de plancha empiezan siendo una masa, pero contienen levadura, lo que ayuda a que suban y se hinchen durante la cocción. Los aros metálicos son esenciales para sostener los lados de los crumpets mientras se expanden. Una vez cocidos, son más firmes que otras alternativas sin levadura, como los panqueques, y tienen una textura ligera y grumosa y una base dorada y ligeramente crujiente, ideal para absorber abundante mantequilla.

500 ml de leche entera
1 cucharadita de azúcar glas
300 g de harina normal
1 cucharadita de levadura en polvo
½ cucharadita de sal marina
2 cucharaditas de levadura seca instantánea
30 g de mantequilla salada derretida,
 y un poco más para servir

1 | Calienta la leche con el azúcar en un cazo pequeño a fuego lento hasta que la leche esté tibia al tacto. Retira el cazo del fuego.

2 | Pon la harina en un bol grande con el impulsor químico, la sal y la levadura, y mézclalo todo bien. Vierte la leche poco a poco, sin dejar de batir con un batidor de globo, hasta obtener una masa suave y espesa.

3 | Tapa el cuenco con un paño limpio y deja que se cueza a temperatura ambiente durante 45 minutos, hasta que la mezcla esté burbujeante y aireada.

4 | Cuando estés listo para cocinar, unta la base de una sartén grande con un poco de la mantequilla derretida y ponla a fuego medio-bajo. Unta el interior de 4 aros metálicos de 10 cm con un poco más de mantequilla derretida y colócalos en la sartén para calentarlos durante 1 minuto. Vierte con un cucharón una cantidad de masa suficiente para llenar tres cuartas partes de cada aro.

5 | Cuece durante 10 minutos, hasta que la parte superior de cada crumpet esté cubierta de burbujas fijas y la masa ya no esté húmeda. Gira con cuidado los crumpets en sus aros y cuece el otro lado durante 2 minutos, hasta que estén bien hechos.

6 | Saca los crumpets de la sartén, retira los aros con cuidado y déjalos enfriar sobre una rejilla. Limpia el molde con papel de cocina y repite los pasos 2-4 con el resto de la masa para hacer de 8 a 10 en total. Sírvelos calientes, untados con abundante mantequilla.

CONSEJO

Una vez cocidos, deja enfriar los crumpets, pásalos a una bolsa de congelación y congélalos hasta 6 meses. Para servirlos, tuéstalos directamente congelados.

1

2

3

4

5

6

TARTAS,

y

BIZCOCHOS

GALLETAS

TARTAS

Para hacer tartas no necesitas mucha experiencia ni conocimientos de cocina. Con unos pocos ingredientes (elige los de mejor calidad que puedas), atención a los detalles y siguiendo la guía de técnicas (más abajo), podrás preparar una tarta con bastante facilidad. En su forma más simple, una tarta es una combinación de harina, grasa, huevo (o alternativa), azúcar y, en general, un gasificante. Aunque parezca increíble, cambiando la cantidad de ingredientes que utilizas y adaptando la forma de combinarlos, es posible hacer una enorme variedad, desde tartas individuales y tartas en barra hasta tartas de bandeja o dulces de varias capas rellenos de crema.

Conservación

Cada tarta varía ligeramente en cuanto a conservación, pero, por regla general, guárdalas en un molde o recipiente hermético en un lugar fresco hasta 5 días. Las tartas con relleno o cobertura de crema no se pueden conservar más de 2 días en la nevera.

TÉCNICAS DE ELABORACIÓN DE TARTAS

Hacer tartas es tanto una ciencia como un arte, y tiene resultados deliciosos. Cada ingrediente desempeña un papel vital en el proceso, de ahí la importancia de pesarlos y medirlos con precisión antes de empezar. Estos ingredientes, junto con el método o la técnica indicados en la receta, harán crecer tu tarta y le darán la textura y el sabor deseados. En este capítulo se tratan los cuatro métodos principales de elaboración de tartas, y para cada técnica hay una receta clásica que puedes probar.

Método de acremado (ver pp. 355-59)

Se usa para hacer el bizcocho Victoria (derecha) y sus variaciones, como los bizcochos de café y nueces, vainilla o limón. Se comienza por acremar o batir la mantequilla ablandada con el azúcar hasta que esté pálida y cremosa. Esto añade mucho aire a la masa, lo que ayuda a que el bizcocho suba. A continuación, se incorporan los ingredientes secos, tradicionalmente harina autolevante, para no perder el preciado aire.

Método de batido (ver pp. 360-61)

Se usa para incorporar gran cantidad de aire a la masa del bizcocho batiendo juntos los huevos y el azúcar hasta que aumentan de volumen y se vuelven pálidos y cremosos. Se adapta bien a los bizcochos ligeros y delicados con menos grasa, como el brazo de gitano de pistacho y frambuesa (ver p. 360) y es la misma técnica que se usa para hacer merengues (ver p. 400). En algunas recetas se separan los huevos y se baten las claras a punto de nieve, luego se incorporan con cuidado a la masa para retener todo el aire posible.

Método de fusión (ver pp. 362-65)

Este es un método prácticamente infalible, ya que no hay que acremar ni batir para que entre aire en la masa. En su lugar, la grasa y el azúcar se calientan juntos hasta que se funden, antes de añadir los huevos, la harina y un gasificante. Este tipo de masa tiende a ser más suelta que otras mezclas para tartas y produce un bizcocho con una textura más densa y cremosa, por lo que es muy adecuada para los brownies de chocolate y caramelo (ver p. 362) y los Blondies de chocolate blanco y frambuesa (ver p. 364).

Método todo en uno (ver pp. 366-70)

Podría decirse que es el más fácil de todos los métodos de preparación de tartas, pues consiste simplemente en combinar todos los ingredientes en un bol. Dicho esto, a veces es más fácil, aunque no imprescindible, mezclar los ingredientes secos en un cuenco y los húmedos en otro antes de batirlos. Utiliza un batidor de mano eléctrico, una batidora de pie o una cuchara de madera para mezclar los ingredientes y airear la masa, aunque algunas recetas requieren un robot de cocina para triturarlo todo y hacer la tarta en un momento. La textura puede ser ligeramente más densa que la de una tarta batida o cremosa, como la tarta vegana de chocolate (ver p. 366), por ejemplo, pero no menos deliciosa.

BIZCOCHO VICTORIA CON FRESAS BALSÁMICAS

Preparación
30 minutos
+ enfriamiento

Cocción
25 minutos

Raciones 8-10

Es el clásico de todas las tartas. Este bizcocho ligero y aireado se hace con el método de acremado (izquierda), batiendo la mantequilla ablandada con el azúcar hasta que quede ligera, pálida y cremosa. Un batidor de mano eléctrico o una batidora de pie facilitan la tarea, pero puedes utilizar una cuchara de madera para batir la mezcla durante unos 5 minutos, ¡aunque esto requiere tener el brazo fuerte y un poco de resistencia! Para evitar que la masa se corte, se añade una cucharada de harina con cada huevo añadido. Esta receta se desvía ligeramente de la original con su relleno de fresas balsámicas y crema de mantequilla, pero si prefieres la clásica mermelada y nata montada, consulta el Consejo (página siguiente). Para esta receta, necesitarás 2 moldes desmontables de 20 cm, una rejilla metálica para enfriar y una brocheta metálica opcional para comprobar que el bizcocho está bien cocido. Es mucho más fácil sacar el bizcocho de un molde desmontable una vez horneado, pero también puedes utilizar un molde normal.

Para el bizcocho

225 g de mantequilla salada, ablandada, y un poco más para engrasar
225 g de azúcar glas
4 huevos medianos, a temperatura ambiente
225 g de harina autolevante
1 cucharadita de levadura en polvo
1 cucharadita de pasta o extracto de vainilla (opcional)
1-2 cucharadas de leche entera
1 receta de fresas balsámicas (ver p. 380), para el relleno

Para la crema de mantequilla

150 g de mantequilla salada, ablandada
2 cucharadas de leche entera
2 cucharaditas de pasta o extracto de vainilla
300 g de azúcar glas tamizado

1 | Precalienta el horno a 180 °C (160 °C ventilador / Gas 4). Unta ligeramente con mantequilla las paredes y la base de 2 moldes desmontables de 20 cm y, a continuación, forra la base de cada uno con un trozo de papel de horno del mismo tamaño que el molde.

2 | Con un batidor de mano eléctrico (o una batidora de pie), bate la mantequilla ablandada y el azúcar durante 3-4 minutos, hasta que estén pálidos, ligeros y cremosos, rascando las paredes del bol a mitad del proceso. (Sigue al dorso.)

1

2

3 | Añade 1 huevo y 1 cucharada de harina y bate durante unos 30 segundos, hasta que se incorpore bien a la masa, luego vuelve a raspar las paredes del bol. Repite este proceso hasta que hayas utilizado todos los huevos, añadiendo 1 cucharada de harina cada vez para asegurarte de que la masa no se corta.

4 | Con un colador metálico, tamiza el resto de la harina y la levadura en polvo en el bol. Añade la vainilla, si la usas. Con una espátula, incorpora la harina y la levadura en polvo a la masa de la tarta, procurando no perder demasiado aire. Para ello, haz un movimiento en forma de ocho con la espátula por toda la masa, girando con decisión pero suavemente para que la masa quede lisa.

5 | Incorpora la leche, empezando con 1 cucharada y añadiendo más, si es necesario, hasta conseguir que la masa gotee con una consistencia espesa.

6 | Reparte la masa a partes iguales entre los 2 moldes preparados (debe haber unos 450 g de masa en cada uno), luego alisa la parte superior de cada uno con el dorso de una cuchara. Hornea en la parte central del horno durante 20-25 minutos, hasta que el bizcocho haya subido, esté dorado y al introducir una brocheta en el centro salga limpia. El bizcocho debe rebotar al presionarlo con un dedo. Deja enfriar los bizcochos en los moldes durante 10 minutos y luego desmóldalos sobre una rejilla para que se enfríen del todo.

7 | Mientras tanto, haz la crema de mantequilla. Con un batidor de mano eléctrico (o una batidora de pie), bate la mantequilla ablandada, la leche, la vainilla y el azúcar glas tamizado (reservando 1 cucharada para decorar) durante 3-4 minutos, hasta que esté ligera y esponjosa. Empieza a baja velocidad y luego auméntala; ¡no se trata de que el azúcar glas se esparza por toda la encimera!

8 | Para montar el bizcocho, sigue los pasos 1-2 de la preparación de las fresas balsámicas (ver p. 380). Coloca uno de los bizcochos, con la cúpula hacia abajo, en un plato de servir. Con una cuchara, vierte por encima el jugo de las fresas y, con una espátula, extiende la crema de mantequilla en una capa bien uniforme.

9 | Pon las fresas balsámicas con la ayuda de una cuchara y cubre con el segundo bizcocho.

10 | Con el colador metálico, espolvorea la parte superior de la tarta con el azúcar glas restante. Se conservará en un recipiente hermético en un lugar fresco hasta 2 días.

Variante de tarta todo en uno

Con un batidor de mano eléctrico o una batidora de pie, bate todos los ingredientes del bizcocho durante 4-5 minutos, hasta obtener una masa suave y ligera, luego sigue los pasos 6-10 para hornear y rellenar.

CONSEJOS

Para hacer el bizcocho Victoria clásico, sustituye el relleno de crema de mantequilla y fresas balsámicas por 150 g de mermelada de frambuesa y 300 ml de nata, batida hasta que haga picos con 1 cucharada de azúcar glas y 1 cucharadita de pasta o extracto de vainilla (ver p. 402 para la nata montada). Extiende la mermelada en un bizcocho antes de verter la nata.

Si utilizas nata fresca como relleno, disfruta de la tarta el mismo día en que la hagas o guárdala en la nevera hasta 2 días y llévala a temperatura ambiente antes de servirla.

3
4
5
6
7
8
9
10

Tarta de zanahoria especiada con glaseado de queso

Preparación 25 minutos

Cocción 30 minutos

Raciones 8-10

Esta receta de tarta de zanahoria utiliza el método de acremado (ver p. 354) para dar ligereza al bizcocho, mientras que añadir aceite, zanahorias y huevos hace que la miga sea tierna y húmeda. La combinación de azúcar moreno suave y azúcar glas da al bizcocho un ligero sabor a caramelo que combina de maravilla con la zanahoria rallada. Para el glaseado, elige queso crema con toda su grasa para evitar que se corte al batirlo con el zumo de naranja.

175 g de mantequilla salada, ablandada, y un poco más para engrasar
300 g de harina normal
1 cucharadita de levadura en polvo
½ cucharadita de bicarbonato sódico
2 cucharaditas de canela molida
1 cucharadita de jengibre molido
½ cucharadita de sal
¼ cucharadita de clavo molido (opcional)
150 g de azúcar moreno claro blando
150 g de azúcar glas
3 huevos medianos, a temperatura ambiente
4 cucharadas de aceite vegetal
350 g de zanahorias ralladas gruesas
50 g de nueces o pacanas tostadas (ver p. 288) y picadas en trozos grandes

Para el glaseado de queso crema

200 g de mantequilla salada, ablandada
ralladura fina de 1 cáscara y zumo de ½ naranja
400 g de azúcar glas
500 g de queso crema entero

1 | Precalienta el horno a 180 °C (160 °C ventilador / Gas 4). Engrasa ligeramente con mantequilla las paredes y la base de 2 moldes desmontables de 20 cm y forra la base de cada uno con un disco de papel de horno.

2 | Pon la harina, la levadura en polvo, el bicarbonato sódico, la canela, el jengibre, la sal y el clavo, si lo usas, en un bol mediano. Bate brevemente para mezclar y reserva.

3 | Con un batidor de mano eléctrico (o una batidora de pie), bate la mantequilla ablandada y el azúcar durante 3-4 minutos, hasta que estén cremosos y adquieran un color caramelo pálido, rascando las paredes del bol a mitad del proceso.

4 | Añade los huevos, de uno en uno, y bate durante 30 segundos cada vez para que se mezclen bien, rascando las paredes del bol con una espátula después de cada adición.

5 | Añade 3 cucharadas de la harina especiada y, sin dejar de batir, vierte lentamente el aceite, hasta que se incorpore y quede suave. Añade el resto de la harina especiada y las zanahorias ralladas y bate brevemente para mezclar. Reparte la masa a partes iguales en los moldes preparados y alisa la parte superior con el dorso de una cuchara.

6 | Hornéalos en la parte central del horno durante 25-30 minutos, hasta que hayan subido, estén dorados y al introducir una brocheta en el centro salga limpia. Deja enfriar las piezas en los moldes durante 10 minutos y pásalas a una rejilla para que se enfríen del todo.

7 | Mientras tanto, haz el glaseado. Pon la mantequilla y la ralladura y el zumo de naranja en un bol grande. Con un colador metálico, tamiza el azúcar glas y bate con un batidor de mano eléctrico hasta obtener una mezcla homogénea. Añade el queso crema y bate brevemente hasta obtener un glaseado suave.

8 | Para montar la tarta, coloca uno de los bizcochos, con la parte abombada hacia abajo, en un plato de servir. Vierte la mitad del glaseado y extiéndelo con una espátula hasta formar una capa uniforme. Esparce por encima la mitad de las nueces. Pon encima el segundo bizcocho y extiende el glaseado restante sobre la parte superior del pastel. Termina con el resto de las nueces tostadas y sirve en porciones.

CONSEJO

La humedad añadida por las zanahorias y el aceite mantiene el pastel húmedo hasta 5 días. Guárdalo en un recipiente hermético en un lugar fresco.

BRAZO DE GITANO DE PISTACHO Y FRAMBUESA

Preparación 25 minutos + enfriamiento

Cocción 15 minutos

Raciones 6-8

Originario de Europa central, el brazo de gitano o roulade, como se conoce a veces, es un bizcocho ligero enrollado relleno de mermelada y/o nata. Es un ejemplo de bizcocho batido (ver p. 354) que obtiene su textura aireada y su miga ligera batiendo los huevos con el azúcar hasta que aumentan de volumen. Como este bizcocho lleva pistachos, que son relativamente pesados, la yema y las claras se baten por separado para que entre la mayor cantidad de aire posible en la masa. Necesitarás un molde de 32 x 22 cm.

un poco de mantequilla, para engrasar
75 g de pistachos sin cáscara y sin sal
4 huevos medianos, a temperatura ambiente
125 g de azúcar glas
75 g de harina autolevante

Para el relleno y la cobertura
1 cucharada de azúcar glas, para espolvorear
250 ml de nata líquida
1 cucharada de azúcar glas, tamizada
1 cucharadita de pasta o extracto de vainilla
6 cucharadas de mermelada de frambuesa

1 | Precalienta el horno a 180 °C (160 °C ventilador / 350 °F/Gas 4). Engrasa ligeramente con mantequilla un molde para brazo de gitano de 32 x 22 cm y forra la base con papel de horno. Corta una segunda hoja de papel de horno un poco más grande que el molde. Tritura los pistachos en un procesador de alimentos pequeño hasta que queden muy finamente picados; tienes que conseguir que tengan la consistencia de las almendras molidas. Pon 50 g en un cuenco pequeño y reserva el resto para más tarde.

2 | Sigue los pasos 1-3 de «Separar huevos» (ver p. 32). Con un batidor de mano eléctrico, bate primero las claras a punto de nieve: deben tener un color blanco opaco y mantener su forma en el bol.

3 | A continuación (no hace falta que limpies el batidor), bate las yemas de huevo y el azúcar unos 3-4 minutos, hasta que las yemas adquieran un color más pálido, se hayan espesado y hayan doblado su tamaño.

4 | Añade los 50 g de pistachos molidos a la mezcla de yemas de huevo, luego tamiza la harina. Con una espátula, mézclalo todo con cuidado. Una vez esté mezclado, incorpora suavemente un tercio de las claras, reteniendo todo el aire posible. Incorpora el resto de las claras hasta obtener una masa ligera y aireada.

5 | Vierte la masa en el molde preparado y extiéndela suavemente hasta cubrir la base del molde. Hornéalo en la parte central del horno durante 10-12 minutos, hasta que esté ligeramente dorado y elástico al tacto. El bizcocho debe empezar a despegarse de las paredes del molde.

6 | Mientras se hornea el bizcocho, coloca un paño de cocina limpio sobre la superficie de trabajo y pon encima el segundo trozo de papel de horno. Esparce por encima 1 cucharada de azúcar glas y el resto de los pistachos molidos.

7 | Una vez horneado, saca el brazo de gitano y ponlo sobre el papel de horno con el azúcar y los pistachos. Retira el papel de horno y recorta los bordes con un cuchillo de sierra. Marca una línea recta a 2 cm del borde a lo ancho del bizcocho, procurando no cortarlo del todo (esto te ayudará a enrollar el bizcocho). A partir de la línea marcada, enrolla el bizcocho ayudándote con el paño de cocina y el papel de horno. Deja enfriar el bizcocho, enrollado en el paño de cocina.

8 | Mientras tanto, prepara el relleno. Con un batidor de globo, monta la nata (ver p. 402) con el azúcar glas y la vainilla en un cuenco mediano hasta que mantenga su forma. Desenrolla el brazo de gitano enfriado, extiende encima la mermelada seguida de una capa uniforme de nata montada, dejando un borde de 1 cm alrededor. Utilizando el mismo método que antes, enrolla bien el bizcocho ayudándote con el papel.

9 | Pasa el brazo de gitano a un plato o tabla ovalada y sírvelo cortado en rodajas. Lo mejor es que lo comas enseguida, aunque si quieres también puedes envolverlo en film transparente y conservarlo dentro de la nevera hasta 1 día.

CONSEJO

Si lo prefieres, omite los pistachos y aumenta a 125 g la cantidad de harina autolevante.

BROWNIES DE CHOCOLATE Y CARAMELO

Preparación
15 minutos
+ enfriamiento

Cocción
30 minutos

Salen 12-16

Esta receta de brownies utiliza el método de fusión (ver p. 354), que es quizá la técnica de pastelería más sencilla e infalible. Consiste simplemente en mezclar los ingredientes de la masa en un cazo, con lo que se obtienen pasteles y bizcochos de miga húmeda y densa, especialmente adecuados para estos brownies con su típico centro rico y pastoso.

225 g de mantequilla salada, en dados, y un poco más para engrasar
200 g de chocolate natural, en trozos grandes
300 g de azúcar glas
3 huevos medianos, a temperatura ambiente
75 g de harina normal
50 g de cacao en polvo
100 g de chocolate con leche con caramelo salado (cualquiera con el centro fundido), picado grueso
una pizca grande de sal marina en escamas

1 | Precalienta el horno a 180 °C (160 °C ventilador / Gas 4). Engrasa ligeramente un molde cuadrado para brownies de 20 cm con mantequilla, luego forra la base y los lados con papel de hornear. Derrite la mantequilla, el chocolate natural y 75 ml de agua en una cacerola mediana a fuego lento, removiendo de vez en cuando con una espátula hasta tener una mezcla rica, fina y brillante.

2 | Añade el azúcar y mezcla con un batidor de globo hasta que se disuelva; luego retira la sartén del fuego.

3 | Deja enfriar la mezcla durante 2 minutos y, a continuación, bate los huevos hasta que se mezclen. Tamiza la harina y el cacao en polvo con un colador metálico y vuelve a mezclar hasta obtener una masa homogénea.

4 | Vierte la mitad de la masa de brownie en el molde, extendiéndola uniformemente con una espátula.

5 | Esparce por encima la mitad del chocolate. Cubre con la masa de brownie restante, extendiéndola de una manera uniforme, y esparce por encima el resto del chocolate.

6 | Hornea en el centro del horno unos 25-30 minutos, hasta que los bordes estén cuajados y el centro aún se mueva de forma visible. Esparce por encima las escamas de sal marina. Déjalo enfriar en el molde sobre una rejilla y córtalo en 12-16 cuadrados para servir. Los brownies se conservan en un recipiente hermético hasta 5 días a temperatura ambiente.

CONSEJOS

Puedes preparar los brownies el día antes de servirlos. Déjalos enfriar en el molde y envuélvelos en film transparente. Además, al día siguiente son un poco más fáciles de cortar.

Para congelarlos, córtalos en cuadrados y colócalos ligeramente espaciados en una bandeja de horno. Congélalos y, una vez congelados, pásalos a un recipiente hermético. Los brownies pueden descongelarse individualmente a temperatura ambiente antes de comerlos.

Son una buena forma de aprovechar las sobras de chocolate de la despensa: negro, con leche o blanco, tú eliges.

1

2

3

4

5

6

Blondies de chocolate blanco y frambuesa

Preparación
15 minutos
+ enfriamiento

Cocción
35 minutos

Salen 16

El blondie es una variante del brownie, pero sin cacao en polvo ni chocolate. En su lugar, la masa se aromatiza con vainilla y azúcar moreno suave para darle un sabor a caramelo y un color «rubio». Esta versión incluye frambuesas frescas para darle más sabor, y chocolate blanco, porque sí.

200 g de mantequilla salada, derretida y fría
350 g de azúcar moreno claro blando
3 huevos medianos, a temperatura ambiente
1 cucharada de pasta o extracto de vainilla
275 g de harina normal
½ cucharadita de sal
150 g de chocolate blanco, picado grueso
100 g de frambuesas

1 | Precalienta el horno a 180 °C (160 °C ventilador / Gas 4). Engrasa ligeramente un molde cuadrado para brownies, de 20 cm, con mantequilla derretida y forra la base y los lados con papel de horno.

2 | Vierte la mantequilla derretida y atemperada en un bol grande y, a continuación, bate brevemente con el azúcar con un batidor de globo hasta que se mezclen. Incorpora los huevos y la vainilla hasta obtener una mezcla suave y sedosa.

3 | Tamiza la harina y la sal y bate brevemente hasta obtener una masa suave y de color caramelo; no se trata de incorporar aire a la masa, solo de mezclar los ingredientes.

4 | Extiende la mitad de la masa en el molde preparado y esparce por encima la mitad del chocolate blanco y las frambuesas (puedes partir algunas frambuesas por la mitad) de manera uniforme. Añade el resto de la masa, extendiéndola uniformemente con una espátula, y termina con el resto del chocolate y las frambuesas. Hornea en la parte central del horno durante 30-35 minutos, hasta que los bordes estén crujientes y el centro aún tenga un ligero movimiento.

6 | Deja enfriar en el molde sobre una rejilla, y mételo entonces en la nevera durante al menos 30 minutos (esto ayudará a que los blondies se endurezcan pero sigan pegajosos por dentro). La fase de enfriamiento es importante, así que no te la saltes, ¡por muy tentador que sea! Una vez frío, córtalo en 16 cuadrados para servir. Se conserva en un recipiente hermético hasta 5 días a temperatura ambiente.

CONSEJO

Para congelarlos, córtalos en cuadrados y colócalos algo espaciados en una bandeja de horno. Congélalos y, una vez congelados, pásalos a un recipiente hermético. Pueden descongelarse individualmente a temperatura ambiente antes de comerlos.

BIZCOCHO BUNDT DE PLÁTANO Y CARAMELO

Preparación 15 minutos + enfriamiento

Cocción 1 hora

Raciones 10-12

Este pastel no podría ser más fácil de hacer, y aun así tiene un aspecto y un sabor impresionantes. Se hornea en un molde Bundt, con su característica forma de rosquilla estriada, que es perfecta para este pastel de plátano porque se mantiene húmedo, a pesar del tiempo de horneado ligeramente más largo. Delicioso solo, el pastel está aún mejor con la cobertura de salsa de caramelo y cacahuetes salados picados.

250 g de mantequilla salada, en dados (necesitas 200 g de mantequilla marrón, ver p. 51 para hacer la masa de la tarta)
3 huevos medianos, a temperatura ambiente
180 g de azúcar moreno ligero
100 g de crema agria
una pizca grande de sal marina en escamas
225 g de harina autolevante
4 plátanos medianos muy maduros (unos 300 g de peso pelados), machacados

Para el acabado
125 g de salsa de caramelo (ver p. 407) o comprada
50 g de cacahuetes tostados salados, picados gruesos

1 | Precalienta el horno a 180 °C (160 °C ventilador / Gas 4). Sigue los pasos 1-2 de la mantequilla marrón (ver p. 51) y deja enfriar durante 15 minutos. Utiliza 2 cucharaditas de mantequilla marrón para engrasar un molde de 2,5 litros de diámetro, de unos 26 cm, asegurándote de que penetra en todas las hendiduras.

2 | Vierte el resto de la mantequilla marrón en un bol grande y bate los huevos, el azúcar, la crema agria, la sal y la harina durante 1-2 minutos con un batidor de globo para obtener una masa de bizcocho homogénea. Añade el plátano machacado y bate brevemente para mezclar. Vierte la masa en el molde engrasado.

3 | Hornea en la parte central entre 50 minutos y 1 hora, hasta que al introducir una brocheta en el centro de la tarta, esta salga limpia. Comprueba la tarta a los 45 minutos y, si se dora demasiado deprisa, cubre la parte superior con papel de aluminio sin apretar. Cuando esté lista, deja enfriar la tarta en el molde durante 15 minutos y, a continuación, pásala a una rejilla para que se enfríe completamente. Rocía generosamente la tarta con la salsa de caramelo y esparce los cacahuetes por encima para servir. Se conserva hasta 1 semana en un recipiente hermético.

1

2

3

Tarta vegana de chocolate

Preparación 20 minutos + enfriamiento

Cocción 40 minutos

Raciones 8-10

Esta tarta vegana «todo en uno» (ver p. 354) no utiliza ingredientes caros y difíciles de encontrar, sino aceite vegetal, leche sin lactosa y zumo de limón para crear un tipo de suero de leche vegano que reacciona con la harina y los gasificantes para crear un levado, sin necesidad de huevos. El bizcocho se termina con un glaseado de tofu muy suave, que tiene una textura parecida a la de la mousse de chocolate.

175 ml de aceite vegetal, y un poco más para engrasar
300 ml de leche sin lactosa de tu elección
zumo de ½ limón
250 g de azúcar moreno suave
80 g de cacao en polvo
220 g de harina autolevante
1 cucharadita de bicarbonato sódico
½ cucharadita de sal
4 cucharaditas de agua recién hervida
50 g de chocolate vegano, picado, para decorar

Para el glaseado
125 g de chocolate vegano, picado
2 cucharadas de azúcar moreno suave
300 g de tofu sedoso escurrido
1 cucharadita de pasta o extracto de vainilla
una pizca de sal

1 | Precalienta el horno a 180 °C (160 °C ventilador / Gas 4). Engrasa ligeramente con aceite las paredes y la base de 2 moldes desmontables de 20 cm y forra la base de cada uno con un disco de papel de horno.

2 | Con un tenedor, bate la leche sin lactosa y el zumo de limón en una jarra. Déjala 5 minutos para que se cuaje ligeramente y se convierta en una especie de suero de leche.

3 | En un bol grande, tamiza el azúcar, el cacao en polvo, la harina, el bicarbonato sódico y la sal, y mézclalo todo bien.

4 | Vierte la mezcla de suero de mantequilla y aceite vegetal en los ingredientes secos, batiendo bien para obtener una masa homogénea. Por último, añade el agua recién hervida —el secreto de una masa de tarta de chocolate—. Reparte la masa uniformemente en los moldes preparados.

5 | Hornea la masa en la parte central del horno durante unos 40 minutos, hasta que esté bien fermentada y elástica al tacto, y una brocheta de metal insertada en el centro salga limpia. Deja las dos piezas en sus moldes durante 15 minutos, y pásalas a una rejilla para que se enfríen del todo.

6 | Para hacer el glaseado, derrite el chocolate en un cuenco para microondas a intervalos de 30 segundos o al baño maría, en un cuenco refractario puesto sobre un cazo con agua hirviendo a fuego lento (ver p. 390). Vierte el chocolate fundido en una batidora con el azúcar, el tofu, la vainilla y una pizca de sal, y bate hasta obtener un glaseado homogéneo. Puede que tengas que raspar los lados de la batidora un par de veces para mezclar. Deja enfriar en la nevera unos 15 minutos, hasta que espese un poco.

7 | Para montar la tarta, pon uno de los bizcochos, con la parte abombada hacia abajo, en un plato de servir. Vierte encima la mitad del glaseado de chocolate y extiéndelo con una espátula en una capa uniforme. Pon encima el segundo bizcocho y cúbrelo con el glaseado restante. Decora la parte superior con los trozos de chocolate y corta el bizcocho en 8-10 porciones para servir. La tarta se conservará hasta 1 semana en un recipiente hermético y en un lugar fresco.

CONSEJO

El bizcocho se puede hacer con un día de antelación. Una vez frío, envuélvelo bien en film transparente y sigue los pasos 6-7 para el glaseado y el relleno al día siguiente.

MAGDALENAS DE ARÁNDANOS CON STREUSEL

Preparación
25 minutos
+ enfriamiento

Cocción
25 minutos

Salen 12

El método todo en uno es adecuado tanto para las magdalenas pequeñas como para las grandes. El secreto de una buena magdalena es no mezclar demasiado la masa, pues de lo contrario la textura puede volverse densa, mientras que la adición de yogur natural también ayuda a mantenerla húmeda. Puedes usar arándanos frescos o congelados, pero si te decantas por los últimos, asegúrate de mezclarlos poco con la masa para evitar que pierdan el color y las magdalenas queden moradas. Para hornearlas, se les da un breve golpe a fuego fuerte para que suban, y luego se baja el horno para que el interior se haga en su punto justo.

225 g de harina normal
2 cucharaditas de levadura en polvo
½ cucharadita de sal
150 g de azúcar glas
2 huevos medianos, a temperatura ambiente
150 g de yogur natural
ralladura fina de 1 limón sin cera
110 g de mantequilla salada, derretida y dejada enfriar ligeramente
250 g de arándanos frescos o congelados

Para la cobertura de streusel
60 g de harina normal
50 g de azúcar moreno ligero
½ cucharadita de canela molida
50 g de mantequilla fría salada, cortada en dados

1 | Precalienta el horno a 220 °C (200 °C ventilador / Gas 7). Forra una bandeja para magdalenas con 12 moldes de papel. Primero, prepara la cobertura streusel. Mezcla todos los ingredientes secos en un bol mediano y, con la punta de los dedos, frota la mantequilla hasta que la mezcla parezca arena gruesa húmeda. Reserva en la nevera.

2 | Con un batidor de globo, mezcla la harina, la levadura en polvo, la sal y el azúcar en un bol grande hasta que estén bien mezclados.

3 | Casca los huevos en una jarra. Añade el yogur y la ralladura de limón, luego vierte la mantequilla derretida y bate para mezclar, no te preocupes si parece un poco grumoso o cuajado.

4 | Vierte los ingredientes húmedos sobre los secos y, con una espátula, mézclalo todo brevemente hasta que quede bien combinado: la masa espesa no debe tener bolsas visibles de harina. Con la espátula, agrega los arándanos, haciendo un par de movimientos en forma de ocho. No mezcles demasiado la masa, ya que la fruta se romperá y hará que se ponga morada.

5 | Vierte la masa de las magdalenas en los moldes de papel con una cuchara de metal o una cuchara para helados hasta llenarlos tres cuartas partes.

6 | Vierte 1 cucharada de la cobertura streusel sobre cada magdalena, dándole golpecitos suaves para que se pegue. Hornéalas en la parte central del horno durante 5 minutos, luego baja la temperatura a 180 °C (160 °C ventilador/Gas 4) y hornéalas 18-20 minutos más, hasta que hayan subido, estén doradas y al clavar una brocheta en el centro salga limpia. Déjalas sobre una rejilla unos 15 minutos para que se enfríen un poco antes de comerlas.

CONSEJOS

Estas magdalenas están estupendas recién hechas y calientes, pero se conservan bien en un recipiente hermético hasta 3 días. Puedes recalentarlas brevemente en el microondas a temperatura alta o en el horno a 180 °C (160 °C ventilador / Gas 4) durante 6-8 minutos.

Las magdalenas se pueden congelar hasta 3 meses, simplemente descongélalas y vuelve a calentarlas de la misma forma que en el caso anterior.

Cambia los arándanos por la misma cantidad de frambuesas y añade 1 cucharadita de pasta o extracto de vainilla a la mezcla de la masa.

1
2
3
4
5
6

Bizcocho de limón

Preparación
15 minutos
+ enfriamiento

Cocción
40 minutos

Raciones 8-10

Siempre hay que tener una buena receta de bizcocho en el repertorio de repostería, y este de limón es una opción excelente. La masa del bizcocho se hace con el método todo en uno, por lo que es fácil y muy rápido. Verás que se utilizan dos azúcares diferentes: el azúcar glas aporta ligereza al bizcocho, mientras que el granulado da a la parte superior una textura crujiente y quebradiza.

175 g de mantequilla salada, ablandada, y un poco más para engrasar
3 huevos medianos, a temperatura ambiente
175 g de azúcar glas
175 g de harina autolevante
una pizca de sal
1 cucharada de leche entera
zumo y ralladura fina de 2 limones sin cera
100 g de azúcar granulado

1 | Precalienta el horno a 180 °C (160 °C ventilador / Gas 4). Engrasa con mantequilla un molde de 900 g y forra la base y los lados con 2 tiras largas de papel de horno.

2 | Con un batidor de mano eléctrico (o una batidora de pie), bate la mantequilla, los huevos, el azúcar, la harina, la sal, la leche y la ralladura de limón (reservando el zumo para la cobertura) en un bol grande hasta obtener una masa homogénea. Vierte la masa en el molde preparado y alisa la parte superior con una espátula. Hornea en el estante central del horno durante 35-40 minutos, hasta que haya subido bien y al clavar una brocheta metálica en el centro del bizcocho salga limpia.

3 | Para hacer la cobertura, mezcla el zumo de limón con el azúcar granulado en un bol pequeño. Pincha la parte superior de la tarta caliente por todos los lados con un palillo de madera y, a continuación, viértelo sobre la tarta con una cuchara. Deja que el pastel se enfríe del todo en el molde antes de sacarlo a un plato o tabla de servir. Guárdalo en un recipiente hermético hasta 5 días.

CONSEJOS

Para congelarlo, sigue el método hasta el final del paso 2 y déjalo enfriar. Pásalo a una bolsa de congelación y congélalo hasta 3 meses. Para servir, pincha la parte superior, como se indica arriba, y vierte la cobertura por encima una vez descongelada.

Prueba con otros cítricos: la ralladura fina de 1 pomelo y el zumo de ½ más también queda bien.

GALLETAS

Si nunca has horneado, estas recetas son excelentes para empezar. Son ideales si te apetece algo dulce que no requiera mucho tiempo ni esfuerzo. También son una forma fantástica de familiarizarse con el arte de la repostería. Aprende cómo la grasa, el gluten de la harina y los distintos tipos de azúcar desempeñan su papel en tu horneado, desde la aparición del característico contraste entre lo blando y lo crujiente en muchas galletas hasta la especial textura de los shortbreads, que se derriten en la boca gracias a su proporción elevada de mantequilla.

Conservación
Guárdalas en un recipiente hermético hasta 3-5 días.

GALLETAS CON PEPITAS DE CHOCOLATE

Preparación
20 minutos
+ enfriamiento

Cocción
15 minutos

Salen 12

La galleta perfecta es algo maravilloso. Tienen una mayor proporción de azúcar y grasa en relación con la harina de otras recetas, lo que les da ese característico punto caramelizado y una textura muy satisfactoria. Una vez que domines esta receta básica, puedes cambiar los sabores de tantas formas como quieras: aquí tienes algunas ideas (derecha).

100 g de azúcar moreno ligero
100 g de azúcar glas
150 g de mantequilla salada, derretida y fría
1 huevo mediano, a temperatura ambiente
1 cucharadita de pasta o extracto de vainilla
200 g de harina normal
½ cucharadita de levadura en polvo
½ cucharadita de sal
200 g de trocitos de chocolate negro
sal marina en escamas, para espolvorear (opcional)

1 | Pon los dos tipos de azúcar en un bol mediano. Vierte la mantequilla derretida y bate brevemente con una cuchara de madera hasta conseguir una mezcla homogénea. Bate el huevo y la vainilla hasta obtener una masa homogénea.

2 | Añade la harina, la levadura en polvo, la sal y las pepitas de chocolate y mezcla durante un minuto más o menos hasta que no queden grumos de harina y las pepitas de chocolate estén distribuidas uniformemente por toda la mezcla.

3 | Con una cuchara para helados o una cuchara de postre, divide la masa de galletas en 12 trozos iguales, de unos 50 g cada uno, y luego haz una bola con cada trozo entre las palmas de las manos. Deja enfriar durante 1 hora sin tapar en dos bandejas grandes para horno forradas con papel de horno, asegurándote de que hay espacio suficiente entre ellas (se expanden al hornearse).

4 | Precalienta el horno a 180 °C (160 °C ventilador / Gas 4). Hornea las galletas durante 12-15 minutos, hasta que se endurezcan por los bordes y el centro esté aún ligeramente blando; se endurecerán al enfriarse. Espolvorea por encima un poco de sal, si quieres, y déjalas enfriar en la bandeja antes de servirlas.

CONSEJOS

Una vez horneadas, en cuanto las bandejas salgan del horno, dales un golpe fuerte sobre la superficie de trabajo: esto hará que las galletas adquieran esa arruga característica.

Puedes congelar las galletas crudas. Enfría primero las bolas moldeadas en la nevera durante 1 hora, hasta que estén firmes, luego pásalas a bolsas herméticas y congélalas hasta 3 meses. Hornéalas directamente congeladas, añadiendo 2-3 minutos más al tiempo de cocción.

Variaciones de sabor

Mantequilla marrón, café y nueces: sigue los pasos 1-2 para hacer mantequilla marrón (ver p. 51) con 175 g de mantequilla salada. Una vez dorada, añade 2 cucharaditas de café en polvo y deja enfriar. Sigue la receta de las galletas (izquierda) sustituyendo el chocolate por 100 g de nueces tostadas picadas.

Triple chocolate: sigue la receta de las galletas (izquierda) sustituyendo 50 g de la harina por la misma cantidad de cacao en polvo tamizado. Sustituye los 200 g de pepitas de chocolate por una combinación del mismo peso de pepitas de chocolate negro, con leche y blanco.

Especias para pan de jengibre: sigue la receta de las galletas (izquierda) sustituyendo la pasta o el extracto de vainilla por 2-2½ cucharaditas de la mezcla de especias para pan de jengibre (ver p. 449), según lo picantes que te gusten. Reduce a la mitad el peso de las pepitas de chocolate y añade 3 bolitas de jengibre en almíbar picadas finas.

Flapjacks de fruta y frutos secos

Preparación
15 minutos
+ enfriamiento

Cocción
25 minutos

Salen 12

Repletos de avena, frutos secos y nueces o semillas a elegir, los flapjacks son un magnífico tentempié para llevar. Se preparan de forma similar a las galletas (ver p. 372), ya que la mantequilla, el azúcar y el sirope se derriten juntos antes de mezclarlos con los ingredientes secos. Para que sean más fáciles de cortar una vez horneados, déjalos enfriar primero en el molde.

240 g de mantequilla salada, cortada en dados, y un poco más para engrasar
80 g de azúcar moreno ligero
125 g de sirope dorado
300 g de copos de avena
100 g de fruta seca, como pasas, pasas sultanas, albaricoques secos o ciruelas pasas, troceados si son grandes
100 g de frutos secos variados o semillas, picados gruesos si son grandes
una pizca de sal

1 | Precalienta el horno a 180 °C (160 °C ventilador / Gas 4). Unta ligeramente con mantequilla un molde cuadrado para brownies de 20 cm y forra la base con papel de horno.

2 | Calienta la mantequilla, el azúcar y el sirope dorado en una sartén grande a fuego medio, removiendo de vez en cuando con una cuchara de madera, durante unos 5 minutos, hasta que todo esté mezclado.

3 | Retira la sartén del fuego, añade la avena, la fruta seca, la mezcla de frutos secos o semillas y una buena pizca de sal. Remuévelo todo para que la avena quede cubierta por la mezcla de mantequilla y azúcar.

4 | Con una cuchara, vierte la mezcla en el molde y presiona bien con el dorso de la cuchara de madera hasta formar una capa uniforme. Hornea en el centro del horno 20-25 minutos, hasta que la parte superior esté dorada y los bordes ligeramente más oscuros.

5 | Deja enfriar los flapjacks en el molde sobre una rejilla y luego ponlos en la nevera, sin tapar, durante 30 minutos; esto ayudará a que se mantengan enteros cuando se corten en el molde en 12 trozos. Guárdalos en un recipiente hermético hasta 1 semana.

CONSEJO

Puedes congelarlos hasta 3 meses. Ponlos en el congelador sobre una bandeja de horno y, una vez congelados, pásalos a un recipiente hermético. Para servirlos, descongélalos a temperatura ambiente.

Shortbread

Preparación
15 minutos

Cocción
20 minutos

Salen 18

Esta galleta escocesa contiene en su forma más pura solo tres ingredientes: harina, mantequilla y azúcar en una proporción de 3:2:1. El alto contenido en mantequilla es lo que hace que se derritan tan maravillosamente en la boca. Al batir la mezcla, lo único que interesa es unir los ingredientes; si la masa se trabaja demasiado, las galletas quedarán duras y no mantecosas y desmenuzables.

200 g de mantequilla salada, reblandecida, y un poco más para engrasar
100 g de azúcar glas
300 g de harina normal
pizca de sal
azúcar glas, para espolvorear (opcional)

1 | Precalienta el horno a 180 °C (160 °C ventilador / Gas 4). Engrasa ligeramente con mantequilla un molde cuadrado para brownies de 20 cm y forra la base con papel de horno.

2 | Bate la mantequilla y el azúcar en un cuenco grande con una cuchara de madera hasta que estén bien mezclados; aquí no se trata de añadir aire, solo de que la mantequilla quede lisa y bien mezclada con el azúcar.

3 | Con ayuda de un colador metálico, tamiza la harina y la sal en la mezcla de la nata, y bate hasta que se mezclen uniformemente y la mezcla se convierta en una masa, teniendo cuidado de no trabajarla demasiado. Con las manos limpias, presiona la masa en el molde preparado formando una capa uniforme.

4 | Con un cuchillo de mesa, corta el shortbread en 18 rectángulos en el molde, cortando hasta la base, ya que esto ayudará a sacarlo del molde después de hornearlo. Pincha la parte superior de cada rectángulo varias veces con un tenedor.

5 | Hornea en la parte central del horno durante unos 18-20 minutos, hasta que se doren ligeramente. Deja enfriar en el molde sobre una rejilla antes de desmoldar y espolvorea la parte superior de cada uno con azúcar glas. Puedes guardarlos en un recipiente hermético hasta 1 semana.

Variaciones de sabor

Naranja y cardamomo: bate la ralladura fina de 1 naranja y las semillas machacadas de 6 vainas de cardamomo con la mantequilla y el azúcar del paso 2, y luego sigue la receta (arriba).

Doble jengibre: añade 1 cucharadita de jengibre molido y 4 bolitas de tallo de jengibre finamente picado en almíbar a la masa de shortbread con la harina del paso 3, y luego sigue la receta (arriba).

Limón y Earl Grey: bate 1 cucharada de hojas de té Earl Grey y la ralladura fina de 1 limón sin encerar con la mantequilla y el azúcar del paso 2, y luego sigue la receta (arriba).

POSTRES

FRUTA

El viaje de los postres comienza con la fruta. Desde el placer sencillo de un jugoso melocotón maduro o una macedonia de frutas hasta la más sofisticada tarta de manzana o de bayas mixtas en capas, la fruta te ofrece multitud de opciones de postre… y también alternativas saladas. No solo en la forma de servirla, sino también en las técnicas utilizadas, desde hacer puré y hornear hasta asar y guisar: la tabla (abajo) te da unas cuantas ideas para ponerte en marcha.

Verás que algunas frutas un punto ácidas, como el ruibarbo, las grosellas espinosas y las manzanas para cocinar, necesitan que se les añada azúcar, mientras que otras apenas lo requieren. Dependerá del grado de madurez: un truco útil, si la fruta no está madura, es meterla en una bolsa con un plátano maduro, lo que acelerará la maduración. En general, cuanto más madura, más dulce suele ser. Compra siempre que puedas fruta de temporada. Tendrá el mejor sabor y debería ser más barata. Si no, la congelada siempre es una buena alternativa, y tienes la ventaja añadida de un suministro regular cómodo y sin desperdicios.

Ya sea fresca o congelada, nutricionalmente, la fruta es un activo para una dieta sana, ya que aporta una amplia gama de vitaminas, minerales, antioxidantes y fibra. ¡Una ganadora en todos los sentidos!

Conservación

La fruta de huerto, como las manzanas y las peras, se conserva mejor en un lugar fresco, mientras que la fruta más delicada, incluidas las bayas, es mejor guardarla en la nevera. La fruta congelada puede utilizarse congelada o bien descongelada primero, según lo que pienses hacer con ella. Lava la fruta fresca justo antes de usarla para evitar que se empape.

FRUTAS	TIPO	MÉTODO DE COCCIÓN	IDEALES EN…
Del huerto	Manzanas, peras	Horneadas, en puré, estofadas, escalfadas	Crumbles, salsas, compotas, tartas, tartaletas, rellenos.
De hueso	Cerezas, ciruelas, nectarinas, melocotones	Horneadas, escalfadas, asadas, en puré, guisadas	Crumbles, salsas, compotas, pasteles, tartas, conservas.
Cítricos	Naranjas, limas, limones, clementinas, mandarinas, pomelos	Guisadas, escalfadas, en zumo, ralladura	Conservas, mermeladas, tartas, sorbetes, maceradas/marinadas.
Bayas y grosellas	Fresas, frambuesas, moras, arándanos, grosellas negras, grosellas rojas	Escalfadas, en puré, horneadas	Ensaladas de frutas, compotas, conservas, salsas, sorbetes, helados, tartas, crumbles, pasteles.
Tropicales	Plátanos, mangos, piña, melones, papaya	Asadas, en puré, al horno	Ensaladas de frutas, buñuelos, salsas, tartas, helados, sorbetes.

MACERAR Y HACER PURÉ DE FRUTA

Dos de las técnicas más sencillas con la fruta son la maceración y el puré, pero ambas pueden tener un efecto bastante profundo, cambiando la textura y, hasta cierto punto, el sabor de una fruta.

La fruta macerada se deja reposar en azúcar, alcohol o un ácido, como vinagre o zumo de limón, para que se ablande y libere sus jugos. Puede ser tan sencillo como espolvorear frambuesas con azúcar glas hasta que se ablanden, remojar ciruelas pasas en Armagnac hasta que estén bien hinchadas y tiernas o sumergir fresas en vinagre balsámico hasta que estén jugosas (ver p. 380). Hacer puré no solo altera la textura de una fruta (o verdura), sino que también puede concentrar e intensificar su sabor. Se puede hacer puré tanto de fruta (y verdura) cocida como cruda, y es una forma fácil de obtener una salsa rápida. La fruta más firme, como las manzanas y las peras, se beneficia de la cocción previa, sobre todo si quieres un resultado fino y suave. Una batidora eléctrica, ya sea de mano o con vaso o jarra (o un miniprocesador de alimentos), facilita el trabajo tanto con la fruta cocida como con la cruda, y es una herramienta útil en la cocina.

COULIS DE FRAMBUESA

Preparación
10 minutos

Cocción
10 minutos

Raciones 4-6

Un coulis (que significa «colado» en francés) es una sencilla salsa espesa hecha con puré de fruta (o verdura) cocida o cruda, que luego se pasa por un colador para quitarle la piel o las semillas. Este con frambuesas es estupendo como cobertura para la pavlova, vertido sobre yogur griego para el desayuno o como salsa ácida para complementar la panna cotta (ver p. 404). Las frambuesas van bien para un coulis porque se deshacen fácilmente, lo que te permite conservar el sabor fresco y brillante de la fruta sin tener que cocerla demasiado tiempo (si es que hay que cocerla).

450 g de frambuesas
zumo de ½-1 limón
3-4 cucharadas de azúcar glas, al gusto

1 | Cuece las frambuesas en un cazo pequeño con el zumo de ½ limón y poca cantidad de azúcar glas a fuego lento, removiendo de vez en cuando, hasta que suelten el jugo y la fruta se deshaga, unos 5-7 minutos.

2 | Pon un colador metálico fino sobre un bol mediano. Vierte las frambuesas y los jugos que puedan quedar y, con el dorso de una cuchara, presiona la fruta para que pase por el tamiz. Raspa la parte inferior del tamiz para hacer caer el coulis sobrante al bol y desecha las semillas. Remueve y prueba el coulis, añadiendo más zumo de limón y/o azúcar glas, si es necesario. Vierte el coulis en una jarra, tapa la superficie y deja enfriar en la nevera antes de servir. Se conservará hasta 5 días o 3 meses en el congelador.

Fresas balsámicas

Preparación 5 minutos + maceración

Sin cocción

Raciones 4-6

La combinación de fresas y vinagre balsámico puede parecer inusual, pero es un clásico: el dulzor de las bayas realza el sabor dulce del balsámico, domando su acidez. La clave es utilizar el balsámico de mejor calidad que puedas permitirte, ya que tendrá un sabor más equilibrado y redondo. El proceso de marinar las fresas en el balsámico se denomina maceración (ver p. 379), que es una manera elegante de decir que dejamos que las fresas se ablanden ligeramente hasta que liberen sus deliciosos jugos.

400 g de fresas
1 cucharada de azúcar glas
2-3 cucharadas de vinagre balsámico de buena calidad
helado de vainilla o nata montada (ver p. 402), para servir

1 | Con un cuchillo de cocina pequeño y afilado, corta y desecha la parte verde de las hojas de cada fresa y corta la fruta verticalmente en rodajas de 1 cm. Colócalas en una fuente mediana poco profunda.

2 | Añade el azúcar y el vinagre balsámico (utiliza la cantidad completa si quieres un sabor más fuerte) al bol y mezcla suavemente con una cuchara de madera, teniendo cuidado de no aplastar las fresas. Deja macerar a temperatura ambiente 1 o 2 horas, hasta que las fresas se ablanden y suelten su dulce jugo.

3 | Sirve las fresas en su jugo con helado de vainilla o nata montada.

CONSEJOS

Usa las fresas balsámicas como relleno del bizcocho Victoria (ver p. 355).

Las fresas combinan bien con muchos condimentos, como pimienta negra, semillas de hinojo tostadas, zumo de limón e incluso un chorrito de jerez.

Cambia las fresas por otro tipo de bayas, como frambuesas, o prueba con melocotones o cerezas.

ESCALFAR Y GUISAR FRUTA

Ambos métodos son casi iguales, aunque para guisar la fruta se pela y se corta en trozos pequeños y de tamaño regular para una cocción uniforme. La fruta puede guisarse en una pequeña cantidad de agua y/o zumo de fruta, con o sin azúcar. Añadir azúcar permite endulzar las frutas más ácidas, como el ruibarbo (abajo) y las manzanas para cocinar, que se vuelven suaves y untuosas, casi como una salsa, cuando se guisan. Sirve la fruta guisada sola con yogur, natillas o nata, o utilízala como base para un crumble de fruta, una tarta o un relleno de tarta.

El escalfado es especialmente adecuado para piezas de fruta enteras o grandes, como peras, manzanas y nectarinas cortadas por la mitad o albaricoques y ciruelas enteros, que se cuecen hasta ablandarse, pero conservan su forma. Un jarabe de azúcar, vino o zumo de fruta son excelentes para escalfar. Es un método ideal para ablandar fruta poco madura.

BUÑUELOS DE RICOTTA Y NARANJA CON RUIBARBO

Preparación 10 minutos

Cocción 40 minutos

Raciones 4

El ruibarbo es un ingrediente maravilloso que se transforma de un tallo agrio, parecido a la verdura, a tiernos trozos de color rosa brillante una vez guisado. Hay dos tipos: la variedad forzada, rosa brillante, que se cultiva a cubierto y está disponible a finales de invierno, y el ruibarbo ligeramente menos rosa (y verde), que se cultiva al aire libre y está disponible desde finales de primavera. La variedad forzada es más dulce y de color más vivo, y combina muy bien con estos buñuelos de ricotta. Si no utilizas ruibarbo forzado, aumenta la cantidad de azúcar. Los buñuelos, del tamaño de una cuchara de postre, se sirven mejor muy calientes con ruibarbo a temperatura ambiente para conseguir un agradable contraste.

400 g de ruibarbo rosa forzado, cortado en trozos de 5 cm en diagonal
75 g de azúcar glas
zumo de 1 naranja

Para los buñuelos de ricotta y naranja
250 g de queso ricotta
ralladura fina de 1 naranja
2 huevos medianos, a temperatura ambiente
1 cucharadita de pasta o extracto de vainilla
125 g de harina normal
2 cucharaditas de levadura en polvo
3 cucharadas de azúcar glas
¼ cucharadita de sal
1-3 cucharadas de leche entera
aceite vegetal, para freír
6 cucharadas de azúcar glas

1 | Empieza guisando el ruibarbo. Lleva el ruibarbo, el azúcar glas y el zumo de naranja (reservando la ralladura para los buñuelos) casi a ebullición en un cazo mediano. Baja el fuego y cuece a fuego medio-bajo 7-8 minutos, hasta que el ruibarbo esté tierno pero mantenga su forma. Deja enfriar a temperatura ambiente.
(Sigue al dorso.)

2 | Prepara la masa de los buñuelos. Añade la ricotta a un bol grande con la ralladura de naranja, los huevos y la vainilla. Bate con un batidor de globo hasta que quede suave y homogéneo. Añade la harina, la levadura en polvo, el azúcar glas y la sal, y vuelve a batir hasta obtener una masa suave y espesa; debe casi gotear pero mantener la forma. Si está demasiado espesa, añade un chorrito de leche entera para aflojarla un poco.

3 | Llena un cazo grande hasta un tercio con aceite y caliéntalo a fuego medio-alto a 170 °C en un termómetro de cocina o hasta que un cubo de pan se dore en 30 segundos. Si el aceite se calienta demasiado, apaga el fuego, déjalo enfriar unos minutos y vuelve a mirar la temperatura. Precalienta el horno a 160 °C (140 °C ventilador / Gas 3) y forra un plato con papel de cocina y una bandeja de horno con papel de hornear. Utiliza 2 cucharas de postre para deslizar con cuidado una cucharada de la masa en el aceite caliente (una de las cucharas para recoger la masa y la otra para deslizarla fuera de la cuchara). Deberían entrar de 6 a 8 a la vez en la sartén, según su tamaño. Fríe durante 2-3 minutos, dándoles la vuelta una vez, hasta que estén dorados y crujientes, y pásalos con una espumadera al plato con papel. Pásalos a la bandeja y mantenlos calientes en el horno mientras repites la operación con el resto de la masa para hacer unos 16 buñuelos en total.

4 | Vierte el azúcar glas en un cuenco poco profundo y reboza los bueños calientes en el azúcar.

5 | Reparte con una cuchara el ruibarbo guisado en cuatro platos y añade los buñuelos de ricotta. Termina espolvoreando azúcar glas para servir. El ruibarbo sobrante se conservará en la nevera en un recipiente hermético hasta 1 semana (o, congelado, 3 meses).

Sundae de compota de cereza

Preparación
20 minutos

Cocción
15 minutos

Raciones 4

Una compota es un postre cocido de fruta entera o troceada. El truco está en cocer la fruta el tiempo suficiente para que se ablande y libere sus jugos sin que quede demasiado blanda y pastosa. Las cerezas son perfectas porque son jugosas, pero tienen una pulpa bastante robusta y un buen equilibrio entre dulce y ácido. El sundae está delicioso servido sobre la pavlova Selva Negra (ver p. 400).

Para la compota de cerezas
1 kg de cerezas
zumo de ½ limón
150 g de azúcar glas dorado

Para el sundae
300 ml de nata líquida
1 cucharada de azúcar glas
8 bolas de helado, por ejemplo de vainilla (ver p. 408), caramelo salado o pistacho
1 puñado de pistachos picados, para servir

1 | Primero, quita el hueso de las cerezas. Puedes utilizar un deshuesador de cerezas o cortarlas por la mitad y sacar el hueso con una cucharilla.

2 | Pon las cerezas deshuesadas en un cazo mediano con el zumo de limón, el azúcar y 75 ml de agua. Pon el cazo a fuego medio-bajo y cuece a fuego lento durante 15 minutos, removiendo de vez en cuando, hasta que las cerezas suelten su jugo y la fruta se ablande sin perder su forma. Vierte las cerezas en un cuenco mientras preparas el resto del sundae.

3 | Sigue los pasos 1-2 de «Montar la nata» (ver p. 402) con el azúcar glas hasta obtener picos suaves.

4 | Vierte 2 cucharadas de postre de compota de cerezas en el fondo de cuatro vasos de helado. Cubre cada uno con 2 bolas de helado, luego vierte otra cucharada de compota antes de añadir la nata montada. Rocía con un poco más de compota y esparce los pistachos por encima, para servir. La compota que sobre se conservará 1 semana, tapada, en la nevera.

CONSEJOS

Para una compota espesa, mezcla 2 cucharaditas de harina de maíz con otras 2 de agua hasta obtener una pasta, añádela al cazo con las cerezas y cuece 2 minutos a fuego lento, hasta que espese ligeramente. Es una buena base para una tarta o un pastel.

Añade alguna especia: una ramita de canela, clavo, anís estrellado, especias variadas o vainas de cardamomo aportan un maravilloso sabor cálido.

Congela la compota hasta 3 meses en un recipiente con tapa. Descongélala en la nevera toda la noche o caliéntala congelada en el microondas, en un cuenco resistente al calor, a potencia alta en tandas de 30 segundos, o en un cazo pequeño si la sirves caliente.

HORNEAR Y ASAR FRUTA

Hornear y asar son buenas formas de cocinar la fruta, concentrando el sabor al evaporar la humedad y caramelizar los azúcares. El calor seco e intenso transforma su textura, haciéndola pasar de crujiente o firme a blanda y untuosa. El horneado es especialmente bueno para la fruta poco madura, como melocotones, albaricoques, ciruelas y nectarinas, pues tiene un efecto endulzante, pero permite que conserve su forma.

La fruta se puede hornear entera, en rodajas o en trozos, según cómo se vaya a servir. Ponla en azúcar con un poco de agua o zumo, y hornéala en una fuente o en un paquete de papel de aluminio hasta que se ablande y caramelice ligeramente. Si la fruta tiende a decolorarse después de cortarla, como las manzanas o las peras, sumérgela en un poco de zumo de limón para evitar que se ponga marrón.

Como el horneado, asar a la parrilla es adecuado para casi todos los tipos de fruta, a excepción de las bayas, sobre todo si buscas una caramelización profunda y un tono dorado; piensa en rodajas o trozos de piña, sandía, mango, melocotón o nectarina. Asegúrate de que la parrilla está a temperatura alta y pon la fruta, espolvoreada con azúcar, en una sola capa sobre una bandeja de horno a unos 7 cm de la fuente de calor hasta que empiece a ablandarse y a dorarse por partes. La sartén o la barbacoa también permiten cocinar fruta más firme, como piña, peras o manzanas, con un característico sabor ahumado.

CRUMBLE ESPECIADO DE MANZANA Y AVENA

Preparación
25 minutos

Cocción
35 minutos

Raciones 6

El crumble, un tradicional postre de fruta asada, tiene muchas variantes, aunque el de manzana es quizá el más clásico. El secreto está en cocer bien la fruta, asegurándose al mismo tiempo de que la parte superior quede crujiente y dorada. Los tres tipos de azúcar aportan algo diferente al crumble: el moreno claro suave carameliza las manzanas; el azúcar glas dorado añade dulzor y ligereza a la mezcla del crumble; y el demerara, junto con la avena, da un agradable crujido a la parte superior. Sin embargo, si te resulta más fácil, puedes cambiar el azúcar glas por el marrón claro suave.

1 kg de manzanas Bramley
zumo y ralladura fina de ½ limón sin encerar
125 g de azúcar moreno claro suave
50 g de mantequilla salada
1 cucharadita de especias variadas

Para la cobertura
75 g de mantequilla fría salada, cortada en dados
150 g de harina normal
50 g de azúcar glas dorado (o azúcar moreno claro suave)
2 cucharadas de azúcar demerara
2 cucharadas de copos de avena
Crema inglesa (ver p. 394), nata o helado de vainilla (ver p. 408), para servir

1 | Con un pelador de verduras, quita la piel a las manzanas y córtalas en cuartos a lo largo. Retira el corazón con un cuchillo y córtalas en dados de 3 cm. Pon las manzanas en un cuenco y rocíalas con el zumo de limón para evitar que se oscurezcan.

2 | Pon las manzanas y el zumo de limón en un cazo mediano y añade el azúcar moreno, la mantequilla, la ralladura de limón, las especias y 3 cucharadas de agua. Cuécelas a fuego medio 5 minutos, removiendo, hasta que empiecen a ablandarse. Pon las manzanas en una fuente de horno de 30 x 20 cm y distribúyelas en una capa uniforme. Mientras tanto, precalienta el horno a 200 °C (180 °C ventilador / Gas 6).

3 | Prepara la cobertura. Con los dedos, frota la mantequilla con la harina y el azúcar glas en un bol hasta que la mezcla parezca pan rallado grueso. Mezcla el azúcar demerara y la avena.

4 | Espolvorea uniformemente la cobertura de crumble sobre las manzanas y esparce la mezcla de copos de avena para que la parte superior quede bien crujiente. Hornea durante 30 minutos, hasta que la parte superior esté dorada y crujiente y la fruta esté tierna.

5 | Sirve el crumble caliente con la crema inglesa, nata o helado de vainilla por encima.

CONSEJOS

Se conserva 3 días en la nevera. Para recalentarlo, cúbrelo con papel de aluminio y ponlo en el horno a 180 °C (160 °C ventilador / Gas 4) 15 minutos, hasta que burbujee y esté bien caliente. También puedes calentarlo en porciones en el microondas 1 minuto y medio.

El crumble también está delicioso servido frío para desayunar con una cucharada de yogur griego.

Melocotones asados con helado y nueces pecanas

Preparación
10 minutos

Cocción
20 minutos

Raciones 4

Para este sencillo postre son mejores los melocotones apenas maduros o incluso un punto verdes: deben ablandarse y caramelizarse al grill, sin deshacerse. La combinación de fruta caliente y helado frío va de maravilla, pero si te sobra algo, los melocotones estarían igualmente deliciosos servidos fríos de la nevera con yogur. Las nectarinas y las ciruelas son una buena alternativa a los melocotones.

4 melocotones maduros, cortados por la mitad y sin hueso
unas ramitas de tomillo, y unas cuantas más para servir
2 cucharadas de azúcar moreno suave
helado de vainilla (ver p. 408) o comprado, para servir

Para las nueces
50 g de nueces pecanas en mitades
3 cucharadas de sirope de arce
una pizca grande de sal marina en escamas

1 | Para hacer las pecanas, precalienta el horno a 180 °C (160 °C ventilador / Gas 4). Forra una bandeja de horno pequeña con papel de hornear, añade las pecanas y tuéstalas en el horno durante 5 minutos, dándoles la vuelta a medio horneado.

2 | Vierte el sirope de arce sobre los frutos secos y añade una pizca grande de sal marina en escamas. Vuelve a meter la bandeja en el horno 3 minutos más, hasta que los frutos secos estén pegajosos y caramelizados. Deja enfriar y, si lo prefieres, trocéalos o pícalos en trozos grandes.

3 | Pon el horno en la posición de grill alto. Pon los melocotones, con la parte cortada hacia arriba, en una bandeja de horno mediana y espolvorea por encima las hojas de tomillo y el azúcar. Pon la bandeja bajo el grill, a unos 7 cm debajo de la fuente de calor, y asa durante 6-8 minutos, comprobando cada 2 minutos y dando la vuelta a la bandeja si hay algún punto caliente, hasta que los melocotones se caramelicen.

4 | Para servir, coloca 2 mitades de melocotón en cada plato con una bola de helado y las nueces pecanas esparcidas por encima. Termina con un poco más de hojas de tomillo.

CONSEJO

Las nueces pecanas al sirope de arce se conservan hasta 2 semanas en un recipiente hermético a temperatura ambiente. Son deliciosas en ensaladas saladas con queso azul o sobre yogur para el desayuno.

FREÍR LA FRUTA

Quizá freír la fruta no sea lo primero que se te ocurra, pero rodajas de piña, manzana, ciruela, melocotón, pera o plátano ligeramente fritas en mantequilla o una alternativa sin lácteos son un postre sencillo y delicioso, sobre todo con un chorrito de miel o sirope de arce. El secreto está en cocer la fruta brevemente a fuego vivo hasta que se ablande un poco y se caramelice; si la cueces demasiado, se deshará y se pondrá blanda.

La fruta, sobre todo los plátanos, rebozada y frita hasta quedar dorada es un postre o tentempié popular en todo el mundo (abajo). Estos buñuelos también van bien con manzana y piña (derecha).

BUÑUELOS DE PLÁTANO

Preparación
10 minutos

Cocción
20 minutos

Raciones 4

Del sudeste asiático y la India a África y el Caribe, los buñuelos de plátano son muy populares y es fácil entender por qué. Los plátanos dulces se cortan en rodajas, se rebozan y se fríen hasta que estén crujientes y dorados. Conviene que los plátanos sean amarillos y estén maduros, pero no en exceso, pues de lo contrario se harán papilla al freírlos. La harina autolevante de la masa los hace muy ligeros.

100 g de harina de repostería
1 cucharadita de bicarbonato sódico
una pizca de sal
1 cucharadita de extracto de vainilla
1 huevo mediano, a temperatura ambiente
150 ml de leche entera
4 plátanos medianos maduros
aceite vegetal, para freír
azúcar glas, para espolvorear, y un chorrito de nata líquida o helado (opcional), para servir

1 | Para hacer la masa, mezcla la harina con el bicarbonato sódico y una pizca de sal en un bol grande. Añade la vainilla y el huevo y bate lentamente la leche con un batidor de globo hasta obtener una masa homogénea, de la consistencia de la nata líquida. Resérvala hasta el momento de usarla.

2 | Pela los plátanos y córtalos en 5 rodajas diagonales de unos 2 cm de grosor.

3 | Llena una sartén grande y honda, de unos 28 cm de diámetro, con 4 cm de aceite vegetal y caliéntalo a fuego medio-alto a 180 °C en un termómetro de cocina o hasta que un cubo de pan se dore en 20 segundos; esto tarda unos 8-10 minutos. De una en una, sumerge las rodajas de plátano en la masa hasta cubrirlas por completo, deja que escurran el exceso y, ponlas con cuidado en el aceite caliente, lejos de ti, para evitar salpicaduras.

4 | Cocina los plátanos en dos tandas unos 2 minutos, dándoles la vuelta a mitad de tiempo, hasta que la masa esté crujiente y dorada. Retira los buñuelos con una espumadera a una bandeja de horno forrada con papel de cocina. Repite la operación con la segunda tanda de rodajas de plátano. Espolvorea los buñuelos calientes con azúcar glas y sírvelos con un poco de nata o helado, si lo deseas.

CONSEJO

Si el aceite de freír se calienta demasiado, basta con apagar el fuego, dejarlo enfriar unos minutos y volver a comprobar la temperatura antes de empezar a freír los buñuelos.

Variaciones

Buñuelos de manzana: haz la masa siguiendo el paso 1 de los buñuelos de plátano (izquierda). Pela y quita el corazón a 4 manzanas de postre crujientes y córtalas en gajos o rodajas. Calienta el aceite siguiendo el paso 3 (izquierda) y sumerge las manzanas, de una en una, en la masa hasta cubrirlas por completo. Introduce con cuidado las manzanas en el aceite caliente, cociéndolas por tandas, y fríelas durante 3-4 minutos, hasta que estén crujientes y doradas. Saca los buñuelos de manzana con la espumadera, escúrrelos sobre papel de cocina y sírvelos espolvoreados con azúcar glas.

Buñuelos de piña: haz la masa siguiendo el paso 1 de los buñuelos de plátano (izquierda). Corta los extremos de una piña fresca madura. Quítale la piel y los ojos. Corta la piña en rodajas de 1 cm de grosor y retira el corazón con un descorazonador de manzanas o un cuchillo afilado. (Corta las rodajas de piña por la mitad si son grandes.) Calienta el aceite siguiendo el paso 3 (izquierda) y sumerge las rodajas de piña, de una en una, en la masa para cubrirlas por completo. Coloca con cuidado los anillos de piña en el aceite caliente, cociéndolos por tandas, y fríelos durante 3-4 minutos, hasta que estén crujientes y dorados. Sácalos con la espumadera, escúrrelos en papel de cocina y sírvelos espolvoreados con azúcar glas.

CHOCOLATE

No podría haber un capítulo de postres sin chocolate, también conocido como el «manjar de los dioses». Este ingrediente, popular en el mundo, es complejo y fascinante. Cada tipo de cacao tiene características y notas de sabor distintas según su variedad, cómo y dónde se cultiva y cómo se procesa. El proceso incluye la fermentación, el secado, el tostado y la molienda de los granos de cacao, seguidos del conchado y el templado hasta que quedan suaves y brillantes.

Hay tres tipos principales de chocolate: natural, que se suele endulzar con azúcar para que sea menos amargo; con leche, que contiene sólidos de cacao, azúcar, sólidos de leche y vainilla; y blanco, que técnicamente no es chocolate, sino una combinación de manteca de cacao, sólidos de leche, azúcar y extracto de vainilla. En los postres, el perfil de sabor más amargo del chocolate adquiere todo su protagonismo. Busca una tableta que tenga al menos un 70 % de contenido de cacao, ya que a mayor porcentaje, más intenso será su sabor. El chocolate solo se combina a menudo con grasa (mantequilla, huevos y lácteos) y azúcar para endulzar algunos de nuestros postres indulgentes más apreciados.

Conservación
Al chocolate le afecta la temperatura, sobre todo el calor, así que lo ideal es que lo conserves en un lugar fresco y seco.

FUNDIR EL CHOCOLATE

Preparación
5 minutos

Cocción
5 minutos

Salen 200 g

Fundir chocolate no es difícil, pero al ser sensible al calor requiere un manejo cuidadoso. Empieza por picar o partir el chocolate en trozos de tamaño uniforme para que se derrita de forma homogénea. Es preferible utilizar fuego lento en la placa de cocción o tandas cortas de calor en el microondas, para que el proceso de fusión sea más controlable y se reduzca la probabilidad de que se pegue o se corte. Pero no todo está perdido: si el chocolate se agarrota, sigue el consejo de la página 392. Evita que el vapor o cualquier líquido entre en contacto con el chocolate al fundirlo.

200 g de chocolate natural, con un 70 % de contenido de cacao, picado o partido en trozos uniformes

Al baño maría: pon 5 cm de agua a hervir suavemente en un cazo pequeño a fuego lento. Pon el chocolate en un cuenco mediano resistente al calor y colócalo encima del cazo, sin que la base del cuenco toque el agua. Calienta el chocolate, removiendo de vez en cuando con una espátula, durante 3-4 minutos, hasta que se derrita y esté suave.

En el microondas: pon el chocolate en un cuenco apto para microondas y fúndelo a temperatura media en tandas de 30 segundos, comprobando y removiendo con una espátula hasta que quede derretido y suave.

Fundir chocolate blanco

El chocolate blanco se funde a una temperatura más baja que el normal porque tiene un mayor contenido de azúcar y grasa. Para fundirlo al baño maría, sigue el método de la izquierda, pero vigila bien y, una vez que los lados y la base empiecen a fundirse, apaga el fuego y remueve hasta que esté totalmente fundido.

Si usas el microondas, fúndelo a temperatura media en intervalos de 20 segundos, removiendo cada vez.

Fondants de chocolate con mantequilla de cacahuete y mermelada

Preparación
20 minutos
+ 24 horas de enfriamiento

Cocción
20 minutos

Raciones 6

Estos fondants utilizan un método diferente para fundir el chocolate que los de la página 390. Aquí, el chocolate se funde con mantequilla en un cazo directamente a fuego lento, ya que la mantequilla estabiliza el chocolate impidiendo que se parta. El secreto del éxito de estos fondants es congelarlos antes de hornearlos, de modo que el centro (en este caso de mantequilla de cacahuete y mermelada) quede ligeramente líquido y pegajoso al hornearlo. Si prefieres un fondant sencillo, omite la mantequilla de cacahuete y la mermelada (seguirás teniendo ese centro fluido). Para hacer esta receta necesitarás 6 moldes dariole de 150 ml.

215 g de mantequilla salada, cortada en dados
3 cucharadas de cacao en polvo tamizado
175 g de chocolate negro, picado o partido en trozos uniformes
150 g de azúcar glas
4 huevos medianos, a temperatura ambiente
2 yemas de huevo medianas, a temperatura ambiente (ver p. 32 para separar los huevos)
90 g de harina normal
una pizca grande de sal
6 cucharaditas de mantequilla de cacahuete crujiente o suave
6 cucharaditas de mermelada de frambuesa
nata, helado, yogur o crema inglesa fría (ver p. 394), para servir

1 | Derrite 40 g de mantequilla en un cazo pequeño. Con una brocha de pastelería, engrasa 6 moldes de 150 ml con la mantequilla derretida y, a continuación, espolvoréalos con cacao en polvo. La forma más fácil de hacerlo es añadir una cucharada de cacao en polvo después de engrasar e inclinar el molde hasta que los lados y la base queden uniformemente cubiertos.

2 | Derrite la mantequilla restante, el chocolate y el azúcar en un cazo mediano a fuego lento, removiendo de vez en cuando con una espátula hasta que esté espeso, suave y brillante, y el azúcar se disuelva.

3 | Retira el cazo del fuego, deja enfriar la mezcla de chocolate durante 2 minutos, luego añade los huevos enteros y las yemas y bate bien con un batidor de globo para combinar. Incorpora la harina y una pizca grande de sal para obtener una masa espesa de chocolate.

4 | Rellena hasta la mitad cada molde dariole con la masa de chocolate. Añade en el centro 1 cucharadita de mantequilla de cacahuete y mermelada. Cubre con el resto de la masa de chocolate. Tápalos con film transparente y congélalos 24 horas (o hasta 3 meses).

5 | Para servir, precalienta el horno a 200 °C (180 °C ventilador/Gas 6). Pon los fondants congelados en una bandeja de horno y hornéalos durante 15-18 minutos, hasta que hayan subido ligeramente y la mezcla parezca cuajada por los bordes, pero aún blanda en el centro. Deja reposar 1 minuto (esto ayudará a que los fondants se despeguen de los moldes), luego pasa un cuchillo de mesa por el interior de cada molde y, con guantes de cocina, vuélcalos con cuidado en platos de servir.

6 | Sirve los fondants con el acompañamiento cremoso que prefieras.

Mousse de chocolate con crujiente de cereales

Preparación
20 minutos
+ enfriamiento

Cocción
10 minutos

Raciones 4-6

Esta mousse de chocolate es sencilla de hacer, pero su éxito depende en gran medida de la calidad de los ingredientes. Utiliza chocolate de buena calidad con un alto porcentaje de cacao, al menos el 70 %, y huevos de gallinas de alto bienestar, ya que la mousse está casi cruda. La cobertura crujiente de cereales le da un toque divertido, pero puedes prescindir de ella si lo prefieres.

3 huevos medianos, a temperatura ambiente
4 cucharadas de azúcar glas
200 g de chocolate natural, con un 70 % de contenido de cacao, picado o partido en trozos uniformes
una pizca grande de sal marina en escamas

Para el crujiente de cereales
30 g de copos de maíz con miel y nueces
100 g de azúcar glas

1 | Separa las claras y las yemas en 2 cuencos medianos (ver p. 32 para separar los huevos). Añade 2 cucharadas de azúcar glas a cada cuenco.

2 | Con un batidor de mano eléctrico, bate las claras de huevo y el azúcar hasta que tengan un color blanco opaco, volumen y mantengan su forma en picos medianamente firmes (ver p. 400 para batir las claras).

3 | A continuación, con el batidor de mano eléctrico (no hace falta limpiar entre medias), bate las yemas de huevo y el azúcar hasta que doblen su volumen, tengan un color pálido y estén espumosas.

4 | Sigue los pasos 1-2 para fundir chocolate al baño maría (ver p. 390), añadiendo 150 ml de agua tibia al bol justo antes de que se funda para que la mousse quede ligera y esponjosa. Deja enfriar el chocolate durante 1 minuto.

5 | Bate brevemente el chocolate fundido en la mezcla de yemas de huevo; quieres que quede suave, pero que no pierda demasiado aire.

6 | Con una cuchara de metal, incorpora las claras a la mezcla de chocolate. Empieza con una cucharada grande de clara y, con un movimiento en forma de ocho, incorpórala con eficacia y seguridad antes de añadir el resto de la clara y volver a doblarla. Se trata de retener todo el aire posible para conseguir una mousse ligera.

7 | Pon la mousse con una cuchara en 4-6 ramequines o cuencos pequeños y refrigera, sin tapar, en la nevera durante al menos 24 horas, hasta que cuaje.

8 | Mientras tanto, prepara el crujiente de cereales. Forra una bandeja de horno pequeña con papel de hornear. Añade los cereales a la bandeja, apretándolos hasta formar una capa uniforme en el centro del papel.

9 | Espolvorea el azúcar uniformemente sobre la base de una sartén pequeña, asegurándote de que no queden grumos grandes, y ponla a fuego fuerte. Cuando el azúcar empiece a derretirse y a oscurecerse en algunas partes de la sartén, retírala del fuego para mezclar el azúcar derretido con el que aún no se ha derretido y vuelve a poner la sartén al fuego. No lo remuevas, ya que el caramelo podría cristalizar, y repite la operación hasta que el azúcar se derrita y adquiera un color ámbar. Vierte el azúcar derretido sobre los cereales y deja enfriar. Una vez fríos y cuajados, trocéalos o tritúralos en un robot de cocina hasta obtener trozos más pequeños.

10 | Para servir, espolvorea un poco de sal marina sobre cada mousse y termina con unos trocitos de crujiente de cereales. La mousse se puede preparar con hasta 3 días de antelación, guardándola tapada en la nevera. Añade la cobertura justo antes de servir para que conserve su textura. El crujiente de cereales se conserva hasta 2 semanas en un recipiente hermético.

CONSEJO

Si el chocolate se rompe o se agarrota al fundirse y se vuelve granuloso, pon 2 cucharadas de agua en un cazo pequeño a fuego muy lento. Poco a poco, batiendo continuamente con un batidor de globo, añade el chocolate, hasta que esté suave y fundido.

HUEVOS (EN POSTRES)

Ya se han elogiado las increíbles cualidades de los huevos en los platos salados (ver pp. 16-35), pero es su uso en postres lo que los hace brillar, desde las sedosas natillas caseras (abajo) y las cremosas tartas y mousses hasta los merengues de malvavisco. Su versatilidad es impresionante, ya que no solo aportan riqueza y sabor, sino que también ayudan a ligar, estabilizar y espesar, y actúan como gasificante en bizcochos y pasteles (ver p. 354).

Conservación
Consulta en la página 18 las pautas para conservar los huevos. Cuando compres huevos, intenta que sean ecológicos de alto bienestar. Esto es especialmente importante si los utilizas crudos en mousses y tartas.

CREMA INGLESA

Preparación
5 minutos

Cocción
15 minutos

Salen
unos 500 ml

Los huevos no solo contribuyen a espesar la crema inglesa, sino que también le dan riqueza y estabilidad, por lo que pueden servirse calientes o frías, o bien recalentarse suavemente si es necesario. Esta crema se espesa a medida que se cuecen los huevos, por lo que debes hacerlo lenta y uniformemente mientras remueves para garantizar un acabado suave y sedoso. La consistencia será más fina que la de las natillas compradas en la tienda, parecida a la de la nata doble, pero con un sabor mucho más rico. Utiliza la mejor vainilla que puedas cuando hagas crema inglesa, es un sabor crucial, así que querrás que se note. Sírvelo con el crumble especiado de manzana y avena (ver p. 384) o con lo que te apetezca.

150 ml de leche entera
150 ml de nata doble
3 yemas de huevo medianas, a temperatura ambiente (ver p. 32 para separar los huevos)
2 cucharadas de azúcar glas
1 vaina de vainilla, partida por la mitad longitudinalmente y raspadas las semillas, o 1 cucharadita de pasta o extracto de vainilla

1 | Pon la leche y la nata a hervir a fuego lento en un cazo pequeño a fuego medio: debe estar humeante y con un poco de movimiento en la superficie, pero sin que se formen burbujas.

2 | Bate las yemas con el azúcar y la vainilla de tu elección en un bol mediano con un batidor de globo hasta que se mezclen. Vierte un tercio de la mezcla de leche caliente, batiendo continuamente. Bate otro tercio y repite la operación con el último tercio de la mezcla de leche caliente cuando se hayan mezclado.

3 | Limpia el cazo con papel de cocina y vierte la mezcla de huevo y leche en la sartén a fuego lento. Con una espátula, remueve en forma de ocho, rascando el fondo del cazo si es necesario, para evitar que el huevo se revuelva o se formen grumos.

4 | Sigue cociendo durante 8-10 minutos, removiendo constantemente con la espátula, hasta que las natillas espesen y adquieran la consistencia de una nata doble y cubran el dorso de una cuchara. Vierte la crema inglesa en una jarra y sírvela enseguida o guárdala en la nevera hasta 3 días.

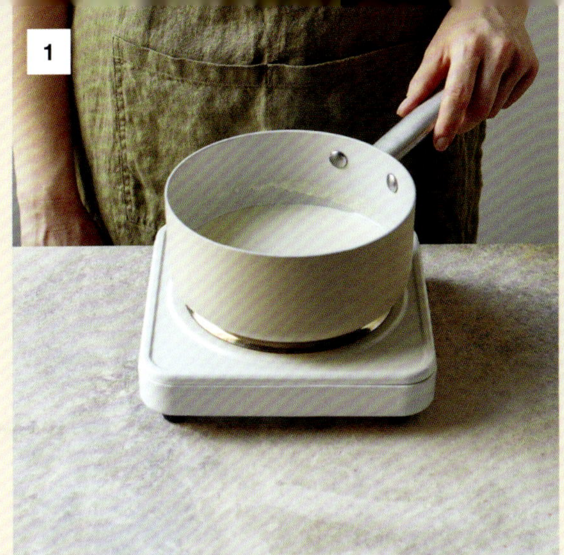

CONSEJOS

Si hay pequeños grumos en la crema, pasa la mezcla por un colador fino para eliminarlos; esto puede ocurrir si el fuego está demasiado alto o si no se remueve lo suficiente.

Si la crema tiene grumos grandes de huevo, tendrás que desecharla y empezar de nuevo, ya que incluso una vez tamizada, sabrá a huevo cocido.

Si no vas a servirla enseguida, cubre la superficie con film transparente o papel de horno para evitar que se forme una piel al enfriarse.

CREMA PASTELERA

Preparación 5 minutos + enfriamiento

Cocción 10 minutos

Salen unos 700 ml

La crema pastelera es una rica y cremosa crema de vainilla espesada con harina de maíz. Creada en un principio para rellenar pasteles horneados, ya que es más estable y no se estropea a temperatura ambiente tan rápidamente como la nata recién montada, la crema pastelera es perfecta para rellenar profiteroles y éclairs (ver p. 340) o milhojas (ver p. 346). También se puede aromatizar, ver las sugerencias (derecha).

500 ml de leche entera
1 vaina de vainilla o 2 cucharaditas de pasta o extracto de vainilla
4 yemas de huevo medianas, a temperatura ambiente (ver p. 32 para separar los huevos)
4 cucharadas de azúcar glas
3 cucharadas de harina de maíz

1 | Vierte la leche en un cazo pequeño. Si utilizas una vaina de vainilla, córtala por la mitad longitudinalmente con un cuchillo de cocina pequeño y afilado, y luego raspa las semillas que recorren la vaina por cada lado. Añade las semillas y la vaina de vainilla a la leche. Si usas pasta o extracto de vainilla, añádelo directamente a la leche. Calienta la leche de vainilla a fuego medio hasta que empiece a humear, procurando que no llegue a hervir.

2 | Mientras tanto, bate las yemas de huevo, el azúcar y la harina de maíz en un cuenco mediano con un batidor de globo hasta que estén suaves y pálidas.

3 | Vierte poco a poco la leche de vainilla caliente en la mezcla de yemas de huevo del bol, batiendo sin parar. Es importante seguir batiendo aquí para que las yemas no empiecen a cocerse y se formen grumos.

4 | Vuelve a poner la mezcla de la crema en la sartén a fuego medio y cuécela durante 3-4 minutos, batiendo o removiendo constante y enérgicamente con una espátula hasta que espese; en esta fase debería tener la consistencia de un yogur.

5 | Pasa la crema pastelera a un cuenco mediano y cubre la superficie con film transparente para que no se forme piel. Deja enfriar a temperatura ambiente y, a continuación, refrigera en la nevera durante 2 horas para que se endurezca y hasta que esté lista para usar. Se puede preparar con 24 horas de antelación.

Variaciones de sabor

Café: añade 1 cucharada de café instantáneo en polvo a la leche caliente y remueve hasta que se disuelva. Sigue la receta (izquierda), utilizando 1 cucharadita de pasta o extracto de vainilla.

Chocolate: sustituye la vainilla por 2 cucharadas de cacao en polvo tamizado, bátelo en la yema de huevo, mezcla, y luego sigue la receta (izquierda).

Cítricos: sustituye la vainilla por la ralladura fina de 1 naranja y 1 limón sin cera, calentados con la leche. Pásala por un colador metálico a una jarra grande antes de verter la leche caliente sobre la mezcla de yemas de huevo, y luego sigue la receta (izquierda).

CONSEJOS

Si tu crema parece un poco grumosa, pásala por un colador metálico a un cuenco para que quede bien sedosa.

Prepara la crema pastelera el día anterior al que quieras utilizarla y enfríala en la nevera. Si se espesa un poco, vuelve a batir con un batidor de globo para aligerarla.

Utiliza las claras que te sobren para la pavlova Selva Negra (ver p. 400).

1

2

3

4

5

Tarta de crema y azúcar moreno

Preparación
30 minutos + enfriamiento

Cocción
50 minutos

Raciones 8-10

Esta tarta tiene un relleno de crema ligera y suave, con un rico dulzor de caramelo procedente de la cobertura de azúcar mascabado. Solo lleva unos pocos ingredientes, pero hay que dominar algunas técnicas. Al caramelizar el mascabado, debes derretir el azúcar sin removerlo inicialmente para que no cristalice. El molde de tarta de masa quebrada (ver p. 328) debe estar hojaldrado y crujiente. Por último, la crema debe hornearse hasta que esté apenas cuajada con un suave bamboleo en el centro. Deja enfriar la tarta a temperatura ambiente antes de regrigerarla para que no se agriete la parte superior.

1 receta de masa quebrada dulce (ver p. 328) o 250 g comprada en la tienda
450 ml de crema de leche
300 ml de leche entera
225 g de azúcar mascabado suave
12 yemas de huevo (ver p. 32 para separar los huevos)
½ cucharadita de sal marina

1 | Sigue los pasos 1-8 para forrar un molde de tarta y precocinarlo (ver p. 330) utilizando masa quebrada dulce (ver p. 328), o masa comprada en la tienda, y un molde de tarta estriado de fondo suelto de 25 cm. Cuando la masa se esté enfriando, baja el horno a 140 °C (120 °C ventilador / Gas 1).

2 | Para el relleno, calienta la crema de leche y la leche en un cazo pequeño, removiendo hasta que empiece a hervir a fuego lento. Apaga el fuego.

3 | Calienta el azúcar en un cazo grande a fuego medio-alto 3 minutos, hasta que empiece a fundirse en el fondo, y empieza a remover con una espátula (no remuevas el azúcar antes). Sigue cociendo, removiendo siempre, unos 3-4 minutos, hasta que se derrita y adquiera un color marrón intenso; debe tener la consistencia de la nata ligeramente montada. Retira el cazo del fuego.

4 | Vierte la mezcla de nata tibia en el azúcar derretido de la sartén; ten cuidado porque salpicará. Con un batidor de globo, mezcla durante 2 minutos a fuego lento hasta obtener una crema suave y dorada.

5 | Bate brevemente las yemas de huevo y la sal en un cuenco grande hasta que se mezclen, luego vierte un tercio de la mezcla de nata caliente sobre las yemas, batiendo hasta que se combinen. Bate otro tercio y repite la operación con el último tercio de la mezcla de nata caliente cuando se hayan mezclado.

6 | Pasa la mezcla de nata a una jarra grande (puede que tengas que hacerlo en dos tandas) y vierte el relleno en el molde de masa cocida, aún en su bandeja, y ponlo con mucho cuidado en el centro del horno. Hornea 35 minutos, hasta que los dos tercios exteriores de la crema estén cuajados pero el centro aún tenga un ligero bamboleo. Deja enfriar la tarta en una rejilla. Se conservará hasta 5 días en la nevera.

CONSEJO

Con esta receta te sobrarán muchas claras de huevo, divídelas en porciones y congélalas en recipientes herméticos hasta 6 meses.

Flan

Preparación 30 minutos + enfriamiento

Cocción 1 hora

Salen 6

Las cremosas y sedosas natillas se cubren con un caramelo ligeramente amargo que impregna la mezcla láctea mientras se cuaja y se enfría. El truco de cualquier flan al horno es cocinarlo suavemente: la mezcla de huevo debe estar flácida en el centro cuando la saques del horno, pues seguirá cociéndose y cuajando. Necesitarás 6 moldes de flan de 175 ml para esta receta. Los flanes pueden hacerse hasta 2 días antes de servirlos, tapados en la nevera.

1 receta de caramelo (ver p. 406)
3 huevos medianos, a temperatura ambiente
1 yema de huevo mediana, a temperatura ambiente (ver p. 32 para separar los huevos)
Lata de 397 g de leche condensada
300 ml de leche entera
2 cucharaditas de pasta o extracto de vainilla
una pizca grande de sal

1 | Precalienta el horno a 140 °C (120 °C ventilador / Gas 1). Sigue los pasos 1-4 para hacer caramelo (ver p. 406). Reparte el caramelo entre 6 moldes de flan de 175 ml, vertiéndolo con una cuchara en la base, y luego ponlos en una bandeja de horno grande y honda, con algo de espacio entre ellos. Deja que el caramelo se enfríe y cuaje durante 15 minutos.

2 | Con un batidor de globo, bate los huevos enteros con la yema de huevo, la leche condensada, la leche entera, la vainilla y una pizca de sal en un bol grande hasta obtener una mezcla homogénea, asegurándote de que no queden vetas de clara. Pasa la mezcla de huevo por un colador metálico a una jarra y repártela uniformemente entre los moldes.

3 | Vierte agua recién hervida en la bandeja de asar hasta que llegue a la mitad de los lados de los moldes. Coloca la bandeja en la parte central del horno y cuece los flanes durante 1 hora, hasta que los lados estén cuajados pero el centro tenga un ligero bamboleo.

4 | Retira la bandeja del horno y deja los flanes en el agua durante 10 minutos, hasta que se enfríen lo suficiente para poder manipularlos. Pasa los flanes, aún en sus moldes, a una rejilla para que se enfríen otros 20 minutos. Una vez fríos, ponlos a enfriar en la nevera, sin tapar, durante al menos 4 horas, preferiblemente toda la noche.

5 | Cuando vayas a servir, pasa suavemente un cuchillo de mesa por el borde de cada flan. Pon encima un plato pequeño boca abajo y, con un movimiento seguro, vuelca el flan sobre el plato. Sacude suavemente el flan y el plato, debes notar que se afloja en el molde. Desmolda con cuidado, parte del caramelo debe caer sobre el plato. Repite la operación con los demás flanes, para servir.

CONSEJO

Prueba a añadir sabores diferentes a la mezcla de huevo en lugar de vainilla, como la ralladura fina de 1 naranja, un chorro de café expreso fuerte o 3 cucharadas de licor de almendras o avellanas.

PAVLOVA SELVA NEGRA

Preparación 35 minutos + enfriamiento

Cocción 2 horas

Raciones 8-10

Un postre clásico del verano, esta pavlova combina los sabores del clásico Selva Negra, como las cerezas, el chocolate y la nata. Una pavlova no es tan complicada de hacer como parece si sigues las técnicas básicas para batir las claras de huevo (debes incorporar todo el aire posible) y el azúcar se añade poco a poco una vez batidas. Si lo haces demasiado deprisa, perderás el aire que has incorporado pacientemente a las claras, o el azúcar no se disolverá del todo en los huevos. Tanto la harina de maíz como el vinagre dan al merengue un centro ligeramente gomoso con una cáscara crujiente, lo que es perfecto para una pavlova.

6 claras de huevo medianas, a temperatura ambiente (ver p. 32 para separar los huevos)
375 g de azúcar glas
1 cucharadita de harina de maíz
1 cucharadita de vinagre de vino blanco
½ cucharada de cacao en polvo
600 ml de nata doble
2 cucharadas de azúcar glas
1 cucharadita de pasta o extracto de vainilla
½ receta de compota de cerezas (ver p. 383)
100 g de chocolate natural, cortado en trocitos

1 | Precalienta el horno a 130 °C (110 °C ventilador / Gas ½). Forra una bandeja de horno grande con papel de hornear y márcala con un círculo de 28 cm: será tu plantilla. Comenzando despacio y aumentando la velocidad de manera gradual, bate las claras de huevo en un bol grande, limpio y sin grasa con un batidor de mano eléctrico, o en una batidora de pie equipada con un batidor de varillas, durante 3-5 minutos, hasta que se formen picos suaves.

2 | Empieza a añadir el azúcar, una cucharada de postre cada vez, batiendo bien entre 30 segundos y 1 minuto entre cada adición: el merengue se volverá más brillante, blanco y rígido con cada cucharada.

3 | Una vez añadido todo el azúcar, sigue batiendo durante 2 minutos, hasta que la mezcla quede suave, brillante y con picos firmes. Añade la harina de maíz y el vinagre y bate durante otros 20 segundos hasta que todo esté bien mezclado.

4 | Con un colador metálico pequeño, tamiza el cacao en polvo en la mezcla de merengue y luego, con una cuchara metálica grande, haz unos movimientos en forma de ocho para integrarlo en la mezcla; deben quedar unas grandes vetas de cacao en polvo.

5 | Coloca el merengue con una cuchara sobre el círculo marcado en la bandeja forrada, manteniendo los lados altos. Utiliza la cuchara para hacer picos y hendiduras en el borde exterior y una ligera depresión en el centro: esto contendrá la nata, la fruta y otros ingredientes. Hornea durante 2 horas, luego apaga el horno y deja enfriar el merengue en el horno durante 1 hora. No debería dorarse, pero tendrá una cáscara crujiente. Sácalo del horno y déjalo enfriar del todo.

6 | Cuando estés listo para servir, monta la pavlova (no lo hagas con demasiada antelación o el merengue se empapará). Con un batidor de globo, monta la nata, el azúcar glas y la vainilla en un bol grande hasta obtener picos suaves (ver p. 402). Coloca el merengue en un plato o fuente grande. Pon la nata en el centro, cubre con la compota de cerezas y esparce por encima los trocitos de chocolate. Corta para servir.

CONSEJOS

Asegúrate de que el cuenco de la batidora está limpio antes de hacer el merengue, ya que cualquier rastro de grasa impedirá que los huevos se batan.

Para hacer merengues individuales, sigue la misma receta, pero omite la harina de maíz y el vinagre. Con una cuchara, forma círculos de 10 cm en bandejas forradas con papel de horno y hornéalos durante 1 hora, luego déjalos en el horno durante otra hora (arriba).

Guarda las yemas para usarlas en la crema inglesa (ver p. 394), la crema pastelera (ver p. 396) o el aderezo para la ensalada César (ver p. 431).

1

2

3

4

5

6

NATA (EN POSTRES)

Ingrediente clave de muchos puddings, pasteles y postres, hay varios tipos de nata entre los que elegir, cada uno con sus propias características. Por orden de viscosidad, hay nata líquida, nata para montar y nata doble (también hay extragrasa), y cada tipo se define en gran medida por su contenido en grasa (ver p. 56). Es esta elevada proporción de grasa en relación con el agua lo que da a la nata su rica sensación en boca y la hace muy adecuada para los postres, y también determina cómo es mejor utilizarla.

Nata líquida: perfecta para verter sobre postres, corta el dulzor y añade una riqueza indulgente. Tiende a cuajarse cuando se calienta, por lo que no es una nata adecuada para batir.

Nata para montar: tiene menos grasa que la nata doble, pero, como su nombre indica, sirve tanto para montar como para verter. Se puede calentar.

Nata doble: tiene un mayor contenido en grasa que la nata líquida y la nata para montar, lo que la hace perfecta para batirla en forma de nube (abajo). Puede incorporarse a los postres para darles ligereza y riqueza o servirse como acompañamiento. Resiste el calor, por lo que es perfecta en salsas cremosas y tartas.

Conservación

Vigila la fecha de caducidad, ya que la nata tiene un periodo de conservación relativamente corto y, una vez abierta, dura hasta 3 días en la nevera.

MONTAR LA NATA

Preparación 10 minutos

Sin cocción

Salen 300 ml

Lo mejor para montar la nata es hacerlo a mano (salvo que sea más de 1 litro, pues entonces resulta cansado para la muñeca), ya que así se tiene un mayor control. También puedes usar una batidora de pie o una batidora de mano eléctrica, que sin duda es más rápida, pero ten cuidado de no batir demasiado la nata, ya que puede volverse granulosa y poco cremosa. Aquí se utiliza nata doble, pero puedes utilizar nata para montar, si lo prefieres, aunque es algo menos estable. Ambas tienen un contenido de grasa lo bastante alto para mantener el aire atrapado. En cambio, la nata líquida no puede montarse de la misma manera. La nata fría es la que mejor se monta, así que guárdala en la nevera hasta el momento en que debas utilizarla.

300 ml de nata doble fría

1 | Vierte la nata doble en un bol grande. Sujetando firmemente el cuenco con una mano, entre el cuerpo y el brazo, utiliza un batidor de globo para empezar a batir la nata con movimientos circulares. Al cabo de unos minutos, la nata se espesará lo suficiente como para dejar un rastro en la superficie, pero aún no está lo bastante espesa como para mantener su forma.

2 | Sigue batiendo durante unos minutos hasta que la nata mantenga picos suaves al levantar el batidor, pero se deshaga muy suave y lentamente. Es la nata ideal para servir con los postres, ya que es aterciopelada y suave pero se puede comer con cuchara.

3 | Sigue batiendo durante unos minutos más hasta que la nata forme picos firmes que no se desplomen ni se ablanden. Así es ideal para rellenar tartas, ya que es lo bastante firme para aguantar las capas de bizcocho sin rezumar por los lados, y se corta limpiamente al cortarla en porciones.

CONSEJOS

La nata montada debe servirse inmediatamente o puede conservarse tapada en la nevera hasta 1 hora.

Si la nata se vuelve demasiado espesa y un poco granulosa al batirla, puede ser que la hayas batido demasiado. Para remediarlo, añade 1-2 cucharadas de leche entera fría e incorpórala con una espátula o una cuchara metálica grande. Esto debería aligerar la nata y volver a unirla.

Puedes endulzar la nata montada si la sirves con tartas, pasteles y migas. Añádele una cucharada de azúcar glas tamizada y un chorrito de pasta o extracto de vainilla, y bátelo como se indica (izquierda).

PANNA COTTA

Preparación
25 minutos
+ enfriamiento

Cocción
5 minutos

Raciones 4-6

La panna cotta es un postre italiano de nata azucarada espesada con gelatina y dejada cuajar en la nevera, preferiblemente toda la noche. Utilizar la cantidad adecuada de gelatina es crucial, si se utiliza poca no cuajará, mientras que si se utiliza demasiada se volverá blanda y gomosa. Las hojas de gelatina son las mejores para conseguir una textura sedosa y suave, pero como es un subproducto animal, esta receta no es apta para vegetarianos. Sirve la panna cotta vertiendo coulis de frambuesa (ver p. 379) por encima. Necesitarás 4 moldes dariole de 150 ml o 6 moldes de 100 ml.

3 hojas de gelatina
300 ml de nata doble
300 ml de leche entera
1 vaina de vainilla, partida por la mitad longitudinalmente y raspadas las semillas
50 g de azúcar glas
coulis de frambuesa (ver p. 379), para servir

1 | Remoja las hojas de gelatina en un recipiente pequeño con agua helada durante 10 minutos, hasta que estén blandas y flexibles, y escúrrelas en un colador metálico, exprimiendo toda el agua posible. Coloca el colador metálico sobre una jarra para que siga escurriendo.

2 | Calienta la nata doble, la leche, las semillas de vainilla (guarda la vaina, ver el consejo más abajo) y el azúcar en un cazo mediano a fuego medio, removiendo de vez en cuando con una espátula, hasta que empiece a hervir a fuego lento (justo por encima del punto de humo), entonces retira el cazo del fuego.

3 | Añade las hojas de gelatina escurridas a la mezcla de nata caliente y remueve con una espátula durante un minuto hasta que se derritan. Pasa la mezcla de nata a la jarra por el colador metálico. Deja enfriar durante 10 minutos, hasta que espese ligeramente.

4 | Coloca los moldes dariole en una bandeja de horno. Remueve la mezcla de nata y viértela uniformemente en los moldes. Cubre la bandeja con film transparente y deja enfriar en la nevera durante al menos 6 horas, preferiblemente toda la noche, hasta que la panna cotta cuaje.

5 | Una vez lista para servir, vierte agua caliente del grifo en un cuenco ancho y poco profundo o en una bandeja de horno. Sumerge el fondo de cada molde dariole en el agua caliente durante 10 segundos para aflojar la panna cotta, luego vuélcala en platos de servir, golpeando la base con una cucharilla si es necesario. Sírvela con el coulis de frambuesa.

CONSEJOS

La panna cotta puede hacerse hasta 3 días antes de servirla. Guárdala tapada en la nevera hasta el momento de usarla.

Prueba a sustituir la vainilla por otros aromas, como la ralladura fina de 1 naranja o las semillas machacadas de 6 vainas de cardamomo.

No dejes que la vaina de vainilla se desperdicie, puedes utilizarla para hacer azúcar de vainilla. Basta con colocarla en medio de un tarro de azúcar y dejarla reposar durante unas 2 semanas.

1

2

3

4

5

HACER CARAMELO

Preparación
5 minutos

Cocción
10 minutos

Base de muchos postres y pasteles, el caramelo puede transformar el sabor del azúcar blanco, añadiéndole intensidad y riqueza. Hacer caramelo puede ser un poco desalentador al principio, ya que es propenso a cristalizarse en la sartén, pero este método te guía paso a paso. Es preferible utilizar una sartén de acero inoxidable, ya que así es mucho más fácil controlar el azúcar a medida que se oscurece y carameliza, de modo que puedas retirarlo del fuego en el momento oportuno. El caramelo estará muy caliente, así que ten cuidado al manipularlo.

150 g de azúcar glas

1 | Pon el azúcar en un cazo hondo de acero inoxidable de unos 20-25 cm de diámetro. Pon la sartén a fuego medio y déjala durante 2-3 minutos, hasta que el azúcar se derrita por los bordes. Es importante no remover el azúcar ni mover la sartén durante esta fase, ya que el azúcar podría empezar a cristalizar.

2 | Cuando se derrita por los bordes, levanta la sartén y haz girar el azúcar para que se derrita uniformemente. Vuelve a ponerla al fuego y repite la operación.

3 | Ahora que el azúcar se ha derretido, cuécelo otros 3-4 minutos a fuego medio, dándole vueltas de vez en cuando, hasta que se caramelice y adquiera un color ámbar intenso. Debe oler parecido al toffee, pero no a quemado. Utiliza el caramelo como desees.

CONSEJO

La glucosa líquida estabiliza el azúcar al calentarse, por lo que es menos probable que cristalice. Cambia 50 g de azúcar glas por el mismo peso de glucosa líquida, añadiéndola a la sartén al mismo tiempo que el azúcar.

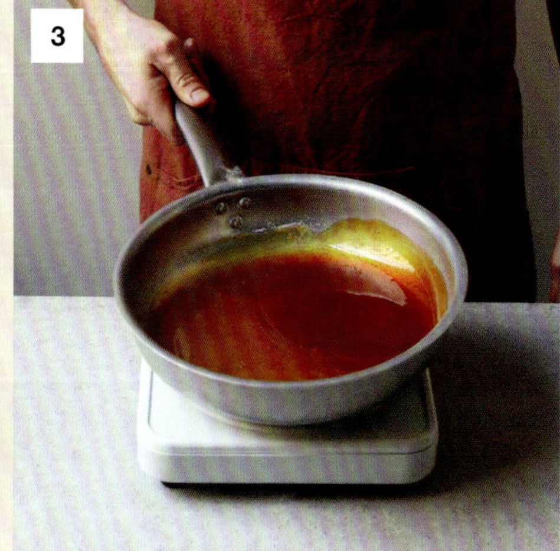

Tarta de queso y caramelo sin hornear

Preparación
25 minutos
+ enfriamiento

Cocción
15 minutos

Raciones 8-10

Para hacer el relleno de esta tarta de queso clásica simplemente se mezclan los ingredientes y se vierten sobre la base de galleta. Si no quieres hacer la salsa de caramelo, sustitúyela por 200 g de salsa comprada.

Para la salsa de caramelo salado
1 receta de caramelo (izquierda)
30 g de mantequilla salada, al gusto
150 ml de nata doble
una pizca grande de sal marina en escamas

Para la tarta de queso
100 g de mantequilla salada, derretida, y más para engrasar
200 g de galletas digestivas
250 g de queso mascarpone
280 g de queso crema entero
300 ml de nata doble
2 cucharaditas de pasta o extracto de vainilla
75 g de palomitas de caramelo (opcionales)

1 | Sigue los pasos 1-3 para hacer caramelo (izquierda). Para la salsa de caramelo salado, añade con cuidado la mantequilla al caramelo de la sartén, seguida de la nata doble; con cuidado porque salpicará. Pon la sartén a fuego lento y cocina suavemente durante 4-5 minutos, removiendo hasta que se integre en una salsa espesa y suave. Añade una pizca grande de sal marina en escamas, vierte en una jarra, cubre la superficie con film transparente y deja enfriar.

2 | Engrasa con mantequilla un molde desmontable de 20 cm y forra la base con papel de horno. Para hacer la base, mete las galletas en una bolsa de congelación y machácalas con la punta de un rodillo hasta obtener migas pequeñas y uniformes (o tritúralas en un robot de cocina). Vierte las migas en un bol, añade la mantequilla derretida y mezcla hasta tener una masa homogénea. Vierte la mezcla de galletas en el molde, presionando con el dorso de la cuchara hasta formar una capa firme y uniforme. Deja enfriar durante 1 hora.

3 | Para el relleno, mezcla el mascarpone, el queso crema y tres cuartas partes de la salsa de caramelo salado en un bol grande con un batidor de globo.

4 | Con un batidor de globo, monta la nata y la vainilla en un bol grande hasta que haga picos suaves (ver p. 402). Incorpora la nata montada a la mezcla de mascarpone con una cuchara de metal. Vierte el relleno con una cuchara sobre la base de galletas del molde, alisa la parte superior y deja enfriar durante al menos 4 horas o toda la noche.

5 | Para servir, pasa un cuchillo pequeño por el borde de la tarta y retira con cuidado las paredes del molde. Con el cuchillo, separa la base de galleta del fondo del molde y pasa la tarta de queso a un plato. Pon encima las palomitas, si las usas, y rocía con el resto de la salsa de caramelo. Se conservará hasta 3 días en la nevera.

CONSEJO

Sirve la salsa de caramelo salado con una cuchara sobre el helado de vainilla (ver p. 408) o mezclada con la masa de los brownies de chocolate y caramelo (ver p. 362) antes de hornear.

POSTRES HELADOS

Un postre helado es siempre un gran placer. El frío parece atemperar el dulzor, bañando tu paladar lentamente en lugar del golpe de azúcar de algunos dulces. Los tres postres helados que siguen son de varios tipos, desde el clásico helado de vainilla hasta una sencilla versión sin batido, pasando por un sorbete de mango que te dejará con la boca abierta y que usa tajín, un condimento mexicano a base de chile, sal, azúcar y ácido cítrico. Para disfrutar al máximo, sácalos del congelador de 5 a 10 minutos antes de servirlos.

HELADO CASERO DE VAINILLA

Preparación
15 minutos + enfriamiento y congelación

Cocción
15 minutos

Salen
unos 500 ml

No hay nada como una bola de helado de vainilla en un día de verano. Un buen helado se hace en dos tiempos: primero hay que hacer una crema para que tenga una sensación suave y rica. Luego, para evitar que se formen cristales de hielo, tienes que batir el helado mientras se congela para mantenerlo suave.

200 ml de leche entera
400 ml de nata doble
2 vainas de vainilla, partidas longitudinalmente y raspadas las semillas, o 2 cucharaditas de pasta o extracto de vainilla
6 yemas de huevo medianas, a temperatura ambiente (ver p. 32 para separar los huevos)
125 g de azúcar glas
una pizca de sal

1 | Sigue los pasos 1-5 para hacer crema inglesa (ver p. 394). Deja enfriar la crema durante 1 hora, luego pásala a la nevera y enfríala otras 3 horas. Retira y desecha la vaina de vainilla (o lávala y vuélvela a usar, ver consejo en p. 404), si la usas, vierte la crema en una heladera y bate siguiendo las instrucciones del fabricante hasta que esté casi congelada.

2 | Pasa el helado a un recipiente apto para el congelador, cúbrelo con la tapa y congélalo hasta que esté firme. Sácalo del congelador al menos 5 minutos antes de servirlo y haz bolas con él. El helado se conservará hasta 3 meses en el congelador.

Helado de vainilla sin batir

Preparación
5 minutos
+ congelación

Sin cocción

Sale 1 litro

Es perfectamente posible hacer un helado de vainilla riquísimo sin máquina. Esta versión utiliza la magia de la leche condensada para crear un helado estable sin hielo y sin necesidad de batir.

600 ml nata doble
2 vainas de vainilla, partidas por la mitad longitudinalmente y raspadas las semillas, o 2 cucharaditas de pasta o extracto de vainilla
lata de 400 g de leche condensada

1 | Con un batidor de globo, bate la nata, la vainilla y la leche condensada en un bol mediano o grande hasta obtener picos suaves (ver p. 402). También puedes utilizar un batidor de mano eléctrico o una batidora de pie, pero ten cuidado de no batir demasiado la mezcla.

2 | Vierte la mezcla cremosa en un recipiente apto para el congelador, cúbrelo con la tapa y congélalo durante al menos 4 horas, hasta que esté firme.

3 | Saca el helado al menos 5 minutos antes de servirlo y, a continuación, forma bolas. Se conserva hasta 3 meses en el congelador.

CONSEJOS

Si no estás seguro de cómo quitar las semillas de una vaina de vainilla entera, consulta las instrucciones en la p. 396.

Para dar sabor a los helados batidos o sin batir, añade trozos de tu chocolate favorito con la salsa de caramelo salado (ver p. 407), o para un ripple de frambuesa tradicional, vierte la mitad del coulis de frambuesa (ver p. 379) para dejar vetas de fruta. Continúa con la receta que hayas elegido para congelar el helado.

Sorbete de mango al tajín

Preparación
15 minutos
+ enfriamiento

Cocción
5 minutos

Sale 1 litro

Podría decirse que el mango es la mejor fruta para hacer sorbetes. Su pulpa blanda y dulce se mezcla muy suavemente, dando como resultado un sorbete con una textura sedosa, casi cremosa, y un sabor intensamente afrutado. Para simplificar, esta receta utiliza pulpa de mango en conserva, que se hace con fruta madurada a la perfección, y no hay necesidad de arriesgarse con mango fresco. Tampoco requiere una heladera. El tajín es un condimento mexicano a base de azúcar, sal, lima y copos de guindilla que aporta una complejidad salada y picante al sorbete, pero puedes prescindir de él si lo prefieres.

150 g (5½ onzas) de azúcar glas
1 cucharada de condimento tajín, y un poco más para servir (opcional)
zumo y ralladura fina de 1 lima
lata de 850 g de pulpa de mango

1 | Calienta el azúcar y 100 ml de agua en un cazo mediano a fuego medio. Remueve y cuece durante 2-3 minutos, hasta que el azúcar se disuelva en el agua y forme un almíbar ligero.

2 | Retira la sartén del fuego e incorpora el condimento de tajín, si lo usas, y el zumo y la ralladura de lima. Deja enfriar a temperatura ambiente.

3 | Con una batidora de mano, mezcla la pulpa de mango con el almíbar hasta obtener un puré suave, luego viértelo en una fuente apta para el congelador de 30 x 20 cm y congélalo durante 20 minutos.

4 | Saca la bandeja del congelador y utiliza un tenedor para remover el puré, raspando y aplastando cualquier trozo helado hasta convertirlo en trocitos pequeños, luego vuelve a extenderlo en la bandeja y vuelve a meterlo en el congelador otros 20 minutos. Repite este proceso de remover y mezclar durante varias horas hasta que el sorbete esté firme.

5 | Sácalo del congelador al menos 5 minutos antes de servirlo, y usa una cuchara para helados caliente para formar bolas. Espolvorea con más tajín, si lo usas, para terminar. El sorbete se conservará hasta 3 meses en el congelador.

CONSEJOS

Si tienes una máquina de hacer helados, úsala para batir el sorbete y conseguir una textura más suave y sedosa.

Si lo prefieres, puedes utilizar mango fresco en lugar de enlatado, pero asegúrate de que esté bien maduro. Para prepararlo, sujeta el mango verticalmente sobre una tabla de cortar y, con un cuchillo afilado, separa la carne del hueso central. Haz un patrón entrecruzado en cada trozo, dale la vuelta a la piel y corta los dados de mango separándolos de la piel. Corta toda la fruta que quede adherida al hueso.

CALDOS,

y

SALSAS

ADEREZOS

CALDOS

Los mejores caldos caseros dependen de la calidad y la frescura de los ingredientes crudos y de cómo los prepares (ver la guía más abajo). En el caso de los caldos de carne, pollo y pescado, se trata de liberar el colágeno de los huesos mediante una cocción lenta. Este colágeno aporta tanto cuerpo como una riqueza grasa al sabor del caldo. Al preparar un caldo de carne, buscas además la caramelización (derecha). Tostar los huesos al principio añade al caldo final una buena profundidad de sabor a carne y un color rico y atractivo.

Del mismo modo, al preparar un caldo de verduras, asarlas primero añade color y intensidad al sabor final: elige una mezcla de tubérculos, puerros, cebollas, champiñones y hierbas aromáticas (ver p. 436).

Conservación

Un caldo casero de carne o pollo durará en un recipiente hermético hasta 4 días; uno de verduras, 5 días, y uno de pescado, 3 días en la nevera. Todos se conservan 3 meses en el congelador. Los caldos comprados duran mucho más y es mejor comprobar el envase.

CALDO	CÓMO SE HACE
Pollo **Sale 1 litro**	Sigue la receta del caldo de carne (derecha), sustituyendo los huesos por alitas de pollo, con lo que la cantidad total de alitas será de 2 kg.
Pescado **Sale 1 litro**	Derrite 30 g de mantequilla en una cacerola grande y añade 1 bulbo de hinojo finamente picado con una pizca de sal. Cuécelo suavemente durante 10 minutos, hasta que se ablande, y añade 1 kg de espinas limpias de pescado blanco, como bacalao, abadejo, lubina, dorada, cebada o merluza (no utilices espinas de pescado azul). Vierte 1,25 litros de agua fría y 250 ml de vino blanco, junto con unos tallos de perejil y una hoja de laurel. Pon a hervir a fuego lento y cuece durante 30 minutos, espumando con regularidad. Cuela con un colador metálico sobre un cuenco, exprimiendo suavemente los huesos para extraer su líquido.
Marisco **Sale 1 litro**	En una cacerola grande y honda, calienta 2 cucharadas de aceite de oliva y fríe 500 g de caparazones de marisco limpios (gambas, cigalas, cangrejos de río) 10 minutos, hasta que adquieran color rosado y huelan a nuez. Retíralos y añade una cebolla, un puerro, un bulbo de hinojo y 4 dientes de ajo pelados y picados. Añade una pizca de sal y cocina suavemente durante 5 minutos. Añade 2 cucharadas de puré de tomate y cocina 2 minutos, luego vierte 100 ml de brandy. Con una cerilla o un mechero largo, enciende con cuidado el brandy para quemar el alcohol. Vuelve a añadir los caparazones, junto con 1,5 litros de agua fría. Cuece a fuego lento 2 horas, espumando con regularidad, y luego cuela con un colador metálico en un cuenco, utilizando un cucharón para exprimir todo el líquido posible de los caparazones.
Verduras **Sale 1 litro**	Precalienta el horno a 220 °C (200 °C ventilador / Gas 7). Pela (si es necesario) y pica 2 cebollas, 3 zanahorias, 2 puerros, 2 ramas de apio, 300 g de champiñones y 2 bulbos de hinojo. Ponlos en una bandeja de horno grande, vierte 2 cucharadas de puré de tomate, mezcla bien y ásalos 40 minutos. Vierte todo en una cacerola grande con 1,5 litros de agua fría, 1 cucharadita de pimienta negra en grano, unos tallos de perejil y una hoja de laurel. Llévalo a ebullición, luego redúcelo a fuego lento y cuécelo suavemente durante 2 horas. Cuela con un colador metálico sobre un cuenco, utilizando un cucharón para exprimir todo el líquido posible de las verduras.
Dashi **(caldo ligero japonés)** **Sale 1 litro**	Pon 1,5 litros de agua fría en una cacerola grande y añade un trozo de 30 g de alga kombu seca. Pon la cacerola a fuego medio y llévala a ebullición, luego retírala del fuego y añade 30 g de copos de katsuobushi (bonito seco). Deja reposar unos 10 minutos y cuela con un colador metálico colocado sobre un cuenco.

HACER UN CALDO DE CARNE

Preparación 15 minutos

Cocción 7 horas

Sale 1 litro

Se denomina caldo «de carne» porque la receta es flexible y admite huesos frescos crudos de ternera, cerdo o cordero. El caldo marrón tiene una base de ave, concretamente alitas de pollo, ya que aportan cantidades abundantes de colágeno, así como un rico sabor de fondo, que se potencia con los huesos de carne. Los huesos de carne suelen ser gratuitos, o al menos baratos, en la carnicería, y hay que cortarlos en trozos de unos 10-15 cm de largo, para sacar toda la sustancia de su interior y facilitar su colocación en la bandeja de asar o en la cacerola. No importa que haya trozos de carne en los huesos, pues aumentan el sabor del caldo, que puede usarse como sabrosa base para el gravy *(ver p. 418), salsas de sartén, como la salsa de pimienta para bistec (ver p. 114) o añadirlo a una sopa o estofado, como el* bœuf bourguignon *(ver p. 120).*

750 g de huesos crudos de ternera, cerdo o cordero, cortados en trozos de 10-15 cm de largo
1 kg de alitas de pollo
1 cebolla, pelada y cortada en gajos
2 zanahorias, peladas y cortadas en trozos
3 ramas de apio, cortadas en trozos grandes
1 cabeza de ajo entera, cortada horizontalmente por la mitad
2 cucharadas de puré de tomate
1 puñado de ramitas de tomillo
sal y pimienta negra recién molida

1 | Precalienta el horno a 220 °C (200 °C ventilador / Gas 7). Pon los huesos de carne y las alas de pollo, las verduras picadas, el ajo y el puré de tomate en 2 bandejas de horno grandes y salpimienta bien. Espolvorea el tomillo y ásalo durante 1 hora, dándole la vuelta a la media hora, hasta que todo esté caramelizado y algunas partes empiecen a estar negras.

2 | Vuelca el contenido de las bandejas en una cazuela más grande y vierte 3 litros de agua fría. Vierte otros 200 ml de agua en cada bandeja de asar y vuelve a meterlas en el horno durante 3 minutos para que se desprendan los trocitos marrones y crujientes del fondo. Con una espátula, raspa los trozos de la bandeja y viértelos en la cazuela, desechando todo lo que esté demasiado quemado.
(Sigue al dorso.)

3 | Pon la cazuela a fuego fuerte y llévala a ebullición, retirando con un cucharón la espuma que flote en la superficie y desechándola. Una vez en ebullición, reduce el fuego a un hervor suave y cuece durante 6 horas, rompiendo las alitas de pollo con una espátula durante la cocción, para que suelten toda su sustancia.

4 | Pon un colador metálico grande sobre un cuenco grande. Con un cucharón, vierte los huesos, los condimentos y el líquido en el colador, presionando suavemente con el dorso del cucharón para exprimir el líquido de la carne, los huesos y las verduras.

5 | Deja reposar el caldo 5 minutos y retira con el cucharón la grasa o las impurezas que hayan subido a la superficie. El caldo ya está listo para usar. Si no lo vas a usar enseguida, tápalo y déjalo enfriar a temperatura ambiente, luego refrigéralo o congélalo.

Utiliza las sobras de pollo asado

El pollo asado (ver p. 69) puede dar para diversas comidas, pero además te ayudará a hacer un caldo delicioso. Una vez recogida toda la carne (ver p. 70), pon la carcasa en una cazuela grande con zanahoria, apio y cebolla picados y una hoja de laurel, y cúbrela con agua fría. Llévalo a ebullición y cuécelo a fuego medio durante unas 3-4 horas. Pasa el caldo por un colador metálico a un recipiente y desecha los sólidos. Para reducir y concentrar el sabor del caldo, cuélalo en una cazuela mediana y cuécelo a fuego medio hasta que se reduzca en dos tercios. El caldo se conservará en la nevera hasta 4 días o también podrás congelarlo durante 3 meses.

SALSAS

Si la idea de preparar una salsa te inquieta, no temas, no hay que ser un chef de formación clásica para aprender lo básico. En este capítulo encontrarás algunos clásicos que te ayudarán a empezar, además de recetas de salsa blanca (ver p. 40), bechamel (ver p. 41) y las salsas de frutos secos (ver pp. 294-97) que encuentras en otros capítulos. La primera regla que debes recordar con cualquier salsa es que su función es realzar, complementar y apoyar cualquier cosa con la que se sirva, ya sea carne, marisco, verduras, huevos, pasta o fideos. Elige tu salsa con cuidado y elevarás tu cocina a nuevas cotas. En las páginas siguientes se incluyen recetas de distintos tipos de salsas, desde las que se sirven aparte como condimento hasta otras que son parte fundamental del plato, como una salsa para pasta (ver p. 422), pasando por las que elevan y excitan el paladar, como las salsas asiáticas para mojar (ver p. 427).

Conservación

El tiempo de conservación de una salsa varía según el tipo. Lo mejor es consultar las pautas de cada receta.

SALSA	VARIACIONES	IDEAL CON...
De mantequilla (ver p. 50)	Mantequilla marrón (ver p. 51), mantequilla clarificada / *ghee* (ver p. 50).	Verduras, carnes o pescados a la sartén, curris.
De hierbas (ver p. 442)	Pesto (ver p. 442), gremolata (ver p. 443), salsa verde (ver p. 443), chimichurri (ver p. 444).	Carnes, pescados y verduras asados, pasta, legumbres, filetes de carne y de pescado a la sartén, verduras al vapor, patatas.
Holandesa (ver p. 33)	Salsa holandesa picante (ver p. 33), holandesa de mostaza / hierbas, bearnesa.	Servida sobre huevos, pescado blanco, carne asada o verduras al vapor.
Mayonesa (ver p. 420)	Alioli (ver p. 421), *rouille* (con guindilla), salsa tártara (ver p. 421), *remoulade*.	En ensaladas, pescado guisado o frito, embutidos, huevos, marisco, verduras.
De frutos secos y semillas (ver p. 294)	Romesco (ver p. 294), tahini (ver p. 302), salsa de anacardos, salsa de nueces.	Como condimento, con verduras, huevos, legumbres, pescados, mariscos.
De sartén (ver p. 418)	*Gravy* (ver p. 418), *gravy* vegano (ver p. 419), salsa de vino (tinto y blanco), salsas de caldo, salsa de sidra (ver p. 104), salsa de pimienta (ver p. 114).	Carne asada, asados vegetarianos, carne a la sartén y filetes de pescado.
De verduras (ver p. 158)	Salsa de tomate (ver p. 422), salsa de champiñones (ver p. 423), salsa de calabaza (ver p. 180), baba ganoush (ver p. 187), salsa de tomate y naranja (ver p. 425), salsa vierge (ver p. 426).	Como condimento, con pasta, verduras, pescado, huevos, carne y pescado a la sartén, carne y pescado asados, como salsa, como aderezo.
Salsa blanca (ver p. 40)	Bechamel (ver p. 41), salsa de queso (ver p. 41), salsa de perejil.	Pasta al horno, verduras al horno, pescado, rellenos de tartas saladas.

GRAVY Y SALSAS DE SARTÉN

Un buen *gravy* unifica un plato, uniendo sus distintos componentes de manera armoniosa. El mejor ejemplo de ello es quizá un asado. Puedes preparar patatas bien crujientes, puddings de Yorkshire ligeros y esponjosos, suculenta carne asada o un sabroso asado de nueces, pero sin una buena salsa que lo mantenga todo unido, no sería lo mismo. Aquí tienes dos estupendas recetas de *gravy*: una a base de carne y otra vegana. Un *gravy* de carne suele empezar con los jugos y trocitos crujientes y caramelizados que se encuentran en el fondo de la bandeja de asar o en la sartén después de freír un filete o una chuleta de cerdo. Esto forma la base, y luego se le añade vino y/o caldo, tal vez hierbas, y se espesa, ya sea añadiendo harina, harina de maíz, un *roux* (pasta de harina y mantequilla), o desglasando (cocinando hasta que se reduzca) para crear un *gravy* o salsa de sabor salado. El *gravy* vegano (derecha) recrea los matices caramelizados de la carne asada cocinando primero las verduras en el horno para darles un sabor más intenso.

GRAVY CASERO

Preparación
10 minutos

Cocción
20 minutos

Racíones 4-6

Esta receta utiliza dos trucos infalibles para conseguir un gravy *increíble. En primer lugar, asegúrate de utilizar todos los trozos crujientes del fondo de la bandeja de asar después de asar la carne: están llenos de sabor concentrado. En segundo lugar, el* gravy *es tan bueno como el caldo que utilices para hacerlo, así que sigue la receta del caldo de carne casero (ver pp. 414-15) antes de empezar esta receta.*

2 cucharadas de harina
150 ml de vino tinto
800 ml de caldo de carne (ver p. 415) o de pollo (ver p. 414) de buena calidad o comprado
2 cucharaditas de mostaza inglesa
sal y pimienta negra recién molida

1 | Vierte la grasa que quede en la bandeja de asar en un cazo. Pon el cazo a fuego medio, añade la harina y cuece durante 3 minutos, removiendo, hasta que se dore ligeramente y la mezcla huela a frutos secos.

2 | Mientras tanto, pon la bandeja de asar a fuego medio-alto y vierte el vino. Raspa la bandeja para eliminar todos los trocitos pegados en el fondo y los bordes del cazo y llévalo a ebullición.

3 | Cuando la harina esté dorada, añade el vino de la bandeja hasta obtener una pasta espesa. Incorpora poco a poco el caldo y añade la mostaza. Salpimienta y cuece a fuego lento 15 minutos, hasta que espese. Vierte los jugos de la carne asada antes de recalentar.

1

2

3

Gravy vegano

Preparación
10 minutos

Cocción
35 minutos

Raciones 4-6

Una buen *gravy* puede marcar el éxito de un plato y esta receta sin carne usa verduras caramelizadas cocidas a fuego lento, que se realzan con potenciadores del sabor comprados en la tienda.

2 cucharadas de aceite de oliva virgen extra
1 cebolla, pelada y picada finamente
2 ramas de apio, finamente picadas
2 zanahorias, peladas y picadas finamente
8 setas shiitake secas
2 ollas de caldo de verduras
6 dientes de ajo, pelados y picados finamente
1 puñado de ramitas de tomillo, deshojadas
1 cucharada de puré de tomate
1 cucharada de harina común
1 cucharada de Marmite u otro extracto de levadura
1 cucharada de salsa de soja oscura
1 cucharada de vinagre de sidra de manzana

1 | Calienta el aceite de oliva en un cazo mediano o una sartén honda a fuego medio. Añade la cebolla, el apio y las zanahorias y cocina durante 20 minutos, removiendo cada 5 minutos, hasta que las verduras estén muy blandas y ligeramente caramelizadas.

2 | Mientras tanto, pon las setas secas en un cuenco grande resistente al calor con el caldo de verduras y añade 750 ml de agua recién hervida, remueve para mezclar y deja reposar durante 15 minutos, hasta que las setas se ablanden.

3 | Añade el ajo y el tomillo a las verduras y cuece otros 5 minutos, removiendo regularmente. Añade el puré de tomate y la harina y cuece durante 1 minuto, luego añade el caldo y las setas rehidratadas al cazo y remueve brevemente hasta que se mezclen.

4 | Con una batidora de mano, bate hasta que esté completamente suave. Añade el Marmite, la salsa de soja y el vinagre de sidra de manzana y cuece a fuego lento durante 5 minutos, hasta que se reduzca y espese ligeramente. Sirve el *gravy* enseguida o consérvalo en la nevera hasta 3 días.

CONSEJO

El gravy *que sobre se puede congelar en un recipiente hermético durante 3 meses. Para descongelarlo, solo debes calentarlo en una cacerola a fuego lento y cocerlo a fuego lento durante 5 minutos.*

HACER MAYONESA

Preparación 20 minutos

Sin cocción

Salen 350 ml

La mayonesa casera es en gran medida la alquimia mágica de la elaboración de salsas. Las yemas de huevo y el aceite se baten hasta que emulsionan y, con un chorrito de limón, se transforman en una deliciosa salsa espesa y cremosa. Una simple mayonesa es una base estupenda para muchas recetas, y su sabor se puede enriquecer añadiendo hierbas, ajo, especias o alcaparras (o prueba las sugerencias de la derecha). Es crucial utilizar un aceite de sabor neutro al hacer mayonesa, ya que su sabor no debe dominar. Una mezcla de aceite vegetal y aceite de oliva suave da buenos resultados en cuanto al sabor y también es más estable que utilizar este último solo.

150 ml de aceite vegetal
150 ml de aceite de oliva suave
2 yemas de huevo medianas, a temperatura ambiente (ver p. 32 para separar los huevos)
2 cucharaditas de mostaza de Dijon
un pizca de sal
zumo de 1 limón
pimienta negra recién molida

1 | Vierte los dos tipos de aceite en una jarra. Coloca un paño de cocina sobre la superficie de trabajo y un bol grande encima; el paño evitará que el bol resbale al batir. Añade las yemas al bol con la mostaza de Dijon y una pizca de sal, y bate con un batidor de globo para mezclar.

2 | Sin dejar de batir, vierte muy lentamente el aceite en la mezcla de yemas. Empieza con una cantidad muy pequeña, alrededor de 1 cucharadita, y bate hasta que se incorpore por completo. Luego repite añadiendo más aceite.

3 | Cuando hayas hecho esto 8-9 veces, notarás que las yemas se aclaran y espesan ligeramente. Ahora puedes empezar a verter muy lentamente el aceite en las yemas en un chorro constante sin dejar de batir. Continúa hasta que se haya añadido todo el aceite y quede una mayonesa espesa y brillante. Añade el zumo de limón y sazona al gusto. Guarda la mayonesa en un tarro en la nevera y utilízala antes de 2 semanas.

Recuperar la mayonesa cortada
Si la mayonesa corta o se cuaja, puede ser porque hayas añadido demasiado aceite con demasiada rapidez, pero esto es fácil de solucionar. Vierte toda la mezcla cortada en una jarra. Vierte otra yema de huevo en un bol o robot de cocina y, a continuación, añade muy lentamente la mezcla cuajada, batiendo continuamente. La mezcla cuajada se incorporará gradualmente a la yema de huevo, dando como resultado una mayonesa suave.

CONSEJO

La mayonesa también es fácil de hacer en un robot de cocina. Sigue el método (arriba) con el motor en marcha a baja velocidad y añade lentamente el aceite hasta que se incorpore.

Variaciones de la mayonesa

Alioli de ajo asado: precalienta el horno a 200 °C (180 °C ventilador / Gas 6). Pon una cabeza de ajo entera en un trozo pequeño de papel de cocina, rocía un poco de aceite de oliva y sazona con sal. Envuelve el ajo con el papel de cocina formando un paquete, ponlo en una bandeja de horno y hornéalo 40 minutos, hasta que esté muy tierno. Deja que se enfríe y exprime los dientes de su piel en las yemas de huevo y la mostaza antes de añadir el aceite.

Mayonesa picante: haz la mayonesa como se indica (izquierda) cambiando el zumo de limón por 1-2 cucharadas de salsa picante a base de vinagre (como el tabasco), según lo picante que te guste.

Salsa tártara: prepara la mayonesa según las instrucciones (izquierda) y mezcla 10 pepinillos finamente picados, 2 cucharadas soperas de alcaparras finamente picadas, 1 chalota pelada y finamente picada y un puñado de hojas de perejil de hoja plana finamente picadas.

SALSAS PARA PASTA

En la p. 224 se indica cómo combinar los tipos de pasta con las salsas adecuadas, para que ambas se realcen y se combinen para conseguir el plato más sabroso. Como ocurre con la elección de las formas de pasta, la variedad de salsas para acompañarlas es igualmente amplia: las hay a base de tomate, ragús y boloñesa de cocción lenta, opciones mixtas de marisco, bechamel cremosa, emulsiones herbáceas o simplemente aceite de oliva aromatizado, pero hay mucho más. Aquí tienes algunas ideas. Una vez que hayas incorporado unas cuantas salsas en tu repertorio, podrás experimentar con más sabores. Cada receta (derecha) sirve para 2 personas con 75-100 g de pasta seca por persona, cocinada según las instrucciones del paquete.

SALSA DE TOMATE SENCILLA

Preparación
5 minutos

Cocción
40 minutos

Raciones 4

Esta salsa de tomate es muy sencilla, pero tiene mucho sabor. Es el epítome de algo que es más que la suma de sus partes y un elemento esencial en el repertorio de recetas de un cocinero. Procura utilizar tomates en conserva de la mejor calidad que puedas permitirte.

4 cucharadas de aceite de oliva virgen extra
6-8 dientes de ajo grandes, pelados y cortados en láminas finas (según el nivel de ajo que te guste)
2 latas de 400 g de tomates de pera
½ cucharadita de azúcar glas
½ cucharadita de copos de guindilla seca (opcional)
1 puñado de albahaca, tallos y hojas
sal y pimienta negra recién molida

1 | Calienta el aceite de oliva en una sartén grande y honda a fuego medio. Añade el ajo y cuécelo unos 4-5 minutos, hasta que se ablande pero no tome color.

2 | Vierte los tomates enlatados con media lata más de agua. Salpimienta y añade el azúcar, los copos de guindilla, si los utilizas, y los tallos de albahaca.

3 | Con un pasapurés o un tenedor, aplasta los tomates para deshacerlos. Ponlos a fuego lento y cuece unos 30 minutos, removiendo de vez en cuando, hasta que la salsa se reduzca y los tomates se deshagan. Comprueba la sazón, retira los tallos de albahaca, si lo prefieres, y retira las hojas antes de servir.

Variaciones de salsa para pasta

Ajo, guindilla y aceite de oliva (*aglio e olio*): calienta 4 cucharadas de aceite de oliva virgen extra en una sartén a fuego medio. Añade 3 dientes de ajo en láminas finas y cuécelos 2 minutos. Espolvorea ¼-½ cucharadita de copos de guindilla seca, al gusto. Con unas pinzas, saca la pasta cocida (una forma alargada, como espaguetis o linguini) del agua de cocción directamente a la sartén y mézclala con un cucharón de agua de cocción de la pasta. Añade un puñado de perejil finamente picado.

Crema de champiñones: calienta 1 cucharada de aceite de oliva y 30 g de mantequilla con sal en una sartén grande a fuego medio-alto. Añade 250 g de champiñones castaños laminados y fríelos 4-5 minutos, hasta que se haya evaporado el agua y los champiñones estén crujientes y dorados. Añade 2 dientes de ajo pelados y picados finamente y cocina durante 1 minuto, removiendo con regularidad. Vierte 100 ml de vino blanco y deja que burbujee durante 2 minutos antes de verter 100 ml de nata líquida. Sazona con sal y mucha pimienta negra, y cocina durante 3-4 minutos, hasta que se reduzca y espese. Con unas pinzas, saca la pasta cocida (los rigatoni y los penne son estupendos) del agua de cocción directamente a la sartén y mézclala. Termina con 30 g de parmesano rallado fino y un cucharón de agua de la pasta para soltar la salsa, si es necesario.

Pesto: seguramente la salsa más sencilla de todas. Cuece la pasta (las formas pequeñas y divertidas, como espirales, funcionan bien) según lo que indique el paquete, escúrrela bien y reserva un cucharón del agua de cocción de la pasta. Vuelca la pasta en la sartén y añade 50 g de pesto de albahaca fresca (ver p. 442) o comprado. Añade 2-3 cucharadas del agua de cocción de la pasta y remueve hasta obtener una salsa sedosa. Añade 30 g de parmesano finamente rallado para terminar.

CONSEJOS

Para una salsa de tomate suave, tritúrala con una pizca de mantequilla con una batidora de mano hasta que quede suave, y añade las hojas de albahaca antes de servir.

Para congelar las salsas, déjalas enfriar y divídelas entonces en porciones en unos recipientes individuales. Pueden congelarse hasta 3 meses. Recaliéntalas congeladas o descongélalas antes de usarlas.

TAPENADES Y SALSAS

Lo que tienen en común las tapenades y las salsas es que ambas son muy sabrosas. Además, son muy versátiles, pues sirven como salsa para condimentar, mojar o untar.

Fresca, picante y brillante, una salsa puede elevar el sabor de un plato hasta lo extraordinario. El secreto de una buena salsa es el equilibrio entre el picante (normalmente de los chiles), la sal y el ácido (del zumo de cítricos o el vinagre). Una combinación clásica, favorita en la cocina mexicana, es tomate finamente picado, cilantro fresco, guindilla, cebolla, zumo de lima y una pizca de sal, pero experimenta con distintas combinaciones de aromatizantes, hierbas y frutas y verduras frescas.

Estas tapenades y salsas pueden combinarse con otras recetas de este libro, y hay una salsa verde (ver p. 443) en el capítulo de hierbas, especias y guindillas. Todas estarán igualmente deliciosas servidas con verduras a la parrilla, ternera, pollo, con pasta o como guarnición de un simple filete de pescado a la parrilla.

Tapenade de aceitunas

Preparación 5 minutos

Sin cocción

Raciones 4

Esta salsa y condimento provenzal es brillante y de gran sabor. Es ideal para acompañar carnes y pescados asados, como el costillar de cordero con costra de pistacho y cilantro (ver p. 292).

175 g de aceitunas de Kalamata sin hueso, escurridas
2 cucharadas de alcaparras escurridas
6 filetes de anchoa en conserva en aceite
4 cucharadas de aceite de oliva virgen extra
1 cucharada de vinagre de vino tinto
pimienta negra recién molida

1 | Pon las aceitunas escurridas en un procesador de alimentos pequeño, añade las alcaparras y los filetes de anchoa y bate hasta obtener una pasta gruesa.

2 | Vierte el aceite y el vinagre y bate brevemente para mezclarlos; la textura debe ser suave. Sazona con pimienta, no debería ser necesario añadir sal.

3 | Guarda la tapenade en un recipiente hermético o en un tarro con tapa hasta 5 días en la nevera.

Variación de sabor

Aceitunas verdes y limón: para conseguir una tapenade vibrante, cambia las aceitunas negras por aceitunas verdes sin hueso y el vinagre de vino tinto por la misma cantidad de zumo de limón. En lugar de las anchoas, añade 1 diente de ajo machacado, 1 puñado de perejil de hoja plana picado y 30 g de piñones o nueces finamente picados. Sazona con sal y pimienta al gusto. Es una deliciosa guarnición de pescado, pollo o con platos de huevo.

Salsa de tomate y naranja

Preparación
15 minutos

Cocción
5 minutos

Raciones 4

Cocer los tomates y la guindilla muy brevemente en una sartén caliente hasta que la parte exterior se ennegrezca y se carbonice es una forma estupenda de añadir un sabor ahumado a esta salsa picante y afrutada. Sírvela con las hamburguesas de alubias negras al chipotle (ver p. 276) o como salsa para mojar con nachos.

4 tomates grandes madurados en rama
1 guindilla roja grande
1 naranja

3 cebolletas, partes verde y blanca, picadas finamente
zumo y ralladura fina de 1 lima
2 cucharadas de aceite de oliva
½ cucharadita de comino molido
1 puñado de cilantro, tallos y hojas, picados gruesos
sal y pimienta negra recién molida

1 | Pon una sartén mediana seca a fuego fuerte. Cuando esté visiblemente caliente y humeante, añade los tomates y la guindilla y cocínalos, dándoles la vuelta regularmente con unas pinzas, durante unos 3-4 minutos, hasta que la parte exterior de ambos esté bien ennegrecida y carbonizada. Deben mantener su forma y el interior de los tomates debe quedar crudo. Ponlos en una fuente y déjalos enfriar.

2 | Con un cuchillo de sierra, corta la parte superior de la naranja para que quede plana sobre una tabla de cortar. Continúa haciendo cortes hacia abajo alrededor de la naranja, siguiendo la curvatura de la fruta, para quitar la piel.

3 | Una vez pelada, corta la naranja en rodajas de 1 cm de grosor, luego en dados de 1 cm y pásalos a una fuente mediana, junto con el jugo que haya quedado en la tabla de cortar.

4 | Cuando esté frío, corta el tomate carbonizado en dados de tamaño similar al de la naranja y añádelos al mismo cuenco, desechando las semillas. Pica fina la guindilla carbonizada, quitándole las semillas, si no te gusta demasiado picante.

5 | Añade el resto de los ingredientes al bol, remueve y sazona la salsa con sal y pimienta al gusto antes de servirla.

CONSEJO

Esta salsa es mejor comerla un par de horas después de hacerla, pues de lo contrario puede quedar un poco aguada. Si quieres adelantarte, carboniza los tomates y la guindilla hasta 1 día antes, luego déjalos, tapados, a temperatura ambiente y pícalos cuando vayas a servirlos.

Salsa vierge

Preparación
5 minutos

Cocción
10 minutos

Raciones 2

Esta salsa francesa se parece a una salsa mexicana. Tiene un toque de calidez cítrica por las semillas de cilantro, pero sobre todo una agradable acidez por los tomates y el zumo de limón, que ayudan a cortar las carnes ricas y grasas, como el cordero, o resulta deliciosa con marisco, como caballa, atún o filetes gruesos de merluza o bacalao. Las hojas de albahaca añaden un toque aromático, pero también puedes utilizar perejil, perifollo o cebollino. La salsa se sirve caliente o a temperatura ambiente, por lo que es ideal para preparar un poco antes de servir.

2 cucharaditas de semillas de cilantro
5 cucharadas de aceite de oliva virgen extra
100 g de tomates cherri, en cuartos
zumo de ½ limón
1 puñado grande de hojas de albahaca, enteras
sal y pimienta negra recién molida

1 | Pon las semillas de cilantro en un cazo pequeño a fuego medio. Tuéstalas 2-3 minutos, removiéndolas regularmente, hasta que desprendan aroma. Pon las semillas en un mortero y machácalas toscamente.

2 | Vuelve a echar las semillas de cilantro machacadas al cazo y añade el aceite de oliva y los tomates cherri. Vuelve a poner el cazo a fuego lento hasta que el aceite se haya calentado y los tomates se hayan ablandado un poco.

3 | Retira la sartén del fuego y añade el zumo de limón y las hojas de albahaca. Sazona con abundante sal y pimienta.

CONSEJO

Si preparas antes la salsa vierge, no añadas las hojas de albahaca hasta el momento de servir. Añade el zumo de limón y mantén la salsa tapada a temperatura ambiente. La albahaca es muy delicada, por lo que solo debe marchitarse ligeramente y no decolorarse en la salsa.

SALSAS ASIÁTICAS PARA MOJAR

Estas salsas para mojar son muy potentes: saladas y sabrosas y, en la vietnamita nuoc cham (abajo), también picantes y ácidas. Las albóndigas, el marisco a la parrilla, la tempura, los rollitos de primavera, los buñuelos, las verduras a la parrilla y otros platos son deliciosos por sí solos, pero acompañarlos con una salsa para mojar les añade una dimensión y un golpe de sabor diferentes.

Nuoc cham

Preparación 5 minutos

Sin cocción

Salen 90 ml

Esta salsa vietnamita para mojar tiene el equilibrio perfecto entre salado, ácido, agrio, dulce y picante. En Vietnam, la prepara uno mismo en la mesa, añadiendo más picante, ácido o salsa de pescado salada según las propias preferencias, así que no dudes en probarla y ajustar los ingredientes a tu gusto. Es ideal como salsa para mojar calamares a la plancha (ver p. 140), o con una ensalada de fideos de arroz con hierbas, cerdo a la plancha o incluso una tortilla (ver p. 28).

4 dientes de ajo, pelados y picados finamente
1-2 guindillas, finamente picadas
2-3 cucharadas de salsa de pescado
1 cucharada de azúcar moreno suave
zumo de 2 limas

1 | Añade el ajo, las guindillas, la salsa de pescado, el azúcar y el zumo de lima a un bol pequeño y bátelos hasta que se mezclen. La salsa se conserva en un tarro tapado en la nevera hasta 2 semanas.

salsa de soja y jengibre

Preparación 5 minutos

Sin cocción

Salen 175 ml

Esta sencilla salsa puede adaptarse a tus gustos. El vinagre de arroz negro Chinkiang le da un toque de acidez y dulzor que equilibra la salinidad de la soja, y un punto de atrevimiento. Compra una buena salsa de soja: te dará intensidad umami y notas salobres.

120 ml de salsa de soja oscura
3 cucharadas de vinagre negro Chinkiang (o vinagre balsámico)
un trozo de 6 cm de raíz de jengibre fresco, pelado y rallado
2-3 cucharaditas de aceite de guindilla crujiente (ver p. 452) o comprado

1 | Mezcla la salsa de soja y el vinagre en un cuenco pequeño y repártelo en cuencos pequeños para mojar. Añade el jengibre y el aceite de guindilla, al gusto.

ADEREZOS

La función de un aderezo es realzar el sabor de una ensalada, y su éxito depende de que complemente los ingredientes con los que se sirve, sin dominarlos.

Cuando hayas probado las recetas de las páginas siguientes, intenta experimentar con distintos tipos de aceite y vinagre, ambos ingredientes clave. El vinagre de vino (tinto y blanco) da un aderezo de sabor picante, mientras que el de Jerez y el de sidra de manzana son más redondos, y el balsámico aporta un toque dulce. También se puede utilizar zumo de cítricos en lugar de vinagre para obtener un sabor fresco. En cuanto al aceite, el de oliva virgen extra es la opción más popular, pero también puedes probar a utilizar aceite de colza prensado en frío, de sabor ligeramente herbáceo y de frutos secos, o aceites de frutos secos y semillas característicos, como el de nuez, avellana y sésamo tostado, así como el aceite de aguacate, de rico sabor.

Conservación

Los aderezos caseros se conservan entre 1 día y unas 2 semanas, según el tipo. Lo mejor es consultar las pautas de cada receta.

Desde la izquierda, aderezo de la diosa verde, aderezo de miel y mostaza, aderezo ranchero y aderezo balsámico.

ADEREZO FRANCÉS

Preparación 5 minutos

Sin cocción

Salen unos 100 ml

Preparar tu propio aderezo para ensaladas es muy fácil y más barato que comprarlo. Este es un clásico y es útil tenerlo en tu repertorio. La proporción de aceite y vinagre es de 3:1, pero puede que guste con algo más de vinagre, así que siéntete libre de ajustarlo a tu gusto.

1½ cucharadita de mostaza de Dijon
una pizca grande de azúcar glas
2 cucharadas de vinagre de vino blanco
6 cucharadas de aceite de oliva virgen extra
sal y pimienta negra recién molida

1 | Vierte la mostaza en un cuenco pequeño. Añade el azúcar glas y el vinagre. Bátelo todo con un tenedor o un batidor de globo hasta que esté bien mezclado.

2 | Añade el aceite de oliva y bate de nuevo hasta que quede suave y combinado. Sazona con sal y pimienta, añadiendo una pizca más de azúcar si tu vinagre es especialmente astringente. Se conserva en la nevera hasta 2 semanas y es mejor guardarlo en un tarro con tapa, para poder agitarlo y mezclarlo antes de usarlo.

Para servir: ideal con una ensalada sencilla de hojas crujientes mixtas. Termina con trocitos de parmesano y un puñado de crujientes picatostes (ver p. 311).

CONSEJOS

Otra forma de prepararlo es poner todos los ingredientes en un tarro limpio, enroscar bien la tapa y agitar hasta que se mezclen: rápido y fácil. También puedes guardarlo en el tarro.

Cuando domines este aderezo, prueba a adaptar los sabores, usando vinagre de vino tinto o vinagre de Jerez. Cambia el azúcar por un poco de miel o sirope de arce y, si quieres, añade chalota picada muy fina, ajo machacado o hierbas picadas.

Aderezo balsámico

Preparación 5 minutos

Sin cocción

Raciones 2

Utiliza el mejor vinagre balsámico que puedas para esta receta, ya que tendrá un dulzor equilibrado, en lugar de un sabor áspero y picante, mientras que el chorrito de vinagre de vino tinto añade un toque de acidez. Los vinagres «cocinan» ligeramente el sabor crudo del ajo para que sea más bien un toque de fondo. Es ideal para servir sobre una sencilla ensalada de tomate y mozzarella (derecha).

2 cucharadas de vinagre balsámico
½ cucharada de vinagre de vino tinto
1 diente de ajo pequeño, pelado y machacado (opcional)
4 cucharadas de aceite de oliva virgen extra
sal y pimienta negra recién molida

1 | Con un tenedor, bate todos los ingredientes en un bol pequeño. Sazona con sal y pimienta al gusto. Como alternativa, pon todos los ingredientes en un tarro, tápalo y agítalo para mezclarlos.

Para servir: corta 4 tomates grandes madurados en rodajas y ponlos en 2 platos, salpimiéntalos y vierte con una cuchara la mitad del aderezo balsámico. Corta una bola de 150 g de mozzarella de búfala en trozos y espárcela sobre los tomates, luego coloca encima ½ cebolla roja cortada en rodajas finas, el aderezo restante y un puñado grande de hojas de albahaca arrancadas, para servir.

Aderezo de miel y mostaza

Preparación 5 minutos

Sin cocción

Raciones 2

La mostaza integral añade pequeños brotes de granos de mostaza al aderezo y tiene un sabor más suave que la mostaza de Dijon o sus equivalentes ingleses, por lo que puedes seguir saboreando la dulzura de la miel. Es perfecta para servir sobre patatas nuevas calientes, como glaseado sobre salchichas asadas al horno y en la ensalada de remolacha, queso feta y lentejas (derecha).

2 cucharaditas de mostaza integral
1 cucharadita de miel fluida
2 cucharadas de vinagre de sidra de manzana
4 cucharadas de aceite de oliva virgen extra
sal y pimienta negra recién molida

1 | Con un tenedor, bate todos los ingredientes en un bol pequeño. Sazona con sal y pimienta al gusto. Como alternativa, añade todos los ingredientes a un tarro, ponle la tapa y agítalo para mezclarlos.

Para servir: descongela 100 g de guisantes, corta en rodajas finas 100 g de tirabeques y corta en gajos 4 remolachas cocidas. Pon las verduras en una ensaladera grande con 250 g de lentejas verdinas cocidas, 100 g de queso feta desmenuzado, 2 puñados grandes de hojas de espinacas, 2 cucharadas de almendras en láminas tostadas y el aderezo de miel y mostaza. Mézclalo con cuidado y repártelo en dos cuencos.

CONSEJO

Estos aderezos se conservan, tapados, hasta 2 semanas en la nevera. Una vez fríos, pueden separarse, así que bate o agita el tarro para emulsionarlos y volverlos a unir antes de servir.

ADEREZOS CREMOSOS

Un aderezo cremoso para ensaladas es la combinación perfecta para la lechuga crujiente, ya que la frescura de la ensalada se equilibra con la riqueza del aderezo. Tradicionalmente, eran siempre aderezos a base de mayonesa, suero de mantequilla o yogur, como el clásico ranchero (ver p. 432), pero el aderezo de la diosa verde (ver p. 432) obtiene su sedosa suavidad de una combinación de aguacate y tahini cremoso. Todos estos aderezos sirven para 2 personas, pero puedes duplicarlos o triplicarlos fácilmente si es necesario.

ADEREZO PARA LA ENSALADA CÉSAR

Preparación 10 minutos

Sin cocción

Raciones 2

Una César casera es imcomparable con las de las tiendas, con su sabor cremoso, a queso y a cítricos. Las anchoas en lata son clásicas y le dan un toque salado, pero puedes prescindir de ellas y sazonarla con más sal. Como el aderezo contiene huevos crudos para emulsionar y espesar, utiliza los más frescos y de mejor calidad que puedas. Esta es una versión batida a mano, pero puedes poner todos los ingredientes en una batidora o robot de cocina y batirlos para mezclarlos.

6 filetes de anchoa en conserva en aceite, escurridos
1 diente de ajo pequeño, pelado
una pizca de sal marina en escamas, y para sazonar
1 cucharadita de mostaza de Dijon
2 yemas de huevo medianas, a temperatura ambiente (ver p. 32 para separar los huevos)
30 g de queso parmesano, rallado fino
4 cucharadas de aceite de oliva virgen extra
zumo de ½ limón
pimienta negra recién molida

1 | Machaca las anchoas y el ajo con una pizca de sal marina en un mortero grande hasta obtener una pasta.

2 | Añade la mostaza, las yemas y el parmesano y bate con un tenedor hasta que se mezclen. Sigue batiendo, añadiendo el aceite de oliva, 1 cucharada cada vez, hasta obtener una consistencia cremosa.

3 | Bate con el zumo de limón y sazona con mucha pimienta. No deberías necesitar sal. Consúmelo enseguida o en los 2 días siguientes, guardada en la nevera. Afloja con un chorrito de agua, si es necesario.

Para servir: corta 1 lechuga romana y ponla en una fuente grande con 250 g de pollo cocido desmenuzado o en rodajas (ideal para aprovechar las sobras de pollo asado, ver p. 70), un puñado de picatostes (ver p. 311), 30 g de virutas de queso parmesano y el aderezo para la ensalada César. Mezcla la ensalada para cubrirla uniformemente con el aderezo y sírvela.

Aderezo ranchero

Preparación
5 minutos

Sin cocción

Raciones 2

Este aderezo cremoso utiliza como base una combinación de mayonesa y nata agria o suero de leche, que añade un toque de acidez a la riqueza de la mayonesa. El clásico aderezo americano es estupendo sobre una crujiente ensalada de hojas de lechuga (derecha) como adobo o como salsa para crudités crujientes.

50 g de mayonesa
50 g de nata agria
1 cucharada de vinagre de sidra de manzana
1 cucharadita de mostaza inglesa
1 puñado de cebollino picado
½ cucharadita de ajo granulado
sal y pimienta negra recién molida

1 | Con un tenedor, bate todos los ingredientes en un bol pequeño. Sazona con sal y pimienta al gusto. Utilízalo enseguida o conserva el aderezo hasta 5 días, tapado, en la nevera.

Para servir: cocina de 4 a 6 lonchas de panceta a tu gusto. Sigue los pasos 1-2 de la cebolla rosa encurtida (ver p. 459); para esta ensalada necesitarás la mitad de la cantidad. Escurre una lata de 165 g de maíz dulce y corta por la mitad 100 g de tomates cherri. Corta 1 lechuga iceberg pequeña en 8 trozos y repártelos en dos platos, vierte el aderezo ranchero y pon encima los tomates cherri, el maíz dulce, las cebollas rosas encurtidas, el beicon crujiente y un poco de cebollino picado, para servir.

Aderezo de la diosa verde

Preparación
5 minutos

Sin cocción

Raciones 2

Este aderezo vegano utiliza tahini y aguacate para proporcionar una rica cremosidad que suele venir de la mayonesa o la nata agria. Es un gran ejemplo de cómo un aliño cremoso puede ser vegetal y es excelente para aprovechar las hierbas frescas que tengas en la nevera. Sírvelo con la ensalada de boniato (derecha) para un plato vegano abundante.

1 aguacate grande maduro, sin hueso y sin pulpa
3 cucharadas de tahini
zumo y ralladura fina de 1 limón sin cera
30 g de hierbas variadas, tallos y hojas, como perejil de hoja plana, eneldo y albahaca
½-1 guindilla verde, sin semillas y picada en trozos grandes
sal y pimienta negra recién molida

1 | Pon los ingredientes en una batidora o procesador de alimentos pequeño con 4 cucharadas de agua y tritura hasta obtener un aderezo suave y cremoso con la consistencia del yogur natural. Si queda espeso, añade 1-2 cucharadas de agua y vuelve a triturar. Sazona con sal y pimienta al gusto. Se conserva un día, tapado, en la nevera, pero es mejor consumirlo enseguida.

Para servir: corta 2 boniatos medianos sin pelar y 1 cebolla roja grande pelada en trozos de tamaño similar. Corta 200 g de rábanos por la mitad. En una bandeja de horno, añade las verduras preparadas, rocía con 2 cucharadas de aceite de oliva y salpimienta. Extiende las verduras en una capa uniforme y ásalas a 220 °C (200 °C ventilador / Gas 7) durante 20-25 minutos, hasta que estén tiernas. Una vez asadas, mézclalas en una fuente con 85 g de hojas de rúcula y 50 g de semillas de calabaza tostadas. Rocía con el aderezo de la diosa verde para servir. Si quieres un plato más sustancioso, sírvelo con tofu frito o, si no eres vegano, con un par de huevos escalfados o pechugas de pollo a la parrilla.

CONSEJO

Es delicioso con cereales cocidos para obtener una guarnición vibrante. Consulta la sección «Cocer los cereales» (ver p. 210) para obtener algunas ideas.

ADEREZOS CALIENTES

Son similares a los aderezos normales para ensaladas a base de aceite, pero la adición de calor te permite añadir sabores y texturas más complejos. Este aderezo (abajo), por ejemplo, tiene un sabor aceitoso-picante similar al de una vinagreta normal, pero lleva chalotas crujientes y cacahuetes crujientes, mientras que la salsa vierge (ver p. 426) está a medio camino entre una salsa y un aderezo. Sirve los aderezos calientes sobre verduras asadas o al vapor o con carne o pescado a la parrilla, o sobre unas hojas de lechuga.

ADEREZO CRUJIENTE DE CHALOTA Y CACAHUETE

Preparación
5 minutos

Cocción
15 minutos

Raciones 4

Este aderezo de estilo asiático es una auténtica delicia. Lleva chalotas fritas, ajo y jengibre, cacahuetes salados, y tiene el umami de la soja, la acidez de la lima y el picante de la guindilla. Está rico servido caliente sobre casi todo, especialmente sobre el brócoli de tallo largo al vapor (ver p. 172).

4 cucharadas de aceite vegetal
1 diente de ajo, pelado y cortado en láminas finas
Un trozo de 2,5 cm de jengibre fresco de raíz, pelado y cortado en juliana (ver p. 163)
1 chalota de plátano, pelada y cortada en aros finos
zumo de 1 lima
2 cucharadas de salsa de soja oscura
½ cucharadita de copos de guindilla seca
1 puñado de cacahuetes salados, picados gruesos

1 | Calienta el aceite vegetal en un cazo pequeño con el ajo y el jengibre a fuego medio-alto. Cuando chisporroteen, cuécelos 1-2 minutos, hasta que estén crujientes y dorados. Retira el ajo y el jengibre con una espumadera y pásalos a un plato forrado con papel de cocina, extendiéndolos en una capa uniforme. Reserva.

2 | Separa la chalota en aros individuales y añádela al aceite caliente. Fríelos 3-4 minutos, hasta que estén dorados y crujientes, y luego sácalos con la espumadera y ponlos en el plato forrado con papel de cocina. Mientras se cuecen, retira los que se oscurezcan para evitar que se quemen y se vuelvan amargos.

3 | Retira la sartén del fuego y deja que el aceite se enfríe 5 minutos. Añade el zumo de lima, la salsa de soja, los copos de guindilla y los cacahuetes. Añade el ajo, el jengibre y las chalotas, y sirve inmediatamente.

1

2

3

HIERBAS,

y

ESPECIAS

GUINDILLAS

HIERBAS

Las hierbas cobran todo su esplendor cuando están frescas, pero es útil tener unos tarros de hierbas secas en la despensa para cuando una receta las requiera y no las tengas frescas. Incluso puedes secarlas tú con la guía de la pág. 439. Algunas se secan mejor que otras, como el orégano, el tomillo, el laurel y la salvia, pero las de hoja más delicada, como la albahaca, el perejil y el cilantro, cuestan más. Si las compras, vale la pena echar un vistazo a las pastas frescas ya preparadas y a las hierbas congeladas.

Las hierbas frescas tienen un sabor más brillante y, como es lógico, más fresco que las secas, pero busca manojos que tengan hojas verdes vivaces y evita las que estén marchitas o descoloridas. En la mayoría de los casos, se pueden utilizar tanto las hojas como los tallos para evitar desperdicios. Pica finamente los tallos para añadirlos a salsas, salsas verdes, ensaladas, sopas, salteados y estofados. Algunas hojas animan todo tipo de platos.

Conservación
Es mejor comprar las hierbas cuando se necesiten. Envuelve el tallo en papel de cocina húmedo y tenlas en una bolsa hermética en la nevera hasta una semana. A la albahaca no le gusta el frío, así que es mejor guardarla a temperatura ambiente. Si te sobran, no las desperdicies, se pueden congelar o secar (ver p. 439).

Las hierbas secas pierden su sabor con el tiempo, pero se conservan hasta 1 año, por lo que son una alternativa cómoda a las frescas. Puedes guardarlas en un recipiente hermético o en un tarro con tapa en un lugar fresco y oscuro.

DESHOJAR LAS HIERBAS FRESCAS

Preparación 5 minutos

Sin cocción

Salen 20 g

Recoger las hojas de los tallos de las hierbas puede ser laborioso, sobre todo si necesitas una cantidad grande, pero no hace falta que recojas cada hoja por separado. Aquí te explicamos cómo ahorrar tiempo...

30 g de ramitas de hierbas frescas, como menta, perejil de hoja plana, cilantro, tomillo o romero

1 | Toma un solo ramito de hierba con una mano y sujétalo por la parte superior: el extremo fino del tallo con hojas más tiernas. Empezando por la base, con la otra mano, pellizca suavemente los dedos y llévalos con cuidado a lo largo del tallo, arrancando las hojas mediante un movimiento suave. Las hierbas están listas para utilizarlas o picarlas (ver p. 438).

1

En el sentido de las agujas del reloj, desde arriba: menta, eneldo, perejil de hoja plana, albahaca, romero, cilantro, tomillo y orégano (centro).

PICAR HIERBAS FRESCAS

Preparación
5 minutos

Sin cocción

Salen 30 g

Las hierbas frescas se cortan mejor justo antes de usarlas para evitar que se marchiten o decoloren, y para que conserven su sabor. Hay dos pasos para picar hierbas frescas de forma eficaz: primero, reúne las hierbas en un manojo sobre una tabla de cortar para trocearlas, y luego pícalas uniformemente con un movimiento de vaivén al tamaño que desees.

30 g de hojas de hierbas frescas, como perejil de hoja plana, menta, cilantro, tomillo o romero

1 | **Para cortar las hierbas:** Para cortar las hierbas: reúne las hierbas en un montón ordenado y prieto sobre una tabla de cortar limpia. Sujétalas firmemente con una mano y, con la otra, con un cuchillo de cocina grande y afilado, córtalas en tiras finas. Esta técnica, llamada corte en chifonada, se utiliza para cortar hierbas de hoja blanda, como el perejil de hoja plana, la menta, la albahaca y el cilantro.

2 | **Para picarlas gruesas:** pon las hierbas cortadas en una línea sobre la tabla de cortar. Acerca la mano que las sujetaba hacia la punta de la hoja del cuchillo. Con un movimiento de vaivén, corta hacia abajo con el cuchillo a través de las hierbas, manteniendo la punta del cuchillo sobre la tabla y moviendo el extremo del mango hacia arriba y hacia abajo y de un lado a otro hasta que todas las hierbas estén picadas.

3 | **Para picarlas finas:** sigue picándolas, como en el paso 2, hasta obtener una textura fina y uniforme.

CONSEJO

Si tienes que picar muchas hierbas, tal vez te resulte más fácil utilizar un miniprocesador de alimentos, si lo tienes. Pica antes los tallos, ya que así se desmenuzarán más uniformemente en el procesador, y luego pulsa en tandas de 15 segundos hasta que tengan la consistencia deseada. Esto no es recomendable para la albahaca, ya que sus hojas blandas y delicadas se estropean con facilidad.

CONGELAR Y SECAR HIERBAS

Preparación 5 minutos + congelado o secado

Congelarlas y secarlas son dos métodos fantásticos para guardar los restos o excedentes de hierbas que puedas tener para utilizarlas más adelante. Hay dos formas de congelar las hierbas, según si son resistentes o de hoja blanda. Al secar las hierbas, se trata de conservar su sabor fresco y su vitalidad en la medida de lo posible, lo que significa secarlas muy lentamente, sin prisas. Tradicionalmente, esto se hacía colgándolas de las vigas en manojos y dejándolas secar durante varias semanas o extendiéndolas al sol para que se secaran suavemente. Las hierbas delicadas y suaves, como el perejil, el cilantro, el estragón y el eneldo, admiten el secado tanto de los tallos como de las hojas, mientras que el orégano y la menta frescos deben tratarse como las hierbas leñosas y más resistentes, como el romero, el tomillo y el laurel, y quitarles los tallos antes de secar las hojas.

1 | **Para congelar hierbas leñosas:** en el laurel, retira las hojas de los tallos y mételas en el congelador en una bolsa de congelación con cierre hermético. Las hojas de tomillo, orégano, romero y salvia no necesitan separarse de los tallos, y puedes embolsarlas y meterlas directamente en el congelador. Puedes usar las hierbas ya congeladas o deshojar las hierbas frescas (ver p. 436) para quitar las hojas de los tallos, si es necesario.

2 | **Para congelar hierbas blandas:** sigue los pasos 1-3 para picarlas finas (izquierda). Pon 1 cucharada de hierbas en cada hueco de una cubitera, vierte 1 cucharada de agua fría y mezcla hasta que se integren. Congela hasta que estén completamente sólidos. Una vez congelados, transfiere los cubitos de hielo de hierbas a una bolsa de congelación con cierre hermético. Para utilizarlos, añádelos directamente congelados a guisos, salsas, sopas y curris, hacia el final del tiempo de cocción, para que se derritan y se calienten bien y aporten un toque herbáceo fresco.

3 | **Para secar hierbas:** precalienta el horno a 100 °C (80 °C ventilador / Gas ¼) o a la temperatura más baja. Forra una bandeja de horno grande con papel de hornear. Dispón las hierbas en una capa uniforme sobre el papel de horno. Mete la bandeja en el horno durante 3-4 horas, según el grado de humedad de las hierbas, comprobándolas a las 2 horas y después cada hora, hasta que estén muy secas y desmenuzadas, pero no quemadas. Desmenuza las hierbas y guárdalas en un tarro o recipiente con tapa en un lugar fresco y oscuro; se conservarán hasta 3 meses.

1

2

3

ACEITE DE HIERBAS

Preparación 15 minutos + colado

Cocción 5 minutos

Salen 250 ml

Esta receta es estupenda para aprovechar las hierbas sobrantes que tengas en la nevera. Puedes usar tanto los tallos como las hojas, y triturarlas en la licuadora con aceite para obtener un fragante condimento verde. El secreto está en triturarlas unos minutos, no menos, ya que la fricción calienta la licuadora, lo que ayuda a liberar la clorofila de las hierbas (de ahí el color verde) en el aceite. Si dejas colar el aceite de hierbas durante 3-4 horas, preferiblemente toda la noche si el tiempo lo permite, te asegurarás de obtener hasta la última gota de aceite verde. Puedes hacer este aceite aromatizado con una sola variedad de hierba o utilizar una mezcla para obtener un sabor herbáceo más redondeado. Entre las hierbas que puedes utilizar están el perejil de hoja plana, el orégano, el cilantro, la albahaca, el eneldo, el cebollino, el estragón y la menta.

50 g de una sola hierba o una mezcla de hierbas verdes suaves, hojas y tallos
200 ml de aceite vegetal

1 | Vierte agua recién hervida en un cazo grande a fuego medio-alto. Pon unos cubitos de hielo en un bol mediano y añade agua fría; ponlo junto al cazo de agua hirviendo. Introduce las hierbas en el agua hirviendo y escáldalas, removiendo, durante 30 segundos.

2 | Con una espumadera, echa las hierbas en el bol de agua helada. Déjalas unos minutos para que se enfríen completamente.

3 | Saca las hierbas escaldadas y enfriadas del bol con una espumadera y escúrrelas en un colador fino.

4 | Con las manos limpias, exprime toda la humedad posible de las hierbas: quedarán prensadas en una bola. Pon las hierbas en una batidora de alta potencia con el aceite y tritura durante 4 minutos, hasta obtener un puré suave de color verde brillante (si tocas los lados de la jarra de la batidora, la notarás caliente; no pasa nada).

5 | Coloca un colador metálico sobre un cuenco mediano y forra el colador con un trozo grande de muselina. Vierte el aceite de hierbas en el colador forrado; deberías empezar a ver cómo gotea en el cuenco de abajo. Mete el cuenco en la nevera y deja colar el aceite 3-4 horas, preferiblemente toda la noche.

6 | Después de colarlo, retira y desecha los restos que queden en la muselina, y vierte el aceite en un tarro o frasco limpio con tapa. Se conservará en la nevera hasta 1 semana.

CONSEJOS

Para congelarlo, vierte el aceite de hierbas en una cubitera limpia. Una vez congelados, vierte los cubitos de aceite de hierbas en una bolsa de congelación, ciérrala bien y vuelve a meterlos en el congelador hasta que los necesites. Se conservarán hasta 3 meses.

Puedes reutilizar la muselina. Para ello, simplemente raspa los restos de hierbas y lávala.

1
2
3
4
5
6

Pesto de albahaca fresca

Preparación
15 minutos

Sin cocción

Salen 300 g

Esta salsa italiana, herbácea y con sabor a frutos secos, es estupenda para casi todo, ya que añade sabor, color y textura. Tradicionalmente se elabora con piñones, hojas de albahaca fresca, aceite de oliva y parmesano, pero puedes cambiar fácilmente los piñones por otros frutos secos o el parmesano por pecorino o un queso cheddar. Queda muy bien con espaguetis o como parte de un aderezo, como la ensalada de patatas al pesto con limón (ver p. 170). Si prefieres un pesto más rústico y en trozos, tritura la mezcla durante menos tiempo.

50 g de piñones
1 manojo grande de hojas de albahaca, unos 100 g
1 diente de ajo, pelado y picado
75 g de queso parmesano, rallado fino
zumo y ralladura fina de 1 limón sin cera
120 ml de aceite de oliva virgen extra
sal y pimienta negra recién molida

1 | Tuesta los piñones en una sartén pequeña y seca a fuego medio durante 2-3 minutos, removiendo de forma regular hasta que se doren ligeramente.

2 | Introduce los piñones en un miniprocesador de alimentos o una batidora y déjalos enfriar durante 3-4 minutos. Añade la albahaca, el ajo, el parmesano, el zumo y la ralladura de limón y el aceite de oliva, y tritura hasta que quede picado o suave, según prefieras. Sazona con sal y pimienta al gusto.

3 | Vierte el pesto en un tarro con tapa o en un cuenco tapado y guárdalo en la nevera hasta 1 semana.

CONSEJOS

El parmesano se suele elaborar con cuajo animal. Si eres vegetariano, puedes encontrar alternativas a este queso duro y salado, así que mira la etiqueta antes de comprarlo.

El pesto se hace tradicionalmente con un mortero. Para ello, pon en él los piñones tostados, la albahaca, el parmesano, la ralladura de limón y el zumo, y machaca con la mano de mortero hasta obtener un pesto áspero y con trozos. Sigue machacando mientras añades lentamente el aceite.

Gremolata

Preparación
5 minutos

Sin cocción

Salen 85 g

Este condimento italiano a base de hierbas y ajo no puede ser más sencillo de preparar y aporta frescura y sabor. Es delicioso servido sobre el clásico risotto (ver p. 204), el ragú de setas con polenta (ver p. 219) o la sopa de pollo, limón y garbanzos (ver p. 72).

30 g de perejil de hoja plana, hojas y tallos, finamente picados
1 diente de ajo pequeño, pelado y machacado o rallado finamente
zumo y ralladura fina de 1 limón sin cera
4 cucharadas de aceite de oliva virgen extra
sal y pimienta negra recién molida

1 | Pon el perejil en un bol pequeño. Añade el ajo, el zumo y la ralladura de limón y el aceite. Remueve y sazona con sal y pimienta al gusto. La gremolata se conservará hasta 3 días en un recipiente hermético en la nevera.

Salsa verde

Preparación
10 minutos

Sin cocción

Salen 140 g

Esta salsa verde herbácea, un acompañamiento clásico francés, tiene el toque picante de las alcaparras y el vinagre, y es perfecta con platos sustanciosos. En realidad, combina con casi todo, especialmente con carnes a la parrilla, pescado a la sartén o verduras. Pruébala con la merluza frita (ver p. 148) o el filete perfecto (ver p. 114).

30 g de perejil de hoja plana, hojas y tallos, finamente picados
2 cucharadas de alcaparras, escurridas, enjuagadas y picadas gruesas
1 diente de ajo pequeño, pelado y rallado finamente
1 cucharada de mostaza de Dijon
2 cucharadas de vinagre de vino tinto
4 cucharadas de aceite de oliva virgen extra
sal y pimienta negra recién molida

1 | Pon el perejil picado y las alcaparras en un bol pequeño con el ajo, la mostaza, el vinagre y el aceite. Salpimienta al gusto y mézclalo todo bien. La salsa se conservará tapada en la nevera hasta 1 semana.

CONSEJO

Para una versión más sabrosa, escurre una lata de 30 g de anchoas saladas en aceite y pícalas finamente, luego mézclalas con la salsa antes de servir.

Chimichurri

Preparación
10 minutos

Sin cocción

Salen 250 g

Originaria de Argentina y Uruguay, esta salsa verde picante se usa tradicionalmente para la carne a la parrilla. Es herbácea, algo picante y equilibra la rica grasa de cualquier carne a la brasa. El chimichurri también es estupendo con el filete perfecto (ver p. 114) en lugar de la salsa de pimienta.

1 chalota, pelada y picada finamente
30 g de cilantro, hojas y tallos, finamente picado
1 guindilla roja, sin semillas y finamente picada
2 dientes de ajo, pelados y picados muy finos
1 cucharadita de orégano seco
5 cucharadas de aceite de oliva virgen extra
3 cucharadas de vinagre de vino tinto, más si es necesario
sal y pimienta negra recién molida

1 | Mezcla todos los ingredientes en un bol pequeño. Salpimienta al gusto y añade un chorrito adicional de vinagre, si te gusta un poco más picante.

Desde la izquierda, sjug, chimichurri y salsa de menta fresca.

Salsa de menta fresca

Preparación
5 minutos

Sin cocción

Salen 75 g

Esta salsa de menta no tiene nada que ver con las alternativas demasiado dulces que se encuentran en las tiendas. Es fresca y vibrante, y equilibra bien el sabor de la carne asada, sobre todo la de cordero. Sírvela con la paletilla de cordero asada a fuego lento con anchoas y romero (ver p. 106).

30 g de menta en hojas
1 diente de ajo pequeño, pelado
3 cucharadas de vinagre de vino tinto o blanco
3 cucharadas de aceite de oliva virgen extra
½-1 cucharadita de azúcar glas
sal y pimienta negra recién molida

1 | Pon las hojas de menta, el ajo, el vinagre de vino y el aceite de oliva en un robot de cocina o un mortero. Tritura o machaca hasta que la menta y el ajo estén muy picados. Sazona al gusto con el azúcar, la sal y la pimienta. Guarda la salsa en un recipiente tapado a temperatura ambiente y sírvela el mismo día.

CONSEJO

La salsa de menta también puede utilizarse como aderezo para ensaladas o guarniciones a base de cereales. Suaviza la salsa con 1 cucharada más de aceite de oliva y mézclala con los cereales cocidos calientes.

Sjug

Preparación
10 minutos

Cocción
5 minutos

Salen 150 g

Esta salsa verde picante es originaria de Yemen. Es aromática y terrosa por las hojas frescas de cilantro y las especias enteras, con un ligero toque picante del chile. Este condimento realza el sabor de muchos platos, desde el pollo y el pescado hasta la carne y las verduras. Pruébalo sobre un huevo frito (ver p. 25), en las hamburguesas de pollo a la parrilla (ver p. 88) o como parte de un centro de mesa vegetal, como la coliflor entera al horno al shawarma (ver p. 177).

1 cucharada de semillas de cilantro
1 cucharada de semillas de comino
100 g de cilantro, hojas y tallos
1 guindilla verde mediana, picada en trozos grandes, sin semillas si prefieres
1 diente de ajo, pelado
zumo de 1 limón
4-5 cucharadas de aceite de oliva virgen extra
una pizca de azúcar glas (opcional)
sal y pimienta negra recién molida

1 | Pon las semillas de cilantro y comino en una sartén pequeña y seca a fuego medio. Tuéstalas durante 2-3 minutos, hasta que estén aromáticas, y luego pásalas a una batidora o a un miniprocesador de alimentos. Deja enfriar unos minutos.

2 | Añade las hojas y los tallos de cilantro, la guindilla, el ajo, el zumo de limón y 4 cucharadas de aceite de oliva, y tritura hasta obtener una salsa suave de color verde intenso. Si está un poco espesa, añade la cucharada restante de aceite de oliva y vuelve a triturar.

3 | Sazona al gusto con sal y pimienta y una pizca de azúcar para contrarrestar el amargor, si crees que lo necesita. Consúmelo enseguida o guárdalo en la nevera en un recipiente hermético hasta 3 días. Añade un chorrito de agua para aligerarlo, si es necesario.

ESPECIAS

Las especias pueden ser semillas, vainas, cortezas, frutos o brotes de plantas. Parecen poca cosa, pero pueden transformar un plato insípido y poco interesante en algo complejo, aromático y sabroso. Muchas recetas usan especias, así que es buena idea abastecerse de algunas de ellas, por separado y en forma de mezclas, para animar tus platos. Es preferible comprarlas en pequeñas cantidades y enteras, y no en polvo, ya que tendrán mejor sabor y durarán más. Para potenciar tanto su aroma como su sabor, vale la pena tostar las especias enteras antes de añadirlas a un plato: no lleva casi tiempo ni esfuerzo (derecha). Un molinillo de especias o un mortero son útiles para molerlas después de tostarlas. Además de las técnicas de preparación, en este capítulo también hay ideas sobre mezclas de especias que se utilizan en algunas de las recetas del libro. Suelen tener un sabor fresco y robusto, superior a las que encuentras en las tiendas, pero si te es más cómodo, cómpralas ya preparadas.

Conservación

Las especias son bastante vulnerables a la luz, el aire y el calor, por lo que conviene conservarlas en un recipiente hermético o en un tarro con tapa en un lugar fresco y oscuro. Una vez molidas, pierden sabor con el tiempo y lo ideal es utilizarlas antes de 6 meses.

Desde la izquierda, garam masala, za'atar y mezcla de especias cajún.

TOSTAR, MACHACAR Y MOLER ESPECIAS

Preparación
10 minutos

Cocción
5 minutos

Tostar es un proceso sencillo que transforma el sabor de una especia. El calor libera sus aceites naturales, intensificando tanto su aroma como su sabor. Por eso, siempre es mejor tostar las especias enteras y sus semillas antes de añadirlas a un plato. Esto incluye el clavo, las vainas y semillas de cardamomo, el anís estrellado, la canela en rama, las semillas de cilantro, las semillas de comino, la pimienta negra y las semillas de hinojo, que una vez tostadas pueden utilizarse enteras o molidas en un molinillo de especias o en un mortero. Es mejor tostar las especias en pequeños lotes, según se necesiten, ya que los aceites esenciales liberados pueden volverse rancios y el sabor apagarse con el tiempo.

Una vez tostadas, machacar o moler las especias ayudará a liberar más aceites y aromas naturales en el plato. Tostar las semillas de comino y molerlas después, por ejemplo, dará al plato un perfil mucho más terroso que usando el comino ya molido. En cuanto a las vainas de cardamomo, machácalas ligeramente para abrirlas o quítales todas las semillas antes de tostarlas y molerlas, para darles un sabor más intenso que dejándolas enteras.

1 | **Para tostar las especias:** vierte las especias enteras que elijas en una sartén seca a fuego medio, y remuévelas cada 30 segundos aproximadamente para que se tuesten por igual. Cuécelas de 1 a 3 minutos, hasta que desprendan su aroma y se oscurezcan ligeramente. Retíralas del fuego y viértelas en un bol, un molinillo de especias o un mortero (según el uso que vayas a darles). Déjalas enfriar antes de machacarlas o molerlas (abajo).

2 | **Para machacar las especias:** vierte las especias tostadas (arriba) en un mortero. Una vez ya estén frías, machácalas hasta obtener la consistencia deseada.

3 | **Para moler las especias:** sigue el paso anterior para machacarlas, pero sigue moliendo las especias en el mortero hasta obtener una consistencia de polvo. También puedes volcarlas en un molinillo de especias y triturarlas hasta obtener un polvo.

1

2

3

Mezcla de especias para shawarma

Preparación 5 minutos

Sin cocción

Salen 50 g

El shawarma es una mezcla de especias de Oriente Medio que se utiliza tradicionalmente en la carne asada o a la parrilla, y a menudo se refiere al plato entero en sí. Es una mezcla de cilantro, comino, canela y otras especias de sabor cálido. Utiliza esta mezcla de especias para rebozar la coliflor entera al horno al shawarma (ver p. 177).

1 cucharada de cilantro molido
1 cucharada de comino molido
2 cucharaditas de pimentón ahumado dulce
1 cucharadita de canela molida
1 cucharadita de cúrcuma molida
½ cucharadita de jengibre molido
4 vainas de cardamomo, sin semillas y molidas (opcional)
½ cucharadita de copos de guindilla seca
una pizca grande de sal
pimienta negra recién molida

1 | Mézclalo todo en un bol pequeño y luego sazónalo con una pizca grande de sal y mucha pimienta. Utilízalo para la coliflor entera al horno al shawarma (ver p. 177) o consulta el consejo (abajo).

CONSEJO

Cuadruplica la cantidad de la mezcla de especias para shawarma para hacer varias recetas; se conservará en un recipiente hermético en un armario fresco hasta 6 meses.

Garam masala

Preparación 10 minutos

Cocción 5 minutos

Salen 50 g

Esta aromática mezcla de especias molidas se utiliza mucho en todo el subcontinente indio y suele añadirse al final de la cocción para que conserve su sabor y aroma. La selección de especias utilizadas puede variar en tipo y cantidad, pero suele combinar las especias cálidas, como la canela y el clavo, y otras con una nota ligeramente picante, como las semillas de cilantro. Utiliza este garam masala en curris o dal, y para dar sabor al tofu (ver p. 278).

30 vainas de cardamomo verde
2 cucharadas de semillas de comino
2 cucharadas de semillas de cilantro
1 cucharada de semillas de hinojo
1 ramita pequeña de canela
10 clavos de olor
2 cucharaditas de pimienta negra en grano
1 anís estrellado
½ nuez moscada entera, finamente rallada

1 | Introduce el cardamomo en un mortero y machácalo suavemente para romper las vainas. Retira las cáscaras verdes y deséchalas. Echa las semillas negras en una sartén grande y seca.

2 | Añade a la sartén las semillas de comino, cilantro e hinojo, junto con la rama de canela, los clavos, los granos de pimienta y el anís estrellado, y sigue las indicaciones para tostar especias (ver p. 447).

3 | Pásalo a un molinillo de especias o un mortero y sigue las indicaciones para moler especias (ver p. 447).

4 | Añade la nuez moscada a las especias tostadas y molidas y pasa la mezcla a un recipiente hermético o a un tarro con tapa y guárdala en un lugar fresco y oscuro hasta 1 mes.

Mezcla de especias cajún

Preparación
5 minutos

Sin cocción

Salen 50 g

Esta mezcla de especias es ahumada, terrosa y herbácea, y va bien con todo, desde carne y pollo hasta verduras y marisco. Es un aliño perfecto: usa 1 cucharada para cubrir la piel de un filete de salmón antes de freírlo en la sartén (ver p. 148) o pruébalo con verduras asadas o muslos de pollo.

1 cucharada de comino molido
1 cucharada de pimentón ahumado
2 cucharaditas de ajo granulado
2 cucharaditas de orégano seco
1 cucharadita de pimienta negra molida
½ cucharadita de pimienta de Cayena

1 | Mezcla todos los ingredientes en una jarra hasta que se integren, luego pásalo a un recipiente hermético o a un tarro con tapa y consérvalo en un lugar fresco y oscuro hasta 3 meses.

Za'atar

Preparación
5 minutos

Cocción
5 minutos

Salen 50 g

Esta mezcla de especias y hierbas de Oriente Medio es una mezcla de hierbas secas, semillas de sésamo, comino y zumaque, una baya seca con sabor cítrico. El resultado es una sabrosa combinación especiada, herbal, terrosa y picante, con un agradable toque crujiente. Utilízalo como condimento, espolvoreado sobre una ensalada, como el fattoush de pimientos marinados (ver p. 188) o como aderezo del shakshuka verde (ver p. 24), o convertido en una salsa con aceite de oliva para un pan plano recién horneado.

1 cucharada de semillas de comino
½ cucharadita de sal marina en escamas
3 cucharadas de tomillo seco
1 cucharada de orégano seco
1 cucharada de zumaque
1 cucharada de semillas de sésamo tostadas

1 | Sigue los pasos para tostar y moler especias (ver p. 447) para tostar las semillas de comino.

2 | Pasa el comino tostado a un tarro con tapa o a un recipiente hermético con la sal, el tomillo, el orégano, el zumaque y las semillas de sésamo, y mézclalo bien. Se conservará hasta 1 mes en un lugar fresco y oscuro.

Mezcla de especias para pan de jengibre

Preparación
5 minutos

Sin cocción

Salen 60 g

Esta aromática mezcla de especias dulces se utiliza clásicamente en el pan de especias, pero es muy adaptable. Prueba a espolvorearla sobre los panqueques dulces al estilo americano (ver p. 349) antes de servirlos, o bate una cucharada en los huevos de la crema inglesa (ver p. 394) para darle un toque especiado, o añádela a las galletas de jengibre con especias (ver p. 373).

4 cucharadas de jengibre molido
2 cucharadas de canela molida
4 cucharaditas de pimienta de Jamaica molida
1 nuez moscada entera, finamente rallada

1 | Mezcla las especias en un cuenco pequeño y guárdalas en un recipiente hermético o un tarro con tapa. Se conservará hasta 6 meses.

GUINDILLAS

Los amantes de las guindillas o chiles no se extrañarán de saber que se ha demostrado que son ligeramente adictivos, ¡lo que se relaciona con la liberación de endorfinas al comer una guindilla especialmente picante! Aunque es probable que solo veas unos cuantos tipos de guindillas frescas y secas en las tiendas, hay cientos de variedades, que cambian en tamaño, color, picor y sabor. Algunas de las más populares son los chiles jalapeños rojos y verdes, que son suaves y afrutados; el chile ojo de pájaro, pequeño y picante, del sudeste asiático; y el Scotch bonnet, parecido al habanero mexicano, que es a la vez picante y afrutado. Por regla general, las guindillas más grandes son menos picantes que las más pequeñas, aunque, para un análisis más exhaustivo de los niveles de picante, se utiliza la escala Scoville.

Cuando compres guindillas frescas, busca las que tengan la piel lisa y brillante. La variedad de guindillas secas disponibles es igual de variada: desde la india Kashmiri, de sabor suave y que da un color rojo intenso a los platos, hasta el chile mexicano chipotle, picante y ahumado, y muchos más. Los copos de guindilla seca también son una opción práctica que ya está lista para usar y también varían en niveles de picante, por lo que conviene añadirlos gradualmente a los platos para evitar condimentarlos en exceso.

Conservación

Las guindillas frescas se conservan mejor en la nevera, pero se pueden congelar y secar para utilizarlas en el futuro. Guarda las guindillas secas en un recipiente hermético en un lugar fresco y oscuro hasta 6 meses.

PICAR LAS GUINDILLAS Y QUITARLES LAS SEMILLAS

Preparación
5 minutos

Sin cocción

Contrariamente a lo que se suele creer, es la médula blanca del interior de la guindilla y no las semillas la que transmite el picor, gracias a la capsaicina, su componente activo. Para reducir este picor, retira la parte blanca (y las semillas, ya que están en contacto con la médula) antes de utilizarla.

1 guindilla roja o verde a elegir

1 | **Para quitar las semillas:** con un cuchillo de cocina afilado, retira y desecha la parte superior de la guindilla con el tallo y córtala por la mitad a lo largo. Raspa la parte blanca y las semillas de cada mitad de guindilla con una cucharilla, dejando la pulpa. Empieza por el extremo puntiagudo y ve bajando.

2 | **Para cortarla en rodajas finas:** pon la guindilla horizontalmente sobre una tabla de cortar y utiliza un cuchillo de cocina afilado para cortar cada mitad de guindilla en rodajas finas.

3 | **Para picarla finamente:** con un cuchillo de cocina afilado, corta cada mitad de guindilla en tiras finas longitudinalmente. Gira las tiras horizontalmente y córtalas en dados pequeños.

Tostar guindillas

El asado añade un profundo sabor ahumado umami a las guindillas frescas y, al carbonizar la piel por fuera, también atenúas su picor. Pon el fogón de gas a fuego fuerte y coloca las guindillas directamente sobre la llama o sujétalas con unas pinzas. Tuéstalas, dándoles la vuelta cada minuto, durante 4-5 minutos, hasta que se ennegrezcan.

Alternativamente, pon las guindillas en una bandeja de horno bajo el grill fuerte, cerca de la fuente de calor, y ásalas durante 6-8 minutos, dándoles la vuelta cada minuto, hasta que estén chamuscadas y ampolladas. También puedes hacerlo en una barbacoa.

Aceite de guindilla crujiente

Preparación
10 minutos

Cocción
15 minutos

Salen 500 ml

Este aceite de guindilla combina picante, dulce y salado, y pronto lo cubrirás todo con él, desde huevos y fideos hasta salteados y tostadas. Una cucharada es ideal con el huevo marinado en soja sobre ramen (ver p. 21).

15 guindillas de Cachemira secas enteras o 4 cucharadas de copos de guindilla seca
1 cucharada de semillas de comino
2 cucharaditas de pimienta negra en grano
30 g de cacahuetes salados, picados groseramente
½ cucharada de sal marina en escamas, y sal al gusto
1 cucharada de azúcar moreno, y algo más al gusto
400 ml de aceite de cacahuete, girasol o vegetal
2 chalotas, partidas por la mitad, peladas y cortadas en medias lunas finas
8 dientes de ajo, pelados y cortados en láminas finas
un trozo de 6 cm de raíz de jengibre fresco, pelado y cortado en juliana (ver p. 163)

1 | Si utilizas guindillas enteras, corta los extremos con unas tijeras de cocina para retirar y desechar los tallos. Pon las guindillas y sus semillas en un molinillo de especias y tritúralas hasta obtener la consistencia de los copos de guindilla seca. Vierte la guindilla molida, o los copos que hayas comprado, en un cuenco grande resistente al calor.

2 | Sigue las indicaciones para tostar especias (ver p. 447) para tostar las semillas de comino y los granos de pimienta en una sartén pequeña y seca a fuego medio. Remueve la sartén con regularidad durante 3 minutos, hasta que huela a tostado, y luego échalo todo en el molinillo de especias o en el mortero y tritúralo toscamente (ver p. 447). Viértelo en el bol con las guindillas y añade los cacahuetes, la sal y el azúcar.

3 | Coloca un colador metálico sobre un bol mediano resistente al calor. Calienta el aceite en una sartén pequeña a fuego medio-alto y, cuando empiece a brillar, añade con cuidado las chalotas (chisporrotearán, así que ten cuidado). Cuécelas 4-5 minutos, removiéndolas regularmente, hasta que estén crujientes y algo doradas. Vierte con cuidado el aceite de chalota en el cuenco forrado con un colador. Una vez escurridas, vierte las chalotas fritas en el cuenco con los copos de guindilla y, con cuidado, vuelve a verter el aceite en la sartén.

4 | Añade el ajo y el jengibre a la sartén, todavía a fuego medio-alto, y cuece durante 1-2 minutos, hasta que el ajo esté ligeramente dorado (se volverá amargo si se dora demasiado). Vierte el aceite caliente, el ajo y el jengibre en el bol de los copos de guindilla, con cuidado porque chisporrotearán, y mézclalo bien. Deja que se enfríe a temperatura ambiente, comprueba la sazón y rectifica de sal y azúcar si es necesario.

5 | Vierte el aceite de guindilla en un tarro de cierre hermético esterilizado (ver p. 456) y ciérralo. Una vez abierto, guárdalo en la nevera y consúmelo en un plazo de 2 semanas. Sin abrir, se conservará hasta 3 meses en un lugar fresco y oscuro

Salsa turca de guindilla

Preparación
5 minutos

Cocción
10 minutos

Salen 400 ml

Esta es una salsa de guindillas turcas frescas, en lugar de fermentadas. La salsa se cuece brevemente para darle un dulzor equilibrado y suavizar la dureza de la cebolla y el ajo. Prueba tus guindillas antes de usarlas para comprobar su picor: corta una trocito del extremo puntiagudo y pruébalas crudas —algunas son superpicantes, mientras que otras saben más a pimiento— y ajusta la cantidad en consecuencia. Sírvela con falafel (ver p. 274) o sobre cualquier plato que te apetezca, especialmente unos huevos fritos (ver p. 25).

1 cebolla roja, pelada y picada gruesa
3 dientes de ajo pelados
2-3 guindillas rojas, picadas gruesas (según lo picante que te guste)
lata de 400 g de tomates picados
1 cucharada de puré de tomate
1 cucharada de vinagre de sidra de manzana o de vino blanco
2 cucharaditas de azúcar glas
1 cucharada de aceite de oliva
sal y pimienta negra recién molida

1 | Pon la cebolla, el ajo, las guindillas, los tomates troceados, el puré de tomate, el vinagre y el azúcar en el bol de un procesador de alimentos grande y tritúralo hasta obtener una salsa con consistencia de trozos; no debe quedar completamente lisa.

2 | Vierte el aceite de oliva y la salsa de guindilla en una sartén grande a fuego medio y cuece, removiendo con regularidad, durante 8-10 minutos, hasta que espese y adquiera la consistencia del kétchup y la cebolla y el ajo crudos se hayan cocido un poco para no opacar el sabor. Sazona con sal y pimienta al gusto.

3 | Deja que la salsa se enfríe por completo y pásala a un tarro esterilizado (ver p. 456), o a un recipiente hermético si no la vas a servir enseguida. Una vez envasada, consérvala en la nevera hasta 3 semanas y utilízala como te apetezca.

ENCURTIDOS

y

FERMENTADOS

ENCURTIDOS

Antes de que existiera la refrigeración, la conserva era una forma esencial para disponer de alimentos en los fríos meses de invierno, cuando era difícil conseguir productos frescos, así como de utilizar y conservar los excedentes del verano.

El encurtido es un antiguo método de conservación que crea un entorno hostil para bacterias y microbios, impidiendo su crecimiento. El vinagre es clave y suele mezclarse con sal y azúcar para hacer una solución de encurtido. Muchos alimentos son adecuados para el encurtido, como frutas, verduras, frutos secos, huevos y pescado, que se sumergen en una solución ácida y luego se dejan un tiempo para que se conserven. A veces los alimentos se cuecen, ligeramente o bien, antes de encurtirlos, y otras veces se dejan crudos. El líquido del encurtido no solo conserva, sino que ablanda los ingredientes y potencia su sabor y textura.

Aunque dispongas de poco tiempo también puedes hacer encurtidos. Hay dos recetas de encurtidos frescos rápidos que no requieren de una conservación prolongada, pero que aportan un sabor brillante y vibrante: la cebolla rosa encurtida y el pepino encurtido rápido, en la página 459.

Conservación

Si no están abiertos, guarda los tarros en un lugar fresco y oscuro. Una vez abiertos, deben estar en la nevera; el tiempo de conservación variará según la conserva.

ESTERILIZAR LOS TARROS

Antes de empezar, es importante tener los tarros de tus encurtidos y fermentos bien limpios para eliminar las bacterias y evitar cualquier tipo de contaminación cruzada. Estos pasos te muestran cómo esterilizar los recipientes de vidrio antes de llenarlos para garantizar que el contenido no se estropee. Si tus tarros tienen cierre de goma, retíralo y hiérvelo por separado en un cazo pequeño con agua durante unos 3 minutos y utiliza siempre tapas nuevas si reutilizas tarros con tapón de rosca.

1 | Precalienta el horno a 160 °C (140 °C ventilador / Gas 3). Lava los tarros con agua caliente jabonosa y acláralos bien. Coloca los tarros lavados, boca abajo, en una bandeja de horno o de asar grande y limpia, e introdúcelos en el horno durante 20 minutos, hasta que estén completamente secos.

2 | Retira los tarros del horno y deja que se enfríen ligeramente durante 5 minutos antes de llenarlos y cerrarlos inmediatamente con una nueva tapa.

PICCALILLI

Preparación
40 minutos
+ salazón y
2-3 semanas
de fermentación

Cocción
15 minutos

Sale 1 kg

Conocido originalmente como «encurtido indio», la primera receta de este vibrante encurtido de verduras se remonta a la década de 1770. Influenciada por el subcontinente indio, esta interpretación británica lleva verduras picadas y varias especias en una solución de encurtido; su color amarillo brillante procede del uso de cúrcuma en polvo.

1 coliflor pequeña, sin las hojas, los ramilletes y el tallo cortados en trozos de 2 cm
1 cabeza de brócoli pequeña, con los ramilletes y el tallo cortados en trozos de 2 cm
200 g de rábanos cortados en cuartos
200 g de judías verdes, cortadas en trozos de 2 cm de largo
12 chalotas tiernas, peladas y cortadas en 6 gajos cada una
2 cucharadas de sal marina en escamas
2 cucharadas de mostaza inglesa en polvo
1 cucharada de cúrcuma en polvo
4 cucharadas de harina de maíz
750 ml de vinagre de sidra de manzana
3 cucharadas de granos de mostaza negra
3 cucharadas de semillas de comino
175 g de azúcar glas

1 | Pon todas las verduras troceadas en un bol grande no metálico y espolvorea por encima la sal marina. Mezcla bien, tapa y deja reposar 6 horas en la nevera. La sal extrae la humedad de las verduras, las hace más crujientes y evita que el piccalilli quede aguado.

2 | Escurre las verduras en un colador metálico y enjuágalas bien bajo el grifo de agua fría para quitarles la sal, luego escúrrelas bien de nuevo. Sigue los pasos 1-2 para esterilizar los tarros (izquierda) con 4 tarros herméticos con tapa de 250 ml.
(Sigue al dorso.)

1

2

3 | Pon la mostaza en polvo, la cúrcuma y la harina de maíz en un cuenco pequeño y vierte 100 ml del vinagre. Con un batidor de globo, mézclalo todo hasta obtener una pasta suave y líquida.

4 | Pon las semillas de mostaza y las de comino en un cazo grande y tuéstalas, removiendo a menudo, a fuego medio-alto 2 minutos, hasta que estén bien aromáticas. Vierte con cuidado los 650 ml restantes de vinagre. Vuelve a batir la mezcla de mostaza y harina de maíz y viértela en el cazo. Sigue batiendo hasta que la mezcla espese.

5 | Añade el azúcar al cazo con las verduras escurridas y 200 ml de agua fría, ponlo a hervir a fuego lento y cuece durante 3-4 minutos, removiendo constantemente, hasta que las verduras empiecen a ablandarse.

6 | Retira del fuego y deja enfriar durante 10 minutos, luego viértelo tibio en los tarros esterilizados, cubre con las tapas, etiqueta y deja en un lugar fresco y oscuro durante 2-3 semanas, hasta que el encurtido esté listo para comer. Se conservará sin abrir hasta 6 meses; una vez abierto, guárdalo en la nevera y consúmelo antes de 2 semanas.

CEBOLLA ROSA ENCURTIDA

Preparación 5 minutos + encurtido

Sin cocción

Raciones 4

El encurtido rápido no puede ser más sencillo y es una forma segura y rápida de dar un toque fresco a tus comidas. Encurtida, la cebolla roja adquiere además un vibrante color rosa. La clave está en cortarla en rodajas muy finas (ver p. 160) para que adquiera el sabor y el efecto suavizante del zumo de lima. Sírvela esparcida sobre el falafel (ver p. 274), como toque picante en los tacos de cochinita pibil (ver p. 125) o en las sardinas a la plancha con aderezo tibio de 'nduja y miel (ver p. 141).

1 cebolla roja, pelada y cortada muy fina (ver p. 160)
zumo de 1 lima
una pizca grande de sal

1 | Pon la cebolla roja en un bol pequeño. Exprime el zumo de lima y sazona con sal. Con las manos limpias, estruja la cebolla, masajeándola con la sal y el zumo de lima, para que se ablande y se encurta.

2 | Déjala reposar entre 10 y 30 minutos, para que se encurta. Cuanto más tiempo la dejes, más blanda y rosada se volverá, pero ten cuidado: no la dejes más de un día, ya que quedará empapada y será desagradable de comer.

Variante con pepino

Pepino encurtido rápido: corta un pepino entero por la mitad a lo largo y luego en trozos diagonales irregulares de tamaño similar. Ponlo en un colador metálico en el fregadero, sazónalo con una pizca grande de sal y déjalo 10 minutos. Mezcla 4 cucharadas de vinagre de vino de arroz, 1 diente de ajo picado y 1 cucharadita de azúcar glas en un bol mediano, hasta que se disuelva el azúcar. Remueve el pepino para que se impregne bien del líquido y resérvalo 10 minutos para que tome el sabor del encurtido antes de servirlo. Es mejor comerlo enseguida para que conserve su textura crujiente, pero se conservará durante una o dos horas si se guarda tapado en la nevera.

FERMENTADOS

Algunos métodos de conservación buscan eliminar la posibilidad de crecimiento bacteriano perjudicial, y para ello es vital fomentar el florecimiento de las bacterias beneficiosas, que ayudan a deshacerse de las malas y prolongan la vida útil de tu conserva. Así es como funciona la lactofermentación: utilizas bacterias buenas que crean un entorno hostil para las malas y fomentan el proceso de fermentación.

Puede parecer complicado, pero solo se necesita sal. El uso de sal, ya sea como líquido en forma de salmuera o espolvoreada generosamente sobre frutas y verduras para que liberen la humedad interna, inhibe y elimina inicialmente cualquier bacteria nociva, lo que a su vez favorece el florecimiento de las bacterias buenas presentes. Esta segunda etapa se produce cuando la lactosa y otros azúcares naturales presentes en los alimentos se convierten en ácido láctico. Con el proceso de lactofermentación, una humilde verdura, por ejemplo, se transforma en algo más complejo, con un sabor ligeramente ácido. Además, a este tipo de conserva se le atribuyen numerosos beneficios para la salud, pues ayuda a mejorar la inmunidad y la digestión.

Algunos tipos de verduras funcionan mejor, como las zanahorias, la col, la remolacha, el pepino, las judías verdes, los rábanos y la coliflor, aunque los limones también son buenos (abajo). Cuando prepares estas recetas, si la salmuera no cubre por completo las frutas y verduras, tendrás que añadir más: disuelve 1 cucharadita de sal en 100 ml de agua recién hervida, déjala enfriar y viértela en el tarro.

LIMONES EN CONSERVA

Preparación 15 minutos + 2 días de salazón + 3 semanas de fermentación

Sin cocción

Salen 500 g

Esta clásica conserva norteafricana consiste en envasar los limones en sal para extraer su humedad, favorecer la fermentación y, en consecuencia, prolongar su conservación. La sal también suaviza las notas amargas y ácidas de los limones, matizándolas con el tiempo, mientras que la corteza sigue aportando un toque cítrico, pero desarrolla un sabor más profundo y complejo. Los limones en conserva, utilizados clásicamente en los tayines, también son estupendos en salsas para pasta, condimentos, aderezos para ensaladas, estofados, ensaladas de cereales y sopas, como la sopa de pollo, limón y garbanzos (ver p. 72), a la que añaden un toque cítrico umami. Procura comprar limones sin encerar siempre que sea posible y frótalos bien antes de usarlos.

6 limones sin encerar
6 cucharadas de sal marina en escamas
zumo de 6 limones
4 hojas de laurel frescas
1 cucharadita de pimienta negra en grano

1 | Frota bien los limones en agua fría y sigue los pasos 1-2 para esterilizar tarros (ver p. 456) con un tarro hermético grande de 500 ml o un tarro Kilner. Corta la parte superior e inferior de los limones y corta una cruz vertical profunda en la parte superior de cada uno con un cuchillo grande y afilado, dejando 2 cm aún enteros en la base para mantenerlos unidos.

2 | Pon los limones en un cuenco no reactivo y no metálico y, de uno en uno, abre el corte que has hecho e introduce con una cuchara 1 cucharada de la sal. Repite la operación con el resto de la sal y los limones.

3 | Pon los limones en el tarro esterilizado, presionando para compactarlos y raspando la sal del bol en el tarro. Corta un pequeño círculo de papel de horno y ponlo sobre los limones. Mete el tarro en la nevera 2 días.

4 | Al cabo de 2 días, los limones habrán soltado parte de su líquido. Retira el círculo de papel de horno, añade las hojas de laurel y los granos de pimienta y vierte suficiente zumo de limón extra para sumergir completamente la fruta en zumo. Mezcla bien, cubre con un círculo de papel de horno limpio y pon la tapa. Deja los limones en la nevera durante 3 semanas antes de consumirlos. Los limones en conserva se conservarán en la nevera hasta 6 meses.

CONSEJO

Para utilizar limones en conserva en tu cocina, saca y desecha la pulpa interior y la médula del limón, luego pica finamente la corteza y añádela a los platos según las instrucciones.

Chucrut

Preparación 15 minutos + 5-6 días de fermentación

Sin cocción

Sale 1 kg

La col fermentada se come en toda Alemania y en el este de Europa y es un ejemplo perfecto de la naturaleza transformadora de la fermentación. La humilde col se desmenuza, se sala y se envasa en tarros, y se deja reposar un mes aproximadamente, convirtiéndola en un acompañamiento crujiente y ácido que va bien con casi todo. En la fermentación, necesitarás un 2 % de sal del peso total de la fruta o verdura en la receta (ver paso 2).

1 col blanca, aproximadamente 1 kg
unos 20 g de sal marina fina
1 cucharadita de semillas de alcaravea
1 cucharadita de pimienta negra en grano

1 | Sigue los pasos 1-2 para esterilizar tarros (ver p. 456) con un tarro hermético o Kilner de 1 litro o bien 4 tarros de 250 ml. Sigue los pasos 1-3 para triturar la col (ver p. 162).

2 | Pesa la col en un bol grande no metálico. Para calcular la sal necesaria en gramos, divide el peso de la col por 100 y multiplícalo por 2 para obtener el 2 %: para una col de 1 kg, necesitarás 20 g de sal.

3 | Espolvorea la sal marina sobre la col y, con las manos limpias, amasa y masajea unos 5 minutos: la col empezará a deshacerse y ablandarse, liberando suficiente líquido para crear una salmuera. Cuando la col se haya ablandado un poco, mezcla las semillas de alcaravea y los granos de pimienta negra.

4 | Introduce la col y las especias en los tarros esterilizados y vierte el líquido del bol, presionando la col para que quede totalmente sumergida en el líquido. Prepara una cantidad adicional de salmuera si no hay suficiente para cubrir la col (ver p. 460). Cubre la col con un disco pequeño de papel de horno.

5 | Cubre el tarro con la tapa y déjalo fermentar en un lugar fresco y oscuro durante 5-6 días, hasta que tenga un sabor ligeramente agrio, y luego enfríalo. Durante la fermentación, abre ligeramente la tapa una vez al día para que libere los gases acumulados. Guárdalo en la nevera hasta 1 mes.

CONSEJO

Puedes hacer chucrut con casi cualquier verdura crujiente y acuosa, como rábanos, calabacines, pepinos, zanahorias, pimientos, nabos o apio. Para calcular la cantidad de sal que tendrás que añadir, consulta el paso 2 (arriba): pesa la verdura cruda y calcula el 2 % de sal necesario. También puedes cambiar los aromas añadiendo ajo, cúrcuma molida, granos de mostaza, eneldo y/o guindilla en rodajas.

Salsa picante fermentada

Preparación
20 minutos +
1 semana de fermentación

Sin cocción

Salen 500 g

Picante, dulce y ácida, esta salsa de guindillas tiene un auténtico toque de sabor umami gracias al proceso de lactofermentación. Para obtener un sabor fermentado aún más profundo, deja las guindillas en la salmuera 7 días más a temperatura ambiente (preferiblemente en un lugar fresco y oscuro) antes de mezclarlas.

25 g de sal marina en escamas
4 cucharadas de azúcar moreno suave
3 guindillas Scotch bonnet, sin los tallos y cortadas por la mitad
15 guindillas rojas suaves, sin los tallos y cortadas por la mitad
6 dientes de ajo, pelados
un trozo de 5 cm de raíz de jengibre fresco, pelado y picado en trozos grandes
3 cucharadas de vinagre de sidra de manzana

1 | Calienta la sal y 2 cucharadas de azúcar con 100 ml de agua en un cazo pequeño a fuego medio-bajo, removiendo hasta que se disuelvan el azúcar y la sal. Vierte 400 ml de agua hervida fría, remueve y deja enfriar completamente.

2 | Sigue los pasos 1-2 para esterilizar tarros (ver p. 456) con un tarro hermético o Kilner de 500 ml.

3 | Pon en el tarro los dos tipos de guindilla, los dientes de ajo y el jengibre y vierte suficiente salmuera para sumergirlo todo por completo. Cubre la superficie con un pequeño disco de papel de horno y pon la tapa. Déjalo a temperatura ambiente en un lugar fresco y oscuro durante 7 días, abriendo un poco la tapa cada 24 horas para que salga el gas acumulado y volviéndola a cerrar.

4 | Escurre las guindillas, el ajo y el jengibre en un colador puesto sobre un cuenco grande no metálico, luego viértelos en una batidora de alta potencia con el vinagre, 4 cucharadas de la salmuera del cuenco y el azúcar restante, y bate hasta que quede completamente homogéneo. Pruébalo y sazónalo con un poco más de azúcar y/o vinagre si quieres, removiendo hasta que se disuelva el azúcar, si lo utilizas.

5 | Vuelve a esterilizar el tarro y vierte la mezcla de guindilla. Tápalo y guárdalo en la nevera hasta 1 mes.

CONSEJO

La salsa sigue fermentando, así que tendrás que abrir la tapa de vez en cuando para que salga el gas acumulado.

KIMCHI

Preparación
30 minutos + salazón y 1-3 días de fermentación

Cocción
5 minutos

Sale 1 kg

El kimchi tradicional se elabora con col china fermentada con otras verduras, salsa de pescado y gochugaru (polvo de pimiento rojo coreano). Disponible en tiendas asiáticas y en internet, el gochugaru da un color rojo intenso y un picante suave, un sabor ligeramente afrutado y un toque ahumado. El verdadero truco está en valorar cuándo el kimchi ha fermentado lo suficiente a temperatura ambiente: pruébalo una vez hecho y luego cada 12 horas más o menos hasta que adquiera un sabor picante, salado, ácido y ligeramente umami.

1 col china, aproximadamente 1 kg
1 cucharada de sal marina en escamas, y una pizca extra
1 cucharada de harina de arroz blanco o integral
8 dientes de ajo, pelados
un trozo de 6 cm de raíz de jengibre fresco, pelado y picado
60 g de gochugaru (polvo de pimiento rojo coreano)
4 cucharadas de salsa de pescado
250 g de rábanos cortados en cuartos, o mooli o nabo, pelados y cortados en rodajas finas
1 zanahoria, pelada y cortada en juliana (ver p. 163)
6 cebolletas, cortadas en trozos de 4 cm de largo

CONSEJO

Para un kimchi vegano y/o sin gluten, cambia la salsa de pescado normal por salsa de pescado vegana o utiliza salsa de soja o tamari.

1 | Corta la col por la mitad a lo largo y, a continuación, vuelve a cortar cada trozo por la mitad a lo largo. Retira y desecha el corazón de cada trozo, córtalo en trozos de 8 cm y colócalos en un bol grande no metálico. Espolvorea la sal marina uniformemente sobre la col y mézclala bien con las manos. Tápala y refrigérala 3 horas, removiéndola cada 30 minutos.

2 | Sigue los pasos 1-2 para esterilizar tarros (ver p. 456) con un tarro hermético o Kilner de 1 litro o 4 tarros de 250 ml. Enjuaga la col bajo el grifo de agua fría, escúrrela bien y vuélcala al recipiente limpio.

3 | Vierte la harina de arroz en un cazo pequeño con 100 ml de agua, remueve hasta que se mezclen y cuece a fuego medio durante 3-4 minutos, hasta obtener una pasta espesa. Esta mezcla potencia el proceso de fermentación y lo pone todo en marcha.

4 | Pon el ajo y el jengibre en un mortero con una pizca de sal y machácalos hasta tener una pasta homogénea. Como alternativa, utiliza un miniprocesador de alimentos (puede que tengas que añadir 1 cucharada de agua fría para que se mezcle mejor). Mezcla la pasta de harina de arroz, la pasta de ajo y jengibre, el gochugaru, la salsa de pescado y las verduras en el bol de la col, apretando y masajeando todo suavemente con las manos limpias para que se mezcle y combine bien. Deberías notar que las verduras empiezan a soltar algo de líquido.

5 | Introduce el contenido del bol en el tarro o tarros esterilizados, presionando las verduras hacia abajo para que queden cubiertas por el líquido de la salmuera, y luego cúbrelas con un disco de papel de horno.

6 | Déjalo en un lugar fresco y oscuro a temperatura ambiente de 1 a 3 días (según el calor que haga en la habitación), abriendo un poco la tapa cada 24 horas para que salga el gas acumulado y volviéndola a cerrar. Cuando esté listo, el kimchi estará ligeramente agrio y efervescente. Guárdalo en la nevera hasta 1 mes.

1

2

3

4

5

6

TÉRMINOS CULINARIOS

Acremar: Batir ingredientes, como la mantequilla y el azúcar, hasta que queden ligeros y cremosos al hacer un bizcocho.

Aderezo: Adobo de especias con el que se recubre la carne o el pescado antes de cocinarlos para añadirles sabor y textura.

Adobo: Líquido con el que se remojan los alimentos que les añade sabor y los protege de la desecación. Si tiene un componente ácido, como el zumo de limón o el yogur, también puede tener un efecto ablandador sobre la carne, las aves y el marisco.

***Al dente*:** La pasta, el arroz y las verduras pueden cocerse hasta estar *al dente*, es decir, hasta que estén tiernos, pero aún con una ligera resistencia al morderlos.

Asar a la parrilla: Asar/cocinar alimentos en una rejilla sobre una barbacoa caliente o en una plancha con rejilla sobre una placa de cocina.

Asar al grill: Cocinar alimentos bajo el calor intenso de el elemento calefactor superior del horno.

Azafrán: Los estigmas rojos desecados del azafrán dan un color dorado y un sabor cálido y almizclado a los platos. Utilízalo en pequeñas cantidades.

Baño de huevo: Glaseado hecho con huevo o yema de huevo y agua o leche, que se utiliza para dorar los productos horneados.

Baño maría: Baño de agua utilizado para cocer alimentos lenta y suavemente. Un baño maría puede hacerse en una cacerola con agua hirviendo a fuego lento sobre la que se coloca un recipiente, en una caldera doble o en una bandeja para asar, llena de agua hasta la mitad y en la que se coloca el plato que se va a cocinar.

Caramelizar: Calentar alimentos (dulces y salados) hasta que sus azúcares superficiales se descompongan y adquieran un color dorado.

Caramelo: Azúcar calentado a más de 170 °C hasta que se derrite y adquiere un color ámbar intenso. Se utiliza para endulzar postres y se rocía sobre pasteles, tartas y helados.

Cáscara: La piel fina y coloreada de los cítricos, como limones, limas y naranjas. Suele pelarse o retirarse con un cuchillo de cocina afilado, o rallarse con un rallador para separarla de la médula blanca y amarga de debajo.

Ceviche: Método sudamericano y caribeño para cocer el pescado sin calor. Se utiliza un adobo hecho con zumo de cítricos para «cocer» parcialmente unas finas lonchas de marisco.

Clarificar: Desnatar o filtrar un líquido, como la mantequilla derretida, hasta que esté claro y quede libre de impurezas.

Cocción a presión: Método de cocción de alimentos a alta presión, ideal para sopas, guisos y para reducir el tiempo de cocción de platos cocinados a fuego lento. Se necesita líquido, que produce vapor al calentarse, creando una presión cada vez mayor en la olla, con lo que los alimentos se cuecen en menos tiempo que con los métodos convencionales. Las ollas de presión también son buenas para ablandar cortes de carne más baratos o cocer alubias secas.

Cocer a fuego lento: Cocer alimentos suavemente en un líquido que burbujea ligeramente justo por debajo del punto de ebullición, de modo que los alimentos se cocinen con un calor uniforme sin deshacerse.

Cocer al vapor: Cocer alimentos en una cesta vaporera o un recipiente perforado colocado sobre una olla de agua hirviendo (sin contacto directo con el agua).

Compota: Frutas enteras escalfadas en un jarabe de azúcar. Se usa sobre todo con bayas y frutos rojos.

Cortarse: Cuando la leche, una salsa o cualquier mezcla se separan en sólido y líquido, como la mayonesa o la masa de un pastel.

Coulis: Salsa espesa hecha con fruta cruda o cocida.

Crema inglesa: Una fina crema de huevo con sabor a vainilla que se sirve caliente o fría con muchos postres.

Curar: Dar sabor y conservar la carne, las aves y el marisco secándolos, ahumándolos, salándolos o marinándolos.

Dashi: Caldo de pescado a base de atún y algas utilizado en la cocina japonesa.

Desnatar: Eliminar las grasas y otras impurezas de una salsa o líquido utilizando una cuchara o cucharón.

Desvenar: Quitar la vena oscura y fina que recorre el lomo de un langostino.

Doblar: Remover una mezcla batida o batidora con un suave movimiento de elevación para no perder nada de aire, como mezclar suavemente la harina en la masa de un pastel.

Encurtir: Conservar alimentos, especialmente verduras firmes, en una salmuera o líquido ácido, como el vinagre.

Escaldar: Sumergir alimentos, como verduras, en agua caliente durante poco tiempo para que se ablanden un poco, poder quitarles la piel fácilmente (por ejemplo, con los tomates) o diluir sabores fuertes.

Escalfar: Cocer suavemente o a fuego lento en líquido, normalmente agua, caldo o leche.

Estofar: Cocer a fuego lento en líquido en una cazuela de base pesada, con o sin tapa. Perfecto para verduras, legumbres, cortes de carne menos caros o muslos de pollo, que deben sumergirse en un líquido, caldo o una salsa antes de cocinarse.

Guisar: Cocer carne, aves, marisco, legumbres o verduras en una pequeña cantidad de líquido, como caldo, vino, sidra o agua, en una cazuela de base pesada con tapa, en el fogón o en el horno.

Fermentación: Descomposición de una sustancia, alimento o bebida, por bacterias, levaduras u otros microorganismos. Proceso utilizado para hacer kimchi, chucrut, yogur, pan y cerveza.

Filete: Trozo de carne o pescado sin espinas.

Freír: Cocinar alimentos rápidamente en una sartén sumergidos en aceite caliente hasta que estén crujientes y dorados.

Garam masala: Mezcla india de especias, que suele añadirse al final de la cocción.

Gelatina: Agente fijador disponible en polvo o en láminas. La gelatina en láminas debe remojarse en agua fría para ablandarla; en polvo debe disolverse antes de usarla.

***Ghee*:** Mantequilla clarificada utilizada a menudo en la cocina india y capaz de calentarse a alta temperatura sin quemarse.

Harina: Puede ser común o normal, autolevante y de fuerza, generalmente de trigo. La harina común o normal se utiliza sobre todo para hacer pasteles, la autolevante para tartas, y la harina de fuerza tiene una alta proporción de gluten y es perfecta para panes y pasteles. La harina 00 italiana es una harina fina y blanda que se utiliza para hacer pasta. También hay harina de centeno y maíz.

Hervir: Cocer alimentos en un líquido que burbujea rápidamente, normalmente agua o caldo.

Hornear: Cocinar alimentos en el calor seco del horno.

Infusionar: Sumergir aromas, hierbas y especias en líquido caliente.

Jarabe de azúcar: Azúcar y agua cocidos a diferentes temperaturas para producir concentraciones variables de jarabe para pasteles, postres, dulces y helados.

Levadura: Hongo que utiliza los azúcares naturales de una mezcla para liberar dióxido de carbono y fermentar el pan. La levadura puede comprarse fresca o seca, y a veces es necesario activarla en líquido antes de usarla. La levadura seca instantánea no necesita activación previa y puede utilizarse directamente.

Ligar: Añadir huevos, harina, harina de maíz o grasa a los ingredientes secos para combinarlos y ayudar a mantenerlos unidos.

Limones sin cera: Algunos limones (y otros cítricos) están recubiertos de una cera para aumentar su vida útil. Compra fruta sin cera o, si es difícil de encontrar, quítale la cera poniéndola en un colador y vertiendo agua hirviendo por encima o restregándola en un fregadero, luego seca la fruta para eliminar los restos de cera.

Macerar: Sumergir un alimento, como una fruta, en un líquido para ablandarlo.

Mantequilla: En las recetas se utiliza tanto mantequilla salada como sin sal. Si la receta pide «mantequilla ablandada», déjala a temperatura ambiente hasta que esté blanda o maleable.

Marinar: Sumergir carne, aves, marisco o verduras en un adobo (arriba) para darles sabor y/o ablandarlos.

Merengue: Combinación de claras de huevo y azúcar batidas hasta que estén ligeras y esponjosas, horneadas para un postre o una cobertura.

Mezclar: Combinar ingredientes, ya sea removiendo o en un robot de cocina o batidora.

Mezze: Una combinación de Oriente Medio de pequeños platos y aperitivos.

Miso: Pasta (blanca, roja o marrón) de habas de soja fermentadas y otros aromatizantes que se utiliza sobre todo en la cocina japonesa como condimento o como aromatizante.

Pan rápido: Pan hecho con un agente leudante instantáneo, como bicarbonato sódico o levadura en polvo, en lugar de levadura.

Papillote: Alimentos sellados en un envoltorio, como papel de horno o de aluminio, y cocidos al vapor en el horno o en una vaporera para conservar el sabor, la textura y el aroma.

Pellizco: Cantidad muy pequeña de ingrediente seco, que se sujeta entre el pulgar y el dedo, como la sal.

Picos blandos: Claras de huevo batidas hasta que sus picos estén todavía blandos y apenas mantengan su forma al levantar las varillas.

Picos firmes: Claras de huevo batidas hasta que sus picos estén firmes, se mantengan erguidos y las puntas no se doblen al levantar las varillas.

Precocinar la masa: Hornear una masa sin relleno. La masa se forra con papel de hornear o papel de aluminio, luego se le pone encima peso (arroz o alubias, por ejemplo) mientras está en el horno para evitar que suba y pierda su forma, hasta que el borde de la masa esté dorado. Se retira el papel de aluminio y el peso y se vuelve a hornear para terminar de cocer la base.

Puré: Fruta o verdura mezclada con una batidora o por un tamiz hasta obtener una consistencia suave.

Reducir: Hervir o cocer a fuego lento un líquido o una salsa para intensificar su sabor o espesarlo.

Refrescar: Enfriar rápidamente bajo un chorro de agua fría o en agua helada. Una forma de detener el proceso de cocción de las verduras escaldadas para que conserven su textura y color.

Rehidratar: Añadir agua a un alimento que se ha secado, como las setas, para reconstituirlo.

Reposar: Dejar reposar la carne o las aves durante un tiempo después de cocinarlas para que los músculos se relajen y los jugos se redistribuyan, mejorando el sabor y la textura. Reposar también se refiere a enfriar la masa para que se relaje o ablande. Una masa se deja reposar antes de cocinarla para que la harina pueda expandirse en el líquido.

Risotto: Plato de arroz del norte de Italia en el que el caldo caliente se remueve lentamente en arroz de grano corto, como el arborio o el carnaroli, hasta que los granos estén cremosos, pero aún ligeramente firmes y separados.

***Roux*:** Mezcla cocida de mantequilla y harina que se utiliza para espesar una salsa blanca, como la bechamel.

Saltear: Cocinar pequeños trozos de comida en grasa, mantequilla o aceite, agitando y removiendo en una sartén ancha y honda a fuego fuerte o en un wok. Dorar y sellar la superficie de la carne o las aves cocinándolas en una sartén o cacerola a fuego medio o alto.

Sémola: El endospermo del trigo duro, disponible en diversas moliendas y utilizado principalmente para hacer pasta, o evitar que la pasta fresca se pegue después de hacerla.

Suero de mantequilla: Originalmente un subproducto de la fabricación de mantequilla. Hoy en día se fabrica añadiendo bacterias a la leche para espesarla y agriarla.

Tamizar: Agitar un ingrediente seco, como la harina o el azúcar glas, a través de un tamiz para eliminar grumos y airear.

Tempeh: Producto elaborado a partir de habas de soja cocidas y fermentadas, similar al tofu pero con una textura firme y grumosa y un sabor ligeramente a frutos secos y champiñones.

Tofu: Se elabora con habas de soja de forma similar al queso blando. El tofu tiene un sabor suave y responde bien al marinado, adquiriendo fácilmente sabores más fuertes. Se utiliza mucho en la cocina asiática y está disponible en distintos tipos/texturas: sedoso (blando), firme y extrafirme.

Trigo duro: Un grano de trigo duro, con una elevada proporción de gluten, que se utiliza para fabricar pasta seca.

TABLAS DE EQUIVALENCIAS

Si no estás acostumbrado a utilizar medidas métricas, o vives en un país en el que los ingredientes se venden en medidas imperiales, puedes transformar fácilmente las cantidades de las recetas con estas tablas de equivalencias.

LONGITUD

3 mm	1/8 in
5 mm	¼ in
1 cm	½ in
2 cm	¾ in
2,5 cm	1 in
5 cm	2 in
6 cm	2½ in
7,5 cm	3 in
10 cm	4 in
12 cm	5 in
15 cm	6 in
18 cm	7 in
20 cm	8 in
23 cm	9 in
25 cm	10 in
28 cm	11 in
30 cm	12 in
46 cm	18 in
50 cm	20 in
61 cm	24 in
77 cm	30 in

PESO

10 g	¼ oz	550 g	1¼ lb
15 g	½ oz	600 g	1 lb 5 oz
20 g	¾ oz	675 g	1½ lb
25 g	1 oz escasa	750 g	1 lb 10 oz
30 g	1 oz	800 g	1¾ lb
45 g	1½ oz	900 g	2 lb
50 g	1¾ oz	1 kg	2¼ lb
60 g	2 oz	1,1 kg	2½ lb
75 g	2½ oz	1,25 kg	2¾ lb
85 g	3 oz	1,35 kg	3 lb
100 g	3½ oz	1,5 kg	3 lb 3 oz
115 g	4 oz	1,8 kg	4 lb
125 g	4½ oz	2 kg	4½ lb
140 g	5 oz	2,25 kg	5 lb
150 g	5½ oz	2,5 kg	5½ lb
175 g	6 oz	2,7 kg	6 lb
200 g	7 oz	3 kg	6½ lb
225 g	8 oz	3,5 kg	7 lb
250 g	9 oz	4,5 kg	9 lb
300 g	10 oz	5 kg	10 lb
350 g	12 oz	6 kg	12 lb
400 g	14 oz	6,5 kg	13 lb
450 g	1 lb	8,5 kg	17 lb
500 g	1 lb 2 oz		

VOLUMEN

MÉTRICO ML	CDA, CTA, TAZA	IMPERIAL FL OZ/PINTAS
5 ml	1 cdta	-
10 ml	2 cdta	-
15 ml	1 cda o 3 cdta	-
30 ml	2 cda	-
45 ml	3 cda	-
60 ml	4 cda	2 fl oz
75 ml	5 cda	2½ fl oz
90 ml	6 cda	3 fl oz
100 ml	6½ cda	3½ fl oz
120 ml	½ taza	4 fl oz
150 ml	2/3 taza	5 fl oz
175 ml	¾ taza	6 fl oz
200 ml	1 taza escasa	7 fl oz
240 ml	1 taza	8 fl oz
250 ml	1 taza y 1 cda	9 fl oz
300 ml	1¼ tazas	10 fl oz
350 ml	1½ tazas	12 fl oz
400 ml	1¾ tazas	14 fl oz
450 ml	2 tazas escasas	15 fl oz
500 ml	2 tazas generosas	16 fl oz
600 ml	2½ tazas	1 pinta
750 ml	3 tazas	1¼ pintas
900 ml	4 tazas escasas	1½ pintas
1 litro	4 1/3 tazas	1¾ pintas
1,2 litros	5 tazas	2 pintas
1,4 litros	6 tazas	2½ pintas
1,5 litros	6¼ tazas	2¾ pintas
1,7 litros	7 tazas	3 pintas
2 litros	8½ tazas	3½ pintas

ÍNDICE

Agradecimientos de los editores
DK quiere agradecer por su contribución a este libro a Scramble LDN, Nicola Graimes y Claire Rochford. Gracias a Katie Hardwicke por la revisión de los textos, a Lisa Footitt por la preparación del índice, a Ana Zaja Petrak por las imágenes y todo el equipo de fotografía. Gracias también a quienes han contribuido con sus recetas: Riaz Phillips (pp. 84 y 263), Karla Zazeuta (p. 125), Verna Gao (pp. 173, 244, 246 y 283), Idy Osibodu (pp. 203 y 262) y Jodie Nixon (p. 249).

Dirección editorial Cara Armstrong
Edición del proyecto Izzy Holton
Edición sénior Lucy Sienkowska
Edición del proyecto de arte Jordan Lambley
Asistencia editorial Charlotte Beauchamp
Coordinación de ventas y cubiertas Emily Cannings
Edición de producción sénior David Almond
Control de producción sénior Stephanie McConnell
Dirección de arte Maxine Pedliham
Dirección de publicaciones Katie Cowan

Edición Nicola Graimes
Diseño Claire Rochford, Sarah Snelling
Ilustración Ana Zaja Petrak
Photografía Luke Albert
Estilismo Hannah Wilkinson, Faye Wears
Estilismo de alimentos Adam Bush, Sonali Shah, Caitlin MacDonald
Asistencia del estilismo de alimentos Maria Gurevich, Sophie Pryn, Caitlin MacDonald, Sadie Albuquerque

De la edición en español:
Servicios editoriales Tinta Simpàtica
Traducción Anna Nualart
Coordinación de proyecto Helena Peña
Dirección editorial Elsa Vicente

Publicado originalmente en Gran Bretaña en 2024
por Dorling Kindersley Limited
DK, 20 Vauxhall Bridge Road, Londres, SW1V 2SA
Parte de Penguin Random House

004-341724-Enero/2026

Título original: *You Can Cook Everything*
Primera edición: 2025

ISBN: 979-8-2171-2985-0

Impreso y encuadernado en China

www.dkespañol.com

Este libro se ha impreso con papel certificado por el Forest Stewardship Council™ como parte del compromiso de DK por un futuro sostenible.
Más información: **www.dk.com/uk/information/sustainability**

GLOSARIO DE EQUIVALENCIAS

Achiote: planta tropical cuyas semillas se usan en cocina para dar sabor y como colorante.

Aguacate: palta.

Anacardo: nuez de la India, cayú, castaña de cajú.

Bayas: nombre genérico para frutas como arándanos, fresas, frambuesas, grosellas y moras.

Beicon: panceta de cerdo ahumada, tocino.

Cacahuete: cacahuate, maní.

Cavolo nero: col rizada o col negra.

Cebolleta: cebolla cambray o de verdeo.

Chalota: chalote, echalote.

Chutney: salsa agridulce tradicional de la gastronomía de la India, preparada con frutas, verduras, vinagre y especias.

Copos (de avena): hojuelas.

Garrofón: frijol ancho.

Guisantes: arvejas, chícharos.

Halloumi: queso originario de Chipre.

Harina autolevante: harina autoleudante; un tipo de harina que ya contiene levadura.

Harina de fuerza: harina de trigo con un alto contenido de gluten, ideal para masas que requieren consistencia y elasticidad.

Harissa: pasta picante procedente del norte de África.

Judías blancas: habichuelas, alubias.

Judías verdes: ejotes.

Lardones: tocino cortado en tiras pequeñas o cubos.

Maíz dulce: elote dulce o amarillo.

Melocotón: durazno.

Pak choi: variedad de col china.

Pan naan: pan plano de harina de trigo común en la gastronomía de Asia central y del sur, y en la India.

Panceta: tocino, tocineta.

Panko: pan rallado japonés.

Passata: puré de tomate concentrado de origen italiano.

Patatas: papas.

Picatostes: trozos de pan frito o tostado que se usan como acompañamiento o aperitivo.

Pipas: pepitas o semillas de girasol.

Pomelo: toronja.

Puerro: poro.

Ras el hanut: mezcla de especias marroquí.

Remolacha: betabel.

Repollo: col.

Rúcula: arúgula, rúgula.

Sésamo: ajonjolí.

Sirope: miel ligera o jarabe.

Sirope de arce: miel o jarabe de maple.

Soja: soya.

Sriracha: salsa picante fermentada procedente del sureste de Asia.

Tahini: pasta de sésamo (ajonjolí) tostado y molido.

Tirabeques: chícharos chinos o guisantes dulces.

Zumaque: especia de Oriente Medio.